东欧新马克思主义研究文丛·第四卷

布达佩斯学派研究

（中）

孙建茵　杜红艳　主编

哈尔滨工程大学出版社
Harbin Engineering University Press

图书在版编目（CIP）数据

布达佩斯学派研究．中／孙建茵，杜红艳主编．—哈尔滨：哈尔滨工程大学出版社，2019.12
（东欧新马克思主义研究文丛）
ISBN 978-7-5661-2495-1

Ⅰ．①布…　Ⅱ．①孙…　②杜…　Ⅲ．①新马克思主义－学派－研究－布达佩斯　Ⅳ．①D089

中国版本图书馆CIP数据核字（2019）第270610号

选题策划　张　玲　史大伟
责任编辑　王俊一　刘海霞
封面设计　李海波

出版发行　哈尔滨工程大学出版社
社　　址　哈尔滨市南岗区南通大街145号
邮政编码　150001
发行电话　0451-82519328
传　　真　0451-82519699
经　　销　新华书店
印　　刷　哈尔滨市石桥印务有限公司
开　　本　787 mm×1 092 mm　1/16
印　　张　25.25
字　　数　426千字
版　　次　2019年12月第1版
印　　次　2019年12月第1次印刷
定　　价　98.00元
http://www.hrbeupress.com
E-mail:heupress@hrbeu.edu.cn

总　序

不断走向深化的
东欧新马克思主义研究

衣俊卿

东欧新马克思主义在一定意义上是20世纪五六十年代东欧社会主义改革实践的理论折射和理论探索。这一时期，东欧一些国家结合本国实际，开始探索苏联模式之外的社会主义建设道路。铁托于1948年提出自治社会主义理论，并开始了社会主义改革实验。随后，匈牙利、波兰、捷克斯洛伐克等国也分别提出了各种具有民主和人道主义特征的社会主义理论。围绕着这些理论和实践，在卢卡奇、布洛赫等西方马克思主义著名代表人物的直接影响下，这些国家的一些理论家从青年马克思的异化理论和实践哲学构想出发，提出了对马克思主义的各种人道主义的阐释，逐步形成了后来的研究者所命名的东欧新马克思主义流派。其中主要包括以彼得洛维奇（Gajo Petrović，1927—1993）、马尔科维奇（Mihailo Marković，1923—2010）、弗兰尼茨基（Predrag Vranicki，1922—2002）、坎格尔加（Milan Kangrga，1923—2008）和斯托扬诺维奇（Svetozar Stojanović，1931—2010）等人为代表的南斯拉夫实践派；以赫勒（Ágnes Heller，1929—2019）、费赫尔（Ferenc Fehér，1933—1994）、马尔库什（György Márkus，1934—2016）和瓦伊达（Mihály Vajda，1935—　）等人为代表的匈牙利布达佩斯学派；以沙夫（Adam Schaff，1913—2006）、科拉科夫斯基（Leszak Kołakowski，1927—2009）、鲍曼（Zygmunt Bauman，1925—2017）等人为代表的波兰新马克思主义；以科西克（Karel Kosík，1926—2003）、斯维塔克（Ivan Sviták，1925—1994）等人为代表的捷克新马克思主义。这些具有独特的创新意识和批判精神的理论家，为20世纪的人类思想发展提供了丰富的理论成果，如他们从异化理论、具体的辩证法、哲学人类学、人的需要理论、历史理论等方面对于马克思实践哲学理论和人道主义精神的阐发；他们从技术理性批判、现代性文化批判、现代道德批判、微观政治批判、碎片化的历史哲学等方面展开的全方位的现代性反思；他们通过对现存社会主义条件下的官僚制的批判和自治社会主义的构想而阐述的社会主义改革思想，等等。

东欧新马克思主义在20世纪世界马克思主义的演进中占据重要的地位，它同西方马克思主义理论流派和20世纪70年代之后的西方新马克思主义流派一道，构成20世纪新马克思主义的基本的总体格局。西方马克思主义主要包括以卢卡奇、科尔施、葛兰西、布洛赫为代表的早期西方马克思主义，以霍克海默、阿多诺、马尔库塞、弗洛姆、哈贝马斯等为代表的法兰克福学派，以及萨特的存在主义马克思主义、列斐伏尔的日常生活批判等；20世纪70年代之后的新马克思主义流派主要包括分析的马克思主义、生态学马克思主义、女性主义马克思主义、文化的马克思主义、发展理论的马克思主义等。然而，尽管早在20世纪80年代就有吴仕康、贾泽林等学者在我国学术界开始评介南斯拉夫实践派的理论，尔后从20世纪90年代起，衣俊卿、郑一明、曲跃厚、唐少杰等年轻学者也进行了一些东欧新马克思主义的翻译和研究，但是，与西方马克思主义研究和20世纪70年代后的西方新马克思主义流派研究相比，在相当长的时间内，我国学术界对于东欧新马克思主义的研究是明显缓慢和滞后的。

我国学术界对东欧新马克思主义研究的滞后并非因为东欧新马克思主义不具有重要性和影响力。造成这种状况的原因是多方面的：最直接的原因在于东欧新马克思主义理论家分布在东欧多个国家，语言、历史、文化的复杂性等直接制约着我们的研究，如果没有特别的积累和准备，一般的研究者很难对众多东欧新马克思主义流派形成整体性的把握；改革开放以来，我们的市场经济体制设计的主要参照体系是欧美，同时在文化和理论上也把主要精力投向欧美地区，人们更多地关注在欧美发达国家新出现的各种思潮和理论流派，而对于东欧各国的关注和研究越来越少，最为严重的是，懂得东欧各国语言的专业理论人才已经凤毛麟角，而且这种现象在全球化背景下会愈演愈烈；更为深层的原因在于，目前我国从事国外马克思主义研究的理论工作者虽然越来越多，并且对国外越来越多的理论流派和理论家感兴趣，但是，在我国的国外马克思主义研究领域，缺少那种理论功底扎实、学术视野开阔，能够对世界上各种有影响的当代马克思主义流派做出总体把握和客观判断的理论大家，我们更多看到的是带有逐新、猎奇、功利色彩的“摸象式”研究，以及不加分析、不加比较地夸大自己研究对象的做法。在这种背景下，东欧新马克思主义往往被一些人武断地说成是西方马克思主义的简单附属现象。

如果我们深入地了解一下，就会发现，东欧新马克思主义从诞生之日起，就受到国际马克思主义理论界的高度重视。特别要强调的一点是，在20世纪60年代中期到70年代中期，以南斯拉夫实践派哲学家所创办的著名的《实践》杂志（*Praxis*，1964—1974）和科尔丘拉夏令学园（Korčulavska ljetnja Škola，1963—1974）为平台，形成了当时世界上最有影响力、最活跃、规模最大的马克思主义理论中心。这期间，南斯拉夫实践派举办了十余次国际讨论会，围绕着国家、政党、官僚制、分工、商品生产、技术理性、文化、当代世界的异化、社会主义的民主与自治等一系列重大理论问题和现实问题展开了深入探讨，百余名东欧新马克思主义者、西方马克思主义理论家和其他东西方马克思主义研究者参加了讨论，特别要提到的是，布洛赫、列斐伏尔、马尔库塞、弗洛姆、哥德曼、马勒、哈贝马斯等西方著名马克思主义者和赫勒、马尔库什、科拉科夫斯基、科西克、实践派哲学家以及其他东欧新马克思主义者成为《实践》杂志国际编委会成员和科尔丘拉夏令学园的国际学术讨论会的积极参加者。卢卡奇未能参加讨论会，但他生前也曾担任《实践》国际编委会成员。这些活动从根本上改变了东欧新马克思主义理论家单方面受西方马克思主义理论家影响的局面，推动了东欧新马克思主义和西方马克思主义者的相互影响与合作。布洛赫、列斐伏尔、马尔库塞、弗洛姆、哥德曼等一些著名西方马克思主义者不仅参加了实践派所组织的重要学术活动，而且开始高度重视实践派等东欧新马克思主义理论家。这里特别要提到的是弗洛姆，他对东欧新马克思主义给予高度重视和评价。1965年弗洛姆主编出版了哲学论文集《社会主义的人道主义》，该文集收录了包括布洛赫、马尔库塞、弗洛姆、哥德曼、德拉·沃尔佩等著名西方马克思主义代表人物文章在内的共35篇论文，其中东欧新马克思主义理论家的文章就占了10篇，包括波兰的沙夫，捷克斯洛伐克的科西克、斯维塔克、普鲁查，南斯拉夫实践派理论家考拉奇、马尔科维奇、别约维奇、彼得洛维奇、苏佩克和弗兰尼茨基等人的论文。[①] 1970 年，弗洛姆为沙夫的《马克思主义与人类个体》作序，他指出，沙夫在这本书中探讨了人、个体主义、生存的意义和生活规范等被传统马克思主义忽略的问题，因此，这本书的问世无论对于波兰还是对于西方学术界正确理解马克思的思想，都是“一件重大的事情”[②]。1974 年，弗洛姆为马尔科维奇关于哲学和社会批判的论文集写了序言，在这里，他特别肯定和赞扬了马尔科维奇和南斯拉夫实践派其他成员在反对教条主义，“回到真正的马克思”方面所做的努力和贡献。弗洛姆强调，在南斯拉夫、波兰、匈牙利和捷克斯洛伐克都有一些人道主义马克思主义理论家，而南斯拉夫的突出特点在于：“对真正的马克思主义的重建和发展不只是个别哲学家的关注点，而且已经成为由南斯拉夫不同大学的教授所形成的一个比较大的学术团体的关切和一生的工作”[③]。从 20 世纪 60 年代末起，哈贝马斯就在自己的多部著作中引用东欧新马克思主义理论家的观点，例如，他在《认识与兴趣》中提到了科西克、彼得洛维奇等人所代表的东欧社会主义国家中的“马克思主义的现象学”倾向[④]；在《交往行动理论》中引用了赫勒和马尔库什的观点[⑤]；在《现代性的哲学话语》中讨论了赫勒的日常生活批判思想和马尔库什关于人的对象世界的论述[⑥]；在《后形而上学思想》中提到了科拉科夫斯基关于哲学的理解[⑦]，等等。不久前，赫勒还专门发表了评论哈贝马斯的文章[⑧]。2019 年 7 月 19 日赫勒去

---

① 参见 Erich Fromm（ed.），*Socialist Humanism: An International Symposium*（New York: Doubleday, 1965）.

② 参见 Adam Schaff, *Marxism and the Human Individual*（New York: McGraw – Hill Book Company, 1970）, p. ix.

③ 参见 Mihailo Marković, *From Affluence to Praxis: Philosophy and Social Criticism*（Ann Arbor: The University of Michigan Press, 1974）, p. vi.

④ 参见哈贝马斯：《认识与兴趣》，郭官义、李黎译，学林出版社，1999，第 24、59 页。

⑤ 参见哈贝马斯：《交往行动理论》（第 2 卷），洪佩郁、蔺青译，重庆出版社，1994，第 545、552 页，即“人名索引”中的信息，其中马尔库什被译作“马尔库斯”（按照匈牙利语的发音，译作“马尔库什”更为准确）。

⑥ 参见于尔根·哈贝马斯：《现代性的哲学话语》，曹卫东译，译林出版社，2011，第 88、90 – 95 页，这里马尔库什同样被译作“马尔库斯”。

⑦ 参见哈贝马斯：《后形而上学思想》，曹卫东、付德根译，译林出版社，2001，第 36 – 37 页。

⑧ Ágnes Heller, “On Habermas: Old times,” *Thesis Eleven* 143, no. 1（2017）: 8 – 14.

世，哈贝马斯于7月22日在《法兰克福汇报》上发表了悼念赫勒的文章《告别一位哲学家》。东欧新马克思主义在国际学术界和思想界的重要影响来源于其理论的深刻性和独创性。在这里我们不去具体概述东欧新马克思主义各个方面的理论建树，只想通过与西方马克思主义和20世纪70年代之后的新马克思主义流派的比较，从以下两个方面展示东欧新马克思主义的理论独创性。

一方面，同西方马克思主义一样，东欧新马克思主义理论家对马克思思想，特别是马克思的实践哲学理论和人道主义精神做了深刻的阐释。在这一点上，我们特别要强调一个重要的事实：卢卡奇不仅是西方马克思主义的创始人，也是东欧新马克思主义的奠基者。自第二次世界大战后回到祖国匈牙利，直到1971年去世，卢卡奇一直留在匈牙利。在这期间，他培养了赫勒、费赫尔、马尔库什、瓦伊达等一批年轻的理论家，形成了著名的布达佩斯学派，同时，南斯拉夫实践派哲学家和其他东欧新马克思主义理论家也深受卢卡奇、布洛赫等西方马克思主义著名理论家的影响。在这种影响下，东欧新马克思主义理论家对马克思思想的理解都比较深刻，他们通过“回到马克思”和“复兴马克思主义”而在新的历史条件下从多方面阐发了马克思的实践哲学和异化理论的丰富内涵。不仅如此，东欧新马克思主义在这方面还有其独特性。这主要体现在，在20世纪所有的新马克思主义流派和理论家中，唯有东欧新马克思主义理论家具有直接的社会主义实践的体验，他们通过对现存社会主义体制的僵化特征的反思和对社会主义改革的积极参与，对于马克思主义的实践理论和人道主义性质有了更为深刻的理解。东欧新马克思主义理论家在对发达资本主义制度的批判和对现存社会主义条件下的官僚制等问题的反思中，更加深刻和全面地阐发了马克思关于人的自由发展和自由人联合体的理想，并且通过自治社会主义的倡导和日常生活人道化的构想，从宏观视域和微观视域相结合的视角，对于未来社会的自由选择的共同体做出了更为深刻、更为丰富的理论阐述。

另一方面，同20世纪70年代之后的西方新马克思主义流派一样，东欧新马克思主义从多维度展开了关于现代性危机的文化批判，如技术理性批判、意识形态批判、大众文化批判、性格结构批判、现代道德批判、生态危机批判等重要主题，特别是20世纪70年代中后期以来，随着一些东欧新马克思主义理论家通过移民或学术交流的方式分散在英国、美国、澳大利亚、德国等地，东欧新马克思主义在某种意义上直接构成了全球化背景下左翼激进政治哲学的重要组成部分。不仅如此，在关于现代性危机的文化批判和社会批判理论方面，东欧新马克思主义也具有自己的独特性。同20世纪70年代之后的西方新马克思主义流派主要基于发达资本主义条件下的文化危机和社会危机而开展现代性批判的情形不同，东欧新马克思主义的现代性批判既指向发达资本主义社会的全面危机，也指向现存社会主义条件下的官僚制等不合理的政治异化和文化异化现象。像关于马克思的实践哲学和人道主义思想的理解一样，东欧新马克思主义理论家直接参与现存社会主义实践和社会主义改革所获得的独特的历史体验和实践经验，使得他们在许多方面的理论建树上都有自己的新意和独创性。

显而易见，上述简要分析已经充分说明，对于东欧新马克思主义这样极具独特性和重要性的新马克思主义流派缺乏充分的研究，会是我国学术界国外马克思主义研究中的一块重要的“短板”和一种重大的缺憾。令人欣慰的是，过去十年，我国学术界关于东欧新马克思主义研究的缓慢和滞后状况得到了根本性的改善，东欧新马克思主义研究正在全面走向深化。东欧新马克思主义研究在过去十年间快速升温，与21世纪以来我国马克思主义理论学科建设进一步加强和国外马克思主义研究进一步深化的大背景密切相关。在新设立的马克思主义理论一级学科中，国外马克思主义研究成为一个重要的二级学科，这种设置极大地推动了我国学术界关于西方马克思主义、20世纪70年代之后的西方新马克思主义和东欧新马克思主义的研究。而东欧新马克思主义研究升温的直接促动因素则是2010年度国家出版基金项目“东欧新马克思主义译丛”（计划出版40种，衣俊卿主编）和2011年度国家出版基金项目“东欧新马克思主义理论研究”（计划出版20种，衣俊卿主编）的相继立项。这两个国家出版基金项目的全面实施，不仅使在我国学术界较早地从事东欧新马克思主义翻译和研究的理论家，以及过去十几年已经分别从不同领域分散地研究东欧新马克思主义某个流派或者代表人物的一些年轻学者开始共同参与和推进东欧新马克思主义的翻译和研究工作，而且还吸引了一批青年学术骨干，以及沙夫的学生塔杜什·布克辛斯基（Tadeusz Buksiński）等当代波兰学者参与到东欧新马克思主义的翻译和研究之中。在“东欧新马克思主义译丛”和“东欧新马克思主义理论研究”两项出版基金项目的实施过程中，除去出版社编辑人员外，直接参与翻译和研究工作的学者就有60余位。此外，随着这两项出版基金项目成果的陆续出现，推动了东欧新马克思主义研究领域的进展，吸引了全国各地许多青年学者和博士、硕士研究生陆续进入这一研究领域，由此形成了数量比较可观的东欧新马克思主义研究队伍。截至2017年，“东欧新马克思主义译丛”的40种翻译图书和“东欧新马克思主义理论研究丛书”的20种研究专著已经由黑龙江大学出版社全部出齐，并且顺利通过国家出版基金办的结项审核。除了这两项国家出版基金项目之外，过去十年间还有一批东欧新马克思主义研究学者获得了国家哲学社会科学基金、教育部人文社会科学基金、中国博士后基金等立项资助①，这些项目的设立和实施共同推动了东欧新马克思主义研究走向自觉和深化。围绕着这些出版基金项目和研究项目的实施，过去十年间我国学术界在东欧新马克思主义研究方面取得了数量可观的研究和翻译成果。我们可以把这些理论成果划分为以下三个基本的板块。

第一个板块为东欧新马克思主义理论家主要著作的翻译出版，这是东欧新马克思主义研究的重要文献和文本基础。从2010年到2017年，国家出版基金项目“东欧新马克思主义译丛”的40种翻译图书陆续由黑龙江大学出版社出版，这些译著主要包括南斯拉夫、匈牙利、波兰和捷克的新马克思主义代表人物的重要著作，其中南斯拉夫实践派的文献主要有：马尔科维奇和彼得洛维奇主编的《实践——南斯拉夫哲学和社会科学方法论

① 如衣俊卿主持的国家哲学社会科学基金重点项目“东欧新马克思主义理论研究”（2010年立项）、李宝文主持的国家社会科学基金一般项目“东欧新马克思主义历史观研究”（2013年立项）、颜岩主持的国家社会科学基金一般项目“东欧‘新马克思主义’现代性批判理论研究”（2015年立项）、赵司空主持的国家社会科学基金青年项目“20世纪90年代以来东欧马克思主义研究及对中国马克思主义信仰的启示”（2012年立项）、傅其林主持的国家社会科学基金重大招标项目“东欧马克思主义美学文献整理与研究”（2015年立项）、杜红艳主持的国家社会科学基金一般项目“社会主义理论在东欧的发展与演变研究”（2017年立项）、王海萍主持的国家社会科学基金一般项目“国家治理现代化视野下的阿格妮丝·赫勒现代性思想研究”（2019年立项）等；有多项教育部人文社会科学基金项目，如颜岩主持的“布达佩斯学派社会批判理论研究”、杜红艳主持的“布达佩斯学派文化批判理论研究”、王秀敏主持的“布达佩斯学派激进政治理论及其当代价值研究”等；还有多项中国博士后基金资助项目，如颜岩主持的“布达佩斯学派现代性理论研究”和“布达佩斯学派当代资本主义理论研究”、孙建茵主持的“布达佩斯学派的现代性理论研究”、杜红艳主持的“东欧新马克思主义对马克思的再解读”、温权主持的“布达佩斯学派的文化－政治哲学批判研究”等。

文集》，彼得洛维奇的《二十世纪中叶的马克思——一位南斯拉夫哲学家重释卡尔·马克思的著作》，马尔科维奇的《当代的马克思——论人道主义共产主义》和《从富裕到实践——哲学与社会批判》，弗兰尼茨基的《马克思主义史》（三卷本）和《马克思主义与社会主义》，格尔森·舍尔（Gerson S. Sher）主编的《马克思主义的人道主义与实践——实践派论文集》；匈牙利布达佩斯学派的文献主要有：赫勒的《日常生活》《道德哲学》《一般伦理学》《个性伦理学》《激进哲学》《超越正义》《现代性能够幸存吗?》《历史理论》《碎片化的历史哲学》和她主编的《卢卡奇再评价》，费赫尔的《被冻结的革命——论雅各宾主义》和他主编的《法国大革命与现代性的诞生》，马尔库什的《马克思主义与人类学——马克思哲学关于“人的本质”的概念》《语言与生产——范式批判》和《文化、科学、社会——文化现代性的构成》，瓦伊达的《国家与社会主义——政治论文集》和《作为群众运动的法西斯主义》，赫勒与费赫尔合著的《后现代政治状况》和二人主编的《美学的重建——布达佩斯学派论文集》，赫格居什、赫勒、玛丽亚·马尔库什和瓦伊达合著的《社会主义的人道主义——布达佩斯学派论文集》；波兰新马克思主义的文献主要有：沙夫的《人的哲学》《马克思主义与人类个体》《作为社会现象的异化》和《历史与真理》，科拉科夫斯基的《马克思主义的主要流派》（三卷本）、《走向马克思主义的人道主义——关于当代左派的文集》《经受无穷拷问的现代性》《理性的异化——实证主义思想史》和《自由、名誉、欺骗和背叛——日常生活札记》，沙夫、科拉科夫斯基和鲍曼等的《人的哲学与现代性批判——波兰新马克思主义文集》；捷克新马克思主义的文献主要有：科西克的《具体的辩证法——关于人与世界问题的研究》和《现代性的危机——来自1968时代的评论与观察》，斯维塔克的《人和他的世界——一种马克思主义观》。除了“东欧新马克思主义译丛”的40种译著外，在此前后学术界还翻译出版了东欧新马克思主义理论家的几种著作，如科拉科夫斯基的《形而上学的恐怖》（三联书店，1999年）和《宗教：如果没有上帝……》（三联书店，1997年），赫勒的《现代性理论》（商务印书馆，2005年），沙夫的《结构主义与马克思主义》（山东大学出版社，2009年），衣俊卿和陈树林主编的《当代学者视野中的马克思主义哲学·东欧和苏联学者卷》（上、下卷，北京师范大学出版社，2008年）等。因此可以说，经过近几年的努力，我国学术界已经比较好地奠定了东欧新马克思主义研究的文献基础。

第二个板块为研究东欧新马克思主义的学术专著，这是我国学术界比较集中的东欧新马克思主义理论研究成果。就学术著作而言，2010 年之前东欧新马克思主义研究方面的学术著作只有寥寥几本，如衣俊卿的《实践派的探索与实践哲学的述评》（台湾森大图书有限公司，1990 年）、衣俊卿的《东欧的新马克思主义》（台湾唐山出版社，1993 年）、黄继锋的《东欧新马克思主义》（中央编译出版社，2002 年）、衣俊卿的《人道主义批判理论——东欧新马克思主义述评》（中国人民大学出版社，2005 年）、傅其林的《阿格妮丝·赫勒审美现代性思想研究》（巴蜀书社，2006 年）等。而 2010 年之后，东欧新马克思主义研究的学术著作明显增多，黑龙江大学出版社自 2011 年至 2016 年出版的国家出版基金项目“东欧新马克思主义理论研究”就包括 20 本学术著作：衣俊卿的《东欧新马克思主义精神史研究》、李宝文的《具体辩证法与现代性批判——科西克哲学思想研究》、孙建茵的《文化悖论与现代性批判——马尔库什文化批判理论研究》和《阶级分析与政治民主的建构——瓦伊达政治哲学理论研究》、王秀敏的《个性道德与理性秩序——赫勒道德理论研究》、傅其林的《宏大叙事批判与多元美学建构——布达佩斯学派重构美学思想研究》、李晓晴的《激进需要与理性乌托邦——赫勒激进需要革命论研究》、胡蕊的《文化的张力与理论的命运——科拉科夫斯基的青年马克思观研究》、颜岩的《个体自由与道德责任——布达佩斯学派社会批判理论研究》、王静的《作为文化批判的审美——赫勒美学思想研究》、李晓敏的《现代性危机与基督教文化精神——科拉科夫斯基宗教理论研究》、范为的《历史哲学中的现代性反思——赫勒的后期思想研究》、杜红艳的《多元文化阐释与文化现代性批判——布达佩斯学派文化理论研究》、王继红的《社会主义理想的初步实践探索——科拉科夫斯基的列宁主义观研究》、孙芳的《个体生存的现代观照——沙夫人道主义思想研究》、宋铁毅的《人、历史与自我实现——马尔科维奇人道主义辩证法研究》、员俊雅的《现代性危机的反思与人道主义马克思主义诉求——斯维塔克文化批判理论研究》、刘海静的《哲学反思与社会批判——东欧新马克思主义的马克思观》、姜海波的《人道主义的视野与批判的内省——南斯拉夫实践派的实践哲学》，以及衣俊卿、布克辛斯基和张笑夷等的《厚重的历史积淀与激进的理论批判——波兰新马克思主义研究》。此外，这一期间还出版了李霞的《个性化的日常生活如何可能——赫勒日常生活理论研究》（人民出版社，2011 年）、胡雪萍的《公民个体与社会组织——马尔科维奇民主思想研究》（上海人民出版社，2013 年）、赵司空的《后马克思主义与后现代的乌托邦——阿格妮丝·赫勒后期思想述评》（上海社会科学院出版社，2013 年）、傅其林等的《东欧新马克思主义美学研究》（商务印书馆，2016 年）、程广丽的《本真性的日常生活如何可能——科西克日常生活批判理论探究》（中国社会科学出版社，2016 年）、李宝文的《马尔科维奇社会批判理论研究》（黑龙江人民出版社，2016 年）、傅其林的《东欧新马克思主义文艺理论的核心问题》（中国社会科学出版社，2018 年）、王燕的《亚当·沙夫的“马克思人道观”研究》（人民出版社，2019 年）等。上述近 40 部学术著作虽然大多数还主要是对东欧新马克思主义理论家观点的评介，在理论深度等方面还有待进一步拓展，但是，这些基础性研究已经涵盖了东欧新马克思主义主要流派和主要代表人物的基本思想，为东欧新马克思主义研究的进一步深化奠定了很好的理论基础。

第三个板块为东欧新马克思主义研究的学术论文和译文。过去十年间，我国学术界发表的关于东欧新马克思主义的论文和译文数量急剧增加，通过中国知网等数据库的分析统计，迄今为止，我国学术界关于东欧新马克思主义主要流派、代表人物和理论观点的学术论文、评介文章、博士论文和硕士论文近 500 篇，其中 2010 年之前发表的论文约 110 篇，而 2010 年至今的论文近 400 篇。从这种大体的统计也可以看出近年来我国东欧新马克思主义研究的快速发展，以及影响力的逐步增加。近年来，一些学术刊物对于东欧新马克思主义研究给予了特别的关注。《苏州大学学报（哲学社会科学版）》自 2014 年起开设“东欧新马克思主义研究”专栏，《学术交流》自 2015 年起开设“中东欧思想文化研究”专栏，并开设“俄罗斯·中东欧思想文化研究选粹”栏目，《求是学刊》于 2010—2011 年也开设过“东欧新马克思主义研究”专栏。《哲学与文化》杂志 2012 年第 3 期（总第 39 卷第 3 期）用整个一期的篇幅开设了“东欧新马克思主义研究专题”，刊发了衣俊卿、洪镰德、约翰·格里姆雷（John Grumley）、乔纳森·皮克尔（Jonathan Pickle）、孙建茵、张书榜、李宝文、姜海波、杜红艳等人的学术论文和专题书评。《中国社会科学报》《马克思主义与现实》《世界哲学》《哲学动态》《国外社会科学》《学习与探索》《山东社会科学》《黑龙江社会科学》《北方论丛》《哲学分析》《中外文化与文论》等杂志也陆续刊发了不少关于东欧新马克思主义研究的文章。近年来，关于东欧新马克思主义研究成果的学术反响也在逐步增强，被《新华文摘》《中国社会科学文摘》《高等学校文科学术文摘》等刊物转载的成果也逐步增多。我们这套丛书就是要集中反映这第三个板块的研究成果，我们从中选择了近300篇论文和译文，形成了十卷本“东欧新马克思主义研究文丛”。

关于东欧新马克思主义研究的上述三个板块的成果具有互补性，其中，第一个板块的40余部译著和第二个板块的近40部专著从大的方面和基本层面为我国的东欧新马克思主义研究奠定了坚实的基础，而第三个板块的数百篇研究论文（以及译文）则从多方面、多层次、多视角对东欧新马克思主义的丰富理论内涵做了更为全面、更为细致的研究。具体说来，该丛书既包括关于东欧新马克思主义的总体性研究成果，也包括关于东欧新马克思主义理论流派、代表人物和方方面面的具体理论问题的研究成果；既包括关于20世纪人类重大理论问题的思考，包括关于发达资本主义社会危机和社会主义改革等重大现实问题的反思，也包括关于人的存在和社会运行——从日常生活到社会生活，从个体到社会和共同体，从微观的文化到宏观的政治经济——的丰富的具体问题的研究；既包括学术研究文章，也包括译文；在译文中既包括东欧新马克思主义理论家的著述，也包括欧美国家学者关于东欧新马克思主义研究的理论成果。

十卷本“东欧新马克思主义研究文丛”主要包括四部分内容：第一部分为第一卷《东欧新马克思主义研究》，所收录的是关于东欧新马克思主义整体的研究成果；第二部分为第二卷至第七卷，所收录的是国内学者对东欧新马克思主义不同流派、代表人物的具体理论问题的研究成果，主要是关于南斯拉夫实践派、匈牙利布达佩斯学派、波兰新马克思主义和捷克新马克思主义的研究成果，其中关于布达佩斯学派的研究成果比较丰富，我们分为上、中、下三卷来进行编排；第三部分为第八卷《国外学者东欧新马克思主义研究》，所收录的是我们翻译发表的国外学者（主要是欧美国家学者）关于东欧新马克思主义研究的成果；第四部分为第九卷和第十卷，分两卷收录所翻译发表的东欧新马克思主义代表人物的译文，分别是《东欧新马克思主义译文集（布达佩斯学派卷）》和《东欧新马克思主义译文集（实践派和波兰新马克思主义卷）》。近年来，为了更加全面地了解和更加深入地研究东欧新马克思主义及其各流派和代表人物的思想，我们在推进"东欧新马克思主义译丛"的翻译工作之外，又选择翻译了东欧新马克思主义代表人物的一些论文、著述和访谈，这些内容有效地补充和丰富了东欧新马克思主义基础文献，积极地推动了东欧新马克思主义的研究。

从上述选材和编排体系来看，十卷本"东欧新马克思主义研究文丛"对于我国学术界近年来的东欧新马克思主义研究成果的展示具有全面性、完整性和系统性，这一丛书的出版，无论对于我国学术界国外马克思主义研究的进一步丰富，还是对于东欧新马克思主义研究的进一步深化，都必将起到十分积极的推动作用。

导　言

回顾与展望：布达佩斯学派研究的历史与发展*

孙建茵　杜红艳

布达佩斯学派是东欧新马克思主义的重要流派之一。卢卡奇晚年完全投身于学术研究，他的身边吸引了来自布达佩斯大学的多位青年学者。其中，阿格妮丝·赫勒、乔治·马尔库什、费伦茨·费赫尔和米哈伊·瓦伊达所组成的学术团体被卢卡奇称为布达佩斯学派。从20世纪60年代开始，布达佩斯学派在哲学、美学、政治学、社会学、伦理学等领域展开了成果颇丰的学术建设。本套丛书的第三卷、第四卷和第五卷（上、中、下卷）收录的便是过去十年间我国学术界对布达佩斯学派在这些领域颇有见地的阐释性研究成果，主题涉及卢卡奇与布达佩斯学派的学术关系、人类学与激进哲学研究、历史理论研究、生产范式研究、文化现代性批判、日常生活批判、政治哲学研究、伦理思想研究和美学思想研究等。这些研究充分展示了布达佩斯学派主题丰富、涉猎广泛、兼具东欧特性与国际视野的理论内涵，体现了东欧新马克思主义在20世纪马克思主义演进与分化格局中不可小觑的价值与意义。回顾布达佩斯学派研究走过的历程、细数研究铺展涉及的主题和领域、展望未来的发展和方向，对于从事布达佩斯学派研究的每一个人来说都意义重大。

一、布达佩斯学派的历史沿革

在群贤毕至的东欧新马克思主义阵营中，布达佩斯学派无疑是其中卓

---

* 本文为国家社会科学基金项目“社会主义理论在东欧的发展与演变研究”（17CKS025）；黑龙江省哲学社会科学一般项目“布达佩斯学派的伦理思想研究”（18KSB057）的阶段性成果。

尔不群的一支流派。即便国外马克思主义的天幕群星闪耀，布达佩斯学派的光芒也从未被遮蔽。布达佩斯学派的发展和演变与匈牙利的政治环境密切相关。我们将布达佩斯学派的发展粗略地分为三个阶段：追随卢卡奇思想的酝酿阶段、以“复兴马克思主义”为己任的人道主义的马克思主义阶段和融入世界语境的国际化阶段。

（一）追随卢卡奇思想的酝酿阶段

布达佩斯学派经历了曲折的发展过程。在1956年“匈牙利事件”之前，真正意义上的布达佩斯学派还没有形成，后来成为学派主要成员的青年学者，当时作为卢卡奇思想的追随者，在卢卡奇提倡拓展马克思主义视野的影响下翻译了一些哲学著作，潜心研究哲学。虽然这时他们尚未形成自己的理论体系，但是阅读和重新理解马克思思想为他们后续理论的成形奠定了基础。

赫勒20世纪40年代就成为卢卡奇的学生，按照马尔库什夫妇后来玩笑式的说法，赫勒是从布达佩斯学派的“幼儿园”时期开始就加入的最早的学派成员。1947年，赫勒考入布达佩斯大学学习物理和化学，并加入共产党。一次偶然的机会听了卢卡奇的讲座后，她转入哲学系学习，并在卢卡奇的指导下获得博士学位。马尔库什并不是严格意义上的卢卡奇的学生。他在匈牙利国家奖学金的资助下在莫斯科国立罗蒙诺索夫大学哲学系接受高等教育。1957年，从哲学系毕业后，马尔库什回到祖国，直到1965年，一直在布达佩斯大学的哲学系从事教学和哲学研究工作。在赫勒的引荐下，马尔库什与卢卡奇相识并被他的思想深深吸引，在卢卡奇的带领下开始转向了马克思主义哲学的研究。随后，赫勒的第二任丈夫费赫尔及赫勒的学生瓦伊达等青年学者也因为共同的价值理想和学术追求来到了卢卡奇身边。

（二）人道主义的马克思主义阶段

1956年“匈牙利事件”让纳吉重新主掌匈牙利政府，卢卡奇出任纳吉政府的文化部部长。在此期间，卢卡奇带领他的学生积极参与对教条主义的批判和各种关于自由的讨论，如参加南斯拉夫“实践派”创办的科尔丘拉夏令学园，通过《实践》杂志宣传自己的思想。然而，“匈牙利事件”之后，卢卡奇因在“裴多俱乐部”的哲学讨论会上批判了“斯大林时代的歪曲”及教条主义而遭受厄运，布达佩斯学派也随之在“反对修正主义运动”中受到牵连。卢卡奇被流放到罗马尼亚，赫勒被布达佩斯大学开除并被清除出党，而后到一所中学教授匈牙利语。布达佩斯学派其他成员的学术生涯也都被迫了中断。

20 世纪 60 年代初，政治情况得到缓解，卡达尔政府推行经济体制改革，在放宽经济政策的同时允许不危及政权、不否定党的统治的学术研究，允许以前被解除工作的知识分子出来工作。在赫格居什的帮助下，赫勒进入了他领导的社会研究院工作。卢卡奇回到匈牙利后，他的学生和追随其思想的青年学者围绕在他的身边，开展小规模的家庭沙龙，讨论美学、社会学和伦理学。正是这种经常性、集体性的交流和讨论，形成了以赫勒、费赫尔、马尔库什、瓦伊达为代表的“布达佩斯小组”，这一小组后来被卢卡奇命名为布达佩斯学派。

在人道主义的马克思主义阶段，布达佩斯学派的学术活动非常活跃。他们与南斯拉夫实践派及布洛赫、马尔库塞等人直接对话，在政治和理论方面与西方左派开展广泛的争论。然而，相对平静的学术生活很快被打乱。1968 年苏联侵略捷克斯洛伐克，布达佩斯学派许多成员正在南斯拉夫参加“科尔丘拉夏令学园”学术会议，122 名与会代表抗议苏军对主权国家的粗暴干涉，并在抗议书上签了名。赫勒、马尔库什、瓦伊达等人因此再次遭到批判，赫格居什被匈牙利科学院开除，马尔库什遭受审查失去了工作。虽然在政治上屡次遭受批判，但是20 世纪六七十年代依然是布达佩斯学派最活跃的时期。布达佩斯学派在卢卡奇的带领下开始转向了马克思理论，他们力图批判斯大林主义对马克思思想的教条式理解，与东欧新马克思主义各学派一致，从人道主义的立场出发努力回归真正的马克思思想。因此，在这一时期，马克思的人道主义、异化、民主、社会主义体制等问题成为理论研究兴趣点。在此期间，赫勒出版了《文艺复兴的人》《日常生活》《马克思的需要理论》等著作，马尔库什出版了专著《马克思主义与人类学——马克思哲学关于“人的本质”的概念》《青年马克思主义认识论》，瓦伊达发表了《作为群众运动的法西斯主义》。此外，这一时期他们还发表了大量的代表性成果，如论文《青年马克思主义的著作和当今的社会科学》《马克思的异化概念》《马克思主义哲学中的争论与动态》及《马克思主义的意识概念》等。

（三）融入世界语境的国际化阶段

1971 年，卢卡奇的逝世是深刻影响布达佩斯学派发展与演变的一个重要事件。此后，匈牙利内部政治形势严峻，布达佩斯学派成员失去了卢卡奇这一学术权威的保护，几乎全部受到了迫害，言论受到限制，作品被反复审查，其间很多著作都是在外国出版和发表的。20 世纪 70 年代末，形势有所松动，赫勒夫妇、马尔库什夫妇选择移居国外，瓦伊达因个人原因留在了匈牙利。这一时期，布达佩斯学派的成员们虽然在不同的地域、不同的学科领域从事理论研究，但是他们仍旧持有共同的理论主张。这一时期的研究主要体现在以下两个方向：

其一，在相对宽松、自由的语境下布达佩斯学派开始了对东欧现存社会主义的批判性反思，对社会主义的民主政治的重新探讨，对卢卡奇思想的重新评价。这方面的代表性成果有：赫勒、费赫尔与马尔库什共同写作的《对需要的专政》，赫勒、赫格居什、玛丽亚·马尔库什、瓦伊达合作的《社会主义的人道化：布达佩斯学派著述》，瓦伊达的《国家与社会主义——政治论文集》，赫勒、费赫尔、马尔库什等合作的《心灵与形式：青年卢卡奇研究》《卢卡奇再评价》等。

其二，布达佩斯学派成员移居国外后参与到了众多国际性的讨论，与西方左翼思潮的碰撞激活了思路，打开了视野。学派成员在美学、伦理学、文化批判等众多领域展开了广泛而深入的研究。赫勒涉猎的研究领域众多：在伦理学方面，她先后出版了《情感理论》《激进哲学》《超越正义》的道德理论三部曲等；在历史研究方面，出版了《历史理论》《碎片化的历史哲学》等；在政治哲学方面，有《后现代政治状况》《生态政治学：公共政策和社会福利》等；在美学方面，有《审美哲学》等。费赫尔专注于美学、艺术的研究，与赫勒共同编辑出版了《美学的重建——布达佩斯学派论文集》，发表了《艺术之上是什么?》《理性化音乐及其兴衰》等著述，同时在历史研究方面出版了《被冻结的革命》《法国大革命与现代性的诞生》《东欧的危机和改革》等。马尔库什用 40 年的时间从微观文化层面展开对现代社会和人类生存现实的批判性研究。他所构建的现代性文化批判理论真正融入了国际性的热点讨论之中，他把相关成果结集成书，出版了《文化、科学、社会——文化现代性的构成》。瓦伊达后期转向了后现代和政治学研究，他用德语、意大利语和英语等多种语言发表著作，如《改变着的证明：通向后现代之路》《历史的终结？中欧 1989》《后现代的海德格尔》等。

布达佩斯学派后期的理论更趋多元化，他们的思想主题随着时代的变化而变化，他们在现代性、民主政治和文化等问题上融入了国际学术界，发展成为一个具有国际影响力的学术团体，引起了国内外学术界的广泛关注。

二、布达佩斯学派研究的历史分期

1979 年《哲学译丛》（后改名为《世界哲学》）第一期刊登了日本国立大学岩渊庆一的译文《东欧的新马克思主义》，国内学术界随之开始了对东欧新马克思主义的关注。从 1980 年《社会科学》“学术动态”栏目刊登《东欧“新马克思主义”》一文中第一次提及卢卡奇与布达佩斯学派开始算起，布达佩斯学派研究在我国已经走过了近 40 年的道路。这 40 年是中国社会科学逐渐走向繁荣的 40 年，也是改革开放后，中国学术界密切关注国外理论动态，据此全面理解马克思主义、反思中国现实的 40 年。我们可以把我国布达佩斯学派研究大致划分为三个历史时期，分别是 20 世纪 80 年代初到 20 世纪末的初步兴起阶段、21 世纪第一个十年间的深化发展阶段、2010 年至今的全面繁荣阶段。

（一）初步兴起阶段

改革开放后，中国面向世界打开了文化交流的大门，众多思潮涌入中国，带来了学术界的空前繁荣。国内学术界亟须汲取新的理论资源，拓宽视野，跟上国际理论界的脚步。在这样的大背景下，布达佩斯学派研究应时兴起。这个阶段的主要工作是翻译布达佩斯学派核心成员的代表性著作和论文。1980 年，《国外社会科学》刊登了意大利记者波艾拉等对赫勒的访谈《马克思主义伦理学和东欧的未来》，同年《国外社会科学动态》摘译了瓦伊达的论文《卡达尔主义是另一种形式吗?》。20 世纪 80 年代，赫勒的《形式民主》及专著《历史理论》中的相关篇章分别以《历史哲学的特殊性》《编史学和历史哲学》《史学的理论与方法》为名译成中文。1988 年，勒德雷尔的《人的需要》一书被译成中文，其中收录了赫勒的一篇文章，即《能假设“真实的”和“虚假的”需要吗?》。1989 年在《马列主义研究资料 1989 年 · 第 3 辑》中收录了瓦伊达的《卢卡奇和胡塞尔》一文。1990 年，赫勒的两篇文章《卢卡奇的晚期哲学》和《日常生活是否会受到危害?》被译成中文分别刊登在《哲学丛书》和《国外社会科学》上。除了这些单篇论文的翻译，赫勒的代表性专著《人的本能》《日常生活》分别于1988年和1990年翻译出版。其中值得一提的是，1986年《国外社会科学动态》摘译了学派成员瓦伊达的一篇书评——《评〈对需求的专政〉》。瓦伊达的这篇原文发表于法国的《新时代》杂志，文章是对学派其他三位成员合著的《对需要的专政》[①] 一书进行的批判性阐释。透过这篇摘译的书评，布达佩斯学派不再是以单独个人的形象出现，集体研究的形式和共同坚持的学术立场得以呈现在学术界面前。这个阶段的译介成果基本呈现了布达佩斯学派20世纪六七十年代主要的理论主题，即需要、民主、日常生活、伦理、历史等，学派借此走入中国学术界的视野之中。

初步兴起阶段的另一项工作是完成了从成果翻译到理论研究的过渡。在这个阶段中，1990年，赫勒《日常生活》的中文版译者衣俊卿教授发表了第一篇专门研究布达佩斯学派思想的学术论文《人的需要及其革命——布达佩斯学派“人类需要论”述评》开启了布达佩斯学派研究的大门。在文中作者详细评述了以赫勒为代表的布达佩斯学派的“需要理论”内涵。同期，复旦大学的俞吾金、陈学明教授在《国外马克思主义哲学流派》（1990，复旦大学出版社）中对东欧新马克思主义的主要流派进行了分章介述，在布达佩斯学派一章中主要介绍了赫勒的《日常生活》和《历史理论》。1997年，《艺术研究》上发表的论文《艺术日常与非日常的对话》从艺术哲学的角度分析了赫勒日常生活理论的内涵。1998年，《毛泽东思想研究》上发表的《日常生活和个人——赫勒“日常生活”哲学评述》对赫勒日常生活的主体进行了评析。

初步兴起阶段的研究呈现出四个特点：第一，总的来说，这一阶段的翻译和研究大多是以介述为主，真正对布达佩斯学派理论内涵的深入研究还不多见。第二，对布达佩斯学派的研究大多集中在某个成员个体之上，主要是针对赫勒的代表性成果，而对其他几位成员的理论鲜少提及。第三，理论研究主要以已经翻译出版的中文译著为基础，依据外文原著或英

① 对布达佩斯学派著作的翻译在不同时期出现了不同的译法。因此，我们今天把学派成员合著的这本著作统一翻译成《对需要的专政》。

文译本的研究还不多见。第四，对于布达佩斯学派的理解和认知还处于探索阶段，因此在人名、专业术语、著作名的翻译上还存在分歧，一些译法与今天存在较大的差异。例如赫勒被翻译成赫勒尔、海伦，“需要理论”被翻译成“需求理论”，等等。在今天看来，兴起阶段的研究虽然刚刚起步，但是具有重要的学术史意义，即以布达佩斯学派为代表，开辟了国外马克思主义研究中一个重要的领域——东欧新马克思主义。

（二）深化发展阶段

20 世纪最后一个十年中，国际环境风云变幻，世界发生了前所未有的变化。一方面，东欧剧变、苏联解体给世界社会主义阵营带来了重大的损失；另一方面，美苏争霸结束，世界朝着一超多强、多极化局势发展，中国的崛起令世界瞩目。这些重大而深刻的变化也给我国学术界带来了巨大冲击，我们需要在挑战与机遇中审慎辨别各种碰撞激荡的思潮和文化，深化对它们的理解和反思，在有所取舍的接受和借鉴过程中，为解读中国现实问题提供思路。20 世纪以来的布达佩斯学派研究正是抓住了这个历史契机，对布达佩斯学派立足匈牙利社会主义建设和改革而阐发的理论进行了更加全面的观照和更加细致的研究。因此，布达佩斯学派研究进入到快速展开的深化发展阶段。在这一阶段中，发表、出版的译文、译著和研究论文著作数量激增。与兴起阶段以翻译为主的学术活动相比，在深化发展阶段，研究性的成果明显增多。在翻译方面，赫勒《现代性理论》的中文版译著出版（李瑞华，2005，商务印书馆），四川大学学报刊发了一系列赫勒美学研究的译文。从整体上介绍布达佩斯学派的著作包括《20 世纪的新马克思主义》（衣俊卿等，2001，中央编译出版社）、《东欧新马克思主义》（黄继锋，2002，中央编译出版社）、《人道主义批判理论：东欧新马克思主义述评》（衣俊卿，2005，中国人民大学出版社）。最早以布达佩斯学派的代表人物思想作为研究对象的学术专著《阿格妮丝·赫勒审美现代性思想研究》（傅其林，2006，巴蜀书社）也在此期间出版。此外，从 2007 年开始，复旦大学推出的《国外马克思主义研究报告》中把东欧研究作为板块，追踪包括布达佩斯学派在内的东欧新马克思主义理论发展状况。

深化发展阶段的布达佩斯学派研究，学术水平不断提升，众多该领域奠基性的著作都是在这一时期问世的，为下一步的全面繁荣打下了基础、确立了方向。这一时期的研究特点体现在以下四个方面：第一，出现了该领域有影响的代表性学者和成果。黑龙江大学的衣俊卿、中国人民大学的黄继锋、四川大学的傅其林等，都是在这一时期涌现出来的布达佩斯学派研究的领军人物。第二，研究队伍不断壮大，人数不断增加。除了一些中青年学者，复旦大学、北京大学、黑龙江大学等高校和研究机构培养的多位硕士、博士研究生也加入其中，以布达佩斯学派的相关理论作为毕业论文的研究对象。第三，这一时期的研究体现了鲜明的中国关怀。基于对赫勒《日常生活》的解读，衣俊卿教授在《现代化与日常生活批判：人自身现代化的文化透视》《现代化与文化阻滞力》等著作中对日常生活理论进行了中国视角的解读。他把赫勒的日常生活批判应用到对中国现代化建设的理解和反思中，形成了自己独特的理论模式。他在赫勒的日常生活批判中挖掘出了人通过生存方式的改变达到解放的路径，并将这种思路与中国现代化进程中所面临的困境与问题联系在一起。在批判性地接受赫勒思想的基础上，他对日常生活批判进行了中国化的解读，试图通过分析中国的日常生活现实寻找推进现代化进程的路径，为阐明中国现代化建设的历史任务提供一种全新的思路和视角。

（三）全面繁荣阶段

对于布达佩斯学派研究乃至整个东欧新马克思主义研究来说，2010 年是一个具有里程碑意义的年份。如果说，在此之前，对于布达佩斯学派等东欧新马克思主义研究还是学者们基于自身的学科背景、理论兴趣而带有自发性的学术活动的话，那么从 2010 年开始，东欧新马克思主义研究成为有总体计划的、由专门的翻译和研究人员参与的、自觉推进的一项学术事业。2010 年，衣俊卿教授主持的国家社会科学重点项目“东欧新马克思主义理论研究”获批立项。同年，黑龙江大学出版社开始陆续推出入选国家出版基金资助项目的“东欧新马克思主义译丛”（40 卷）和“东欧新马克思主义理论研究”丛书（20 卷）。而这两套丛书的总序《全面开启国外马克思主义研究的一个新领域》成为全面打开东欧新马克思主义研究的宣言。在这个背景下，布达佩斯学派作为东欧新马克思主义中形成规模的代表流派之一，由于其在世的成员仍然活跃在 21 世纪的国际学界，学派在国际上整体威望和影响力最大，理论成果最丰硕，涉猎领域最广泛，因此吸引了众多学者参与到对其作品的翻译和研究中来。发展至今，布达佩斯学派研究成为东欧新马克思主义研究领域中最活跃、发表成果最多、发展始终处于上升趋势的一支。

在翻译方面，“东欧新马克思主义译丛”的40卷中包括多部布达佩斯学派成员的著作。例如赫勒的道德理论三部曲（《一般伦理学》《道德哲学》《个性伦理学》）及《历史理论》《激进哲学》《超越正义》等，费赫尔的《被冻结的革命》《法国大革命与现代性的诞生》，马尔库什的《马克思主义与人类学——马克思哲学关于“人的本质”的概念》《语言与生产》《文化、科学、社会——文化现代性的构成》，瓦伊达的《作为群众运动的法西斯主义》《国家与社会主义——政治论文集》。值得一提的是，最具学派特色的、以合作方式写作的多本布达佩斯学派的著作、文集也在这个时期出版。例如在国际学界具有重要影响的学派成员合作的《卢卡奇再评价》《社会主义的人道主义——布达佩斯学派论文集》，费赫尔和赫勒合著的《后现代政治状况》《美学的重建——布达佩斯学派论文集》等。此外，《学术交流》《苏州大学学报》固定栏目“东欧新马克思主义研究”也刊发了大量布达佩斯学派的单篇译文。这些译著、译文的出版和发表扭转了以往“赫勒代表布达佩斯学派”的局面，学派核心成员的代表性理论逐渐为学界所知。

这些译著和译文同样有力地推动了对布达佩斯学派理论层面的深入挖掘，学术研究的成果取得了突破性的进展。对赫勒研究的主题和领域越发丰富多样，扩展至激进理论、伦理学、美学等，代表性成果如李晓晴的《激进需要与理性乌托邦——赫勒激进需要革命论研究》（2011，黑龙江大学出版社）、王秀敏的《个性道德与理性秩序——赫勒道德理论研究》（2011，黑龙江大学出版社）、王静的《作为文化批判的审美——赫勒美学思想研究》（2015，黑龙江大学出版社）。以学派其他成员的理论作为研究对象的理论著述出版，例如孙建茵的《文化悖论与现代性批判——马尔库什文化批判理论研究》（2011，黑龙江大学出版社）和《阶级分析与政治民主的建构——瓦伊达政治哲学理论研究》（2016，黑龙江大学出版社）。与此同时，开始有学者从美学、文化理论等角度对学派思想进行整体研究，如傅其林的《宏大叙事批判与多元美学建构——布达佩斯学派重构美学思想研究》（2011，黑龙江大学出版社）、杜红艳的《多元文化阐释与文化现代性批判——布达佩斯学派文化理论研究》（2016，黑龙江大学出版社）等。

可以发现，与兴起和发展阶段相比，在全面繁荣阶段，布达佩斯学派研究的成果数量激增，主题和内容越发丰富。因此，这一阶段的研究特点体现在：第一，形成了一支稳定的学术团队。从兴起阶段的研究人员数量有限到今天凝聚了一批学术视野开阔、理论功底扎实、研究水平较高的中青年学者，布达佩斯学派研究乃至东欧新马克思主义研究从被忽视到被关注，成为中国与国外马克思主义研究领域中不可小觑的力量。第二，研究与国际对接，研究人员的外语水平空前提高。随着布达佩斯学派研究的不断深入，国际化能力较强的青年学者们通过互联网、出国访学、邀请学者到中国讲学等方式，与布达佩斯学派的赫勒、马尔库什夫妇、瓦伊达等取得了直接联系，进而开始直接使用英文、匈牙利文等外文对原著进行研究，这从根本上保证了研究水平的不断提升。第三，研究形式灵活，成果形式多样。在此期间，一些具有特色的研究机构、研究中心也脱颖而出，如黑龙江大学、四川大学、哈尔滨工程大学等。黑龙江大学、四川大学分别承办了以东欧新马克思主义研究为主题的国际、国内学术会议，布达佩斯学派研究是会议的重要主题之一。布达佩斯学派研究的形式多元发展，包括组织跨地区、跨校际的学术笔谈，对赫勒、马尔库什、瓦伊达等学者的访谈，定期的主题沙龙和工作坊等。2017 年，《学术交流》上刊发了悼念马尔库什逝世的纪念专题，与国际期刊《提纲十一》（*Thesis Eleven*）的纪念专刊几乎同步。

三、布达佩斯学派研究的进展和突破

经历了 40 年的发展，如今的布达佩斯学派研究取得了长足的进步，积累了可观的学术成果。兴起阶段最先投入该领域研究的青年学者，如今早已成为国内学术界的著名专家。在他们的引领下，布达佩斯学派研究不断吸收新鲜力量，日益壮大。曾经在攻读学位阶段加入这支队伍的硕士、博士在经历磨炼后也成长为该领域的中坚力量；许多马克思主义哲学、国外马克思主义、社会学领域的专家学者也在逐渐关注布达佩斯学派并以各种方式加入相关研究。为了纪念过往也为了继续前行，本卷收录了近 10 年布达佩斯学派研究的代表性成果，按照研究的热点主题或领域对这些文章进行了分类。毫无疑问，现有的成果肯定存在着这样或那样的不足，限于篇幅，还有一些研究成果未收录其中。但是它们见证了一批人探索求知的岁月，见证了布达佩斯学派研究从无到有的发展过程。梳理布达佩斯学派研究的进展状况和取得的理论突破不仅便于我们更好地理解学派的总体思想，更有助于明确未来研究的发展方向和拓展空间。

（一）作为学术问题的“卢卡奇与布达佩斯学派”

作为20世纪最著名的学者之一，卢卡奇在马克思主义发展史上的地位与作用无须赘述。国内对卢卡奇的研究起步早、成果多，从文学、美学到哲学，卢卡奇的理论早已为学术界所熟知。然而，布达佩斯学派研究的展开为卢卡奇研究提供了全新视角，从布达佩斯学派的文献中我们不仅知悉了卢卡奇曾经鲜为人知的著作，他们对卢卡奇的研究和评价为我们重新理解和评价卢卡奇也提供了新的契机。一时间，新的理论生长点不断涌现，围绕着“卢卡奇与布达佩斯学派”出现了大量的学术成果。

研究的热点之一是卢卡奇与布达佩斯学派之间的关系问题，近年来学术界一直试图从理论层面对这一问题进行解答。围绕这个问题，我们需要澄明一个基本观点：现有的布达佩斯学派研究并没有把卢卡奇视作布达佩斯学派的成员，而是致力于阐明卢卡奇与布达佩斯学派之间复杂的学术关系。学者们的基本共识是，卢卡奇与布达佩斯学派之间的学术互动是双向的。一方面，卢卡奇对于布达佩斯学派具有极其重要的意义，是学派的奠基人，卢卡奇对四位青年学者的影响不容忽视，应该说他是整个布达佩斯学派的精神领袖。两者之间的理论具有不可割裂的内在联系。围绕在卢卡奇身边的几位青年学者，就是在与卢卡奇的学术争论中逐渐阐发了他们在哲学、美学、社会学等领域的基本观点，并达成了学派内部的理论共识。作为一个具有学术传承和发展历史的研究团队，布达佩斯学派的理论源头无疑来自卢卡奇。另一方面，布达佩斯学派对卢卡奇晚年学术思想的最终表述也产生了不可忽视的影响，甚至卢卡奇晚年的《社会存在本体论》和美学手稿也是在与布达佩斯学派集体讨论式的学术互动中逐渐成形的。学者们针对这样的学术关系展开了丰富的研究，傅其林在《论布达佩斯学派对卢卡奇总体性美学范式的批判》中指出，学派不是简单地阐发、遵循其精神导师卢卡奇的思想，而是不断与他及其著述进行对话，文章评述了学派在批判卢卡奇美学的历史性、宏大叙事、救赎范式等方面的学术观点。王静在《赫勒审美现代性思想：对卢卡奇文化可能性问题的回归》中指出，赫勒从审美与日常生活批判视角解决现代社会文化问题的审美现代性思想继承了卢卡奇的思想遗产，是对卢卡奇文化可能性问题的回归。此外，颜岩的《传承还是断裂——对卢卡奇与布达佩斯学派学术关系的考察》、傅其林的《从存在向此在的嬗变——赫勒摆脱卢卡奇框架的新马克思主义美学》和杜红艳的《布达佩斯学派对卢卡奇文化批判理论的继承与超越》梳理了卢卡奇与布达佩斯学派的学术关系，并从不同角度分析了学派在何种意义上完成了对卢卡奇的继承、发展甚至超越。

研究的热点之二是从布达佩斯学派的立场出发对卢卡奇思想进行全新解读。衣俊卿的《一位伟大思者孤绝心灵的文化守望——布达佩斯学派成员视野中的卢卡奇》是这一研究主题的大胆尝试。文章综合了布达佩斯学派成员对卢卡奇的评价，用散文式的笔调和饱满却内敛的情感向我们展示了20世纪伟大思想家的精神境界和情怀。文章借用布达佩斯学派的视角，第一次在理性的哲学家、马克思主义者之外，向我们展示了一个诗意的精神守望者。赵凯荣的《布达佩斯学派与卢卡奇哲学再评价》展示了卢卡奇与布达佩斯学派围绕《社会存在本体论》而产生的理论分歧，从布达佩斯学派对卢卡奇的批判性解读入手，提供了理解卢卡奇的新思路。

（二）从“人道主义的马克思主义”视角研究学派相关思想

20世纪六七十年代，东欧社会主义国家普遍受到教条主义马克思主义的影响，按照“经济决定论”的模式理解人类社会，用还原论的方式把历史看作不受人类活动影响的、按规律自行发展的、始终进步的过程。此时，正是布达佩斯学派在卢卡奇的引领下开始以阅读马克思的著作为主要内容的早期研究阶段。马尔库什、赫勒等学派成员接受了西方马克思主义学者对马克思的全新解读，通过阅读并重新阐释马克思的思想，力图实现对马克思主义的“复兴”。而这种复兴的核心就是恢复马克思思想中被遮蔽的人的价值和地位，即阐明马克思主义的人道主义的立场。研究者展示了布达佩斯学派在“人道主义的马克思主义”视角下不同的理论主题。

首先，围绕“人的本质”“主体性”“个体性”等概念的哲学、人类学研究。员俊雅在《马尔库什对马克思“人的本质”概念的解读》中探讨了马尔库什在该书中对马克思“人的本质”概念的解读，以理解其人道主义的马克思主义的理论出发点。温权在《批判理论的困境：人类本质的历史性解读与生产范式的三个悖论——东欧新马克思主义理论家马尔库什哲学人类学刍议》中探讨了马尔库什在建构批判理论的同时是如何有效地调解了青年马克思与晚年马克思之间所谓的“冲突”，为马克思理论的人道主义指向确立了相应的合法性。刘海静在《当普遍性成为现实，个体性如何实现——论马尔库什对主体性内在困境之实质、潜能及出路的探讨》中批判性地解读了马尔库什针对“主体性困境”而提出的解决路径，即在更加微观的文化层面探寻主体普遍性和个体性发展的统一之路。杜红艳在《社会人类学视角下人的问题解析——布达佩斯学派对马克思人的本质思想的新阐发》中指出，布达佩斯学派从社会人类学的角度出发重新分析了人的个体与类的分裂问题并得出了不同于马克思的结论，即个体与类的分裂不但不可避免，而且正是现代人的存在方式，现代性历史条件下弥合这种分裂只能是在分裂中寻求共识。

其次，以“激进需要”为核心概念，旨在实现人的解放与自我实现的激进哲学研究。赵司空在《论布达佩斯学派的“需要”理论及其困境》中指出，需要理论是布达佩斯学派人道主义理论的核心组成部分，她肯定了需要理论的积极意义，阐发了理论的内涵，同时也对需要理论的内在困境提出了质疑。李晓晴在《阿格妮丝·赫勒的激进需要理论探析》中对赫勒的激进需要理论的来源、内容和意义进行了阐述，指出了赫勒激进需要理论与马克思理论之间的内在关系及其人道主义立场。王秀敏在《激进需要的满足与现实乌托邦的期许——阿格妮丝·赫勒需要理论的旨趣》中对于“激进需要如何产生”和“激进需要满足的意义”这两个问题进行了深入挖掘。

最后，基于“人类是历史的存在”命题，批判历史哲学范式的历史理论研究。李西祥在《大写历史的辩证法——赫勒历史理论的辩证法解读及批判》中指出，赫勒反对不涉及特殊的、具体的民族和人类的历史，因而对大写的历史和历史哲学的范式持批判和拒斥态度。他认为，赫勒强调历史的价值导向作用，在一定意义上，将选择的权利交付给人，而不是诉诸普遍必然性。马建青的《现代需要何种历史意识——基于阿格妮丝·赫勒的历史理论》辨析了赫勒历史理论中关于人与历史之间的关系问题，强调历史性不是外在或先在被给予的某种可以与人之存在相分离的东西。他认为，赫勒的工作在一定程度上恢复了人的历史性，告知人们自身在什么程度上是历史的。但同时他也指出，赫勒对人的历史性的恢复存在着依赖人的道德自觉的缺陷。

（三）从多领域、交叉学科的视角挖掘学派的理论内涵

布达佩斯学派的理论善于将多种学科视角综合在一起分析和探讨当代的理论问题。因此，研究者们十分重视挖掘学派这种多领域、多学科交叉融合的理论内涵。王静在《“美学是伦理学的花冠”——论赫勒对康德道德美学思想的重建》中指出，道德、伦理与美学的结合是赫勒设想克服现代性危机的主要途径之一。赫勒吸收了康德道德美学的基本立场及康德美学中的道德人类学思想，提出“美学是伦理学的花冠”的道德美学命题。她认为，赫勒把美学放到了当代历史哲学及时代的背景下，建立了体现个性伦理和道德哲学的道德美学。王思楠、孙建茵在《论赫勒美学的伦理之维》中指出，赫勒的美学思想具有鲜明的伦理诉求和现实的指向，包含着对现代人日常生活批判和重建的主张。因此，她们从赫勒美学的发展历程、美学的伦理诉求及美学与伦理学的内在关系等问题入手，深入地挖掘赫勒思想的丰富内涵和学科融合的视域。王思楠在《论赫勒日常生活批判理论与伦理学思想的关系》中继续对赫勒跨领域、跨学科的理论视域进行分析，针对赫勒日常生活理论与伦理思想之间的关系问题进行了进一步研究。她认为，赫勒的现代日常生活重建之路是紧紧围绕着对伦理道德问题的论述而展开的，从而展现出一条日常生活批判理论与伦理学思想之间内在关系的清晰线索。她的伦理学思想是以日常生活批判为理论基础，以现代日常生活的道德困境为批判对象，在马克思实践观的基础上试图重新构建起一种人道化的日常生活，从而试图通过对现代伦理道德世界的重建来实现对现代日常生活世界的重建。

（四）用比较研究的方法凸显学派的理论独特性

布达佩斯学派的研究始终关注马克思主义及其他学科领域最经典、最核心的问题。20世纪的许多重大理论问题，布达佩斯学派都有所涉及。很多问题由于他们的积极参与，呈现出东西方不同流派之间的对话与碰撞，在理论的交锋中，推动着研究不断走向深入。学者们将布达佩斯学派与相关学者和流派的理论进行比较，着力凸显其理论独特性，挖掘理论共识与差异背后更深层的意义。

孙建茵的《生产范式的效力与边界——马尔库什与哈贝马斯的争论及其启示》以法兰克福学派旗手、当代最有影响力的哲学家之一的哈贝马斯与布达佩斯学派成员马尔库什就“生产范式”问题进行过的一场学术争论

为切入点，阐明了二人就这一问题的不同观点和争论的焦点，借助该争论的分析框架，澄清马克思生产范式的理论效力与边界，并对进一步阐明马克思思想中范式性的框架提出了自己的思考路径。王海萍的《合理性的乌托邦与个人的自我实现——赫勒与马斯洛需要理论的比较》比较了赫勒与马斯洛的需要理论。她认为在共性上，两种理论都是人本主义思潮下的产物，不约而同地以人的需要为考察对象，试图通过考察人的需要的实现过程而揭示人的某种发展机制。然而，两种理论分别在历史哲学、心理学两个不同的理论视域和维度下展开，具有鲜明的理论差异：赫勒为激进需要代言，试图通过合理性乌托邦导引为人类走出异化提供一种解救方案；马斯洛则以基本需要的层次性递进发展为心理驱动力，试图为人指明一条自我实现的路径。武胜男在《列斐伏尔与赫勒日常生活批判理论比较》中辨析了列斐伏尔与赫勒的日常生活批判理论。她认为，这两种理论在概念界定、价值取向和克服现代性危机的路径上都是不同的。列斐伏尔将日常生活视为希望与痛苦同在的文化沃土区，而赫勒却将日常生活视为一个自在的对象化领域，并加以批判。

（五）揭示了学派捍卫马克思主义的理论立场

作为东欧新马克思主义的代表，布达佩斯学派始终捍卫马克思主义的立场，驳斥一切背离、歪曲马克思主义的理论学说。因此，学者们集中研究了布达佩斯学派在批判“教条主义马克思主义”和西方马克思主义背离、歪曲历史唯物主义方面的理论成果。布达佩斯学派在这个方面的理论工作是围绕“生产范式”“经济基础与上层建筑”“阶级分析”等历史唯物主义的核心术语展开的。与教条主义把历史唯物主义简单化地解读为“经济决定论”不同，布达佩斯学派从辩证的角度出发，挖掘了马克思“经济基础与上层建筑”和“意识形态”等核心概念中能动的、解放的力量。与一些学者在“重建历史唯物主义”的名义下消解、更改甚至背离马克思思想的做法不同，布达佩斯学派反对一些学者用交往范式和语言范式解释历史唯物主义的做法，强调“生产范式”仍然是理解马克思历史唯物主义的基础性范式。布达佩斯学派研究从不同的主题切入，揭示了学派成员“捍卫马克思主义”这一理论立场。

王芹、颜岩的《马克思生产理论的批判性何以可能？——马尔库什对马克思生产理论及思想发展阶段的理解》从生产理论这一马克思思想的核心入手，对于马尔库什在该问题上的全新阐释进行了评析。文章指出，马尔库什通过强调唯物主义的实践特性以及区分生产概念的双重规则（技术规则和社会规范），恢复了在正统马克思主义理论家那里一度丧失的生产理论的批判性。杜红艳的《〈资本论〉逻辑的解析与社会主义现实的反思——一种新马克思主义角度的社会主义解读》是对布达佩斯学派成员瓦伊达相关理论的评述。她认为，瓦伊达在《国家与社会主义——政治论文集》中，通过对《资本论》的逻辑与马克思思想的逻辑之间的张力的分析，批判了马克思主义演进中的经济决定论倾向。孙建茵在《反模式化思维与隐喻批判——马尔库什的基础与上层建筑理论研究》中指出，“基础与上层建筑”这一术语是马克思主义框架中一个重要的理论概念，然而这一术语在后来的马克思主义理论中一直具有一种隐喻性的意义，甚至被正统的马克思主义理论教条化为简单的因果关系。文章探析了马尔库什对这一概念进行批判性解读的内容和意义，认为这是布达佩斯学派捍卫马克思主义当代有效性的一次理论尝试。

（六）展现了布达佩斯学派国际化时期的重要主题

随着布达佩斯学派研究的展开，学者们发现，布达佩斯学派不仅仅是马克思主义哲学流派，它同时还在众多学科领域展开研究，因此它还是美学流派、政治哲学流派、伦理学流派，甚至在经济学方面也曾为扭转卢卡奇理论经济学缺失的局面而做出过努力。布达佩斯学派从 20 世纪 80 年代开始打开了国际化的研究视野，完全融入了全球性的学术讨论。他们在“现代性批判”“政治哲学批判”及“伦理与道德理论”等主题上的研究引起了学界的关注。

现代性批判。布达佩斯学派把 20 世纪人类所面临的危机指认为现代性的危机，同时也是一场文化危机。颜岩的《现代性的危机与存续——评阿格妮丝·赫勒的现代性批判理论》、孙建茵的《现代性三种逻辑的动态共生——东欧新马克思主义学家费赫尔的现代性批判理论》、杜红艳的《后现代语境中的现代性批判与重建——布达佩斯学派现代性批判理论探析》等文章评述了布达佩斯学派在现代性的机制、现代性的逻辑及现代性的重建等问题上的理论观点。不仅对现代性的一些基本规定性和特征进行一般阐述，布达佩斯学派还继承了卢卡奇所开创的西方马克思主义的文化批判理论传统，认为现代社会中的文化是一种独特的“现代性文化”，它具有鲜明的特征、独特的存在方式和作用机理。匡存玖的《马尔库什的语言范式理论及其文化现代性批判》、彭成广的《现代性场域下的悖论与超越——赫勒文化现代性理论研究》等文章对布达佩斯学派的文化现代性批判理论的观点、诉求、共识和困境进行了集中阐释。

政治哲学批判。布达佩斯学派的研究涉及政治哲学领域这一事实不难理解。在卢卡奇晚年退回书斋潜心研究之前，一直对匈牙利的政治现实保持高度的关注。学派成员赫格居什也积极投身政治，他曾经担任匈牙利的总理一职。布达佩斯学派倚重马克思的思想，在20世纪晚期政治哲学兴起的理论背景中，积极参与到“如何构建民主社会”的讨论中来。学者们对每一位思想独特的政治哲学理念进行了细致研究。例如，文长春在《正义范式的现代性危机与批判性重构——阿格妮丝·赫勒超越正义思想研究》中对赫勒的正义理论进行了评析。曹丽新在《费赫尔论雅各宾主义和社会主义的关系》中阐释了费赫尔以“法国大革命研究”为核心的政治哲学思想。王宝娇在《赫格居什关于社会主义条件下官僚制问题的反思》中则评析了赫格居什围绕社会主义改革与建设的政治批判理论。

伦理与道德理论。布达佩斯学派拓展了卢卡奇穷其一生所坚持的伦理学立场，继承了来自马克思的、追求推动日常生活及社会生活变革之可能性的思想遗产，试图通过道德批判和道德重建寻找到一条解决困境之路。第五卷第九篇收录的13篇文章就是对以赫勒为代表的布达佩斯学派伦理思想的内涵、当代意义及悖论和缺陷展开的批判性研究。

四、布达佩斯学派研究的前景展望

经过几十年的研究，在众多学者的深入探究和阐释之下，布达佩斯学派的形象在学术界中日益鲜明、清晰起来。如果说，法兰克福学派是西方马克思主义中最具理论影响力的学派的话，那么布达佩斯学派无疑就是东欧新马克思主义中最有理论生命力的学派。在学者们的不懈努力之下，布达佩斯学派研究的主体不断丰富，视域逐渐扩展，影响力逐渐增大。随着国内学术界对布达佩斯学派的关注度的提升，围绕学派的研究也出现了一些争论。事实上，这些争论的主题与布达佩斯学派的历史与现状紧密相关，澄明我们关于这些争论的立场的同时也是对布达佩斯学派研究卷次甄选收录相关文献的标准和我们未来研究的方向作出说明。

首先，如何划定布达佩斯学派的范围问题。关于这个问题，争论的第一个焦点在于如何理解卢卡奇与布达佩斯学派的关系。对此，我们在前文中已经说明。焦点之二在于布达佩斯学派是否特指围绕在晚年卢卡奇身边的赫勒、马尔库什、费赫尔和瓦伊达这四位学者。事实上，根据现有的绝大部分研究，学者们的确是围绕这四位理论家而展开对布达佩斯学派的研究的。我们暂且把由四位核心成员组成的学术团体称为狭义的布达佩斯学派。然而，在翻译和研究的过程中，我们的理解并没有仅仅拘囿于狭义的布达佩斯学派。一方面是因为布达佩斯学派集体合作的研究包含了其他理论家的成果，如《卢卡奇再评价》和《社会主义的人道主义——布达佩斯学派论文集》。另一方面，根据学派成员马尔库什的回忆和他家里珍藏的团队学术活动照片，在布达佩斯学派最鼎盛时期，曾经有十几位青年学者参与学派的集体研究。按照现有掌握的资料可以确定，除了四位被卢卡奇钦点的学者外，从事政治经济学批判的梅扎罗斯和社会学家赫格居什、马尔库什也与布达佩斯学派保持着亲密的学术联系，在各自的研究中带有鲜明的"布达佩斯学派"特点。除此之外，卢卡奇的其他学生及他曾经的合作者、布达佩斯学派成员的学生、弟子等也被人们看作与布达佩斯学派具有亲缘关系，如吉什、本斯、康拉德、塞勒尼等。因此，我们更倾向于认为存在一个范围更广泛的、广义上的布达佩斯学派。目前，已经搜集到这些学者的外文资料，对于进一步挖掘他们的理论内涵、阐明他们与狭义的布达佩斯学派之间的内在关系具有重要意义，这些学者及其成果的研究将成为布达佩斯学派研究新的理论热点。

其次，布达佩斯学派研究的现实意义问题。很多学者提出过疑问，"东欧新马克思主义译丛"所翻译的布达佩斯学派的著作主要是20世纪60年代到东欧剧变时期的主要成果，21世纪的今天，研究这些已经成为历史，甚至以失败告终的历史成果是否还有意义？熟知布达佩斯学派的学者都知道，在其略显深奥的文字中，布达佩斯学派在不同时期的作品都承载着厚重的时代信息，时刻关注本国现实与急速变化的世界信息。他们的著作鲜明地体现了人文学者对时代脉搏的把握和对人类命运的关切。20世纪六七十年代，面对匈牙利主要效仿苏联实行计划经济体制和政治一体化的现实，布达佩斯学派在卢卡奇的引导下在哲学层面上对异化和人道主义问题进行研究，在社会学层面批判官僚主义，在伦理层面思考人的"激进需要”，在政治层面谈论激进民主的可能性。70 年代后期，学派的主要成员离开匈牙利融入国际舞台之后，视野更加开阔，他们除了继续对苏联模式的经济、政治和文化进行批判性的研究外，开始融入对现代人类社会的反思之中。现代性批判、法西斯主义批判等是学派这一时期彰显国际视野的主题。20 世纪 80 年代末期到 90 年代，布达佩斯学派的研究保持与国际学术界同步。现代性文化批判，受后现代思潮影响的个性伦理学、后历史阐释模式和后现代政治研究等是学派应对现实危机进行的理论回应。虽然，匈牙利放弃了社会主义道路，然而这并不能否定布达佩斯学派的理论意义。布达佩斯学派的研究成果立足的是社会主义体制，与西方资本主义制度背景下的理论相比，他们对社会主义匈牙利社会改革的探讨对于今天的社会主义建设来说无疑更具有针对性和借鉴意义。他们理论的不足和失败的实践可以作为经验教训供我们反思，他们在文化、制度等方面符合国情的思路也具有参照价值。融入国际学界后，布达佩斯学派的视野得到了空前拓展，他们理论中无法消除的东欧社会主义印记使他们可以用更加独特的视角和语言面对时代困境与现实生活。如果说，法兰克福学派在当代中国能产生如此广泛的影响是因为他们的理论主题关涉现代社会人们共同面对的问题，那么布达佩斯学派后期在文化、道德、心理等主题上的探讨将更能引起现代化进程中中国接受者的共鸣。

21 世纪，布达佩斯学派的主要成员仍然活跃在国际学术界，他们的思想主题随着时代的变化而变化，他们对 21 世纪的资本主义结构性矛盾、对资本主义危机和资本主义新形态作出了全新分析。这些理论观点与社会主义时期相比发生了许多新变化。这些观点对于我们正确认识资本主义发展趋势和命运，深化对社会主义优越性的理解，准确理解和发展马克思主义将具有重要的启示意义。

最后，布达佩斯学派是否依然存在的问题。21 世纪的第二个十年，我们不得不与布达佩斯学派说再见。2016 年到 2019 年间，马尔库什、梅扎罗斯、玛丽亚·马尔库什和赫勒相继离世。我们在万般不舍之余还要面对一个问题，布达佩斯学派终结了吗？事实上，在此之前，这种质疑就从未停止过。由于布达佩斯学派在历史上“有形”的存在期比较短暂，因此，卢卡奇逝世之后，主要成员出走西方世界的布达佩斯学派的合法性必然遭受质疑。虽然沙龙活动停止，匈牙利境内的布达佩斯学派不复存在，然而学派形式上的松散并没有影响集体性的研究，这与布达佩斯学派多年的研究习惯具有直接关系。可以说，直至21世纪，布达佩斯学派的集体性研究依然存在。费赫尔逝世后，剩下的三位主要成员天各一方，赫勒在美国继续从事研究，马尔库什夫妇定居澳大利亚，瓦伊达往返于德国与匈牙利之间。即便如此，几位多年的学术伙伴和老友始终保持理论和生活上的沟通，他们会把自己的成果第一时间发送给其他成员，接受他们毫无保留的批判性反馈。他们也会在自己的研究中不断呼应老朋友最新的理论观点。因此，在各自有所倾向和侧重的主题上，其他成员仍然延续着布达佩斯学派的理论精神。今天的匈牙利，除了我们之前提到的还未及充分研究的其他更广泛意义上的布达佩斯学派的成员外，布达佩斯大学及匈牙利科学院等研究机构仍然有众多与布达佩斯学派合作过的学者和他们的学生在继续从事学术研究。曾经的“布达佩斯学派的血脉”使这些思想家具有众多可以被视为一个学术整体的共性：对卢卡奇思想的研究热情和与卢卡奇相近的学术立场；对资本主义保持批判和审视的立场；对今天资本主义制度下的东欧进行带有地域特色的研究；等等。因此，从这个意义上说，我们最熟知的“布达佩斯学派”不在了，然而“布达佩斯学派”并没有终结。布达佩斯学派研究依然“在路上”。

目　　录

第五篇　历史理论研究

第六篇　文化现代性批判研究

第七篇　美学思想研究

第五篇

历史理论研究

布达佩斯学派对历史哲学范式的批判*

傅其林

一

布达佩斯学派对历史哲学持有浓厚的学术兴趣，他们发表了一系列关于历史哲学的著述，诸如《历史理论》①《破碎的历史哲学》《时间是断裂的：作为历史哲学家的莎士比亚》等。他们把对历史与时间的思考融入其具体的文化、政治、经济、社会理论之中。尽管他们各自的学术领域有所差异，但是都认同历史哲学实质上是一种宏大叙事。

宏大叙事是后现代哲学家思考现代知识学的重要范畴。利奥塔在《后现代状况》中指出，现代科学就是指依靠元话语使自身合法化的科学，元话语求助于精神辩证法、意义阐释学、理性主体等宏大叙事。在启蒙叙事中，知识英雄为了高尚的伦理政治目的而奋斗，即为了宇宙的安宁而奋斗，这是“用一个包含历史哲学的元叙事来使知识合法化”②。利奥塔清楚地道出了宏大叙事与历史哲学的内在关联。布达佩斯学派，尤其是其中主要哲学家赫勒，对历史哲学的宏大叙事模式进行了深入的话语分析，从人

---

* 本文刊于《求是学刊》2010 年第 5 期。

① 根据托梅记述，赫勒在 1977 年冬天离开匈牙利时，就写好了这本书的手稿，但因她想为讲英语的读者重写，所以直到 1982 年这本书才得以问世。见 Simon Tormey and Agnes Heller: *Socialism, Autonomy and the Postmodem* (Manchester and New York: Manchestor University Press, 2001), p. 104.

② 让－弗朗索瓦·利奥塔尔：《后现代状况》，车槿山译，生活·读书·新知三联书店，1997，第 2 页。

类历史演进中挖掘历史哲学的普遍性特征。

赫勒在《历史理论》中第一次根据维科和柯林伍德的历史理论区分了人类从前现代到后现代时期历史意识发展的六个阶段。第一个阶段是未反思的普泛性（unreflected generality），时间是无限回溯的，无限性被视为一种图像，没有被概念化，未来、现在、过去也没有区别，神话是这种历史意识的集中的对象化表现。第二个阶段是在特殊性中反映出来的普泛性意识（generality reflected in particularity），这是对历史变化的一种意识，主要以古希腊的文化为典型，神话不再是封闭的集体世界观的体系，而是成为日益变化的个体化的世界观得以表达的中介，古希腊的悲剧成为其主要对象化表现之一。第三个阶段是中世纪神学世界体现出来的未反思的普遍性意识（unreflected universality），特殊性被相对化，普泛性不再能于特殊性中反映出来，人类不能提出关于自己真正是什么的问题，因为神学提供了全部答案，人类的本质根据上帝的意愿被创造出来，这个上帝本身就是普遍性，这种意识就是同一性意识，不涉及经验问题。第四个阶段是在普泛性中反映特殊性的意识（particularity reflected in generality），历史不再是救赎的历史，人类的本质是世界建构的焦点，人一出生就是自由的并被赋予了理性，这实质上是西方现代社会初期的历史意识，在文艺复兴艺术家以及康德等那里得到诸多表现，艺术在现在的深度中旅行。第五个阶段是19世纪开始成为主导的世界历史（world-history）意识或者反思的普遍性（reflected universality）意识。第六个阶段是第一次世界大战之后成为主流的反思的普泛性（reflected generality）意识，即后现代意识。

赫勒是在第五个阶段的意义上讨论历史哲学范式的，并揭示其普遍性的宏大叙事特征。[①] 在1999年出版的《现代性理论》中，赫勒在梳理人类历史意识的阶段时，直接把反思的普遍性即普遍的历史等同于宏大叙事。在这个阶段，我们微小的私人事件根据世界历史的巨大范围进行估量，不再存在带有复数的历史，只有大写的历史，即普遍的意识。这是绝对的意识："所有人类的历史在包含过去、现在和未来的普遍化的概念下被统一起来，未来不再是这种或那种文化的未来，而是人类的未来。它也不被认

① 在1993年出版的《破碎的历史哲学》中，赫勒在序言中明确地概括了现代历史哲学与宏大叙事的内在联系，参见 Agnes Heller, *A Philosophy of History in Fragments* (Oxford: Basil Blackwell, 1993), p. vi。

作对现存秩序的常年的呈现。不同的东西只有这样：拯救的世界，末日的世界或者永远完善的过程。在所有这些方面，存在着不断重复的救赎图像。”① 在赫勒看来，世界历史意识就如基督教那样构建世界，最后的问题是历史或者前历史的终结，或者是永恒完善的无限性。但是，这种世界历史意识是反思性的，并时刻注意现在的状况，因为现在确证着未来，正如市民社会的分析确证了世界－精神的自我发展，对资本主义的批判确证了联合生产者的社会的重要意义，对大众文化的批判确证了超人，对社会的批判确证了共同体的优越性。赫勒认为，反思的普遍性意识一方面包含了文化批判，另一方面包含了社会科学。这种历史意识从根本上说不是宗教也不是神话，而主要是历史哲学，它以自由作为价值观念。反思的普遍性与历史哲学是内在相关的，人的本质不再是个人的问题，而是归属于世界普遍的历史进程进行评价，人类是普遍的。偶然的个人只有成为历史的主体或者完全顺从历史才能够成为所谓“人类”的普遍性，特殊性成为普遍性的载体，国家成为世界历史国家，阶级成为世界历史阶级，而艺术作为一种历史的产品，也是普遍性意识的产物。

二

赫勒从特性、普遍发展与普遍规律等方面揭示了历史哲学的宏大叙事特征。她归纳出了历史哲学话语的九个主要特征。第一，历史哲学的核心范畴是大写的历史（history），所有人类的历史都归属于这个大写的历史，是大写历史之树的分支，或者视为大写历史的同一本质的呈现。第二，大写的历史被理解为一种变化，这种变化具有普遍的趋势。这种普遍的趋势被设想为在大写历史的所有分支中的进步、退化或者同一发展模式的重复。第三，就作为整体的大写历史而言，普遍的陈述被表达。甚至“在历史中没有普遍的规律”这种陈述也是关于大写历史的一种普遍的陈述。第四，因果关系的解说没有使我们进入对特殊的事件、结构或者特殊社会的理解，因为大写的历史本身就是被因果性关系的解说来解释的。所以像历史是个体决定的结果以及历史发展是纯粹偶然因素的结果这样的陈述正是大写历史的解说，这些陈述与大写的历史是世界精神的自我发展的陈述是

① Agnes Heller, *A Theory of History* (London: Routledge & Kegan Paul, 1982), p. 21.

一样的。第五，存在的起源等同于历史的起源，宇宙或者根本没有被主题化，或者作为历史的前历史。在赫勒看来，历史哲学是与韦伯所谓的“世界的祛魅”同时产生的，是与自然科学从哲学的解放同时进行的，是与把自然建构为一种纯粹的客体的趋向同时进行的。第六，历史哲学把现在理解为过去历史的产物，人的本质也被设想为大写历史的产物，人的存在的历史性成为历史哲学的人类学的焦点。第七，历史哲学同所有普遍的哲学一样，把应该（ought）与所是（is）对立起来，从所是中推出应该，应被理解为真和善、理论和实践的统一体，理解为真理。哲学的理想始终是最高的价值，所是根据最高的价值的标准来衡量。所以赫勒认为：“在历史哲学中，最高的价值通向大写的历史或者历史性的未来或者过去。在这种情况下，真理与最高的价值都被时间化。”① 这就引出了历史哲学第八和第九个特征，即历史真理在未来揭示自己，即使投向过去也是如此；现在被视为一种转折点，它体现了过去，也是未来的摇篮。赫勒对历史哲学九个特性的概括表明，历史哲学是普遍性的，最终归结为大写的历史，它通过因果关系、过去、现在、未来的辩证关系预示了一种普遍的发展趋势与最高的价值理想，这些话语模式正是利奥塔所谓的宏大叙事。

赫勒进一步探究了作为历史哲学的基本范畴的普遍发展观念的三种模式。一是进步理论，相信大写的历史具有进步的趋势，存在从低级阶段向高级阶段的持续发展，康德、黑格尔、马克思、胡塞尔、布洛赫、卢卡奇与萨特都共同地强调大写的历史的进步，也即走向自由的进步。二是退步理论，大写的历史具有退步的趋向，历史有着从高级向低级、自由不断减少的持续发展。所以发展不重要，因为进一步发展意味着进一步的自由的减少，意味着我们物种的自我毁坏，这样原始社会成为“黄金时代”，各种形式的浪漫主义属于这种模式，海德格尔是这种模式最伟大的哲学代表。第三种模式是永恒重复的理论，大写的历史被理解为同一发展过程的重复，汤因比、列维－斯特劳斯、弗洛伊德是这种模式的代表。尽管历史哲学存在不同的模式以及同一模式的不同的具体观点，但是在赫勒看来，它们都试图把历史本体化，“所有的历史哲学把‘进步’‘退步’与‘永

① Agnes Heller, *A Theory of History* (London: Routledge & Kegan Paul, 1982), p. 215.

恒的重复’本体化了”[1]。这种本体化共同导向普遍发展，导向历史哲学作为整体的大写历史的发展图式。“所有发展理论，不论是特殊化的抑或是普遍化的，都不得不安排所有的事件和结构，把这些事件与结构理解为同一社会过程的因素，并且不得不根据这些事件和结构在时间序列中，也即在社会整体生活中所占有的‘位置’来进行评价。”[2] 这样，所有的历史哲学都试图把握对过去、现在与未来的根本性的理解，都宣称对未来的历史构建了真实的陈述，这是一种“总体的（总体化的）未来”[3]。人类的意志也就在这种陈述中成为纯粹的普遍的历史规律的呈现，而服从于普遍的规律。这种规律或者是逻辑必然性的结果，或者是普遍的目的论的结果，或者是普遍的决定主义的结果，或者是历史范畴根据其内在逻辑的展开。这些结果都表明，“所有普遍发展的理论本质上是目的论的。它们把现在和未来建构为过去的结果，因而结果一开始就必定已经在‘那儿’”[4]。并且，这种普遍的规律是用科学来进行证实的，“它们把自己表述为科学的规律”[5]。

带有目的论特征的历史哲学事实上是整体论（holism），包含着对相同之物的总体的自我反思。在赫勒看来，历史哲学的整体论与个体主义同古代哲学中的整体与部分的问题没有联系，而是涉及实体（substance）范畴。实体是人类的本质，而且始终被理解为总体性。这种总体性或者是普遍的历史、人类，或者是特殊的文化、民族、阶级，或者是单一的个体。不过，所有主要的历史哲学都兼具这三种总体性。历史哲学形成了总体性的等级，最终指向最高的总体性。赫勒把黑格尔的哲学视为历史哲学最完美的代表，特殊的文化总体性仅仅是世界精神的局部性表达，体现了世界精神展开的阶段，只是作为目的的手段，个体只是被视为实现高级总体性的手段，所以最后特殊性文化都消除了，被更高级的文化总体性所取代，“特殊总体性在某种程度预先编织出了高级总体性的某些范畴，这是所有范畴的总体化”[6]。不少人对黑格尔的历史哲学加以质疑，以个体总体性代

---

① Agnes Heller, *A Theory of History* (London: Routledge & Kegan Paul, 1982), p. 230.

② Ibid, p. 224.

③ Agnes Heller, *A Theory of Modernity* (Oxford: Basil Blackwell, 1999), p. 3.

④ Agnes Heller, *A Theory of History* (London: Routledge & Kegan Paul, 1982), p. 242.

⑤ Ibid, p. 244.

⑥ Ibid, pp. 249 – 250.

替世界精神的总体性，但是这种质疑也是建立在历史哲学的基础上的。费尔巴哈和克尔凯郭尔是第一批代表。对费尔巴哈来说，个体性本身成为最高的总体性，个体成为人类物种本质的载体。这种理论无疑也是一种历史哲学，因为它包含了人类本质的异化的观念并支持在现在与未来消除异化。克尔凯郭尔以绝望的激进主义取代乐观的激进主义，在《非此即彼》第二部分，他遵循着历史哲学的逻辑，寻求个体与物种统一的可能性。康德和马克思带着更恢宏的意图来协调普遍总体性与个体总体性，但是最终仍然是走向总体性的历史哲学。

三

赫勒不仅揭示了历史哲学的宏大叙事的话语特征，而且对这种范式进行了批判，透视出此范式内在的矛盾与失误。

历史哲学的第一个困境可以归结为必然与自由、主观与客观的困境。在赫勒看来，历史哲学要通过标志物（indicator）来确定历史的进步、退步、重复。这个标志物一旦确立就不得不运用于所有的社会与文化，或者以生产为标志，或者以工业为标志，或者以语言为标志，但最终都可以还原到知识和自由两个标志物。标志物的选择在赫勒看来并不是客观的标准，“哪种标志物能从众多标志物中选择出来，始终取决于历史哲学家的主要的价值”①，取决于他们对历史的主观看法。历史哲学家都需要他们自己上帝的存在的本体论证据，通过把进步的标志物当作其独立的变量获得了这种本体论的证据，对赫勒来说，他们通过这种运作使自己陷于严重的困难之中：一方面他们把历史置于人类行为的结果，另一方面他们把历史从人类行为中分离了出来，把历史视为纯粹的对象。如果历史取决于人类的行为，显然就没有独立的变量来归属于人类行为，更不用说归属于大写的历史。历史哲学的悖论在于它们把一种主观的选择作为一种客观的发展标准，而最后建构起来的客观发展又脱离了发展的对象，正因如此赫勒把历史哲学的困境归结为必然性与自由的困境，并认为，“这个困境在历史哲学的框架内是不可能解决的”②。

---

① Agnes Heller, *A Theory of History* (London: Routledge & Kegan Paul, 1982), p. 234.

② Ibid, p. 242.

黑格尔的历史哲学似乎从理论上解决了这一内在的矛盾，因为他认为历史的发展等同于世界精神的发展，最终走向主体与客体的统一。但是他的代价是消除了超越现在的意志，最终达到与现实的调和。所以在赫勒看来，历史哲学家最终没有能够消除其困境。历史哲学的第二个困境在于偶然性与必然性的矛盾。在历史哲学中，历史的动力被视为偶然性或者必然性。在第一种情况下，在大写的历史中，一切事情都是偶然发生的。偶然性在否定的意义上等同于历史发展的普遍规律：历史的普遍规律是在历史上没有规律，没有规则，甚至没有一种典型的相互作用的行为。赫勒指出，如果在历史上只有偶然性，那么事实上就没有偶然性，因为偶然性只有相对于不是偶然性的东西才具有意义。而且，就人类自由而言，在总体必然性与总体偶然性之间不存在任何差异，在两种情况下，人类自由显然是不存在的。在第二种情况下，必然性通过偶然性来实现。黑格尔把偶然性归属于普通的人类的意志。但是把人类意志视为偶然性的因素与偶然性的基本概念相矛盾，因为偶然性是没有被有意设想的东西。但是这种没有被设想的东西不是被黑格尔等同于偶然性而是等同于必然性。偶然性的意义完全被颠倒了。从现实主体的角度理解为偶然性的东西，从神秘主体即大写历史的角度被设想为必然性。因而现实主体本身被理解为偶然性，但是当人类直接设想必然性的实现时，人类就不再是历史的偶然因素。在实现必然性的同时，人类成为自由的。必然性的认识与自由获得同一。在赫勒看来，“康德之后，没有历史哲学能够完全避免这种陷阱”①。他们的自由等同于从偶然性中解放，缺乏道德决定的内容。第三个困境在于整体论的困境，不论是用普遍的总体、特殊总体性，还是单一总体性来形成历史哲学的整体，都是充满问题的，“结果是没有激进主义的现实主义，或者没有现实主义的激进主义”②。可见，赫勒对历史哲学的批判在于，历史哲学从根本上说没有解决事实与伦理价值的问题，它的两个主要的失误在于：一是曼海姆所说的从非历史的角度来历史地反思人类的本质；二是在最高价值即自由与自由价值的本体论化之间的矛盾，不同历史哲学通过各种不同的路径追求自由，但是它们最终都消除了自由，所以赫勒认为：

---

① Agnes Heller, *A Theory of History* (London: Routledge & Kegan Paul, 1982), p. 247.

② Ibid, p. 253.

“历史哲学超越了善恶。”① 从政治学角度看，历史哲学把改变历史的人类主体或者视为世界意识的主体，或者视为具有伟大人格的个人主体，或者视为集体的主体，这最终把事实和应该视为历史逻辑的产物，而忽视了人类行为的选择，按格鲁姆雷的总结所说：“历史哲学已经遮蔽了政治行为中伦理选择的时机。”② 这些宏大模式是赫勒与其他布达佩斯学派成员所不认同的，所以赫勒主张以历史理论取代历史哲学③，以克服历史哲学的悖论，但是赫勒在后现代意识视野下并没有否定历史哲学，认为仍然存在着历史哲学的需要，这就是赫勒以及布达佩斯学派其他成员的重建态度。

四

历史哲学体现出宏大叙事的话语特征，它重新思考了过去、现在、未来的辩证关系，预示普遍发展的动力机制，现在是重要的，而未来更重要，现在成为未来的手段。不论是悲观抑或是乐观，宏大叙事存在着救赎的、希望、乌托邦的特征，正如赫勒所指出的，“传统的宏大叙事笃信虚假的弥塞亚，因为他们宣称知道谁（什么）是弥塞亚，甚至更糟糕的是，他们宣称知道什么使弥塞亚降临”④。布达佩斯学派对历史哲学的救赎范式进行了剖析与批判，下面主要集中论述费赫尔和赫勒对救赎范式的批判。

费赫尔在1985年发表的论文《激进政治学中的救赎的与民主的范式》中对救赎范式进行了历史的清理，这是与赫勒的历史哲学的历史意识处于同步的研究，不过费赫尔更侧重从政治哲学的角度来思考。在他看来，救赎政治学产生于18世纪末期，以拿破仑的出现为标志，拿破仑成为他的时代以及后来许多时代的救赎者。救赎范式的产生来自两种社会因素：一是

---

① Agnes Heller, *A Theory of History* (London: Routledge & Kegan Paul, 1982), p. 263.

② John Grumley and Agnes Heller, *A Moralist in the Vortex of History* (London: Pluto Press, 2005), p. 100.

③ 格鲁姆雷认为，赫勒1982年出版的《历史理论》最后突破了作为历史哲学的宏大叙事的特有形式的马克思主义，《历史理论》标志着她著作的较早的后马克思主义阶段，“她试图在历史哲学之后对历史进行理论化”。见 John Grumley and Agnes Heller, *A Moralist in the Vortex of History* (London: Pluto Press, 2005), p. 96。

④ Agnes Heller, *A Theory of Modernity* (Oxford: Basil Blackwell, 1999), p. 11.

胜利的资产阶级缺乏管理社会能力，不断累积的社会矛盾呼吁一个救赎者，这是较为狭窄的因素；二是更为宽泛的因素，就是现代社会不彻底的世俗化。救赎范式是自由与民主范式的敌对者。它的第一个特征是把现代性的内在复杂性过分减少，这意味着在社会网络中的冲突可以通过一种简单的中介被解决与超越，这个中介就是救赎者个人与非理性的权威。它的第二个特征是不断地把现代性的异质性因素同质化，“把市民社会归属于一种同质化的政治国家，这或多或少是救赎范式的标志”[①]。它的第三个特征是，不像自由的和民主的范式，它不包含一系列可以理性预测的制度。救赎制度从一个救赎者到另一个救赎者发生变化，而且这些制度是从救赎者的人格、策略，经常是从他的异想天开的设想中被推论出来的。它的第四个特征就是在本质上的宗教的或者伪宗教的特征，也就是说，救赎范式是社会领域的宗教内聚力的替代者。

现代救赎范式的形成对费赫尔来说涉及更为深入的问题，他借助于曼海姆的“自由漂浮的知识分子”理论分析了救赎范式形成的社会机制。在19世纪末期，知识分子拥有新的社会地位与新的意识，这个阶层把自己置于复兴救赎范式的地位之中，使自己承担起建构救赎范式的理论任务。这样，这个知识分子阶层就获得了双重形式。一方面，先锋派知识分子在政治学或艺术中不再是中产阶级的纯粹的依附者。另一方面，知识分子不得不以无根性和波西米亚的悲剧性形式来为解放付出代价，这种代价反过来为新颖的集体精神所补偿，即他们都怀着自豪的共同信念：知识分子是改变社会的蓄水池，是未来的救赎。所以这些知识分子以元伦理学，最重要是以美学的方式拒绝自由的范式，认为这种范式是粗疏的、可恶的、非本真的，所以在费赫尔看来，救赎范式带有明显的审美特征。救赎范式认为，现在的世界不得不被重新创造，从虚无中重新创造。在费赫尔看来，卢卡奇、海德格尔、根梯勒都是救赎范式的代表者。

费赫尔对救赎范式的特征的分析揭示了救赎范式的危机与问题，这是一种集体性的、神学式的范式，这是一种与民主政治相对的政治学范式，是一种宏大叙事。这是现代性政治学的主要形态，也是现代美学与文化的

① Ferenc Feher and Agnes Heller, *Eastern Left-Western Left* (Cambridge: Polity Press, 1987), p. 63.

形态。费赫尔宣告了这种激进普遍主义的政治学范式的死亡："宏大叙事的政治学、救赎政治学或者阶级政治学无论在哪儿都死亡了。"① 费赫尔与赫勒在 1991 年出版的《激进普遍主义的辉煌与黄昏》一书的导论中明确地把自己定位为后马克思主义者，并抛弃马克思主义的宏大的救赎政治学，他们说："激进普遍主义的野心已经崩溃，这甚至在其辉煌的时代就是真实的，不仅是在它黄昏的时代"②，"1968 年以后，激进普遍主义成为了历史"③。哈里森在评论此书时指出："对作者们而言，现代性被救赎的政治学所统治，他们所抛弃的马克思主义恰恰是这样的救赎政治学。"④ 在批判救赎范式的政治学的基础上，他们确立了自由的民主政治范式，认同阿伦特、施米特、罗蒂的政治学。自由的民主政治范式意味着拒绝各种形式的救赎范式，因为它认可的不是权威而是履行话语的过程，将之视为立法的公正的程序，这意味着资本主义的转型，每个人成为社会再生产的条件的推动器。

赫勒把历史哲学的救赎范式纳入她的现代性理论框架之中，也可以说她所指的现代性就是历史哲学意识的体现："现代主义把'处于现在'体验为生存在过渡的状态、阶段或者世界，被挤压在过去与未来之间。通常被视为'必然的'（因为它不能改变）过去，必然走向现在——作为一种限制，作为'此时'的现在，这是一种不重要的时刻，它始终上升到无限的未来，被视为自由的领域。"⑤ 在现代主义看来，现在像一个火车站，现代人赶上在此停留片刻的快速列车，让它把他们带到未来，因而赫勒认为，现代主义者通过回忆过去与投射未来把现在边缘化了，"通过未来将现代性合法化"⑥。作为宏大叙事的现代性迷醉于乌托邦、希望、启示等救赎范畴，这实质上是犹太－基督教的想象制度的表现，是这种想象制度世

---

① Agnes Heller, Sonja Puntscher Riekmann, *Biopolitics: The Politics of the Body, Race and Nature* (Aldershot: Avebury, 1996), p. 67.

② Ferenc Feher and Agnes Heller, *The Grandeur and Twilight of Radical Universalism* (New Brunswick: Transaction, 1990), p. 2.

③ Ibid, p. 5.

④ Paul R. Harrison, "*The Grandeur and Twilight of Radical Universalism*," by Agnes Heller and Ferenc Feher, Contemporary Sociology, no. 4 (1992): 539 – 540.

⑤ Agnes Heller, *A Theory of Modernity* (Oxford: Basil Blackwell, 1999), p. 7.

⑥ Ibid, p. 8.

俗化的结果。赫勒指出，现代人需要救赎，“只要存在着大写的历史，就一直有对救赎的需求”。虽然现代人的自我感知不是特有的犹太-基督教者，但是“现代世界彻头彻尾是一个犹太-基督教世界”①。

① Agnes Heller，*A Philosophy of History in Fragments*（Oxford：Basil Blackwell，1993），p. 62.

赫勒的历史哲学批判与对社会主义的新理解*

李西祥

在常识性的理解中，历史哲学和历史理论是很难区分开来的，历史哲学也就是历史理论，历史理论也就是历史哲学。但是，在赫勒那里，历史理论和历史哲学并不是一个东西，二者不能简单地等同起来。赫勒的《历史理论》就厘清了这样一个问题，与我们通常所认为的不同，赫勒的基本思路是，以一种历史理论来代替历史哲学。由于以历史理论来取代历史哲学，赫勒对以马克思为典范的历史哲学对社会主义理念的理解进行了修正，并提出了“历史的社会主义理论”思想。如何理解赫勒以历史理论来取代传统历史哲学的这种理论谋划？进而言之，如何理解赫勒的历史理论对马克思历史哲学的修正和对社会主义思想的修正？在这里我们以赫勒《历史理论》一书为主要依据，结合赫勒的基本思想来探讨这一关键理论问题。

一、从历史哲学到历史理论

人类是一种历史性的存在。因此，人类的每一种对象性的创造活动和创造产物，从根本上说，都具有历史性，因此对历史之意义的阐述，不仅是历史学家所关注的事情，也是所有的哲学家和思想家所关注的事情。赫勒也对历史概念和历史表达了自己的特殊关注，并提出了自己的历史观。赫勒从对四个基本概念的论述与区分入手，对传统历史哲学进行了批判，并提出了历史理论的概念，以之取代历史哲学概念。为了对赫勒的历史理

---

* 本文刊于《苏州大学学报》2015 年第 2 期。

论有一个宏观的把握，首先要对这四个基本概念有一个清晰的认识，这四个基本概念即历史性、历史编纂学、历史哲学和历史理论。

何为历史性？从赫勒的论述来看，历史性是人类所独有的历史意识。作为有历史性的人，他不同于其他动物的根源就在于他具有历史意识，这种历史意识就是赫勒所指认的历史性。这种历史性伴随着一切的人和人类，在赫勒那里，这种历史性与康德的时间和空间的先验范畴一样具有本源性。我们即是时间，我们即是空间。而我们的历史性就是我们的存在意识。“历史性并不是仅仅发生在我们身上的某种东西。它不是我们‘随意选择’的某种癖好，犹如匆忙披上一件衣服那样。我们即是历史性；我们即是时间和空间。这两种康德式的‘知觉形式’不是别的，仅仅是我们存在的意识。我们的存在之意识就是我们之存在。”① 从这里出发，我们看出，赫勒的历史性概念与康德的先验时空观的内在联系。赫勒还指出，人类的历史性必须是以人类为基础的，就个体而言并不存在历史性。历史性总是对作为群体的人类而言的，其次才是对人类的个体而言的。正是因为我们是历史性的存在，所以我们才具有历史意识，我们总是对我们的历史进行反思，这种反思的历史意识构成了历史意识的诸阶段。历史意识的诸阶段都是对历史性基本问题的回答，即“我们从哪里来，我们是什么和我们到那里去”这个历史性的基本问题的回答。而赫勒所关注的问题在于，在经历了这一系列的历史意识的阶段之后，我们当代历史意识陷入了困惑。就是说，在经历了20世纪的两次世界大战之后，人们陷入了历史意识的困惑，那种反思的普遍性的历史哲学，那种大写的历史，普遍的历史，世界－历史被予以强烈的质疑。作为对这种普遍历史哲学的崩溃之回应，历史哲学提出了三个替代性的理论命题，赫勒将之概括为“研究机构事实性”“大饭店深渊”和“恶之激进化的心理避难所”。② 从赫勒的论述看，这三个理论命题分别是新实证主义、极端的历史虚无主义和崇尚暴力的激进主义。显然，赫勒对这三种历史哲学都持否定态度，那么她所谓的历史理论究竟提出了什么样的新观点呢？我们会在后面的论述中予以分析。

历史意识具有其客观化（对象化）的形式，这就是历史编纂学和历史

① Agnes Heller, *A Theory of History* (London: Routledge & Kegan Paul, 1982), pp. 4–5.

② Ibid, p. 30.

哲学。历史编纂学是真实知识。赫勒所指的历史编纂学，或者说历史学，是指一种严格意义上的真实知识，即作为认识（episteme）的知识。我们可以说，历史编纂学力求实证地展现历史，它并不涉及未来，也不意图对未来发生影响，尽管它必然对未来有影响。如果它刻意地对未来发生影响，那它就不再是作为真实知识的历史编纂学，而成为历史哲学。历史编纂学所涉及的是复数的历史，是各种具体的特殊的历史，而不是大写的普遍性的历史。相比较历史编纂学而言，历史哲学则关注大写的历史，它并不关注过去，它立足于当下，而且认为在当下中包含着过去和未来。它关注历史存在的意义问题，并回答历史存在的意义问题。赫勒所指称的历史哲学具有以下重要特征：首先是普遍发展观念是它的核心概念；其次，它声称历史是具有普遍规律的，因而历史哲学预设目的论和必然性；再次，历史哲学关注整体的历史，是一种整体主义；最后，历史哲学总是设想一个未来的乌托邦，而这个乌托邦是可以通过努力得以变成现实的。

与历史哲学相比，赫勒更赞成历史理论，而不是历史哲学。那么何谓历史理论呢？赫勒的论述并不十分清晰，只是概括地说，它是一种未完成的（不完整的）历史哲学。那么赫勒的历史理论到底有什么特征，它如何区别于历史哲学呢？

我们认为，理解赫勒的历史理论的首要之点在于，要将历史哲学与她所说的历史理论区分开来。从总体上看，赫勒基本上把历史哲学看作是一种有关历史的宏大叙事，而这种宏大叙事不再适用于对当代社会历史的理解。无疑，赫勒在历史理论上对作为宏大叙事的历史哲学的否定，是在后结构主义和后现代主义的语境下，对传统的历史理论所进行的理论反思。赫勒把历史哲学的基本特征归纳为九点。[①] 赫勒归纳的这九个要点彼此之间划分并不是很清楚，我们可以较为简略地总结为以下几点。首先，历史哲学所关注的是大写的历史。就是说，历史哲学并不涉及特殊的、具体的民族和人类的历史，相反，一切具体人类的历史都隶属于这个大写的历史。与此相关，历史哲学只关注普遍的历史，整体的历史。其次，历史哲学把历史理解为连续的、发展的，把当下理解为过去历史的产物。再次，历史哲学是一种哲学，这就是说，历史哲学遵循哲学的普遍模式，

① Agnes Heller, *A Theory of History* (London: Routledge & Kegan Paul, 1982), pp. 214 - 215.

它从是中推出应该。在历史哲学中，就是从历史中推出应该的未来历史。因而，历史哲学总是关注最高价值，它具有价值维度。最后，历史哲学所关注的乃是未来，而不是过去。历史哲学的历史并不是现实的过去之历史，而总是包含了过去和未来的当下。由此，历史哲学从根本上区别于关注过去的现实历史的历史编纂学。我们看到，赫勒所概况的历史哲学的基本特征实际上也包含了马克思的历史唯物主义，就其本质而言，历史唯物主义也就是马克思的历史哲学。但是，历史哲学并不是赫勒所主张的，而恰恰是赫勒所批评的，是她试图以历史理论取代的。那么，历史哲学有何谬误，赫勒要以历史理论来取代之呢？

赫勒指出，历史哲学包含了两种不可规避的基本缺陷。首先，"历史哲学从非历史的观点历史地反思历史存在。"① 这就是说，从历史哲学的特征我们就了解到，历史哲学的所谓历史，即大写的历史实际上是非历史的，而历史哲学从这种非历史的观点出发来应用于对现实历史存在的反思，并试图制定出具体的关于未来的谋划，这是一种非法僭越。赫勒说："历史哲学涉及的是当下，但是它也声称（错误地声称）解决'历史之谜'——一个不能被解决的谜，因为这个谜根本不存在。"② 历史哲学的第二个错误在于最高价值（即自由）和同一价值（与其他相关价值一起的）本体论化之间的矛盾。这里的关键问题在于，如果人们将历史看作普遍发展的，或普遍退步的，或是必然性的，那么人类就丧失了自由，这个最高价值永远不可能实现。这就是说，历史哲学实际上堵塞了通向自由的道路。赫勒认为这就是历史哲学"超越了善和恶"的原因。所谓超越了善和恶，是人们不再具有自由，不再能够进行自由选择。

正是由于历史哲学的局限性，赫勒提出用一种历史理论来取代历史哲学。在赫勒的想象中，历史理论其实仍然是一种历史哲学，却是一种未完成的历史哲学，我们也可以说是开放的历史哲学。那么，赫勒所谓的历史理论究竟是什么，它与历史哲学又有什么不同呢？赫勒的论述并不是很清晰，在这里我们从她对马克思历史哲学的分析中可以窥见二者之间的区别。赫勒认为在马克思那里，既存在着历史哲学，也存在着历史理论，但

① Agnes Heller, *A Theory of History* (London: Routledge & Kegan Paul, 1982), p. 262.

② Ibid, p. 262.

总的来说，后者是从属于前者的。例如，赫勒说，如果坚持历史理论，那么共产主义就会被认为仅仅是一种运动，从来不会是历史之谜的解答。进一步说，从整个马克思理论看，如果马克思坚持历史理论，而不是历史哲学的话，也就不能推出无产阶级是历史发展主体的结论。而在我们的时代，时代的现实需要我们用历史理论来取代历史哲学。赫勒认为：

尽管历史理论对历史哲学是一个替代性的理论解决并且对后者是高度批判的，但这种批判性态度并不意味着敌对性，首先是因为历史理论家非常清楚他们自己理解的限度。历史理论也是一种历史哲学，但却是不完整的历史哲学。它并不像历史哲学那样从是中推出应该。在历史理论中，应该仅仅是作为理念而不是作为最高的现实性推出的：它拒绝了传统历史哲学的完美主义和现实主义的同一。它是一种怀疑的哲学，而一切怀疑哲学都是不完整的。就历史理论的实践相关性而言，理论家们也同样（至少是应该）意识到他们的限度。人们必须知晓这一事实，并非所有意图对压迫、剥削和统治的超越做出贡献的人们都是以完全理性的方式行动——并且历史理论包含了对出发点的自我反思。历史哲学也许会充当拐杖，但历史理论对那些意欲抛弃一切拐杖的人具有吸引力。正是因为这最后的一点我才提出对历史理论的接受。①

从这些表述看出，赫勒的历史理论是对历史哲学的一种否定，实际上也就是对传统马克思主义哲学历史理论的一种否定，它与盛行于20世纪的语言哲学、后现代思潮和后结构思潮一致，拒绝那种宏大叙事，对未来的确定性持一种怀疑态度。赫勒的历史理论实际上是对理性主义历史观的一种否定。在此基础上，赫勒提出了对她的历史理论进行了基本概括，提出了一种历史理论的导言。

二、赫勒历史理论的基本维度

赫勒的历史理论是狭义上的历史理论，而不是广义的历史理论。这种历史理论是历史哲学的一种，但却不是完整的历史哲学。换言之，赫勒的历史理论概念从历史哲学中截取了部分内容，而悬置或抛弃了部分内容。简言之，我们可以说历史理论接受了历史哲学的某些前提，却悬置了历史

① Agnes Heller, *A Theory of History* (London: Routledge & Kegan Paul, 1982), p. 278.

哲学中的目的论和实体化的成分。具体说来，赫勒的历史理论从以下维度来理解历史，对历史哲学进行了重述和改写。

（一）赫勒重新说明了历史理论中的大写历史概念的含义

我们知道，历史哲学所关注的是“大写的历史”，这种大写的历史并不关注具体的现实历史，它是普遍化的、整体化的历史。在一定意义上，赫勒是反对这种“大写历史”的思想的。但是，赫勒又沿用了“大写历史”这个概念，并在历史理论的视野中重新界定了其意义。赫勒的“大写历史”与现实历史无关，它主要强调的是，作为大写历史的历史乃是现代文明的一种心理建构。赫勒写道：“‘大写的历史’本身因此不是人类之历史。转化为包含过去、当下与未来的人类之历史的‘大写的历史’只是我们历史的心理建构，是存在及其历史之现代形式的心理建构。……我主张大写历史乃是现代文明的心理建构；大写历史是整个时期的心理建构，在作为这一时期的表达，并因此作为其构成成分的能力的意义上。”[①] 赫勒的历史理论关注的仍然是大写历史，但这个大写历史是狭义的大写历史，是专指自资本主义产生以来的作为一种现代文明思想建构的历史。从这个大写历史的概念出发，赫勒所关注的是当代社会，赫勒称之为不稳定平衡的社会。实际上，赫勒所谈论的大写历史，就是资本主义产生之后的历史，这是赫勒狭义的历史理论所论及的历史。这种“大写历史”是我们历史意识的一种表达，也是我们存在意识和存在形式的表达，是我们的生活经验，生命体验的表达。在资本主义出现之后，社会就产生了一种动力机制，或者说一种逻辑，这个逻辑包含了两个方面，赫勒称之为市民社会的第一逻辑和第二逻辑。第一逻辑是市场的普遍化逻辑，与此相应的第二逻辑是民主化和平等化逻辑，而第二逻辑将导向社会主义。赫勒之所以反对历史哲学，而强调历史理论，是因为历史哲学从是中推出应该，而这个应该是单数而不是复数的，就是说，历史哲学只给出了一种选择，实际上取消了我们的选择权，但历史理论在承认市民社会的第一逻辑和第二逻辑的同时，也承认存在着其他的逻辑，正是这些相互矛盾的逻辑赋予了我们选择的可能性。只有如此，我们才能把大写历史建构为一个谋划，一个人类未来的理念。由此看来，与历史哲学中的大写历史内

---

① Agnes Heller, *A Theory of History* (London: Routledge & Kegan Paul, 1982), p. 281.

涵不同的历史理论的大写历史构成了赫勒历史理论的核心概念。

（二）赫勒的历史理论对进步观念做了修正，提出了历史理论所特有的进步观念

赫勒以反问的语气问道：进步是一种幻觉吗？显然，赫勒并不完全否定历史哲学的进步概念。但是，赫勒所指称的进步与我们一般理解的进步有很大不同，她所指的进步是基于上述大写历史的概念基础上的。在赫勒看来，只有在现代，才谈得上进步或退步，因为进步或退步的概念是在现代才产生的。赫勒写道："历史理论使我们相信下列理论命题的有效性：在没有发展出进步和退步观念的社会中，没有进步和退步，因此我们也没有资格'认识'它。进步和退步的观念只能与说明了进步和退步观念的文明相联系。"① 如果只有存在着"无失去的获得"才能够谈论进步，那么进步的理念在现代的产生就是一种无失去的获得，由此得出的结论是只有在这样一个进步理念产生的社会中才存在着进步。

在进步和退步的理念中，赫勒毅然选择了进步的理念作为我们现代文明的存在形式，这是因为只有进步的理念才能给予我们创造进步的规范，只有进步的理念才能普遍化。"因此进步的理念比退步的理念以更恰当的形式表达了我们现代文化的存在形式。因此，即使我拒绝承认在我们的（现代的）社会中的任何现实的进步，我也可以说在它产生了作为价值、作为规范理念的进步理念的意义上（既在其理论的使用上，也在其实践的使用上），在它之中存在着进步。"② 因此，赫勒所强调的进步是一种理念，它既不是一种既定事实，也不是一种幻觉，而是一种理念，在此意义上它也是现实。从进步的理念出发，赫勒认为，现代社会（不稳定平衡的、矛盾发展的社会）是一个普遍不满的社会，但正是这种普遍的不满指示出现代社会是进步的社会。而这种不满的普遍化乃是一种获得，因而不满的普遍化预设了一个有权利不满的社会，这是现代社会的进步。因此赫勒的进步观念并不是社会的必然性和现实性，它不是历史哲学的那种必然性假定，而只是一种可能性。因此，进步是我们所必须致力于的东西，是我们每个人都应该为之做出贡献的东西，因而赫勒的进步观念也必然导向一种

① Agnes Heller, *A Theory of History* (London: Routledge & Kegan Paul, 1982), p. 299.

② Ibid, p. 302.

价值取向，一种伦理学。她写道："未来的进步不是一种必然性，但却是一种我们所致力于的价值，并且正是通过这种致力于的行动使它变成了可能性。"①

（三）与赫勒的进步理念相联系，赫勒重新阐释了在历史理论视域中乌托邦的意义

我们知道，历史哲学也具有乌托邦的观念。那么，历史理论的乌托邦与历史哲学的乌托邦有何不同呢？历史哲学从是中引出应该，但历史哲学的应该是一种可以实现的，而且是必然实现的未来，也就是可以实现的乌托邦的未来。历史理论拒斥了这种乌托邦理念，在历史理论中，乌托邦是未来的理念，但并不是未来。赫勒写道："并不是未来被从是中引出来，而是未来的乌托邦被引出来。这个乌托邦是事实的普遍化和根植于市民社会第二逻辑的价值本身之实现的想象。它是一种整体论的想象。尽管它包含了所有普遍价值的实现，但它并不意味着它们将在事实上实现。"② 这就是说，未来的乌托邦仅仅是一种理念，它在事实上实现与否是悬而未决的。换言之，乌托邦是我们的行动力求趋近和实现的东西，但永远不能保证其实现，它是一种理念，我们的任务就是尽我们所能地去接近它，至于能不能实现它，则不在历史理论的思考范围之内，也就是说，历史理论悬置了乌托邦的实现的可能性。这样，赫勒的历史理论中的乌托邦就主要作为一种理念起作用，它起着规范我们行动的功能，换言之，它可以规定一种伦理准则。每一个接受了这个乌托邦理念的人都应该按照这个乌托邦来行动，至于这个行动能否实现，则并非历史理论所关心的。因此，历史理论视域中的第二个应该就成为一种类似于康德的绝对命令式的东西："我应该按照我们的理想（乌托邦）行动，以我们的行动可以导向每一个人对我们的乌托邦自由接受这样的方式来行动。再次地，我们的乌托邦是否将被每个人接受，不存在任何保证（因此也没有事先的知识），但是我们应该以我们的理论阐述和行动能够导向每个人对乌托邦的自由接受这样的方式来阐述理论和行动。"③

---

① Agnes Heller, *A Theory of History* (London: Routledge & Kegan Paul, 1982), p. 309.

② Ibid, p. 312.

③ Ibid, p. 313.

（四）赫勒历史理论的伦理学维度

由以上的论述我们已经看到，赫勒的历史理论的最终落脚点是伦理学。赫勒认为，伦理学的维度是内在于历史理论之中的。一切历史哲学都必然承诺一种伦理学，而一切历史理论同样也必然做出伦理学的承诺。赫勒将自己的历史理论提出的伦理学称为“积极的斯多葛主义－伊壁鸠鲁主义的伦理学”。她写道：“历史理论提出了一种积极的斯多葛主义－伊壁鸠鲁主义的伦理学。它意味着决心进行价值理性的行动，无论它们是成功还是失败。失败是痛苦的，成功是享受的，但无论在受苦还是享受中都必须拥有相同的决心。我们应该承担我们的职责，我们应该仿佛某种程度上更乌托邦的社会可以出现那样行动，如果我们的意愿能普遍化为每个人的善的意愿。任何灾难都不能说服我们这种行动是没希望的，因为只要我们努力，希望就存在，并且在这些行动之中并通过这些行动表现出来。”[①] 所谓斯多葛主义，我们知道它主张一种禁欲、苦行的伦理学，而伊壁鸠鲁主义则主张一种享乐主义的生活态度，这二者矛盾的连接，恰恰说明了赫勒的伦理学是一种激进主义的行动哲学，它只问耕耘，不问收获，享受过程，认为结果并不重要，过程、行动才是最重要的。赫勒这种激进主义的伦理学与其基本思想是一致的，也是其思想发展脉络的必然结果。实际上，在比《历史理论》较早的著作《激进哲学》中，赫勒就靠近了这种思想。在这本著作中，作为激进哲学的最终结论，赫勒写道：“哲学，激进哲学必须变成实践，以便使实践变成理论的实践。哲学家不是作为一位哲学家，而是作为一个人在实然和应然之间做出调解：作为千百万人中的一员，作为那些想要世界成为人类家园的人们中的一员。”[②] 在此赫勒已经隐含着这种伦理学的根苗了：是和应该之间的和解只有通过普通人的实践才能完成。这种实践是千千万万人的个体行动，而与社会总体革命无关。在赫勒看来，社会总体革命隐含了循环论证，并不能真正解决实然和应然之间的矛盾，换言之，根本不可能发生社会总体革命。这样，赫勒已经将马克思的总体实践的革命话语转化为个体的伦理实践了。

毋庸讳言，赫勒以历史理论来取代历史哲学的这样一种理论谋划具有

---

① Agnes Heller，*A Theory of History*（London：Routledge & Kegan Paul，1982），p. 332.

② 阿格妮丝·赫勒：《激进哲学》，赵司空、孙建茵译，黑龙江大学出版社，2011，第165页。

其重要的现实意义和理论价值。它反思了现代性的谋划，反思了与20世纪的历史哲学思想具有隐秘关联的现实历史灾难，并在一定程度上合理地指出了马克思历史哲学的某些缺陷，因而对于我们理解20世纪的现实历史，思考未来社会历史的发展走向都具有重要的借鉴意义。但是，就其实质而言，赫勒用历史理论来替代历史哲学的这样一种理论图谋是一种折中主义，它并未能真正克服历史哲学，而只是摇摆于传统的历史哲学与这种反对历史哲学的历史理论之间，并且在实践中也容易导致人们的左右摇摆。赫勒试图在是与应该，事实与价值之间进行调和，而不是将二者统一起来。在对于马克思的历史哲学和社会主义理论的批评中，我们也可以看到这种倾向。

三、赫勒的历史理论与社会主义

我们从上面的论述中已经看到，在一定意义上，赫勒的历史理论提出的背景是对20世纪以来的马克思主义发展史和20世纪以来的共产主义运动史的反思，对传统马克思主义的缺陷和不足以及在实践中的误解的反思。因此，我们也看到，赫勒对马克思的历史哲学和社会主义理论多有批评之语，因而我们可以把赫勒粗略归为广义的“后马克思主义”的大家族之中。但是，与拉克劳、墨菲的后马克思主义的明确态度不同，笔者以为，如果我们把拉克劳、墨菲称作“自觉的后马克思主义”，赫勒则是“不自觉的后马克思主义”。在这里，我们来概要地论述一下赫勒在社会主义问题上对历史哲学的批评，以及赫勒所谓“历史的社会主义理论”的主要内容。社会主义作为一种理念，也是现代社会的产物，是社会历史发展的产物，它与历史哲学具有亲缘关系。赫勒指出：“社会主义通常被视作历史过程的产物，它的产生是这个过程本身的内在趋势，两者都是由人类（革命或变革的）行动加速和实现的。即使没有历史哲学的理论杠杆，这个理念也可以被论证，但是它与历史哲学具有亲缘关系。”① 社会主义作为一种理念实际上主要是相对于现实社会的批判，因此社会主义的历史哲学都是关注未来的，这种未来与当下形成对比。赫勒列举了对当下社会批判的几种典型模式，这也是社会主义的几种主要类型。

---

① Agnes Heller, *A Theory of History* (London: Routledge & Kegan Paul, 1982), p. 264.

类型 A 批判的主要标靶是：个体主义、自我主义、以压迫为基础的生活方式。新社会的模式包含：以共同体为基础的生活形式、直接性、共同体、个人之间关系的人化、直接民主、每一种劳动分工的取消（包括性别分工）、统治制度和国家的消亡、农业的优先性、工业发展的限制（或其完全停止），民族的消亡、公共财产对私有财产的替代。这种概念可以以这样的方式来修正，以至于工业发展不必被阻止，国家也不必消亡，相反却应该成为共同体的唯一组成，并且以直接民主的方式由它们所控制。（一个例子就是戈维奇的“集体主义民主”。）

类型 B 批判的主要标靶是财富的不平等。新社会的模式包含了下列要素：财产的平等化或私有财产的消灭，消灭贫穷，消灭市民社会，控制需要的分配和需要的满足（由国家或准国家进行），强调农业生产（基于集体或个人的所有权）。

类型 C 批评的主要标靶是商品生产。新社会的模式包含以下几种，通过以下之一种来消灭市场：

类型 C1 国家的取消，伴随着劳动分工的保留；技术和科学的发展；日益增加的需要；实质的理性；生活的“平等起点”；教育机会的平等；精英统治等。

类型 C2 劳动分工（除去技术上的）和国家的取消；商品拜物教或管理的结束；文化对市场的代替的结束；个性的自由发展；个人能力的展开等。

类型 D 批判的主要标靶是政治统治。新社会的模式包含下列因素：通过下列方式之一来消除政治统治：类型 D1 国家和一切政治制度、自我支持和自我管理的共同体的消除；无论如何没有核心的权威；个性的完全自由发展；共同体的共生，或类型 D2 权力的离心化，被要求重新分配的国家，和/或作为所有公民意志执行者的国家；被民主舆论所控制的市场；被自我压制所限制的个体性的自由；参与的真正平等。①

赫勒认为，社会主义的历史哲学虽然存在着各种不同的模式，但最为典型的却是马克思的历史哲学，而马克思的历史哲学是一切社会主义历史哲学中最伟大的。“马克思的著作是社会主义所产生的历史哲学最伟大的

① Agnes Heller, *A Theory of History* (London: Routledge & Kegan Paul, 1982), p. 266.

体系。它提出了历史哲学一般所提出的一切问题，并将其综合在很少的他人所能相比的大厦中（也许只有黑格尔、克尔凯郭尔和弗洛伊德的体系能与之相比）。它通过做出有力的承诺（和警告）结论性的回答了关于我们历史存在的意义问题。”① 虽然马克思的历史哲学是一种自洽的理论体系，但是却存在着不可解决的内在矛盾，由此导致的结果是，马克思本人常常摇摆于历史哲学与历史理论之间，而往往最终的结果是历史哲学战胜了历史理论，将历史哲学强加于历史理论。最为典型的就是在论述共产主义理论时，如果坚持历史理论而不是历史哲学，共产主义就只能被看作一种运动，而不是社会形态，不是历史之谜的解答。在对马克思的《资本论》第一卷的分析中，赫勒认为《资本论》第一卷的主要内容是对异化的重构，也就是说，它延续了《1844 年经济学哲学手稿》的主题。而《资本论》的结论是“私有财产的积极扬弃”，而这又必然联系着商品生产的消除。这说明马克思的理论是一种强有力的历史哲学。赫勒反对这种历史哲学，她致力于发展马克思思想中的另一方面，即历史理论的方面。在历史理论的视域中理解社会主义理念，则是一种完全不同的图景。对于历史理论中的社会主义，赫勒在不同的地方称之为“历史的社会主义理论”。

赫勒的“历史的社会主义理论”并不是一个严格的概念，但却表达了其在历史理论视域中对社会主义的理解。赫勒“历史的社会主义理论”对社会主义的理解主要包含了以下几个方面。第一，社会主义是市民社会的第二逻辑发展的结果。也就是说，从历史理论的视角看，市民社会的第二逻辑（人的自由、平等、民主化的发展等）本身就是社会主义的发展。社会主义也是现代社会的产物。因此，历史的社会主义理论通过市民社会的第二逻辑做出了它的两种应该（应该成为和应该做），这两种应该是“是”本身的应该。“任何致力于市民社会第二逻辑的人也将致力于其两种应该；在这种致力的精神下设置和实现目标，无论这种逻辑被突破与否。”② 第二，历史的社会主义理论接受了进步的理念，它本身即是未来社会的理念，所以，历史的社会主义理论也是一种乌托邦的理念。这样，赞成和支持历史的社会主义理论的人就应该致力于这个未来的乌托邦，虽然并不期

---

① Agnes Heller, *A Theory of History* (London: Routledge & Kegan Paul, 1982), p. 267.

② Ibid, p. 312.

待它的实现。“我们应该设定适合乌托邦理念的目标，不是期待这种乌托邦的实现，而是产生一个比我们所生活的世界更为接近它的世界。”① 第三，历史的社会主义理论可以而且应该多元化。由于未来的乌托邦主张人们生活方式的多元化，它在承认人们不平等的前提下追求社会上的平等，两种应该都可以而且应该多元化，与此相应地，历史的社会主义理论也可以而且应该多元化。第四，历史的社会主义理论的信徒要按照乌托邦来行动，并为这个理念而论证。但是，历史的社会主义理论并不能断言这个乌托邦的实现，也不能像历史哲学那样指定一个实现乌托邦的承担者。在这个意义上，它是未完成的，但它是故意未完成的。最后，“任何历史的社会主义理论都必须把人类学激进主义与政治现实主义相结合。”② 这意味着，赫勒的历史的社会主义理论实际上是一种折中主义。人类学激进主义意味着对乌托邦的确信，对人类能够联合起来的确信，而政治现实主义又意味着只能以一种客观的、渐进的方式来达成对乌托邦的接近。确实，如同赫勒所说，历史理论包含了一种怀疑主义。

赫勒历史理论视域中的社会主义理论试图弥补历史哲学社会主义理念的不足，匡正历史哲学中某些极端的倾向，因而强调社会主义的乌托邦向度，强调历史的社会主义理论的价值导向作用，在一定意义上，将选择的权利交付给人，而不是诉诸普遍必然性。但是，赫勒的历史理论中的怀疑主义、折中主义大大损害了其理论中的革命意义，有时甚至退回到了犬儒主义的立场上去，在一定意义上接近于卢卡奇在《历史与阶级意识》中严厉批评的伯恩施坦“和平长入社会主义”的修正主义立场，这不禁使我们对她的理论谋划感到失望。

作为卢卡奇的学生，赫勒起初自认为是一个马克思主义者。在《激进哲学》中，虽然赫勒已经表现出某种偏离马克思的倾向，但仍然把自己看作是马克思的继承人，她明确地说：“我把自己理解为马克思哲学的接受者。”③ 但是在建构其历史理论时，她却自觉地把马克思的历史哲学，特别是马克思历史哲学中对社会主义的理解作为其主要论战的目标了。虽然我们不能断言在《历史理论》中赫勒走到了反马克思主义的立场上去，但我

---

① Agnes Heller, *A Theory of History* (London: Routledge & Kegan Paul, 1982), p. 312.

② Ibid, p. 323.

③ 阿格妮丝·赫勒：《激进哲学》，赵司空、孙建茵译，黑龙江大学出版社，2011，第124页。

们确实看到了在这部著作中她的思想在一定程度上偏离了经典的马克思主义。然而，通过对赫勒历史思想的深层解读，我们又不能不说，她对历史问题的论述确实为我们理解社会历史发展开启了一个新的路径，值得我们深长思之。

大写历史的辩证法*

——赫勒历史理论的辩证法解读及批判

李西祥

作为布达佩斯学派的领军人物，赫勒著述颇丰，涉及历史理论、政治理论、伦理学等诸多领域。《历史理论》是赫勒论述其历史思想的重要著作，书中，赫勒批判了传统的历史哲学，并提出其大写历史的历史理论。虽然赫勒本人较少直接论及辩证法，但我们解读其著作时，可以看到她对历史理论的论述贯穿着辩证法的维度，因而也可以理解为一种大写历史的辩证法理论。本文试图从辩证法的维度来解读赫勒的《历史理论》，深化对赫勒历史理论的理解，并与马克思的历史哲学进行比较辨析，从而进一步理解马克思的历史辩证法思想。

一、历史意义的缺失与历史存在意义的生产

正如在我们已经论述过的，在《历史理论》一书中，赫勒试图以历史理论来取代历史哲学，而其所谓历史理论，只不过是一种未完成的、开放的历史哲学。① 从这一角度看，赫勒提出了一种不同于传统历史哲学的历史理论，这种历史理论认为并不存在传统哲学的普遍发展的进步逻辑，不存在普遍历史规律。在此基础上，赫勒认为不存在一个人们可以为之奋斗并确实能够实现的乌托邦。在这个意义上说，赫勒的历史理论是否定、反对黑格尔和马克思意义上的历史辩证法的。正是在这一点上，笔者认为赫

---

* 本文刊于《学术交流》2016 年第 5 期。

① 参见李西祥：《赫勒的历史哲学批判与对社会主义的新理解》，《苏州大学学报》2015 年第 2 期。

勒的历史理论和拉克劳的后马克思主义历史观有共同之处。拉克劳也是激烈反对黑格尔和马克思意义上的历史辩证法的，其主要矛头就是针对黑格尔和马克思主义的理性主义传统，反对黑格尔和马克思那种认为历史发展是一个有规律的向前发展过程的历史观。[①] 赫勒的历史理论所阐述的历史观与黑格尔和马克思有着显著不同，而更加接近于阿多诺（又译阿道诺）的否定辩证法之后的后现代的历史观，接近于拉克劳后马克思主义的历史观。但是，我们能否就此认为赫勒并不认同辩证法，从而完全拒斥辩证法呢？笔者认为并非如此。从赫勒的历史理论看，赫勒受到了后现代的辩证法思想的重要影响，而其历史理论本身就是一种历史辩证法。

在对历史发展规律的论述中，赫勒较为明确地表达了辩证法思想。传统历史哲学将历史或者视作进步的，或者视作退步的，或者视作永恒重复的。因此也就有三种历史理论，进步理论、退步理论和永恒重复理论。与马克思一样，赫勒选择了进步理论。但是，赫勒拒绝将进步本体论化的历史哲学。她写道："可能替代历史哲学的历史理论包含了进步的价值，但是，与各种历史哲学相比，它没有将进步本体论化。另一方面，一切历史哲学都本体论化了'进步''退步'和'永恒重复'。"[②] 实际上，我们看到，赫勒不仅拒绝将进步本体论化的历史哲学，而且拒斥一切本体论化。赫勒还认为，在拒绝本体论的前提下，仍然可以论述历史的发展。她写道："理论上，不陷入本体论，不建构所谓的历史发展'规律'而详细论述发展的辩证概念并不是不可能的。"[③] 在此意义上，我们可以将赫勒的历史理论看作一种不同于传统历史哲学的历史辩证法的表述。

我们已经指出，赫勒的历史理论是一种未完成的历史哲学。赫勒的历史观实际上拒斥了那种统一性的、具有一个确定发展方向的历史哲学，因而强调其未完成的特征。赫勒认为正是这种未完成性使其历史理论始终保持着向未来的开放性，因而该理论在我们看来是一种历史辩证法理论。赫勒的历史理论与马克思主义历史哲学的区别非常细微，但非常重要。赫勒将历史哲学概括为以下九个方面：历史哲学的核心范畴是大写的历史；大

---

① 参见李西祥：《精神分析与后马克思主义的隐秘链接：以拉克劳为例》，《马克思主义与现实》2015 年第 4 期。

② 阿格妮丝·赫勒：《历史理论》，李西祥译，黑龙江大学出版社，2015，第 237 页。

③ 同上书，第 224 页。

写的历史被理解为变化的；大写的历史被视作整体；大写的历史本身是由因果联系、最终联系或二者兼有来解释的；存在的起源等同于历史的起源；当下被理解为历史的产物；历史哲学从是中推出应该；历史真理在未来中揭示自身；历史哲学把当下视为一个转折点。[①] 在这个总结的基础上，赫勒把历史哲学与历史编纂学的特征进行了对比。这种对比包含多个方面，但最重要的一个方面是历史编纂学并不满足我们的好奇心，并不提供知识。那么历史哲学关注的是什么？或者说，历史哲学的独特之处在哪里呢？赫勒认为，历史哲学关注的是意义，即人类存在的意义和历史的意义，而最终是历史的意义，因为历史哲学把人类存在的意义归结为历史的意义。

但是，赫勒对历史意义的存在持一种极端的怀疑态度。哲学回答人类存在的意义问题，而历史哲学则回答历史意义的问题。那么，如何界定所谓的意义呢？人是一种意义的动物，人们一出生就进入了历史当下，这个历史当下是被决定的，是由以往的历史的传统所决定了的。人本身就具有一种历史意识，这个历史意识决定了人总是要把自己所遇到的事物、事件放置在自己的历史当下中，简言之，就是赋予其意义，或者说使之有意义。这样，一个无意义的事物就成了有意义的事物。赫勒写道："使某物有意义意味着将现象、经验以及诸如此类置入我们的世界；它意味着把未知的转化为已知的，把无法阐释的转化为可以阐释的，并通过不同起源的有意义的行动加强或改变世界。"[②] 那么，如何将事物置于我们的世界中、置于我们的历史当下中呢？赫勒指出，这种赋予意义的基本的形式就是命名。正是通过命名，我们赋予了事物意义。"它是给予某物名称的程序。名称具有一种魔咒，一种知识的神奇。我们可以通过给予名称使某物有意义，因为我们借此把未知的知识归类在众所周知的范畴之下。"[③] 我们还可以通过类比、因果关系、模式范畴（诸如偶然性与必然性、原因与结果、可能性和现实性等）来使事物有意义，还可以通过"一般素描"使事件有意义。通过这种使事物有意义的方式，我们不仅使事物纳入我们的世界和已知知识中，还赋予我们的生活以意义。赫勒说："使有意义不仅是把事

---

① 阿格妮丝·赫勒：《历史理论》，李西祥译，黑龙江大学出版社，2015，第223－224页。
② 同上书，第69页。
③ 同上。

件和行为方式纳入我们的世界。把未知的东西转化为已知的自然地增加了自我知识。……通过不同——但是总体上是相互联系的——使有意义的程序，人们使自身的生活有意义了。”[①] 如此说来，“使有意义”的方式，或曰赋予事物意义的方式，就是人的基本的存在方式，为人的存在奠定了基础。而人的存在是一种历史存在，所以历史的意义也是通过这种“使有意义”的方式来赋予的。

正如赫勒已经指出的，历史哲学就是追问历史意义的哲学。但是，历史是否有意义呢？按照笔者的理解，赫勒首先设定了历史是无意义的这样一个前提。就是说，历史发生的形形色色的事件，实际上是绝对偶然性的，并不存在一种必然性或目的性。认为历史有意义，就与说历史是目的论的一样。赫勒分析了历史意义的两种版本：一种版本是黑格尔的版本，即认为历史的意义是被设定好的。“唯一的历史的意义已经被设定好的历史哲学是黑格尔的历史哲学，黑格尔成功地把陈述的意义和行动的意义结合在一起。他把历史设想为设置和实现自己目的的主体，同时设想为逻辑的推论”[②]；另一种陈述是“我们使历史有意义。”赫勒把前者称作强版本，后者称作弱版本。然而这种弱版本仍然是可疑的。它的问题在于，使事物有意义是一种个体的经验，对于个体是适用的，然而把它放到集体、放到人类历史中，却是一种不合法的僭越。赫勒写道：“事实上，这个理论包含了一种个体的生活经验向‘人类的生活’的不可允许的延展。”[③] 就算我们能够赋予意义，但我们能够改变历史吗？我们能够改变历史中的人类在其切身体验中所遭受的痛苦吗？赫勒对此是否定的。在赫勒看来，弱版本是一种“羞羞答答的”黑格尔主义。“它是羞羞答答的，因为它缺乏原创者的坦率和一致性。它是黑格尔主义的，因为它假定——尽管是有条件的——我们可以证明我们是历史的目的和结果，并因此回溯性地确证了过去发生的一切。但是认为如果我们使我们的生活有意义，我们就能够使历史有意义确实亵渎神明的。”[④]

这里我们确实遭遇到了赫勒的历史哲学反思中非常微妙的地方。既然

---

① 阿格妮丝·赫勒：《历史理论》，李西祥译，黑龙江大学出版社，2015，第 73 页。
② 同上书，第 227 页。
③ 同上。
④ 同上书，第 228 页。

历史没有意义，而且我们也不能赋予其意义，那么历史哲学就成为不可能的。这里的关键是，赫勒区分了历史和历史存在。我们不能使历史有意义，但我们却能够使历史存在有意义，也就是使人类存在有意义。赫勒的意思是，我们不能使作为一个人类整体的历史有意义，而只能使作为个体存在的人类存在即历史存在有意义。这就是赫勒对历史哲学的批判：无论是认为历史具有隐含意义的历史哲学，还是我们使历史具有意义的历史哲学，都是不可能的。这样的历史哲学试图从当下推出未来，从是推出应该，而这是不可能完成的任务，是一种虚假意识和过度决定。由此赫勒提出了历史理论的必要性："如果哲学只是回答关于历史存在的意义的问题，它将克服虚假意识和过度决定。它也将不会给我们提供虚假的承诺和警告。它将拒绝对历史意义进行思考的企图。然而，它将不能从是中推出应该；它将成为'不完整的'哲学。不再是历史哲学，它将会变成历史理论。"①

在《历史理论》的结尾一章中，赫勒再一次回到了历史存在的意义问题上，对历史存在的意义进行了专门评述。那么，到底何谓赫勒的历史存在的意义呢？赫勒再一次地回到了历史的社会主义理论或社会主义的历史理论这个命题，并再次强调了历史的社会主义理论的伦理学维度。这就是赫勒对历史存在（人类存在）意义的回答。赫勒写道："社会主义历史理论的基本轮廓再次肯定了关于历史存在的意义问题的相关性，并认识到回答它的义务，假定这个回答是已经由伦理领域所要求的，而且很可能是在伦理领域之内的。这种伦理学的基本框架已经被提出了。"② 那么，要使历史存在具有意义，就是要按照这种伦理要求去做。正如笔者已经指出的，赫勒把这种伦理学界定为"积极的斯多葛主义－伊壁鸠鲁主义的伦理学。"③ 这种伦理学实际上就是一种乐观主义的进取性的生活态度，这种态度使我们在生活中采取一种积极向前的进取倾向但却并不期待实际上能够达成其目标，因为没有任何事物能够保证我们实现我们想实现的目标。这种伦理学在赫勒的伦理学著作中得到了进一步的阐述。

---

① 阿格妮丝·赫勒：《历史理论》，李西祥译，黑龙江大学出版社，2015，第230页。

② 同上书，第341页。

③ 参见李西祥：《赫勒的历史哲学批判与对社会主义的新理解》，《苏州大学学报》2015年第2期。

二、大写历史之辩证发展：现代社会的历史发展逻辑

马克思的历史辩证法认为历史的发展是一个辩证的过程。赫勒的历史理论也把历史发展看作一个辩证发展的过程，但是与传统马克思主义哲学不同，赫勒并不把现实的历史，即从过去到现在的历史看作一个发展过程，而仅仅强调大写的历史。正如前文所指出的，赫勒的大写历史有其独特的含义。在对历史哲学的论述中，赫勒就指出了历史哲学所针对的是大写的历史。在历史哲学语境内，所谓大写的历史，实际上就是作为一个整体的人类历史。与历史编纂学的历史不同，历史哲学的大写历史并不关注过去，而是关注当下和包含在当下之中的未来。赫勒写道："历史（大写的历史）不是过去，它是在当下中的过去和未来。因此，历史哲学并不为我们补充关于过去的信息。"① 因此，和历史编纂学不同，历史哲学并不讲故事，并不满足我们对过去的好奇心。如前所述，赫勒把历史理论看作未完成的或不完整的历史哲学。因此，历史理论也使用了大写的历史的概念，也就是说赫勒的历史理论也是针对大写历史的。但是，历史理论中的大写历史不同于历史哲学的大写的历史，它被赫勒界定为现代文明的一种心理建构。赫勒写道："历史理论必须从大写的历史出现的地方开始；概言之，在18世纪末开始。历史——大写的历史——是现代文明的一个谋划。它表达了这一文明的生活－经验：它的希望与绝望、它的奋斗、它的胜利与失败、它的憎恨与喜爱、怀疑与信仰、尊严与屈辱、紧张与矛盾；它的灾难与克服灾难之能力；它的罪恶与惩罚、英雄主义与卑鄙龌龊、诗歌与散文，以及它们的价值。"② 大写的历史并不是实证的历史，而是一种18世纪末以来人类所经历历史的反思和经过这一反思之后立足于当下（包含了过去的当下）对未来的谋划。因此，大写的历史这一面向未来的谋划是赫勒的历史理论的核心部分。正如赫勒上面那段充满诗意的文字所表述的，历史理论的大写历史是对现代以来经历的一系列复杂而辩证的历史经验的总结反思。

从历史理论的大写历史概念出发，赫勒指出了现代社会的发展逻辑理

① 阿格妮丝·赫勒：《历史理论》，李西祥译，黑龙江大学出版社，2015，第224页。

② 同上书，第289页。

论。根据我们的理解，可以把赫勒关于现代社会的发展逻辑称为不稳定平衡社会发展的逻辑。赫勒认为，社会的发展具有其内在的逻辑。而现在社会的出现基于三种成分，即市民社会、资本主义和工业。这一时期基本上对应于法国大革命、美国独立战争和工业革命时期。现代社会具有其自身的发展逻辑。现代社会即资本主义以来的社会，实际上内在地具有两种内在逻辑，或者说是受到双重动力机制的制约的。这两种逻辑或动力机制，按照赫勒所说，可以概括为市场的普遍化逻辑和人权的自由逻辑。赫勒写道："它的逻辑之一就是市场的普遍化，私有财产排他性特征的普遍化，统治与不平等增长的普遍化。与此同时，它确立了个体否定性的，但却平等的自由，由此，它的第二个逻辑即在权力的民主化、平等化和去中心化过程中（人类权力的）自由的展开和实施。"① 赫勒的这两个逻辑实际上是两个相互矛盾的方面：一是物的方面，市场、私有财产、统治和不平等日益普遍化，这实际上对应于马克思在人的三阶段理论中所说的物的依赖性的阶段；二是人的方面，赫勒指出，与这种市场的普遍化相对应的，是人逐渐的独立和自由。除了以上两种逻辑之外，赫勒还提及了第三种逻辑，即通过国家资源配置而进行中心化的市场的限制。现在社会的发展就是这三种逻辑交织进行所决定的。正因为现代社会的发展是由不同的逻辑交织所决定的，所以现代社会呈现为一种不稳定的平衡状态，赫勒称之为不稳定的平衡的社会。这种不稳定并非阻碍社会发展，而是为社会发展提供了动力。赫勒写道："不稳定性不是这个社会的功能失调，而是它的生命要素之一。"② 我们认为，虽然赫勒并未着重谈到历史的辩证发展这个命题，但这个不稳定平衡的社会的发展必然呈现为一种辩证发展的状态。这也就是赫勒在对不稳定的平衡社会的发展进行论述时所指出的领队船长的双面性、不稳定平衡的社会的未来导向所隐含着的意义。

从赫勒的论述来看，正是因为现在社会是一个不稳定平衡的社会，才赋予了人们选择的权力。这个社会的发展并非遵循一种严格的普遍性规律，而是给予了人们选择的自由。对于作为领队船长的普遍，赫勒写道："普遍是声称要建构人类的一般。它是领队船长（captain forward）。在它必

① 阿格妮丝·赫勒：《历史理论》，李西祥译，黑龙江大学出版社，2015，第 292 页。
② 同上书，第 296 页。

须再生产的框架中，稳定的平衡有其限度。不稳定的平衡没有这种限度。它的同一性保持在其非同一性中；事实上，它的同一性只能被其非同一性保存。并且恰恰是这个普遍化过程，这个不断的自我超越，这个通过自我超越进行的自我保存，是普遍的进步或普遍的倒退。”① 从这些论述可以看出，赫勒强调了现代社会发展中非同一性的优先性，同一性是受非同一性制约的。这也正是阿多诺以来的否定的辩证法的一个核心的内容，而赫勒将之应用到现代社会发展的分析中。不稳定的平衡的社会，领队船长的双面性，赋予了人类选择的自由。赫勒指出：“在不稳定平衡的世界中，命运之剑并未悬在生物们的头上；它存在于相信其无限可能性的行动者手中。”② 赫勒强调人的主体性力量，强调人们能够通过自己的行动来改变自己的命运。因此，赫勒的历史理论是一种主动地介入现实生活和社会历史发展的理论。

不同于传统的历史哲学，赫勒的历史理论强调，这个不稳定平衡的社会导向了变化，导向了未知的未来。因此，变化，无休止的变化，不同于当下的未来的发展，构成了赫勒历史理论的激进的辩证法维度。赫勒坚决拒斥那种认为历史是一成不变地沿着既定的方向进步或退步的历史哲学，而是认为未来是一种激进变化着的、具有彻底的不确定性的未来，而这也是人们所想要的未来。赫勒写道：“不稳定平衡的社会是未来导向的。当下被理解为必须取代、超越和消除的一系列事物：领队船长是朝向未来的，永远不会上岸。未来不仅被设计和概念化为一个不再是当下的世界，而且是一个完全不同于当下的世界：它是未知事物。……变化的框架本身必须被改变。前所未有的事物必须发生，因为只有这种不可预见的东西才被接受为真正的未来。”③

与这种面向未来的历史理论相联系，赫勒拒斥历史哲学的逻辑，提出了历史理论的逻辑。传统历史哲学是从是中推出应该，而历史哲学在对社会历史发展的逻辑的分析中，总是把当下的逻辑作为未来发展的逻辑。历史哲学为了说明未来，把历史发展逻辑之一作为本质的逻辑来看待，而忽视了现在社会的不稳定平衡和现代社会历史发展的多重逻辑的可能性。无

① 阿格妮丝·赫勒：《历史理论》，李西祥译，黑龙江大学出版社，2015，第296－297页。
② 同上书，第297页。
③ 同上书，第297－298页。

论是进步还是退步、发展还是堕落、灾难还是救赎，历史哲学总是选择了一个逻辑作为本质的逻辑。赫勒尖锐地批判道：“为了证明我们的历史中只有一个逻辑，或者为了保证对‘历史的未来’做出真实的陈述，我们的社会只有一个逻辑是本质的，我们的历史的这个单一逻辑在心理上必须转化成整个人类历史的‘逻辑’。简言之，（按照价值）被选择为一个逻辑，必须被证明为唯一的。人类的历史（尽管有所不同）因此变成了当下历史的前历史，按照当下的逻辑本身来排队和安排，历史哲学家想要证明这个当下的逻辑是决定性的。”① 历史哲学的这一程序正是历史理论所必须拒斥的。历史哲学的这种单一的本质逻辑在现代社会历史遭遇了挑战，因为现代社会不是单一文化的当下，而是不同文化的当下，而且它变成了人类的当下。换言之，我们可以说，赫勒认为我们所身处其中的世界是一个多元文化交流的世界。因此，在这个世界中，人们之间的交往不仅靠经济和政治的纽带联系，而且靠道德的纽带来联系。那么，在面对这样的世界的当下时，我们应该如何来建构大写的历史？进而言之，如何建构一种不同于历史哲学的大写历史的大写的历史呢？赫勒指出，我们应该把大写的历史理解为一种谋划、一个理念，即它不是一种自然而然的线性发展，而是人类主动参与其中的谋划。赫勒再次强调了现代的不稳定平衡社会的自由和理性逻辑，即导向社会主义的逻辑。赫勒写道：“这个历史具有一系列矛盾的动力，并且至少其中之一可能导向社会主义。没有任何强有力的证据来使我们相信同样的逻辑根植在我们分享共同性的其他文化中，然而如果我们承诺去促使这个特殊的逻辑（潜在的导向社会主义的逻辑），我们必须意愿我们分享共同性的一切不同的文化应该发展不相同的逻辑。因此，历史变成了一个谋划，一个人类未来的理念。不用说，对那些所有致力于现代社会的另一个逻辑的人而言，大写的历史以相同的或相似的方式代表了谋划。为了实现我的承诺，我们将从市民社会第二逻辑的观点出发带来历史的谋划一方。”② 通过把大写历史界定为一种谋划、一种理念，赫勒的历史理论拒绝对过去的历史进行事实上的重构，也拒绝对未来的历史进行事实上的发展。这就是说，赫勒的历史理论拒斥一种存在论或本体论上的

① 阿格妮丝·赫勒：《历史理论》，李西祥译，黑龙江大学出版社，2015，第299－300页。
② 同上书，第300页。

历史建构。从这个意义上说，赫勒把大写历史的选择权交给了人们自己，即不存在一种确定无疑的、必然的历史，存在的是人们的选择的历史，至少从现代社会的发展逻辑上说，人们具有历史的选择权。赫勒把自己的历史理论称为市民社会的第二逻辑，即从社会主义的逻辑出发来建构的历史，而这样一种历史是最为接近人类的。这样，赫勒就强调，从人类自由和理性出发的历史理论，导向价值理性和道德承诺。“如果‘大写的历史’的谋划是与市民社会的第二逻辑一致的，被说明的（激进民主、自我管理的社会同于社会主义），那么价值理性在理性的阐释中必须具有首要性，并且因此自由的概念必须包含道德承诺。”①

赫勒的历史理论赋予了人们选择的自由，而她的历史理论所强调的是一种基于现代社会逻辑的现代社会的发展的辩证法。由此，赫勒坚决拒斥倒退和退化的历史哲学，而不完全反对进步的历史哲学，甚至把自己的历史理论称为进步的历史哲学中的一种。由此，我们理解赫勒的历史理论的辩证法维度的一个重要方面就是，赫勒所谓的进步的意义如何，赫勒如何仍然将乌托邦理解为历史理论的一个重要部分。

三、进步与乌托邦：大写的历史之辩证法的价值旨归

历史是进步的还是退步的，抑或是永恒重复的？赫勒坚定地选择了前者。然而，赫勒所谓的进步，与我们通常所认为的历史发展的进步观有很大的不同。简言之，进步不是存在论意义上的，而是一种价值选择。这样，赫勒所指的历史的进步不是整个自古至今的发展，而只是作为现代社会的大写历史的谋划中的进步。赫勒明确地将进步看作一种规范理念。她写道：“现代将被主要从进步的观点来重构，仅仅因为我将论证的历史理论是由进步的规范理念引导的，无论是理论上还是实践上。”② 赫勒对进步的界定是非常严格和微妙的，在这一概念上她接受了柯林伍德的思想，认为进步是一种没有失去的获得，只有存在着无失去的获得时，人们才能谈及进步。因此，现实社会中的文化、社会的发展就不能看作是进步，因为进步总是伴随着相应的失去。那么，有没有这种无失去的获得呢？赫勒认

① 阿格妮丝·赫勒：《历史理论》，李西祥译，黑龙江大学出版社，2015，第305页。

② 同上书，第308页。

为，由于现代社会产生了进步和退步的理念，这种理念本身标志着现代社会的进步。因此，即使从现实上看没有任何进步可言，我们仍然认为现代社会存在着进步。赫勒写道："因此，即使我拒绝承认在我们的（现代的）社会中的任何现实的进步，我也可以说在它产生了作为价值、作为规范理念的进步理念的意义上（既在其理论的使用上，也在其实践的应用上），在它之中存在着进步。创造进步的意愿即是进步。进步理念和创造进步的意愿是现实：它们存在；它们现在存在；它们在这里存在——它们代表了一个获得。如果进步的理念被以'没有失去的获得'的规范的理念之精神来思考，它自身就变成了无失去的获得。事实上，这就是一种真实的社会理论相关的或应该相关的东西。"① 因此，赫勒的进步与其说与事实相关，不如说与价值规范相关，与理念相关。只有在进步作为一种理念的意义上才是现实的。

赫勒还从现代社会作为一种不满的社会的角度，对现代社会的进步做了说明。现在社会是一个不稳定平衡的社会，而这个社会是一个不满的社会。赫勒所说的不满不仅仅是一般的不满意，而是一种原初的、本源的，存在论意义上的不满。这种不满推进了现代社会的进步。赫勒写道："我们所说的现象是对作为整体的生活世界的不满，对价值本身的不满，而不是对其不能实现的不满；对现存的一般经济和政治制度的不满，而不是仅仅对它们应用的不充分的或腐败形式的不满。因此，它是整体论的不满，而不是具体不满。它强调的不是恢复以前秩序的愿望或修正现存秩序的意图，而是在其整体性中超越社会和个人特征的限制的愿望。"② 赫勒的不满或可从精神分析的角度理解为一种原初的欲望。在她看来，正是这种普遍化的不满，或者说不满的普遍化的理念，恰恰标志着现代社会是一个进步的社会。赫勒写道："以这种或那种方式，不满意的社会是进步的社会。整体的不满意，是普遍的不满意。……历史理论必须把不满的普遍化作为一种获得来接受。而且，普遍化的理念必须被看作一种无失去的获得，即使这个理念的实现不仅产生获得也产生失去。"③ 赫勒从女权主义的角度论述了现代社会是一个有权利不满的社会，因而是一个进步的社会。在以前

① 阿格妮丝·赫勒：《历史理论》，李西祥译，黑龙江大学出版社，2015，第310页。
② 同上书，第311页。
③ 同上书，第312页。

的社会中，人类的另一半从来没有作为完整的独立的人存在过，她们只是被作为男人的财产来看待。赫勒指出："我们的文化是第一个女人有权利不满的文化。它是第一个给予了人类的一半创造历史可能性而不是仅仅忍受它的文化。尽管在实现这个可能性的过程中可能发生实际的失去，但这个可能性的实现是无失去的获得，因此它是进步的。正是与包含所有人类自由的和平等的新概念相联系，所有社会阶层、阶级、民族、两个性别，以及所有他们的不满的权利表明了进步是对每个人的进步，并且每个人都可能对之有所贡献。"①

与历史进步论概念相联系，赫勒进一步强调了乌托邦理念在历史理论中的重要性。赫勒把它称为"历史理论的理性乌托邦"。历史理论是一种不完整的或未完成的历史哲学，因此同历史哲学一样，它也应该从是中推出应该，即从当下推出未来。但赫勒所说的未来不是实际的未来，而是未来的理念，未来的乌托邦的理念。如前所述，赫勒在历史进步的基础上提出了历史的社会主义理论，而历史的社会主义理论当然是接受历史进步理论的。关于历史理论的乌托邦，赫勒进行了较为详细的阐释，"在断言整个社会本身的一种真实逻辑的时候，历史的社会主义理论接受了进步的概念。它自身致力于进步，然而没有假定迄今为止有任何进步，除了它所致力于的进步理念的出现。因此，进步的理念（阐释为没有相应失去的获得）是这个历史的应该－成为。它是一个价值，因而它是未来社会的理念。一般而言，没有未来的理念，进步的理念就无法思考。但是乐于创造进步的历史理论拒绝说明关于未来的真实陈述。这就是为什么未来的理念采取了乌托邦的形式。并不是未来被从是中引出来，而是未来的乌托邦被引出来。这个乌托邦是对事实的普遍化和根植于市民社会第二逻辑的价值本身之实现的想象。它是一种整体论的想象。尽管它包含了所有普遍价值的实现，但它并不意味着它们将事实上实现。它所提出的是，当下和未来的冲突应该而且能够以一种我们越来越接近这个想象的方式一次又一次地解决。"②

那么赫勒的历史理论的乌托邦理念到底有什么含义，其目的是什么？

① 阿格妮丝·赫勒：《历史理论》，李西祥译，黑龙江大学出版社，2015，第314页。
② 同上书，第320页。

仔细辨析赫勒的论述，可以看出其乌托邦理念有以下几点主要的规定。第一，乌托邦是未来社会的理念，而非未来社会本身，即并非可以实现的未来社会。所以它是一种应该，而不会成为是，进言之，是永远不能变成是的应该。第二，乌托邦作为一种未来社会的理念，对我们当下的行动有所规范，可以说是规范我们行动的价值维度。“乌托邦，作为一个可能未来的理念，作为应该成为什么的理念，包含了一个承诺并因此规范着行动（什么是应该做的）。”[①] 第三，未来社会的乌托邦理念提倡一个多元化的社会，提倡多元化的生活方式。因为社会的乌托邦理念是完全自我管理的社会，所以必须促进生活方式的多元化。第四，遵循乌托邦理念的行动，预设了人与人之间关系的平等。而这个平等的地位，要求人们在行动时必须进行理性论证、接受理性的论证。第五，历史的社会主义理论的信徒有义务按照乌托邦的规范来行动，创造相应制度，并为他们的理念论证。但是，他们并不能确定他们所争取的东西会实现，对此没有任何保证和承诺。

从以上论述可以看出，赫勒的历史理论的乌托邦坚决拒斥那种把乌托邦视为对未来社会的实体性预言的观念，赫勒将乌托邦仅仅视作一种理念，这种理念虽然可以而且应该实现，但事实上却不能真正实现。乌托邦就像对儿童而言的明天一样。对于儿童而言，明天永远不会到来，因为当它到来的时候，它就已经是今天而不是明天。但是，“明天总是今天，即使明天永不到来”[②]，乌托邦虽然永远不能实现，但是作为一种理念，它永远指导着当下，是当下的一个维度。值得注意的是，在对乌托邦进行阐释时，赫勒对明天和今天关系的理解包含了深刻的辩证法。这也是赫勒历史理论与传统历史哲学的一个重要区别。在传统历史哲学中，明天将会到来，今天将会变成明天。就社会而言，将会确立一个满意的社会，即一个人们一切需要得到满足的社会。而在赫勒的历史理论中，明天是今天的明天，并且，如果没有已经是今天的明天，就将没有明天。在赫勒的历史理论中，今天和明天、当下和未来是互相规定的，今天本身是成为今天的明天，而明天是已经是今天的明天。这样，明天对今天的制约就要求一种当

① 阿格妮丝·赫勒：《历史理论》，李西祥译，黑龙江大学出版社，2015，第321页。
② 同上书，第324页。

下行动的伦理规范。赫勒郑重地指出："历史理论的乌托邦迫使所有接受它作为一个理念的人在道德上把它作为规范来接受。"① 赫勒得出的结论是，历史理论由于强调乌托邦的理念，而这种乌托邦的理念要求一种当下行动的价值规范，故此，历史的社会主义理论要求把人类学激进主义和政治现实主义结合。所谓人类学激进主义，就是确信人类之间的可以互相合作、人类能够达到共识。所谓政治现实主义，意味着人们在采取的行动上要在乌托邦理念的指引下采取一系列特殊步骤渐进地接近乌托邦。在这种框架下，革命就变成了一种渐进式的改良运动。赫勒写道："在这个场景中，革命被阐释为通过市民社会的不断增加的第二逻辑的倾向对矛盾逻辑社会的超越；被阐释为只有当人类学的激进主义和政治现实主义能够联合起来时，一个可以变成我们未来的过程。"② 这就又进入了赫勒哲学思想理论的核心处，赫勒的历史理论只能由传统哲学的激进革命理论退回到政治现实主义，而这种政治现实主义的指导下的理论取向只能是采取一种伦理态度，即斯多葛主义的－伊壁鸠鲁主义的伦理学。

对赫勒而言，抛弃传统马克思哲学的人类革命和社会实践而乞灵于伦理维度，并非偶然，而是贯穿了其整个理论思考。早在《日常生活》中，赫勒就认为革命无法仅仅在宏观尺度上进行，而必须进行日常生活批判，主张一种微观层次上的社会变革，提出日常生活的人道化。③ 在《激进哲学》中，赫勒明确反对社会总体革命的观点，认为"只有一件事是哲学可以做的。它可以给世界提供一个规范，而且他可以希望人们想要给规范一个世界。"④ 在《一般伦理学》中，赫勒致力于为好人（善良的人）的存在奠定理论基础。⑤ 而在《超越正义》中，赫勒致力于论述一种超越正义的良善生活。⑥ 赫勒自己把"历史的社会主义理论"标榜为历史唯物主义的一种新版本，但事实上，马克思的历史唯物主义对社会历史发展的未来

---

① 阿格妮丝·赫勒：《历史理论》，李西祥译，黑龙江大学出版社，2015，第 330 页。

② 同上书，第 332 页。

③ 参见阿格妮丝·赫勒：《日常生活》，衣俊卿译，黑龙江大学出版社，2010，中译者序言。

④ 阿格妮丝·赫勒：《激进哲学》，赵司空、孙建茵译，黑龙江大学出版社，2011，第 164 页。

⑤ 参见阿格妮丝·赫勒：《一般伦理学》，孔明安、马新晶译，黑龙江大学出版社，2015，第 205－209 页。

⑥ 参见阿格妮丝·赫勒：《超越正义》，文长春译，黑龙江大学出版社，2011，第 332－338 页。

是确信的，是持乐观和坚定的态度的，故而提出人类总是设定自己能够完成的历史任务；而在赫勒这里，人类的未来是不确定的，因而乌托邦只能作为一种理念，永远不可能实现，因而对社会发展的未来是怀疑的，甚至是悲观的，因而人类只能退回到伦理学上，从价值维度上来规范人的行动，提出人类只能遵守和坚持自己所预设的价值。① 这意味着，赫勒从根本上远离了马克思的历史哲学的辩证法，陷入了空想的社会主义的乌托邦。

① 参见阿格妮丝·赫勒：《历史理论》，李西祥译，黑龙江大学出版社，2015，第319页。

现代需要何种历史意识*

——基于阿格妮丝·赫勒的历史理论

马建青

我们是历史性的存在。我们应该而且必须对历史中的我们以及我们的历史有所认知。不同时代的人们都会对“我们从哪里来，我们是什么，我们向何处去”这个问题有所回答，自觉或不自觉地形成并具有历史意识。正是这种历史意识在一定程度上标识着某个历史阶段是其自身，进而标识着人的历史性。历史性不是外在或先在被给予的某种可以与人之存在相分离的东西。根本来讲，它是人类思想和实践的产物，是每个时代的人们根据他们生活的环境、生存的经验、面对的问题、心怀的希望现实地生产出来的。因而，不同时代的人们基于不同的经验会提出多少有所不同的历史意识。那么，对于这个与前现代世界有着重大区别的所谓现代世界，对于这个在一些人看来不健全且危机重重的现代世界，我们又该形成什么样的历史意识呢？事实上，随着现代性逻辑的展开，人们一直在对此进行着思考：卢梭对现代文明的批判、对未来社会的展望，康德对启蒙的讨论、对道德的探讨，黑格尔对客观精神运动的分析、对世界历史的哲学考察，等等。但当20世纪的一系列可称之为苦难的事件（两次世界大战，特别是犹太人的大屠杀）出现在人们面前时，现代性的自我反思工作变得极为迫切。正是20世纪以来种种直接和间接的受苦体验促使布达佩斯学派的代表人物赫勒提出一种区别于历史编纂学和历史哲学的新的历史理论，以期现代的每个人都自觉自愿地形成一种更为“负责任”的历史意识。

---

* 本文刊于《马克思主义与现实》2017年第6期。

一、非历史的历史意识批判

赫勒出生于匈牙利布达佩斯的一个中产阶级的犹太家庭。她的父亲是纳粹大屠杀的牺牲者，她和她的母亲侥幸逃过了追捕。纳粹大屠杀的阴影一直纠缠着赫勒，促使她终生都在思考一个问题：大屠杀何以可能？

与20世纪诸多理论家一样，赫勒将大屠杀的动因主要归结为现代文化机制。在她看来，大屠杀的罪恶并非是希特勒个人可以促成的，也非某个群体采取非理性行动的后果，其深层的缘由在于现代文化及其生产机制。赫勒的工作便是对现代文化做出诊断，并开出药方。而要考察和分析现代文化，有必要考察人的历史意识。因为历史意识乃是个体实现文化认同的必要条件，是现代文化不可或缺的重要组成部分。

在赫勒看来，在20世纪之前，我们形成的历史意识都是非历史的。我们的历史要么依附于神话中的各类想象，要么依附于我们的城邦、国家，要么依附于上帝，要么依附于人类这个大的共同体，或者依附于绝对精神诸如此类的普遍抽象物，我们以及我们的历史性并未现身。我们至多算是一般性和普遍性的傀儡。与其说每个历史阶段的人们表达了那个阶段人们的历史意识，毋宁说他们以一种肯定的方式否定了人的历史性。关于这种历史意识的非历史性，我们可以从启蒙思想家的历史哲学中窥见一斑。在那里，历史不是你、我、他的历史，不是个体的历史，而是某个超级主体的历史。这个超级主体无论是自然、上帝还是绝对精神，皆有其自身的逻辑。它或者通过机械的方式或者通过能动的方式展开自己，进而展开历史。个体无非是必然性逻辑中的一个环节，他/她的存在价值直接依附于必然性的逻辑体系。于是，超级主体的历史性取消了个体的历史性。黑格尔所谓“历史的狡计”便是最典型的表现。进入20世纪，经历第一次世界大战和第二次世界大战之后，历史意识进入了困惑时期。人们努力重新寻找自身的历史意识，但在赫勒看来，这些努力多多少少是失败的。这些努力要么将自由视为与现存制度和意识形态的妥协，使人们受困于当下，如一些研究机构所做的工作；要么沉迷于对工具理性的崇拜之中，而将价值抛之不顾，如新实证主义；要么诉诸恶的激进化以对抗恶，沉浸于宗教、神话、神秘沉思中，如新的神秘主义。总而言之，这些努力未能帮助人们理解人类的起源之谜，而且将未来之梦边缘化了。换言之，经由这些努力形成的历史意识未能将过去、当下和未来统一在一个总体性的框架内辩证地加以考察，因而仍是非历史的，是“从非历史的观点历史地反思历史存在”①。

人的历史性的非历史化导致了一系列的严重后果，甚至是灾难性的后果。在赫勒看来，纳粹大屠杀中人们表现出来的道德冷漠和道德危机在很大程度上与思辨的历史哲学不无相关。这是因为，这种思辨的历史叙事终难规避目的论，即使马克思的历史观也深深地打上了目的论的烙印。历史的发展乃是某种不可言说或可言说的“应该”依照某种必然性展开并实现自我的过程。在一定意义上，“是”的运动方式和轨迹乃是“应该”所规定的必然性。这便使得历史性最终凝固为非历史的存在。而且关键在于，这种历史哲学在道德领域也包含着错误，作为优先性的必然性、规律、趋势等清空了自由概念的道德内容。按照思辨历史哲学的逻辑，如果一切是必然朝向自由的，那么留给每个人的恰恰就是不自由。唯一的自由可能就是从世界中退缩。换言之，将个体的道德责任转移至宏大的历史主体，那么结果可能就是个体道德责任的缺失，尽管宏大的历史主体一直在场，一直在越俎代庖式地行使着道德责任。正如赫勒指出，“如果仅仅存在着一种通向自由的可能道路，而其他所有道路都通向非自由，那么自由也在同样程度上被毁灭了。”② 科拉克夫斯基以同样的口吻讲到，这种历史哲学的“危险在于用历史造物主从我们的行动中获得的利益标准完全取代道德标准”③。在这里，历史的理性化、概念化、抽象化带来的是个人及其生活世界的同质化、非历史化、空洞化；历史超级主体的责任化带来的是个人的去责任化。

如果我们参照20世纪以来西方马克思主义理论家对现代性问题所做的诊断，不难理解赫勒通过此种分析意在指认前现代历史意识背后的同一性逻辑。此同一性逻辑压制差异性、个体性、特殊性、异质性，在理论上的直接表现便是带有目的论色彩的理性宏大叙事，在实践上的直接表现便是我们生活于其中的同一性的价值、文化、制度构架。在她看来，虽然这种

---

① 阿格妮丝·赫勒：《历史理论》，李西祥译，黑龙江大学出版社，2015，第270页。

② 同上书，第271页。

③ 莱泽克·科拉克夫斯基：《走向马克思主义的人道主义——关于当代左派的文集》，姜海波译，黑龙江大学出版社，2013，第131页。

同一性逻辑曾经帮助人们确立起那个时代的历史意识，但到了20世纪，在经历了同一性逻辑难辞其咎地所造成的苦难之后，如果人们仍然相信同一性逻辑所确立起来的历史宏大叙事显然是不合时宜的。我们需要对之前那些非历史的历史意识进行反思，进而结合现代人的生存境况，确立起一种真正的历史意识。

二、绝对的当下意识

一般而言，言说历史，也就意味着要言说过去、当下和未来，因为正是历史的三向度在观念上和现实中构成着历史。不过，有从过去言说历史的，也有从未来言说历史的。但对于赫勒来说，正当的方式应是从当下言说历史，赋予当下优先性。这是因为，我们作为历史性的存在，历史始终是我们的历史，换言之，我们就是历史。离开我们的存在状态抽象地谈时间、时间性、历史性是不合法的。而我们是由当下的种种关系所规定的，我们就是我们的当下。当下总是连接着过去和未来，当下的实现也就意味着过去和未来的当下绽出。因此，只有立足于我们的当下谈历史才是真实的、现实的、合法的。

当下是历史性的“现在”。在赫勒看来，我们是历史性的存在，是历史的产物，同时是我们生产和再生产历史。我们的历史性特征规定了作为当下的“现在”“相对于‘刚刚’和‘正在’的重要性”①。依照她的见解，“刚刚”指明了行为及其在时间中的度过。在“刚刚”的语境中，只存在行为向行为之间的过渡，不存在生命的变化。“正在”意味着正在成为“现在”，而正在成为内在地预设了开始和结束。如此，生命便被置于开始和结束之间的序列中，生命因而被封闭为有限的可能性。固然“刚刚”和“正在”也标识着过去、未来以及人类的共同性，但它们并未能表达我们与过去和未来的统一性联系，即我们的时间性。而“现在”作为过去和未来的分界线，作为沟通过去和未来的中介，总是意味着我们通过现在回溯和构建过去并期望和开出未来。身处现在并通过现在，过去成为我（们）的过去，未来占有了我（们）。可以说，“现在”深刻地表达了我们

① 阿格妮丝·赫勒：《历史理论》，李西祥译，黑龙江大学出版社，2015，第42页。

的历史性，即“我们想知道我们的未来，我们想改变我们的过去”[①]。赫勒此种论断与海德格尔关于时间性的思考大有相通之处，在一定意义上都强调过去、现在和将来是统一的，也都强调时间性乃是人的存在状态，是人的存在性的绽出。

当下乃是绝对的当下。在赫勒看来，我们既要立足于我们存在其中的文化结构来观照、挖掘和构建过去，同时要立足其上提出面向未来的理念、价值、规范等来引导我们的思考和行动。当下是包含着过去与未来的一种连续性，过去通过当下成为当下的过去，未来通过当下成为当下的未来。不过，既然是当下也就意味着之前和之后，即过去和未来，那么当下也包含着一种断裂。这种断裂凸显出当下的独特性和绝对性。“现在是绝对的现在。”[②] 在赫勒看来，这种绝对性首先意味着我们必须接受我们的共同性。当下活着的人是为着彼此也针对彼此而活着的，是在与他人的交互关系中思考和行动的。这些活着的男男女女不断地建构并或多或少地分享着一种共同性，尽管共同性的内容可能是模糊的，范围是可变的。共同性是我们活着的人的共同性，也就是绝对的当下或现在。死人不会和我们分享这种共同性。其次，这种绝对性“意味着假定无论是过去还是将来都不能证明任何事情的正当性”[③]。过去曾经出现的并不意味着当下乃是正当的，未来的美好图景同样也不能证明当下是合法的。当下就是当下，我们的思考和行动必须是在当下之中并依据当下来进行理性论证。再次，绝对的当下包含着我们为当下的负责任。我们无法对过去负责，也无法直接对未来负责。但我们可以承担起现世的责任，为当下负责也就是为未来负责。无论如何，责任始终是现世的、当下的。最后，我们必须意识到共同性世界是属于我们的。我们注定生存其中的共同世界，相较于任何曾经的世界，它既不更好也不更坏。但这个世界是属于我们的世界，我们必须行使责任，“我们必须赋予其意义”[④]。

在社会存在层面，作为共同性的绝对当下便是现代人所分享的且应有所自觉现代性状况。赫勒从社会转型角度深刻具体地剖析了现代性状况，

① 阿格妮丝·赫勒：《历史理论》，李西祥译，黑龙江大学出版社，2015，第40页。
② 阿格尼丝·赫勒：《现代性理论》，李瑞华译，商务印书馆，2005，第20页。
③ 阿格妮丝·赫勒：《历史理论》，李西祥译，黑龙江大学出版社，2015，第49页。
④ 同上书，第50页。

以期现代的男男女女能对自身所处的共同世界有所自觉。从宏观层面来看，现代尽管是一个新的时代，但它并未消灭一些一般性的道德、价值、理念或意义体系。赫勒看到，如果一般性的意义体系被消除的话，人们的思考和行动将会无所参照，将会被推进无底的虚无深渊之中，这对人类来说是难以想象的。赫勒认为，“我们现代的共同的价值理念是自由的理念”①。如果说前现代是按照普遍性的标准组织个体行动的，那么现代则是每个个体通过自己的自由选择来塑造自己和社会的。尽管自由理念在前现代已然出现，但它注定是抽象的。它只有在现代性的工业和市民社会逻辑中才真正实现了自身。围绕着自由这一价值理念，赫勒还提到一系列价值理念，比如正义、平等、公正、良善、道德等。这些意义体系并不是任何东西的根据，而是现代人行动的规范性理念。从微观层面来看，每个人的自由是现代人所分享的共同性。在前现代社会中，个体是不自由的，其存在总是在其出生之时已被决定好的。制度、道德、出身、地位、血缘等这些普遍性的社会要素已经决定了一个人该做什么，不该做什么，成为什么，不成为什么。而在现代社会中，个人是被抛入虚无之中的。虚无意味着无限的可能性和自由。换言之，现代人必须立足自身、自我选择、自我决定、自我实现。赫勒对自由的强调是为了让每个人真正承担起现世的责任，因为个体自由是行使责任的前提。

三、当下的过去意识

历史是人类的自传。历史的过去与我们有着不可割裂的生存论关系。我们在前进的路上总是一再回到过去，回忆遗忘之事，汲取前人经验，以便行动有所依托和指引。在一定意义上可以说，我们始终生活在过去的场域之中。问题在于，我们活着的人如何看待过去。显然，在这个问题上充满着激烈的争论。兰克学派强调如其所是地呈现历史之过去，克罗齐主张一切历史都是当代史，黑格尔之类的历史哲学家则以未来审视历史之过去。如果考虑到赫勒对历史当下优先性的肯定，那么不难想见她在这个问题上的克罗齐立场。

赫勒通过深入批判历史编纂学的客观性立场分析和表达了关于过去的

① 阿格妮丝·赫勒：《历史理论》，李西祥译，黑龙江大学出版社，2015，第235页。

当下意识。历史编纂学的主题是过去，确切说是排除了我们当下的历史之过去。它声称自己遵从客观主义的方法，如其所是地呈现了关于过去的真正知识。近代史学之父兰克所提出的口号“如实直书”可谓是历史编纂学的基本原则和规范。此方法无疑是历史编纂学的优点，但问题在于是否能真正做到不偏不倚，如实客观地再现历史的真实性。赫勒详细地分析了客观性一词。在她看来，客观性始终存在于作为历史学家的主体与作为历史之过去的客体间的张力之中。它不可能完全是客体的如实展现，亦不会完全是主体的价值铺展，而是二者的恰当平衡。客观性并不排除主观性和价值性，而是必须依附于价值的导向性。“如果没有一系列价值的应用，历史质料就不能以有意义的方式组织起来”①，历史之过去便只会是一堆无关的碎片。但赫勒强调，客观性对价值性的依赖并不意味着所有价值的无限制应用，恰当地说，客观性必须与正确价值，亦即与人类实践相关的一般性价值的应用结合起来。正确价值的应用不但不会阻碍真实知识的获得，毋宁说是推进了历史编纂中真实知识的获得。如果我们能依据正确的价值无矛盾地解释和评价那些过去之中具有例证性的所有事实，那么这种关于过去的知识就是真实的，因而在对人类实践具有指导性的意义上便是更好的。因此，一种理论的真实性在于我们将其构建为真的程度。“好的理论不一定是由它包含更多事实为标志的，而是主要以从过去而来获得更多意义为标志的。”② 赫勒通过此分析和批判意在强调与当下无涉的过去是不存在的，过去始终是在与当下的永无休止的对话和交流中存在的。

既然过去是作为当下的过去，是我们建构的过去，那么我们活着的人应以何种世界观来建构过去？赫勒再次回到了她反复强调的现代人所具有的共同价值理念，即自由。在她看来，此价值不仅是现代人经验共识，而且是与人类实践本身相联系的，因此是普遍的、真实的。自由作为最高价值并不排斥其他价值的介入，关键在于这些具体价值既能与自由价值相统一，而且与相关于自由价值的其他价值无排斥。事实上，此价值是一种“规范理念”。这意味着我们需持续不断地检验我们的价值，并反思性地加以应用。通过自由规范理念的确立及应用，历史之过去既呈现为多视角，

① 阿格妮丝·赫勒：《历史理论》，李西祥译，黑龙江大学出版社，2015，第100页。
② 同上书，第149页。

也呈现为同等地接近于人类的历史。一般和具体在此和解。如果肯定自由价值，那么也就内含着个体负责的态度。尽管责任是现世的，但责任也是回溯性的，毕竟过去总是或多或少给出了指引我们行动的经验。因此，赫勒认为，依照自由价值理念对过去进行道德评价是可取的也是必要的，因为这是对我们负责。“如果当下的过去被重构了，道德评价就不能避免也不应该避免，原因仅仅在于奖赏和惩罚、赞扬和审查都是与活着的人相关的，因此也不是被误置的。”① 正如大屠杀这种受苦的过去经验，我们活着的人没有任何理由回避，必须给出道德评价，尽管这么做可能会伤害到那些曾经在大屠杀中受到伤害的人。

建构过去也意味着向过去学习。问题不在于我们是否该学习，而在于我们向过去学习什么。在赫勒看来，一般而言，我们向历史学习的东西可以是多种多样的。比如，学习好的事情，学习坏的事情，学习战术策略，学习价值理念，等等。但不管何种学习最后都可以归为两种学习，即实用的学习和实践的学习。实用的学习强调工具理性，总是试图将过去作为获得或强化权力的工具。在这种情境下，向历史所习得的东西便可能成为对付我们同胞的武器。实践的学习强调价值理性，它学习适合于一定价值的有价值的事业。正因如此，赫勒认为，向历史学习的规范只能是“无论你实施一个行动还是拒绝实施它，实践学习都应该优先于实用的学习”②。这也就意味着：一方面，我们要回到过去，确切地说，回到给我们提供真实知识的历史编纂学之中，学习被复活的过去，扩展我们的视野，增进我们的自我认识，丰富我们的历史存在；另一方面，我们要严格审视所习得的东西反馈进实践的可能性，即这种东西是否会和我们的世界观和价值理念相一致以及在多大程度上是一致的。如果一个人能依据我们当下共有的世界观和价值理念来整理过去之经验，并依此行动，便是实践导向的。学习固然重要，而以实践理性为导向的学习和行动更为重要。只有真正反馈进实践的是最崇高的学习。赫勒由此是要告诉人们，历史并不能教会我们什么，而是我们教会我们什么。向历史学习，我们可谓是学生；我们教会我们，我们可谓是教师。

---

① 阿格妮丝·赫勒：《历史理论》，李西祥译，黑龙江大学出版社，2015，第149页。

② 同上书，第206页。

四、当下的未来意识

我们总想知道我们的未来，总会期待美好的未来。我们不是僵死的存在，而是不断超越的存在。我们通过谋划和行动将过去的和现在的经验镶嵌于未来之中，并且将未来变成我们的当下和过去。此一基本事实表明，我们是朝向未来的存在，未来之于我们具有重大的存在论意义。缺乏未来的视角，过去和当下也就不成其为自身；缺乏超越的维度，我们便降低为存在者。正因如此，未来始终是西方哲学所关注的重要维度。从奥古斯丁对上帝之城的描述到黑格尔关于绝对精神的运动，从马克思的共产主义思想到海德格尔关于向死之存在的勾画，未来从未缺席，毋宁说它实实在在地规定并构成着思想。

于赫勒而言，未来之视角在思辨的历史哲学中更为突出，更为根本。一般而言，历史哲学可分为思辨的历史哲学和批判的历史哲学。前者注重宏大之历史自身，关注大历史之模式、规律、意义等诸如此类的历史本体论主题。后者重在历史认识论批判，钻研历史认识的发生、机制、评价系统等历史认识论问题。如果说历史编纂学沉浸于历史之过去，以期还原过去，那么思辨的历史哲学则执着于历史之未来，以期通过未来使得历史呈现出连续性。按照赫勒所言："在历史哲学中，历史的真理在未来中揭示自身：在历史或历史性或二者兼有的未来中揭示自身。"① 换言之，思辨的历史哲学遵照哲学的基本模式，先在地设定某种"应该"（诸如历史真理、绝对精神、上帝等）并依此立场来建构大写的历史。在这里，过去无非是为了或趋向当下的过去，当下无非是为了或趋向未来的当下。历史是真理的场地，是真理自我实现的过程。无论如何，未来的视角是根本性的。在赫勒看来，思辨的历史哲学是我们历史意识的表达，它深刻地根植于人类对意义的终极探寻之中，毕竟，作为历史性存在的我们绝不会仅仅满足于过去资料的搜集，我们还会问，这一切的背后是否存在着某种意义。但"现代性、历史、工业以及——首要的是——哲学，对降临到我们的世纪的所有灾难负有责任"②。如前所述，因为它从"应该"推出"是"，用必

---

① 阿格妮丝·赫勒：《历史理论》，李西祥译，黑龙江大学出版社，2015，第223页。

② 阿格妮丝·赫勒：《碎片化的历史哲学》，赵海峰、高来源、范为译，黑龙江大学出版社，2015，第145页。

然性清空了个体的道德责任。

既然思辨地谈历史未来与当下、过去的关系是非法的，那么我们又该如何看待未来？赫勒持一种折中的观点：一方面，未来是人类这种历史性存在无法抹去的重要维度，我们必须具有未来视角，必须拥抱未来；另一方面，我们并不确切知道未来会是什么样，也无法具体地言说未来。要真正解决未来的在场和不在场的对立关系，关键是将未来作为“理念”来考察和对待。赫勒在谈到她自己所提出的历史理论与历史哲学的区别时指出，“在历史理论中，应该仅仅是作为理念而不是作为最高的现实性推出的；它拒绝了传统历史哲学的完美主义和现实主义的同一”①。赫勒并未抛弃社会主义、进步、乌托邦等这些传统历史哲学家所钟爱的主题，而是将其转换为“理念”。因为，作为“大写的历史”的表达的诸多理念深深地植根于人的历史性之中，在存在论和价值论意义上是不可剥夺也无法抛却的。这些理念将未来和当下的关系重构为理念的规范和引导关系，将重构的任务交托在每个个体身上，而不是大写的目的身上。赫勒假定每个人都是好人，内在地有成为好人的愿望和需要。而且每个人都是自由的，他可以也能够自我设计、自我选择、自我塑造。因此，每个人都是道德主体，责任应该也必须被承担。这也就意味着每个人都不可推卸地承担有道德责任。在目的论被推下神龛之后，没有什么外在的条件能够保证道德责任必然被正确行使，只有自我的道德良知。因为，你就是你的主人，你就是你的必然性和保证。不过，为使道德责任能趋向于更好的生活，未来作为“理念”是应当被设定的。理念并不“向我们保证情况将会如此，它只是给予了我们一个规范，即它应该如此，并且我们应该在我们的力量之内为这个目的而做一切事情”②。理念作为应该的建构只起规范性作用，真正的道德责任还需要每个人现实地行使。如果让这种价值理念普遍化为每个人内心的自觉需要，从而真正地落实到具体行动中，未来或者好的生活才是可能的，从而也更具现实性。或许单个人的道德力量是微不足道的，但如

---

① 阿格妮丝·赫勒：《历史理论》，李西祥译，黑龙江大学出版社，2015，第286页。

② 同上书，第335页。显然，在这一点上，赫勒深受康德哲学的影响。正如我们所知，康德在将物自体领域从现象领域独立出去之后，在道德领域赋予其优先性。虽然，诸如世界、精神、上帝这样的实体我们无法认识，但我们仍应先验地设定，以便“规范性”地在人的实践层面发生作用。这些实体作为知识对象应被悬置，但作为价值应被悬设。

果这些力量累积在一起，那就会成为强大的力量。赫勒的基本逻辑可以概括为，只要每个自由个体意欲成为好人并致力于成为好人，未来才可能是好的生活。由此，未来和当下通过每个人的道德行动而现实地统一起来。每个人在当下的行动现实地绽开未来，未来也通过每个人的行动在场于当下。正因为未来是由我们通过当下创造的，未来才是当下的。作为现代人所应该具有的作为当下的未来意识也就意味着对自身道德主体身份的自觉。

五、余论

赫勒将现代人所应当具有的历史意识称为“作为任务的经过反思的一般性之意识”①。简单来看，此意识强调三点。其一，此意识强调过去、现在和未来在当下的统一。在以前的历史意识中，过去、现在和未来之间是断裂的，或者是仅仅依靠某种外在力量被抽象地统一起来的，而现代的新历史意识则要求人们将三者现实地统一起来。统一的中介正是我们自己，正是我们每一个自由的个体。现代的男男女女通过自己的自由的选择创造着历史以及属于我们的历史意识。其二，此意识是“一般性”的意识。我们既是我们，因为人与人之间分享了共同性和一般性，即人类、自由、幸福、责任等理念；我们又真实地表现为每个自由的个体，他/她是他/她的主人。这也就意味着，我们每个人既是人类，又是一个独特的个体。在这里，共同性和特殊性共同显现，内在统一而非相互牴牾。因而，历史意识既是个体的也是人类的，因而是一般的，绝非以前那种具有强制力量并表现为消灭个体性和异质性的普遍意识。正如赫勒所言，“一般性已经得到反思，因为同时代共命运的观念已经出现在共同视野中。”② 其三，此意识是一种伦理意识。经过反思的一般性之意识应致力于一般理念和个体实践的和解。在赫勒看来，就我们分享了人类的共同性而言，我们需要为人类负责；就我们是一个独特的个体而言，我们需要为自己负责。而我们“只能立足于绝对的现在，探寻现实的人的生活意义和历史可能性，并为此时

① 阿格妮丝·赫勒：《历史理论》，李西祥译，黑龙江大学出版社，2015，第29页。

② 阿格尼丝·赫勒：《现代性理论》，李瑞华译，商务印书馆，2005，第13页。

此刻的生活负责”[①]。这不仅是为自己负责，同时也是真正地为人类负责，因为只有在当下的生活中，人类的共同性与个体的自由才真正地统一起来。从这个意义上说，她的历史理论乃是“一种积极的斯多葛主义－伊壁鸠鲁主义的伦理学”[②]。

必须承认，我们的历史以及我们的历史性必然地具有双面性，一为宏观、同一性，一为微观、差异性。没有宏观之规整，微观注定沦为碎片的堆积，我们存在的意义也将无处可寻；没有微观，宏观注定成为抽象的形式，我们存在的内容也将无处安放。传统历史理论强调宏大叙事，强调理性同一性。在那里，同一性牢牢支配着历史的表达方式。而在所谓的后现代主义对传统宏大叙事的激进反叛和解构中，宏观让位于微观，同一性让位于差异性。赫勒并未做出二者择一的选择，而是试图调和同一性和差异性，建立伦理学以沟通二者。与其说这是一种折中主义的态度，不如说这恰恰是赫勒的高明之处。

不过，为了架通一般性和特殊性，赫勒求助于自由的、向善的个体。赫勒关于个体是善的以及向善的论说只是一种假设。她并未给出令人信服的理论根据，尽管在经验中可以觉察到，似乎是不证自明的。如果这个最根本的问题缺乏根据，那么通过个体的负责来重建历史性便成为空中楼阁。赫勒假定，如果每个人是善的并且是向善地行动，那么从个体性向一般性的惊险飞跃便是现实的。她告知现代人，只要大家负责，我们便可以开出我们的历史，证明我们的历史性。显然，赫勒最终走向的是一种道德呼吁和价值诉求。在这一点上，赫勒并未克服西方马克思主义者最终走向道德呼吁的理论局限。或许，在一个理性逻辑仍然强大的现代社会，选择道德呼吁是一个有良知的知识分子所能做出的最好选择。正因如此，赫勒的历史理论一方面充斥着对个体道德行动的乐观主义，另一方面充斥着对现代文化的悲观主义。无论如何，现代男男女女应认真对待赫勒的历史理论所告知我们的，即在一个所谓的碎片化的后现代社会，每个自由的个体该如何保持人的完整性，进而实现我们的历史性。

---

① 张笑夷：《良知与责任：赫勒关于现代性问题的道德哲学探索》，《求是学刊》2016 年第 6 期。

② 阿格妮丝·赫勒：《历史理论》，李西祥译，黑龙江大学出版社，2015，第 341 页。

历史的微观透视*

——论赫勒的碎片化历史哲学

马建青

历史与人在生存论层面具有本源关系。人通过自身的超越性活动创造、塑造、改造着历史，历史又通过习俗、传统、遗迹等影响和塑造着人。人注定是历史性的存在，历史也必定是人的历史。人无法回避历史，需要直面、进入并把握历史，以便超越与实现。然而无论是人们未加反思的直观把握还是自觉反思的哲学理解，无论是人们费尽心思的资料编纂还是思辨想象的哲学叙事，都未能呈现历史的全貌。与其说伏尔泰、维科、歌德、黑格尔、马克思等人的工作呈现了历史，毋宁说他们表达了那个时代他们独有的历史观。后人仍需不断追问历史，以便求得既客观又合理的历史面相。赫勒在此领域可谓又进一步，她后期所提出的碎片化的历史哲学思想努力将微观视域引入历史哲学研究之中，以期人们注意被理性所遗忘的微观领域的本真性和革命性。其学说对现代人的境况及“碎片化”时代人如何成为“好人”所做的微观分析相当精致且颇有启发，对我们重新认识自我及历史助益甚大。

一、不合时宜的历史宏大叙事

一般而言，19 世纪的历史哲学研究乃是思辨的。这种历史研究以“大写的历史”为对象，试图将历史的多样性、丰富性、异质性简化还原为某种由理性所制定并能把握的统一模式。这种承继于古希腊理性传统的宏大历史叙事萌生在奥古斯丁的“上帝之城”和“世俗之城”的斗争中，后受

* 本文刊于《学术交流》2016 年第 4 期。

自然科学的影响而在启蒙运动思想家那里登峰造极。18 世纪人们普遍相信：理性是可靠的，而且是唯一可靠的，它充满力量，人们只要乘上这列列车，便可达到自由之境；或许过程并不如想象的顺利，但结果是圆满的。黑格尔的历史哲学虽然对这种叙事进行了辩证法的改造，但绝对精神的地位和力量仍是无法撼动的。马克思也难免受其影响，认为历史是有规律的，规律决定了社会形态由低到高发展，直至共产主义，一切得到和解。真实的历史果真如此吗？抑或，哲学家们书写的仅仅是他们的历史？后来者，包括分析的历史哲学、解释学、存在主义、后现代主义都指出，那些宏大的历史观无疑是叙事性的、思辨性的。因为，它讲述了一个关于历史的故事，但绝非真实的历史。对于此问题，19 世纪人们大抵无甚自觉。在赫勒看来，在理性帝国主义遭受批判的碎片化的（后）现代的范畴内，在“偶然性”决定性地成为人的存在境况之时，如果人们还要求助于宏大的历史叙事，便多少是不合时宜的。对此，赫勒不无认真地说：“我们这一代人的生活经历与典型历史哲学的一元化的、整体论的以及真正自我完满的宏大如此相反，以至于它完全不能再容忍它们。”① 赫勒是基于如下三个方面而做出判断的。第一，从存在论基础看，人的偶然性境况使得宏大叙事日益失去其诱惑力。在赫勒看来，偶然性“是男人和女人体验和描述为‘作为偶然的’的人的境况”②。在这里，偶然性是内在于人的、人不得不如此的一种状态，不同于作为外部力量出现的“机会”；偶然性是存在论意义上的“历史的－社会的偶然性”，而非宇宙论意义上的宇宙的偶然性。赫勒以类似存在主义的口吻讲道，“人是被抛入自由之中的存在”③。换言之，现代人是被“抛入”或“嵌入”作为“零的存在”的“虚无”之中的。虚无并非无，而是孤独、自由、可能性的场域和发动机。人是虚无的存在，意味着他同时是具有无限可能性的存在。不同于前现代人的被外部力量决定的境遇，现代人是自我存在、自我选择、自我实现和自我超越的。“存在先于本质”，通过存在的选择来塑造本质是现代人的根本特征。在赫勒看来，19 世纪的人们尽管已然觉察到人的偶然性境遇，但

---

① 阿格妮丝·赫勒：《碎片化的历史哲学》，赵海峰、高来源、范为译，黑龙江大学出版社，2015，第 202 页。

② 同上书，第 45 页。

③ 同上书，第 28 页。

并未意识到这种偶然性所具有的支配性地位，所以他们才求助于目的论之类的宏大叙事，以求消解偶然性的焦虑。这种叙事总的来说也没有毛病，它证实了自由的价值、人的偶然性境遇、主体间性等一系列在赫勒看来极有价值的理念。但新的一代人的生命体验和存在境况使得他们不会也不能赞同那种无法理解他们这些体验和境况的叙事。第二，从理论层面看，历史哲学乃是一种“心理建构”，一种想象的建构。在赫勒看来，历史宏大叙事无论采取历史目的论、进步主义、历史规律说等什么样的形式，它总是依赖于一些预设的理论前提：“历史是普遍的”“历史显现着一种朝向进步的最终趋势”“现代性是那种进步发展的实现”“已经发生的、正在发生的以及将要发生的一切，都能够顺利地与以现代性为目标的进步的一般框架融为一体”“正被谈论的事件不是偶然的”①。假设历史是一个实体、一个主体、一个“大写的历史”，本身是不合法的；假设历史的过去和现在径直地走向未来，也是不正当的。因为这种假设不仅未经证实和证伪，而且不受人们“信任”。就其本质而言，“这些特征的大部分在一切历史哲学中都是建构性的”②。换言之，历史宏大叙事无非一种理性霸权的话语，个中历史是被建构而非呈现的。虽然它也部分地道出了历史，但叙事与历史之间存在着一道巨大的鸿沟。正因如此，历史哲学就其理论体系而言充满着诸多矛盾。赫勒指出了历史宏大叙事的两大不可避免的缺陷。第一，“历史哲学从非历史的观点历史地反思历史存在”③。历史哲学固然因历史之名，探历史之真，但其形而上学的做法却总是将现实的历史及自由的价值窒息于一个自足的体系和结构之中。与其说它历史地解释了历史，不如说它非历史地解释了其建构的某种神秘实体。第二，历史哲学的“最高价值（自由）和相同价值（与其他相关价值的）本体论化之间的矛盾”④。如果历史是按照某种规律、节律、模式或必然性变化的，即历史必然如此，那么剩给人们的除了不自由还有什么？声称发现并实现自由的历史哲学最后却导致自由的消失。赫勒从众多缺陷中选取二者，显然是为她的伦

① 阿格妮丝·赫勒：《现代性能够幸存吗?》，王秀敏译，黑龙江大学出版社，2012，第200页。

② 阿格妮丝·赫勒：《历史理论》，李西祥译. 黑龙江大学出版社，2015，第230页。

③ 同上书，第270页。

④ 同上书，第271页。

理学服务的，不过这种指认在一定范围内揭示了历史哲学的内在矛盾，即逻辑与历史、应然与实然、理想与现实之间的矛盾。第三，从实践层面看，历史宏大叙事对20世纪人的遭遇负有一定责任。20世纪以来，这种试图一统天下的理性精神在客观化的过程中遭遇了前所未有的危机。两次世界大战、广岛原子弹爆炸等让人们开始重思西方的文化危机和人的自我救赎道路。赫勒或见证或亲历了20世纪以来的一些重大历史事件，尤其是大屠杀，促使她思考：这些为什么会发生？我们该如何理解？我们能够自我救赎吗？我们该如何救赎？与诸多西方马克思主义者的致思路径一样，赫勒求助于文化。在她看来，西方的同一性的理性文化应负一定的责任。历史绝非也不应该是与人之生活无涉的冷冰冰的、绝对性的、压制性的模式、规律、机制，它不可能也不应该抹除那些个人的吃穿住用行等基本的、差异性的、丰富的生存和生命活动。如果那样，历史必将是忽视人、贬低人甚至消灭人的。正因为理性的误用、神化和普遍化，理性破坏了这个世界。赫勒认为，在一个被滥用的理性撕碎的世界里，应该重新估量人与历史的关系，而不是执拗于历史的宏大叙事。

二、谁的历史?

如果那个曾经无所不能的宏大的历史主体（绝对精神、目的、实体等）被迫离开了人们的世界，那么历史将成为谁的历史？赫勒认为，历史只能是某个人眼中的世界，是现代男男女女的世界，是他/她的历史，也是我们/他们的历史。如前所述，偶然性是现代人的生存境遇，每个人都是自我存在、自我选择和自我实现的。在赫勒看来，正因如此，每个人都是独一无二的个体。要真正理解个体的真实身份，必须意识到个体与哲学语境中主体的区别。赫勒用一个约翰的例子来说明这种区别。在哲学语境中，主体意味着“服从于……”或“让一些东西服从于……”。如果存在两个约翰，他们都服从于某物，都让某物受他们支配，但他们仍然是不同的人。由此可见，约翰所具有的个体性绝不是由外在力量所标示的主体性，而是有着更为深刻的含义。在赫勒看来，一个人仅仅意味着他/她就是他/她自己。如果说前现代人是根据社会先验和遗传先验来组织自己的经验，那么现代男男女女则能在偶然性反思中根据自我及自我的选择而在虚无中积累和综合自己的经验，塑造、保持并生产一个个体。赫勒从三个方面勾画了这种个体：从个体作为单个的人或成为一个个体意义上来看，一个独特的个体“并不只是有差别，而是产生了这种差别”；从个体与世界的关系来看，“个体的独一无二的人（即个性）则永远不会将他自己或她自己与如其所是的世界等同起来”；从个体与个体之间的关系来看，“他或者她也不会将他自己或她自己完全与他自己或者她自己等同起来”[①]。如此来看，这里所讲的个体极类似于莱布尼茨所讲的单子。事实上，赫勒称其为“准单子”。如果每个个体都是一个单子，那么历史或世界便碎片化为作为单子的个体的世界。个体眼中的世界便是真实的世界，而且是唯一真实的世界，就其本身而言是不可共享的。照此逻辑，世界既然是每个独特个体的世界，便是差异化、多元化的，那么在一个碎片化的世界里是否存在着我们共同的历史？与诸多后现代主义者的激进立场不同，赫勒认为我们的历史是必然存在而且应该存在的，因为我们拥有一个世界。在她看来，人既是个体的存在也是社会的存在，作为单子的同时也必须承认自我“他者性”。个体必须意识到自己身处于主体间性的关系网络之中，其个性及生活只有在交往中才有可能。多元主义和自我主义不可分割。这也就意味着，个体应信任他人、尊重他者、承认差异、认可多元化，并在参与、交往、互动中保持和提升自我。赫勒在“康德邀请的午宴”[②] 中详细说明了这个问题。在她看来，主人组织一次好的交谈，需要三个标准，即自律、多元主义和心灵自由。实际上，这三个标准也是人在社会中生活的标准，即要实现个体性与社会性的统一。既然个体是一种社会的存在，也即作为“我们”的存在，那么历史也可以成为我们的历史。赫勒认为，历史作为过去，并不是一些“我们身后的”东西、与我们无关的东西，它应该被回忆、被复活，从而分享生者的生活经验。“激进地拒绝回忆过去，也是对历史的激进的否定：对过去的、现在的和未来的历史的否定”。[③] 但回忆绝不应是私人性的。私人性地经历过的历史不是历史，因为这种历史是私人性的，不会被人们分享和记住。它的生命是短暂的，或者说没有生命。历史生活存在于彼此信任的人们的共同经验中。人们的信任关系越深

① 阿格妮丝·赫勒：《现代性能够幸存吗?》，王秀敏译，黑龙江大学出版社，2012，第 81 页。

② 阿格妮丝·赫勒：《碎片化的历史哲学》，赵海峰、高来源、范为译，黑龙江大学出版社，2015，第 186－212 页。

③ 同上书，第 60 页。

厚，所分享的经历越多，历史也就越厚重。也就是说，过去越是被人们经常性、持久性地共享，越是成为社会性的，人们就越是历史性的，因为过去人们的“行动和苦难在他们共享的记忆中保持鲜活”[①]。可见，赫勒总是提醒人们不要忘记历史，否则无法直面未来。这种思想与她心中的大屠杀阴影不无关系。值得注意的是，“我们的历史”并不否定“我的历史”。毋宁说，后者的断定是根本性的，它规定了前者，后者作为前者的推定并不能取代前者。如果存在着我们的历史，那么我们历史的未来该是如何？赫勒认为，虽然未来是开放的、可能的，我们无法断言，但我们可以就现在、就个体的生活进而就我们的共同的生活有所言说。在她看来，乌托邦的想象是不可能被抑制的。后现代人也需要乌托邦，需要希望的原理来指引他们，以求一种幸福的、善的生活。但这种乌托邦并非宏大叙事之下试图提前泄露未来秘密的乌托邦，而是诺齐克所言的“绝对的乌托邦”。“这个乌托邦是所有生活在一个多元化的宇宙中的偶然的人能维持下去的乌托邦”[②]。它是规范性的理论和实践性的理念，而不是强制性的。它不会强制性地要求“你必须这么做，不能那么做”，但它会在你不诚实的时候轻声告诉你“你在撒谎，你辜负了你承诺”。也就是说，它对“体面的人”的幸福做出承诺，并推动每个人尽可能多地兑现这个承诺。在赫勒看来，“善良的人是乌托邦的化身。”[③] 好人是绝对的乌托邦，因为作为乌托邦的化身，他不可能更完美。正是好人通过他们的行动证明了，我们的生活是值得期待的，一个面向我们的最好的世界的可能性是存在的。正因为每个人多少都承认好人、渴望成为好人，而且都可以通过积极的选择而成为好人并带动他人成为好人，历史才不会呈现为互不相关的碎片，才越来越成为我们共享的历史。正因为每个人经历、实践和保持着乌托邦的生活方式，生活才是值得过的，历史的未来才是值得期待的。总的来说，历史的未来掌握在当下的男男女女手中，存在于现代人所共享的历史经验中，存在于现代人的积极选择中。

---

① 阿格妮丝·赫勒：《碎片化的历史哲学》，赵海峰、高来源、范为译，黑龙江大学出版社，2015，第211页。

② 同上书，第84页。

③ 同上书，第85页。

三、拯救真理的历史性

如果世界是作为单子的个体的世界，关于世界的认识是个人的认识，那么是否还存在着真理？如果存在的话，那是谁的真理？在赫勒看来，这些问题的答案存在于对真理的理解和界定之中。在传统认识论中，真理总是被视为自足的、确定的，因而也是永恒的。哲学家总是乐于将世界分割成真理世界和意见世界，肯定前者而否定后者，并从真理自身的概念中推演关于真理的各种问题。也就是说，通过普遍性的答案“真理是什么”来回答具体性的问题“这个真理是什么，而不是什么”。在赫勒看来，这种形而上学的真理观无法解决一个重大难题，即永恒的真理怎样能历史地出现。真理既然是永恒的，何以历史地显现？黑格尔的真理自身发展自身的解释不过是一种形而上学花招，在那里，真理仍是永恒的。可以说，传统真理观始终是非历史的。赫勒注意到，在 19 世纪和 20 世纪，传统哲学那种自足地将真理限定在非日常实在领域的做法已经受到质疑。尼采和福柯将真理理解为一种权力的话语工具，克尔凯郭尔将真理理解为主观的，卢卡奇和海德格尔提出并断言了艺术中的真理。人们已经开始用（艺术的、权力的、个体的，等等）栅栏将真理圈住，以反抗真理符合论的统治。在赫勒看来，在人们已然不再相信普遍具有强制性真理，不满意于根据知识的对错做出回答的语境中，现代人有必要澄清真理，以使真理回归它的历史性。赫勒通过两个重要命题来澄清真理历史性的内涵：其一，“真理是主观的”。一方面，真理是生存论意义上的对个人而言的真理。赫勒从作为单子的个体出发来探求真理问题。存在着诸多对每个人来说为真的知识，但并非每种真的知识都可称为真理，比如我们日常的真实感觉就是如此。同样，存在着诸多真理，但并非每个真理都是对你而言的真理。只有“陶冶教化你的真理能成为对于你而言的真理”①，且是对我而言的真理。所谓陶冶教化，是指这种真理确确实实而且在某种情况下深刻影响到了个人或群体的价值观、视野、经历、日常实践、选择等，也就是说它影响或改变了人们的生活。如果一个柏拉图的理念真理对你有所启示，它亦可成

---

① 阿格妮丝·赫勒：《碎片化的历史哲学》，赵海峰、高来源、范为译，黑龙江大学出版社，2015，第 177 页。

为对你而言的真理。因为真理只是在生存论意义上成立的，所以它永远是主观的，也必定是“历史真理”。另一方面，此时此处存在着诸多真理。既然存在对作为单子的个人而言的真理，那也就意味着存在诸多可同时存在的真理。它们尽管可能不相同，甚至相矛盾，但并不彼此排斥、相互压制。其中一些对某人、某群体来说是真理，另外一些则不是，但它们对其他人而言仍可是真理。一种真理对你而言是真理，但你仍能承认它可能不是其他人的真理。“真理的理念命令我们相互地承认彼此的真理。”① 正因为真理表现为依赖于绝对个体的诸多真理，所以它是主观的。在赫勒看来，“真理是主观的”这一断言并未告诉人们真理的概念，它只是为真理多元化和历史化打开了一道门。这种判断似乎有走向相对主义的危险，但赫勒认为，“真理是主观的”这个判断与相对主义并无关联。事实上，相对主义都假定了“什么是真理”的普遍性标准，并首肯了其独一无二的权威性，进而关上了真理历史性的大门。但现代的主观真理观从根本上否定了关于普遍真理的断言的有效性。一个真理于我而言是真理，并不意味着它就是绝对真理；于他人而言，它也可能不是真理。这和“对于我而言的真理必是绝对真理”的判断有着本质区别。可见，“真理是主观的”意味着生存论意义上主观的“绽出”和“在场”。其二，“真理是全体”。在赫勒看来，真理只是一种理念，“一种有意义的生活行为方式的范导性理念”②。它是范导性的，而非强制性、绝对性的大写的目的。个体既然选择了真理，便应该对真理负责，在接近它的过程中生活。虽然真理就其是理念自身而言是抽象的，但它又是具体的和历史的，在个体的存在和选择中来证明自己。因此，真理主要不是一次性的选择或事件，而是历史性地表现为一系列的“真理”事件，一系列的个体涉身其中的事件。真理总是“在场”，真理之光总是会照耀个体。最终，“充满意义的生活表现为最高的综合，表现为无所不包的真理”③。在此意义上，不是个体占有真理，实际上也无人能占有真理，而是真理占有人。“我的真理拥有我。”④ 它靠近、

---

① 阿格妮丝·赫勒：《碎片化的历史哲学》，赵海峰、高来源、范为译，黑龙江大学出版社，2015，第182页。

② 同上书，第184页。

③ 同上。

④ 阿格尼丝·赫勒：《现代性理论》，李瑞华译，商务印书馆，2005，第32页。

抓住、启蒙、改变和提升个体。如果每个个体都能积极践行关于真理的承诺，个体也就是对其自己负责，因而也就在实施着自我拯救。赫勒的讲法与黑格尔虽有相通之处，却有根本区别：在黑格尔那里，绝对精神作为历史的目的具有绝对地位，它在由低到高的逻辑中展现自己；而在赫勒那里，真理并不具备绝对精神的权威，也并非逻辑性地展开自己，它主要存在于偶然性个体自律性的选择中。可以说，"真理是主观的"与"真理是全体"这两个论断是相互关联、相互补充的。前者是核心，后者是前者的延伸和补充，二者共同讲述了一个现代人应当持有的多元化、生存论的真理观。由此，真理从认识论领域真正进入了存在论领域，成为与个体的生存和生命整体相关的东西，因而也真正成为历史性的。传统哲学真理观留下的难题"永恒的真理怎样能历史地出现"在一定程度上获得了解决，因为个体通过历史性存在和选择而投向了真理的怀抱，真理也通过个体的存在和选择而拥抱了人们。

四、绝对精神的在场

如康德一样，赫勒深信人内在地具有形而上学的渴求，也即对意义的渴求，尤其是生活在偶然性之中并意识到偶然性的现代人更是如此。在保证历史意义的神圣之物被驱下神龛之后，现代人对意义的需要更为迫切。表面看来，这个多元化、差异化、碎片化的时代似乎缺乏产生意义的能力，但实际上并非如此。在赫勒看来，尽管每个人都是一个独特的个体，生成着属于其自己的世界，但其仍然是主体间性（社团）的存在，他们总是共享着某些东西，总是会通过自己的活动或多或少地再现着某种意义。这种意义，赫勒称之为绝对精神。绝对精神一词取自黑格尔，但赫勒对其进行了改造。绝对精神包含三个要素。其一，"它表现为思考，更严密地说，表现为思辨性的思考。"① 所谓思辨性的思考是以自身为目的，是一种对意义的思考，并因此满足人们对意义的渴求。它不同于形而上学思维。传统形而上学思维以"存在"之类抽象物为思考对象，并试图从中提取普遍性的真理。亚里士多德的形而上学体系关注的是"存在的存在"，其目

① 阿格妮丝·赫勒：《碎片化的历史哲学》，赵海峰、高来源、范为译，黑龙江大学出版社，2015，第250页。

的是建立关于存在的永恒真理。思辨的思考则是每个独特的个体以独特的事物为对象（尽管也可能是形而上学的思维对象），并从中获取存在的意义。如果一本书的内容通过一个人的思考而被其所占有，这种思维就是思辨性思考。在赫勒看来，这种思辨的态度是不可或缺的，甚至是至关重要的。不通过思维，我们就不能成为自身。正是这种思维使人得以摆脱向“客观精神”领域中的人造产品跪拜的情形，使得历史被复活，使得我们成为历史的。其二，“思辨性思维的持续实践作为一种目的自身和提供意义的活动，就是虔诚。”① 在赫勒看来，绝对精神作为存在于非日常领域之外的为我们提供意义并被我们分享的东西，是不可企及的。人们只能怀着一颗虔诚之心不断地趋近，正如西西弗斯的劳作一般。虔诚不等于恭顺和虔敬，它也有可能是反讽的、批判的、破坏的。它是一种对精神上更高级的事物的敬意，一种谦卑的美德。“正是这种准备就绪、这种自告奋勇的姿态、谦卑、理智的爱、沉思的虔诚——不管你管它叫什么——使得男人和女人遭遇绝对精神。”② 我们越是虔诚地靠近绝对精神，我们的“主观精神”便越是能获得加深和拓展。换言之，靠近绝对精神的过程也是我们生成的过程，我们“在场”的过程。因而，虔诚也是一种对自己负责的态度，一种存在的姿态。其三，“绝对精神就是我们社团的精神”③。并非每个共同体都可以称为社团，真正的社团是指能容忍差异并能扬弃矛盾的共同体。在赫勒看来，社团精神主要包括“意识到我们的偶然性，形式的自由和对历史意识的意识”④。如前所述，偶然性意识意味着每个个体都是被“抛”的存在，是自我存在、自我选择和自我实现的存在。“自由”意味着每个个体在其是自己命运的创造者这个意义上是自由的存在，但绝非绝对的自由，不能在肯定自己自由的同时否定他者的自由。赫勒将“历史意识的意识”视为社团精神的核心。这种意识并非一种规整性的范式，而是一种使我们的经验得以形成的条件，一种规范性的理念。正是通过这种自觉意识，我们意识到不存在决定我们时代的普遍真理，真理是开放的。以往

---

① 阿格妮丝·赫勒：《碎片化的历史哲学》，赵海峰、高来源、范为译，黑龙江大学出版社，2015，第 251 页。

② 同上书，第 274 页。

③ 同上书，第 251 页。

④ 同上书，第 283 页。

每个时代自我意识权威之所以能树立起来，就是因为历史意识未经反思。赫勒将“历史意识的意识”比作分出并承载很多树枝（历史意识）的树干，便是告诉人们要知道历史意识终究是多元而非一元的。一方面是绝对精神的理论预设，另一方面是作为单子的个体。绝对精神如何与个体和解？赫勒的回答鲜明地体现了她思想中的黑格尔哲学因素。绝对精神是扬弃了矛盾的同一性，它无所不包，也无所不在。因此，它是绝对的。绝对精神发出声音，发出邀请，发出鼓励，它引诱而不是命令我们。反过来，绝对精神意味着对我们而言的真理。人们相信它，发出承诺，做出选择，不断靠近。当然，自由的人们可以选择不理会绝对精神的声音。在赫勒看来，靠近绝对精神需要“异常改善并过于敏感的实践智慧”①，以及思维的虔诚。这两者会告诉人们何时该止步，该换方向。凭借这种实践智慧和虔诚之心，人们在绝对精神客观化的“客观精神”中不断深化和扩大自我的“主观精神”世界，进而也不断将绝对精神再现出来。实际上，这里存在着绝对精神“下降”到我们身上的过程及我们通过劳作“上升”到绝对精神的过程。赫勒相信，在绝对精神的“光照”和引领下，每个人应该能够成其所是。

五、余论

赫勒的历史理论无疑确实是一种历史哲学，因为她是在哲学的框架中思考历史和历史意识的。但她的历史哲学与传统历史哲学有着根本区别。前者肯定独特性、差异性、多元性、开放性，勾勒了被遗忘的历史的微观维度；后者肯定一元性、确定性、必然性、目的性，描画了历史的宏观维度。赫勒的历史哲学与后现代主义也有着区别。从某些观点来看，赫勒的历史哲学与后现代主义多有相似之处。但是，并不能因此就武断地将赫勒的历史哲学划在后现代主义范畴之内。一方面，赫勒的历史哲学乃是一种“后现代视角”中的“现代性理论”，很难在一种理论自觉的意义上成为后现代主义。另一方面，后现代历史哲学废除了历史的真实（科学的）叙事和虚构（诗学的）叙事之间的区别，将历史学归结为修辞学、符号学和情

---

①　阿格妮丝·赫勒：《碎片化的历史哲学》，赵海峰、高来源、范为译，黑龙江大学出版社，2015，第255页。

节编码。这种试图消解真理的激进立场无论如何都是赫勒难以接受的。在赫勒那里，一种审慎的温和总会在场。她怀疑一切并非要否定什么，而是要提醒人们“我们真正需要什么”。她在后现代视角下巧妙地将传统和现代因素融合在一起，这种做法更接近于一种折中主义。就其本质而言，赫勒的历史哲学是一种文化哲学，或严格说来是一种伦理学。她以历史哲学之名探讨了“我们在何处”“我们是谁”“我们和过去的关系”“我们和一般文化的关系”“我们该如何”等绝不局限于“历史”的主题，这些主题从不同角度讲述了在一个碎片化的时代每个人应该如何实施拯救。赫勒看到，如果把历史责任交托给非个人的“我们”或非人格的“目的”，责任便容易沦为不负责任。将历史交托给每个不能推卸责任的单个人身上更为正当。只有每个人意识到自己的存在、自由和责任并积极投向历史的怀抱，换言之，每个人积极地做一个好人，历史的未来才是值得期待的。赫勒好人伦理学的内在逻辑极类似于古希腊晚期伊壁鸠鲁主义－斯多葛主义的伦理学：既然世界无法改变，何不改变自己！实际上，赫勒也称自己的学说为一种“积极的斯多葛主义－伊壁鸠鲁主义的伦理学”①。这种伦理学虽然为现代人的好的生活指出了可能性和方向，但在一定程度上仍是一种乌托邦。

---

① 阿格妮丝·赫勒：《历史理论》，李西祥译，黑龙江大学出版社，2015，第341页。

后历史意识与后历史解释模式*

——布达佩斯学派后现代视域下文化批判的历史旨归

杜红艳

历史是人们对过去、现在和未来的一种思考，笼统地说，这种思考展示的是一种时空维度，而时空维度展现的又是社会的文化结构。所以，对历史的反思揭示的是文化问题，引导的是人对世界的态度，布达佩斯学派正是基于此通过历史对现代性文化进行了批判。布达佩斯学派对历史意识的发展阶段进行了划分，通过这种划分展示了不同阶段人们对待世界的态度；他们集中对现代性阶段的宏大叙事进行了批判，通过这种批判确立了一种后历史意识与后历史解释模式，进入了后现代主义的文化视域。在布达佩斯学派诸成员中，赫勒和费赫尔尤其关注这一问题，注重回到历史，回归到起源对现代性问题展开批判与反思，通过历史理解当下，把历史事件放到时空的维度中来把握。我们较为熟悉的《历史理论》《碎片化的历史哲学》《现代性理论》《后现代政治状况》《法国大革命与现代性的诞生》《被冻结的革命》都涉及该方面的研究。

一、后历史倾向

很多思想家都从历史这一深层维度来理解社会问题，布达佩斯学派的独特之处在于"后"历史意识与"后"历史解释模式，如何捕捉到"后"字的意义是理解布达佩斯学派现代性文化批判的关键，也是理解布达佩斯学派理论主旨的线索。事实上，"后"是一种模糊不清的时空描述，既指"之后"也指"之外"，代表着许多不同的情感和态度，许多后现代思想家

---

* 本文刊于《苏州大学学报》2015 年第 2 期。

都赋予“后”字自己的意义，布达佩斯学派也通过对后现代的描述赋予了“后”以独特的意义。“后现代既不是一个历史时期，也不是一个特征清晰的文化或政治思潮。相反，正如那些心存疑虑并质疑现代性的人、那些想要指责现代性的人以及那些盘点现代性成就又罗列现代性未解难题的人所勾画的那样，后现代性可以被理解为广阔的现代性时空内的私人－公众时空（private-collective time and space）。那些选择沉浸于后现代性里的人依然生活在现代人和前现代人中间。因为后现代性的基础恰恰包括把世界看作异质空间和时间的多元性（plurality）这一观点。后现代性因此只能在这一多元性内定义自身，与这些异质的他者（heterogeneous others）相对照。”[①] 这段话彰显了布达佩斯学派的后现代思想倾向：首先，后现代不是一个新的历史时期，而是寄生于现代性之上的，依靠从现代性中汲取养分而生存，所以后现代不是对现在的绝对否定，而是以绝对的现在来理解时间，呈现出的是人总是在进入现在同时又在它之后的时间意识。其次，后现代的基础是多元性，依赖于多元的异质空间，只有从多元性出发才能进入后现代，多元性是后现代的空间特性。

后现代也引发了历史的方法论变革。19世纪的历史决定论采取一种客观的、统一的、同质的、合乎逻辑的方式，把一切归于一个完整的过程，试图揭示历史的客观规律。这种历史决定论的方式最初为尼采所质疑，然而这种质疑所引起的方法论很晚才为历史学家所注意。布达佩斯学派在方法论上采取的就是后历史的方法，后历史不是指“历史将会达到一种静止状态”，“如果‘后现代性’并不被理解为现代性之后的一个时代，而是被理解为在现代性之中的一种肯定现代性的‘到来’，即它的最终的安定（settling-in），同时调查现代性的资格并努力赋予它以意义的立场和态度，那么后历史这一概念对于历史学家来说将从禁忌和障碍转变为一种激励。在这种理解方式中，历史将作为我们共同阅读的文本而逐渐为人所知，但我们每一个人都以他或她自己独特的方式来阅读历史”[②]。后历史意味着每个人都可以以自己的方式解释历史，这种解释学方法展现的就是一种后历

① 阿格妮丝·赫勒、费伦茨·费赫尔：《后现代政治状况》，王海洋译，黑龙江大学出版社，2011，第1页。

② 费伦茨·费赫尔：《法国大革命与现代性的诞生》，罗跃军等译，黑龙江大学出版社，2010，第4页。

史倾向。

正是基于对后现代的与后历史的这样一种理论定位，布达佩斯学派提出了后历史意识和后历史解释模式。关于历史的意识是对过去文化的反思，对文化兴衰的反思，正因为历史意识已经终结的文化才能得到理解，后历史意识是在后历史中发展出来的新的历史意识，是从后历史的视角对文化的理解与反思。后历史意识并不表示对一种意识范式的赞同，而意味着一种语言范式和交流范式，所以，后历史意识也就表现为一种多元的后历史解释模式，同时后历史解释模式展现的也是一种后历史意识。赫勒对历史意识的阶段划分包含了她在时间上对现代哲学宏大叙事的批判和在空间上的多元哲学倾向；由于费赫尔将法国大革命看作是现代性诞生的标志，他在对法国大革命的反思和批判中揭示出了历史意识和历史解释模式的转变，从历史解释模式出发展现了一种后历史意识。

二、后历史意识

对历史意识的阐释及对历史意识阶段的划分表达了布达佩斯学派对于人类历史状况的关注，代表了他们对于现代性问题的理论视角，对于历史意识的阐释是伴随着布达佩斯学派的后现代视域下的现代性文化批判产生的。什么是历史意识？布达佩斯学派认为，人类是有两种同一性的生物，与自身同一和与群体同一，这种同一不是指形式上的同一，而是意味着通过差异和分化达到同一，这种同一性是时空性的，指时间上和空间上的同一，而“空间上的同一和时间中的同一也就是一个民族或一群人生活中的地理与叙事”[①]。正如赫勒在《历史理论》中所说的“我们即时间和空间”。历史意识构成的正是“一个民族或一种文化的地理和叙事。”[②] 这种地理与叙事指代的即是人的生活方式，所以历史意识呈现出的是整个人类生活方式所构成的世界，是对高更“我们从哪里来？我们是什么？我们往何处去”这些问题的回答，而对这些问题的不同回答就是历史意识的不同阶段。现代宏大叙事以自己的方式回答了这些问题，解释了世界。然而，布达佩斯学派认为宏大叙事的回答不适合现代社会，不能展现出这个时代

① 阿格尼丝·赫勒：《现代性理论》，李瑞华译，商务印书馆，2005，第10页。

② 同上。

文化的地理和叙事。正因为如此，布达佩斯学派通过对历史意识阶段的划分，概括了现代世界的全新面貌，提出现代世界的历史意识，即后历史意识。

在《历史理论》和《现代性理论》中，赫勒于历史意识进行了研究，划分了历史意识的六个阶段：未经反思的一般性意识、反映在特殊性中的一般性意识、未经反思的普遍性意识、反映在一般性中的特殊性意识、经过反思的普遍性意识（宏大叙事）和经过反思的一般性意识（后现代意识）。在她看来，历史意识的前五个阶段都是现代性阶段，最后一个阶段属于后现代阶段。现代性的顶峰处于第五个阶段，即宏大叙事阶段，又称历史哲学阶段，这是一个大写的历史时期。在这一时期，"现代被认为是全部历史发展的结果，无论这种发展被认为是进步还是退步。未来是可知的、可预言的、可想象的"①。在这一阶段的历史意识中，人类历史被统一在普遍的范畴下，统摄了过去、现在和未来。赫勒认为，"大写历史不是指往事。包括大写历史或历史真实的过去和未来的，正是现在"②。历史哲学总是试图通过现在去把握无法把握的未来，然而在这样做的时候，"历史哲学就大大超越了其本身所要完成的任务。于是，呈现在人们面前的未来，其形式不是失去的乐园，便是重新获得的乐园；不是光明，便是黑暗；不是什么都能实现，便是件件都要落空"③。历史哲学以宏大叙事统摄了过去、现在和未来，却恰恰忽视了个体的价值，加之所有的历史哲学都把"进步""退步"和"永恒重复"本体化了，不能真正呈现历史。所以这个阶段并非是历史意识的最后阶段。虽然历史哲学宏大叙事通过对未来的预测总是能够给人以希望和警告，但是赫勒依然希望建立替代历史哲学的"历史理论"。历史理论是历史意识发展的第六阶段，即后现代意识阶段，建立的是包含价值和道德维度的乌托邦，也就是多元的乌托邦，这种乌托邦是开放的，与预测未来的宏大叙事不同，这种乌托邦"没有说谎，也没有犯错，而是表现梦幻和噩梦。哲学也没有抛弃乌托邦，如果乌托邦

① 阿格尼丝·赫勒：《现代性理论》，李瑞华译，商务印书馆，2005，第11页。
② 阿格妮丝·赫勒：《历史哲学的特殊性》，《国外社会科学文摘》1984年第9期。
③ 同上。

意味着挑战、否定而不是预测的话”①。这种乌托邦是合理性的乌托邦，与宏大叙事不同，不试图去统摄过去、现在，不去预测未来，而总是向未来敞开。据此赫勒说如果马克思的乌托邦是否定而不是预测的话，那他的哲学也就不会是宏大叙事了。通过对历史意识阶段的划分，可以看到在赫勒的历史理论中包含了一种多元的倾向。在现代性阶段，人们追求的是一种普遍的规律、规则，用以作为基础，解释一切，往往用“历史”来概括一些事件中的必然性；而在后现代，没有能够作为普遍的、包罗万象的解释原则，在通常用“历史”来概括的事件中也没有必然性，历史事实和事件都是偶然的，文化是多元的，所以对话是这一时期的重要问题。很多后现代理论家哈贝马斯、阿伦特等人也都对现代普遍的、包罗万象的宏大叙事解释方式进行了批判，强调对话的重要性，布达佩斯学派也持这种观点，赫勒说：“后现代的男男女女思考和行事的方式，就仿佛一切（每一个历史事件）全都是偶然的（在这个词最强烈的意义上），但他们并不以本体－形而上学（onto-metaphysical）的方式谈论偶然性。一个偶然的人只是带着偶然性意识行动和生活而已。”② 可见，布达佩斯学派所强调的后历史意识是以多元性为特点的，是在后现代视域下进行的。

在后现代历史意识中，未来是正在开放的并且对现在和未来负责。后现代意识总是试图在偶然性意识中承担起责任，而要承担这种责任需要根据“绝对现在时”来思考问题，即现在是绝对的现在，未来是未知的。这与现代宏大叙事对现在和未来的理解完全不同，现代主义往往借助于未来使现在合法化，“现在就像一个火车站，我们这些现代世界的居民需要坐上一列快车经过这个车站，或是在此停留片刻。那些火车会把我们带向未来。”③ 而后现代主义只接受生活在绝对的现在，他们并不等待快车将他们带到最终的目的地，而是接受在车站上的生活，他们将此时此刻当作最终阶段接受下来，认为未来是未知的。“后现代人并不声称在历史中有一个特殊的、特权的地位。他们不相信他们比祖先更好地了解未来。（也许，他们了解得更少。）……他们根据偶然性来思考，不仅仅是单个个体（既

① 傅其林、阿格妮丝·赫勒：《布达佩斯学派美学——阿格妮丝·赫勒访谈录》，《东方论丛》2007 年第 4 期。

② 阿格尼丝·赫勒：《现代性理论》，李瑞华译，商务印书馆，2005，第 15 页。

③ 同上书，第 17 页。

指宇宙的也指社会的）的偶然性，而且是历史时代与时期的偶然性——他们的现在的偶然性。”① 绝对的现在包含将来和过去，是现在的将来和过去，绝对现在的居民以向后的方式行事，从现在的未来回到过去。可见，后历史意识阶段与历史哲学阶段思考问题的方式完全相反，并不相信弥赛亚一定会到来，而是永远向未来敞开，这明显是一种后现代主义的立场。后现代展现的就是一种历史时间意识，布达佩斯学派提倡的是一种后现代意识、后历史意识。

通过对历史意识的划分，布达佩斯学派明确了自己对现代性文化的批判，用绝对的现在在时间上彰显了后历史意识的生成，这也是在提倡人的一种新的人的生存方式，通过历史道出了人的问题。

三、后历史解释模式

赫勒说：“历史的解释使我们能够在空间 - 时间维度中理解社会问题，换言之，理解社会问题的时空变化。”② 费赫尔在《法国大革命与现代性的诞生》《被冻结的革命》中都借助于法国大革命这一历史资源，对社会问题展开了分析，在解释方式上展示了一种后现代倾向。费赫尔在对法国大革命的分析中得出其判断，大革命既非经济上的改革，也非政治上的革命，而是一种文化变革，法国大革命是现代性在实践上的典型表现，其特点就是现代性的宏大叙事，所以法国大革命的失败展现的是现代性的问题，知识分子们对法国大革命的反思也就是对现代性的反思，这是一种哲学的反思，而且这种反思已经进入了后现代的理论视域。正是在对法国大革命的反思过程中产生了多元的历史解释模式，而这种多元化倾向乃是后现代意识阶段的特征，展现的是现代社会的一种文化结构。

历史事件能够使理论的真相更加明晰，现代性的诞生源于法国大革命这一历史运动，也正是由于大革命的失败才使现代性问题得以清晰地凸显出来。法国大革命引发了个人、社会和政治生活等各个方面的巨大改变，每个人都在分享现代性带来的这种改变。赫勒在论述历史哲学这一现代性阶段时，阐释了法国大革命是历史哲学宏大叙事在实践上的全面展现。从

① 阿格尼丝·赫勒：《现代性理论》，李瑞华译，商务印书馆，2005，第20页。

② Agnes Heller, *A Theory of History* (London: Routledge & Kegan Paul, 1982), p. 159.

总体上看，这场运动“是关于在启蒙运动最终胜利的最初日子里理性化和世俗化的教条式风暴的寓言，是关于它必然失败的寓言，是关于过度狂热的理性化的反作用以及政治世俗化的限度的寓言”①。所以，法国大革命也是反思现代性的理论资源。革命失败后人们对现代性进行了反思：“不得不认识到理性化并不是一个同质术语，而是一个包罗众多的词汇。在提倡教会内部改革的人的口中，这个词意指高效率，即现代化。在哲学家们及其政治继承者的解释中，这个词只不过意指理性的统一原则在整个社会中的运用，当然也含蓄地包括教会的事务。作为一种标语的‘理性化’的同质性和统一性是一种革命前的启蒙运动所共有的但危险的幻觉。”② 从法国大革命前后的思想变化以及人们对法国大革命的解释来看，费赫尔认为一种“后历史”的解释模式正在生成。每个人都从自己的视角出发对大革命进行解释，在不同解释中反映的实质是人们对待现代性的态度，反之也只有通过解释才能使历史事件所反映的现代性问题得以理解。费赫尔反对的是单纯就法国大革命谈法国大革命、从纯粹政治角度来看待法国大革命，而提倡一种解释学意义上的社会解释模式，通过解释模式批判历史的问题。

从法国大革命的历史出发进行阐释，实质上反思的是以这种历史意识为根基的现代性。现代性的诞生同时标志了历史决定论的确立，而现代性带来的各种问题也说明了历史决定论这种历史解释方式是有问题的。费赫尔通过对法国大革命这一历史事件的研究，批判了历史决定论这一哲学范式，并宣布了“后历史”解释模式才是现代性条件下历史学家们应该采取的方式。“一种非常严肃的既是历史又是哲学的趋向，就潜伏在法国国内叙事的衰退之中。第二次世界大战的结束同时标志着19世纪历史决定论的重要范式的土崩瓦解，尽管公众没有认识到这一点，但从哲学上来说这些范式长期以来一直受到侵蚀。黑格尔主义–马克思主义关于（史前）历史进步论的范式在面对大屠杀和古拉格时很难继续有效，后来甚至完全不可

① 费伦茨·费赫尔：《法国大革命与现代性的诞生》，罗跃军等译，黑龙江大学出版社，2010，第202–203页。

② 同上书，第203页。

能继续存在下去。”[①] 法国大革命失败后，知识分子们都以自己的方式来阐释法国大革命与现代性的关系，这里有一个共同的核心就是“现代性诞生于法国大革命”，而“作者之间真正的分歧就是关于对大革命‘纯粹政治’的解释与‘社会’解释之间的冲突，而这种分歧强烈地显明了现代性的本性”[②]。由于受现代性宏大叙事的影响，革命者们最初天真地相信等待着他们的唯一而艰巨的任务就是政治上的重构，认为政治上独立了他们就自由了，任务就完成了。可是，如同马克思所说的政治解放并不等于人类解放，由于革命不可能导致人人平等，“在一个众所周知的关键时刻，城市里的穷人就会提出并且强制完全舍弃政治上的自由与经济上的自由，而把‘恐怖提到议事日程’，并迫使引入最大的普遍性”[③]，所以说现代性的宏大叙事是有问题的，现代社会是多元的而非一元的，对现代社会进行一种宏大叙事的解释不能使现代社会得以澄清。法国大革命的失败可以说直接刺激了历史哲学的宏大叙事，人们在对革命的反思中采取了与历史哲学的宏大叙事不同的方式，运用一种多元化的方式对革命进行阐释，这种阐释方式本身就是社会变迁的特征，说明历史意识的宏大叙事阶段已经终结。

赫勒在《历史理论》中对历史哲学与编史学进行了比较，凸显了解释的重要性：“历史哲学要研究的不是过去而是现在。大写历史并不是往事，而是包括过去和将来的现在。因此，历史哲学并不向我们提供有关过去的新情况。它只是把其他学科，诸如科学、艺术、宗教以及主要是编史工作所提供的各种客观情况，从它的最高价值（即它自身的真实性）这个角度出发，加以重新排列。而编史工作要研究的对象则是过去，并为我们提供有关过去的新情况和理论”[④]。可见，赫勒所强调的历史哲学也是一种解释学。在现代性条件下，历史哲学需要向解释学转变。虽然在《历史理论》中，赫勒对历史意识发展演进的论述还属于宏大的历史叙事，然而已经包含了强调多元、拒斥普遍的后现代特征。之后赫勒更加强调历史哲学的解释学特征，在《碎片化的历史哲学》中，赫勒对宏大叙事死亡后的历史哲

---

① 费伦茨·费赫尔：《法国大革命与现代性的诞生》，罗跃军等译，黑龙江大学出版社，2010，第3－4页。

② 同上书，第7页。

③ 同上书，第8页。

④ 阿格妮丝·赫勒：《历史哲学的特殊性》，《国外社会科学文摘》1984年第9期。

学进行了阐述，描绘了断裂和破碎的历史意识；在《现代性理论》中，赫勒又延伸了历史哲学，对历史进行了后现代的重构。可见，在赫勒对历史哲学的论述中，强调历史哲学不再寻求统一的解释，而变为一种解释学。赫勒说："如果不假设有许多种解释就像有许多解释者一样，我甚至都不能进入解释学的领域，不能开始解释。没有单一的、真实的、绝对的对哈姆雷特的解释。数以千计的解释几乎在同样的程度上都能够是真实的，以这种方式他们获得了自信。那么，一个人可以严肃地评价并且完全认真地对待莎士比亚，而不是宣称对某人的绝对真理，不是以一个严肃的态度，以这种严肃态度意味着笨拙，或者意味着毫无讽刺和幽默。"赫勒的这种解释学强调的是一种后历史解释模式，步入了后现代的理论视域。

布达佩斯学派通过对历史意识阶段的划分和对历史解释模式的探索，揭示了后历史意识和后历史解释模式的生成。这种研究试图通过对历史的反思展示出现代社会的文化结构，可以说是在后现代的视域下进行的一种历史文化批判。

赫勒的历史意识理论评析*

范　为

一、历史意识问题的提出

赫勒的历史哲学思想的形成标志是1982年《历史理论》的出版。这一时期赫勒的理论关注点主要集中在历史学的几个主要问题上，包括何为历史性、历史意识分为几个阶段、历史学的价值，等等。赫勒的历史学思想的提出是从关注人的历史性这个问题开始的，她指出，“我们就是历史性，我们就是时间和空间”①，也就是说，人类都是历史性的存在。“从我们知道我们必将面临死亡的那一刻，从我们知道我们是在时间和空间中存在着那一刻开始，我们就总是提出表现出人类的历史性的相同的问题，我们的存在一直是并且总是与这个问题相联系的。这个问题从来没有改变，只是对于这个问题的回答在改变。‘我们从哪里来，我们是什么，我们将去向哪里’，对于这个问题的回答将被称为‘历史意识’，并且对于这个问题在不同实质和结构方面所给出的答案，将成为历史意识的几个阶段。”②

二、历史意识六阶段的划分

历史意识是赫勒历史理论的核心内容，她把历史意识划分为六个不同的阶段：（1）未经反思的一般性意识——神话；（2）反映在特殊性中的一般性意识；（3）未经反思的普遍性意识；（4）反映在一般性中的特殊性意识——真正的历史意识；（5）经过反思的普遍性意识——世界历史意识；

---

* 本文刊于《求是学刊》2012年第3期。

① Agnes Heller, *A Theory of History* (London: Routledge & Kegan Paul, 1982), p. 3.

② Ibid, pp. 4 – 5.

(6) 经过反思的一般性意识——作为一项任务。[①] 下面分别阐述这六个阶段。

1. 未经反思的一般性意识

“神话就是讲故事”[②]，是为现存的秩序寻找合理的起源。在神话阶段，时间和空间的概念还很模糊，两者并没有被明确地区分开。时间有时被视为空间，空间有时被视为时间。人类自产生了“我们来自哪里，我们是谁，我们将去向何处”的疑问之后，就开始寻找能让其满意的答案。在原始社会时期神话就是那个能让人满意的答案。“存在着的秩序是存在的秩序，并且它通常是被它的起源合理化了。而且，对于人类来说，最古老的合理化体制是通过神话完成其合理化的。更精确一点说，神话的首要功能就是使起源合理化。”[③] 可见，神话为人类的起源提供了一个合理的解释方式。赫勒认为，圣经旧约的神话中把犹太人描述为上帝的选民，就是在为其高于其他民族的地位提供了一个合法的基础，这就是一个最好的例子。

我们可以认为，神话虽然是由人们的主观想象制造出来的，但是在原始社会神话却起到了约束人们行为、规范社会秩序的重大作用。在神话出现以前，人类的行为都是由本能所控制的，一直到神话阶段人类的行为才开始被规则所约束，这种规则的约束促成了人类与动物的区分。所以赫勒同意列维·斯特劳斯的看法，即“所有真正的神话都是在完成一个任务即以一种重复的方式解释在世界风俗框架内的矛盾和紧张”[④]。可见，虽然在神话阶段还没有形成法律，不过正是由于神话在一定程度上充当起了法律的角色，世界才能保持稳定的秩序。正如赫勒所言，“虽然神话不提供‘法律’和‘规则’的理念，但是类比推理作为它们的突出特征，在它们之中承担了一个有价值的解释性作用。这种对行为和事件的类比推理（我们重复过去的并且使它们成为现在的）是‘规则性’理念的初期形式”[⑤]。

对于神话这个阶段在人类历史上到底是处于一个什么位置，学者们有着不同的观点。黑格尔就主张，神话不应被看作真正的历史，因为神话中

---

① Agnes Heller, *A Theory of History* (London: Routledge & Kegan Paul, 1982), p. 3.

② Ibid, p. 7.

③ Ibid, p. 5.

④ Ibid.

⑤ Ibid, pp. 6 –7.

幻想的、虚构的成分太多了，而只有真实的、有根基的历史才是有价值的历史。柯林伍德也认为，神话时代并不能被编入历史，因为历史应该是记录人类活动的历史，而神话则是以神的活动为中心的准历史。

但是，也有不同的意见，爱德华·泰勒就认为，“用神话作为研究人类思想的历史和发展规律的一种手段，是一门科学”①。而实际上神话的作用并不止于此，神话在促进人的想象力、语言能力和伦理关系的完善以及历史文化的传承方面都发挥了相当重要的作用。在制造神话和传播神话的过程中，人们的想象力得到了充分的发挥，神话中体现出了人的感情、欲望和智慧。在制造神话的过程中人类的语言能力也得到了极大的发展。这主要体现在修辞学的发展上。在神话中太阳、月亮和星辰等都被赋予了一种人格化的特征，拟人的修辞方法开始出现了。在神话中伦理关系的思想也得到了发展，在波利尼西亚和中国的古代神话中都把天和地看作世界上一切生物的父亲和母亲，在希腊神话中这种伦理思想也得到了体现。对于人类历史文化的传承，神话起到了重大的作用。历史的叙述本来应该是一个不带任何感情色彩的叙述，但是这样的历史就必然缺乏生动性，不容易流传下来。人们通过发挥自己的想象力把一些历史事件以神话故事的形式用笔记录下来或通过口诉传给后人，就保持了历史的连续性，为文化流传做出了贡献。神话超越了种族和地域的界限，反映了人类的共同智慧，对神话进行细致的研究能够为各个时代的时间留下证据。通过神话的传播，以前曾经存在过的艺术、风俗、哲学和宗教才能为当代人所知。

从总体上看，赫勒对神话的评价还是比较客观的。她一方面指出在神话阶段的历史意识确实不应被看作真正的历史；另一方面也认识到神话在人类历史发展中所起到的重大作用，即提供合法化基础。从世界历史的发展过程来看，神话阶段只是人类历史意识觉醒的一个初级阶段，随着人类思维能力的不断发展，历史意识也在进一步的发展，人类历史也进入了更高的发展阶段。

2. *反映在特殊性中的一般性意识*

历史意识发展到了第二个阶段后出现了一个明显的新特征，就是历史意识不再是一个静止的意识而是一个运动变化着的意识了。一般性的神话

---

① 爱德华·泰勒：《原始文》，连树声译，广西师范大学出版社，2005，第225页。

已经不再是一切制度的合法化的基础了，因为“在未经反思的一般性意识的状态存在的历史性问题（我们来自哪里，我们是什么，我们将去向哪里）由于一个目的得到了回答：神话。但是在历史意识的第二个阶段中，提出和回答这个最特别的问题的目的已经是不同的了”[①]。可见，在这个阶段，对于起源的新的解释出现了。按照黑格尔的观点，是波斯人首先发展了历史意识，提出了历史的理念，之后的希腊人和犹太人继承了这种历史的理念并且把这种历史的理念提高了一个层次，他们开始意识到自己有权利对他们的未来进行选择，比如他们可以用自己喜欢的方式创立一个国家并且用不同的方式去保护它。历史发展的全部过程不再依赖于神的意志，而是由人的选择来决定，即人的意识和行动决定了历史。当意识到这一点之后，人们就不再迷信神的意志对历史会起到什么作用，而是开始考虑自己思考和做事的方式会对历史造成什么样的影响。虽然以前的价值观被保留了下来，但是由于人已经从神的束缚中解放出来，人性得到了张扬，所以对于价值观的解释方式已经呈现出多样化和个性化的趋势。在这个方面，古希腊的哲学家们做出了巨大的贡献，他们纷纷提出了自己对世界起源的解释。智者学派的普罗泰戈拉称“人是万物的尺度”，人创造了一切。亚里士多德提出了四因说，并且指出，在质料因、形式因、动力因和目的因共同作用下世界才变成现在的样子。

从这以后，“神话不再是一个静止的、封闭的、共有的世界观系统，而是相当于一个媒质，通过它变化的、特殊的和独特的世界观能够被展示和制定出来。对哲学和艺术而言，它已经不再是一个强制性的媒质，而是一个开放性的选择”[②]。可以看出，神话的地位和作用较之以前下降了，它不再是唯一能解释起源的真理，哲学开始和神话共同承担为起源提供解释的任务。赫勒认为，正是在哲学已经和神话共同为起源提供解释时，真正的历史知识出现了。历史著作中不再只有君主和英雄的伟大事迹，公民的日常活动和各个民族的风俗习惯也开始被写进了历史。人们不满足于阅读虚构的故事，他们对历史中的事件的真实性提出了更高的要求。这样的编史让人们从神话所创造的狭小的洞穴中走到了个人和国家的历史这个更大

① Agnes Heller, *A Theory of History* (London: Routledge & Kegan Paul, 1982), p. 10.

② Ibid, p. 10.

的开阔地当中。古罗马的史学家们在这方面取得了巨大的功绩，通过他们的记载，真实的历史被记录和流传下来。公民、民族和国家的历史开始作为一种确定的知识，而不再是虚构的故事被后人所接受。

3. 未经反思的普遍性意识

这是历史意识发展的第三个阶段。在这一阶段起决定性作用的事件就是基督教神学取代神话和哲学成为起源合法化的基础。虽然基督教早已经存在，但是在一开始它只是作为一种单纯的宗教存在，到了后来教会开始成为一股强大的政治力量，就连罗马皇帝也成为教会的信徒。于是，宗教得以发挥更大的影响，教父们不但控制市民的行为，而且也控制着人们的思想。基督教无论在政治上还是在文化上都占据了主导地位。基督教中的上帝成了人类的救世主，他拯救人的灵魂，并使之得到永生。基督教对历史的起源重新进行了解释。它把历史描述为一个合理的过程，一个朝着完满不断向前发展的、未完成的过程。

赫勒认为，和历史意识的前两个阶段相比，这种普遍神话所提供的对人类起源的回答看似更加合理化。“我们不能提出关于我们实际上是什么（我们实际上从哪里来和我们实际上将去哪里）这种问题，因为神话为这个问题提供了一个圆满的答案而且这个答案是不能被怀疑的。”① 在上帝那里，人类的历史已经被安排好了，从创世纪到人的堕落再到人的自我拯救最后到末日审判，整个过程都是按照上帝的计划进行的。甚至就连时间也是由上帝创造的，“时间与世界是一起被创造的，因为设想在创造出运动、变化着的东西‘之前’有一种时间，是不可能的；与此相反，上帝是不变的和无时间的。上帝创造宇宙不是在时间中，而是把宇宙作为一个有时间的世界同时创造的”②。在基督教中，一切人都是平等的，他们都能通过信仰上帝、自我忏悔来赎罪以完成自我拯救获得灵魂的永生。未经反思的普遍性排斥了特殊性，每个信仰上帝的人都有机会获得自由。

赫勒认为基督教带有很大的理想化色彩。在基督教的教义中，人类的灵魂比肉体更珍贵，因为肉体可以毁灭而灵魂却可以不朽；基督教把尘世和天国分开，认为人们虽然在尘世中受尽苦难却可以在天国中获得幸福。

---

① Agnes Heller, *A Theory of History* (London: Routledge & Kegan Paul, 1982), p. 13.

② 卡尔·洛维特：《世界历史与救赎历史》，李秋零、田薇译，上海人民出版社，2005，第185页。

由于普遍神话的意识过于理想化，所以这一阶段的历史学并没有向前发展，反而是较之古希腊和罗马时期的历史学倒退了，它记载的只是一些拯救人类灵魂的英雄的故事，这和神话阶段记录神和英雄的故事没有本质上的差别，只能算是一种重复性的工作。这时的宗教要求人们无条件地信仰它、服从它，而不能对其怀疑。但实际上宗教所提供的对历史性问题的回答却只是理想化的虚构，这种对起源的解释缺乏说服力。正如马克思所言，“反宗教的批判的根据是：人创造了宗教，而不是宗教创造人。就是说，宗教是还没有获得自身或已经再度丧失自身的人的自我意识和自我感觉。但是，人不是抽象的蛰居于世界之外的存在物。人就是人的世界，就是国家、社会。这个国家、这个社会产生了宗教，一种颠倒的世界意识，因为它们就是颠倒的世界”。[①] 不过赫勒也指出，在这个阶段对于时间和空间的认识有了进一步的发展，特别是对时间的理解已经到了一个很高的水平。时间开始被分为过去、现在和未来，并且未来也被视为是历史发展的最终结果。在对时间的认识方面，人类有了一个巨大的进步。

4. 反映在一般性中的特殊性意识

这是历史意识发展的第四个阶段。赫勒首先指出，这个阶段可以分为两个层次：在历史中的新起点的意识和在特殊性中经过反思的一般性意识。到了这个阶段，人们开始认识到现在是和过去相连的，它是过去的结果。历史不再是被上帝所预先安排好的，而是可以由人类自己进行选择的。这时的历史是“过去”的历史，过去开始从史前史中独立出来，形成了历史。“所有在那里发生过的事都比在这里发生的事对我们来说更加重要。现在是从过去中重生的。过去成了知识的来源，并且，在同时，也成为模仿的对象。”[②] 赫勒继承了柯林伍德所提出的历史重演理论，她认为生活在现在的人们可以想象、反思过去的文化、民族。“曾经这里有一个人，有一个国家，但是它们不再存在了；它们在它们的空间和时间内存在过但是在我们的空间和时间中却不存在。然而我们能理解它们，我们能使它们重生，我们能在现在复原它们。过去的文化不再存在，因为它们已经消失了，但是它们仍然存在，因为我们能够想象它们，并且反复想象它们，能

① 《马克思恩格斯选集》（第1卷），人民出版社，1995，第1页。

② Agnes Heller, *A Theory of History* (London: Routledge & Kegan Paul, 1982), p. 16.

够反思它们。它们生活在我们之中，和我们在一起。”① 通过回顾和反思过去的历史，人们可以有更多的机会去选择自己的未来。他们可以总结以前的经验和教训，效仿有益的经验，借鉴有害的经验。

赫勒指出，每一种文明都像生物一样有童年、青年、成年、老年各个阶段，这种黑格尔曾经所做的比喻现在已经成了一种主导的思想。通过对过去文明的历史的考察，我们就可以知道我们的文明处在一个什么样的发展阶段。旧的制度和文化也有可能适合以后新的文明，普遍性的规律得到了承认。实际上也就是在这个阶段，人们已经开始有了一个关于世界历史的朦胧的观念。

此时的文化被等同于历史，因此文化的发展就代表了历史的发展。人们所获得的关于世界的知识既不是来源于神话时代的图腾，也不是来源于基督教中的上帝；现在人的理性和智慧被认为是知识的真正来源。“人类是生而自由的并且他们同时也被赋予了理性。人是自由的，并且因此他能改变他自己和这个世界。他是被赋予理性的，因此能生产并增加他的知识，并且能通过提供这种知识创造一个理性的社会。”② 由于人们认识到了自己是自由的和有理性的，所以这个阶段的立法是通过社会契约的方式来制定的。人们通过牺牲自己的一部分自由来制定一个共同遵守的契约，从而保护人们的自由和财产不受侵犯。

赫勒还指出，在这个阶段艺术和哲学一样都在提出并且回答“我们是什么”的问题。在她看来，艺术对于这个问题的回答比哲学所给出的回答更清晰，因为在艺术世界中，艺术家们可以通过一种极端的情感来表达对人性的理解；艺术比哲学更容易走进人的本性的最深处。

5. 经过反思的普遍性意识

这一时期历史意识的特征是普遍性取代了特殊性，人是“人类全体”而不是个体的人。因此，“这里不再有复数意义上的历史，这里只有‘历史’（以大写字母 H 开头的），普遍的历史，世界的历史”③。赫勒指出，这种世界历史意识既存在于历史之中，也存在于哲学之中，因此“它既不

① Agnes Heller, *A Theory of History* (London: Routledge & Kegan Paul, 1982), p. 17.

② Ibid, p. 18.

③ Ibid, pp. 20 – 21.

是宗教也不是神话：它首先是历史哲学”①。人是生活在一定历史时间中的人，所以认识人的本性就必须先考察他所生存的历史时代。“人从属于历史，人是全体的，而不是个体的人。”② 虽然普通的个人在历史中只是处于从属地位，但是有一些人是特别的，比如“天才”就被视为历史的创造者。以前在历史意识处于神话阶段时，世界都被认为是由造物主创造的，但是如今的人却被视为是一切的创造者，他可以运用他所掌握的知识创造并改变世界。

在这个阶段有两样东西被相对化了，即历史意识中的现在被未来相对化了，个体的人被整体的人相对化了。历史不是个别人、个别文明的历史，而是全体人类、所有文明的历史。

赫勒认为人的善恶取决于对激情的约束，而这种约束也决定了历史的发展方向。当激情被约束在理性的范围内时，人类的文明就能良性地向前发展；相反地，当激情冲破理性的约束时，人类文明就有毁灭的危险。由于理性对激情的约束有时成功有时失败，所以未来充满着多种可能性，它不再是被某种力量决定的。虽然我们可以想象未来，却无法描绘出它的具体样子。

到了世界历史意识的这一阶段，人们对艺术的品鉴能力也有所提升，艺术品不仅被看成艺术也被看成某种文化的代表，西方的人可以通过鉴赏东方的艺术品来体验东方的文化，艺术品的流通也在一定程度上促进了世界历史意识的发展。可以看出，赫勒所描述的世界历史意识受到了黑格尔的世界历史体系思想的影响，这时历史哲学已经成了回答历史性问题的最佳答案。

6. 经过反思的一般性意识

这里所说的历史意识特指“世界历史意识”，也就是以知识作为基础的历史哲学。赫勒指出，在两次世界大战后，人们的心灵受到了极大的创伤，他们对一切固有的东西都产生了怀疑，包括对历史哲学。由于建立在知识基础之上的历史哲学并没有阻止世界大战的爆发，不再被视为是历史中的积极因素而被视为是一种消极的因素。“所有坚固的历史哲学同时崩

① Agnes Heller, *A Theory of History* (London: Routledge & Kegan Paul, 1982), p. 22.

② Ibid, p. 23.

塌了，与其他的东西相比，它不能（也未能）为我们提供任何的治疗。”[①] 以前被视为帮助人从繁重的体力劳动中解放出来力量的科学知识，现在成了刽子手的帮凶。在历史哲学失效后，人们开始反思并认识到美好未来的实现并不能只依靠科学知识，也要依靠道德的进步。没有道德约束的科学知识很可能成为罪恶的帮凶，带着我们走到末日。

人们对民主政治的渴望在二战之后更加强烈，美国始创的民主制被推广到了很多地方。但是，这种民主越来越细化，同时也越来越制度化。在经历了世界大战的创伤之后，很多人失去了信仰，没有什么值得他们为之牺牲自我，也没有什么值得他们为之而生，他们活着就是在维持基本的新陈代谢，除此之外毫无意义。

赫勒指出，在被质疑并被要求对这种混乱的局面负责时，历史哲学做出了回应。“在历史意识的混乱时期里历史哲学制定出了三个可供选择的方案。”[②] 这三种方案分别是“实用性的研究协会”“浪漫的豪华旅馆”和“激进化罪恶的精神收藏所”，制定这三种方案就是为了结束战后人们精神领域的混乱局面。

在“实用性的研究协会”这一方案中，起主导作用的是实用主义的意识，它实质上是一种新实证主义。在这种意识中，最重要的就是人类的现在，激进的人类学不在它考虑的范围之内。这种实用主义意识从本质上看是产生于人们对科学的崇拜，不过它注重的不是科学的精神，而是科学的实用性。与这个方案相反，“浪漫的豪华旅馆”不重视实用主义的意识，在这个方案中实用主义意识仅仅是被反思的客体。它是在一个否定的意义上来看待整体性的，人类作为一个整体已经失去了反抗的能力，他们整齐划一，顺从听话，易于控制。在看到了他们在灾难面前的脆弱时，对未来也不再抱有美好的幻想，他们变得木然。在“激进化罪恶的精神收藏所”中，人们失去了反抗的意识，以一种消极的被动的态度去适应社会对人的要求，就像人们通过药物治疗病痛一样。不过，这三种方案都无法帮助那种建立在神学或科学基础之上的历史哲学重新获得人们的信任，它作为新的神话已经破灭了。

---

① Agnes Heller, *A Theory of History* (London: Routledge & Kegan Paul, 1982), p. 28.

② Ibid, p. 30.

三、历史意识问题划分的意义

赫勒通过对历史意识的划分，完整地再现了在不同时期人们对历史性问题的回答。可以看出，赫勒对历史意识六个阶段的划分和黑格尔对世界历史各个时期的划分本质上是相似的，都是一种宏大叙事的历史哲学。正如黑格尔认为世界历史的发展是螺旋上升的一样，赫勒的历史意识的变化也呈现出了这一特点，从神话一直到作为新神话的历史哲学，人们对历史的认识有进步也有倒退，但总体上是一个进步的趋势。

对于“我们来自哪里”这个问题，人们已经通过他们的努力把自己的起源追溯到了五百万年前的智人那里。我们能够从过去的建筑和艺术中读出过去的人的社会生活和政治生活形式；对于“我们是什么”这个问题，最好的回答就是：人类是自由而富有理性的存在。在这两个问题都有了确定的答案之后，对于“我们将去向哪里”这个问题的答案还是不确定的，因为人类现在生活在一个由他们自己创造出的不稳定的环境之中，生态的破坏、战争以及信仰的丧失都对人类的未来构成了一种威胁。能否正确地处理好这些威胁决定了人类的未来。“这个星球是我们的家。它可能会成为每个人的家，也可能会成为一个无人居住的家。”①

---

① Agnes Heller, *A Theory of History* (London: Routledge & Kegan Paul, 1982), p. 33.

赫勒的碎片化历史哲学与年鉴学派“新史学”的比较*

范　为

20世纪七八十年代，后现代的思潮蔓延到了社会生活的各个方面，作为历史与哲学相交叉的产物的历史哲学研究领域，也受到了后现代思潮的影响，一种以反基础主义、反中心主义、反本质主义为特征的新的历史哲学——后现代历史哲学逐渐兴起，持后现代历史哲学观点的历史哲学家们对传统历史哲学进行批判。东欧布达佩斯学派的赫勒就提出了一种碎片化的历史哲学，用以取代宏大叙事的历史哲学。其实，早在后现代历史哲学出现之前，1929年创立的法国年鉴学派就已经一直在致力于对传统史学的批判。经过三代学者的共同研究探索，年鉴学派已经成了当代西方史学中最有影响的流派，在史学研究方法的革新方面做出了巨大贡献。比较起来，赫勒的碎片化历史哲学与法国年鉴学派所提出的“新史学”存在着很多的相似之处。我们通过对这些相似性的分析，可以展示出历史研究领域中方法、规则的变化。本文试通过对两者各自发展过程及特点的分析，指出两者在历史研究上出现诸多相似之处的原因。

一、赫勒的碎片化历史哲学

作为东欧布达佩斯学派的代表人物，赫勒的研究涉及激进需要、日常生活、道德哲学和政治哲学等。在她学术研究的后期，她将研究重点转向了历史哲学研究领域。1982年，她在自己历史哲学研究的第一部著作《历

* 本文刊于《学术交流》2016年第4期。

史理论》中提出了一种为取代传统历史哲学而建构的历史理论。在《历史理论》一书中，赫勒对历史意识六阶段进行了划分，对历史编纂学和历史哲学进行了区分，最主要的是她表示出了对传统宏大叙事历史哲学的不满，并且为取代传统历史哲学而提出了一种历史理论，“历史理论拒斥大写的历史的本体论建构。”① 她反对以往历史研究中那种只重视帝王将相的事迹或者只以个别大陆的历史来描述世界历史而忽视普通平民和特殊的、所有的民族的历史的研究方式。她认为，无论是帝王将相、个别大陆，还是普通平民，都应该被作为历史研究的对象，成为历史叙述中的要素。在她看来，“如果人们以历史（复数的）（除了起源和我们当下的过去）来取代‘大写的历史’，历史哲学的整个大厦就坍塌了。”② 她希望用历史理论来代替传统历史哲学，但同时她也意识到，历史理论并不是一种完整的历史哲学，不能完成历史哲学的全部任务，所以她知道，改造传统宏大叙事的历史哲学、建构一种新的历史哲学的任务尚未完成。

20 世纪七八十年代，后现代思潮影响到历史哲学研究领域，后现代历史哲学兴起并不断壮大。在 1993 年出版的《碎片化的历史哲学》一书中，赫勒开始继续她此前未竟的工作，明确提出了一种新的历史哲学，这种历史哲学就是为了取代传统历史哲学而提出的。她在这本书的前言中写道：“后现代人继承了历史意识，而不是宏大叙事的自我满足。对于世界的持续增长的透明度的信任已经不在了。这不是一个书写体系的恰当的时代。相反，这是一个书写碎片的恰当的时代。”③ 这本书是围绕着“经过反思的一般性意识也就是后现代意识”这一主题展开论述的。“它是一种宏大叙事消失之后的历史哲学”，赫勒之所以把书命名为《碎片化的历史哲学》，正是因为这个时代本身的特点就是碎片化。在这个时代，严格的范式界限已经被取消了。赫勒认为，在现代社会，以前的那种体系化的历史哲学已经不合时宜而走向了衰落，需要由新的历史哲学来代替，这种历史哲学就是以反本质主义、反中心主义、反基础主义为特征的后现代历史哲学。赫勒从后现代的视角出发，分析了历史中的偶然性在人的生活中所起的作

① 阿格妮丝·赫勒：《历史理论》，李西祥译，黑龙江大学出版社，2015，第 301 页。

② 同上书，第 302 页。

③ 阿格妮丝·赫勒：《碎片化的历史哲学》，赵海峰、高来源、范为译，黑龙江大学出版社，2015，第 4 页。

用，并且指出在后现代社会中偶然性的作用有时比必然性更为重要，同时也在一定程度上消解了必然性在历史中的决定作用。在现代社会中，人们的偶然性意识正在占据更重要的位置。她指出：“在现代性的开端，偶然性意识伴随着一个冲击而来，它不再被放在一种表面化的地位，即不再被贬至边缘地位。曾经作为边缘现象的偶然性意识朝着中心快速地移动。”①对于理性，赫勒采取了比较中立的态度，她既不把理性当作万能的，也不完全否定理性在治疗欺骗和自我欺骗时的作用。她认为，对于理性，我们既不应该盲目地崇拜，也不应该完全地拒斥，而是要规范对理性的使用，把理性限制在合理的限度内，以便更好地利用理性。

在其“现代性理论三部曲”的最后一部，即1999年的《现代性理论》一书中，赫勒接着《碎片化的历史哲学》的线索，对现代性问题进行了更加深入的分析。她指出，她的现代性理论不同于其他一些现代性的理论，因为她的现代性理论“是一种出自后现代视角的现代性理论”②。在正文中，她又把她所应用的后现代概念与所有其他的后现代概念区别开，认为“后现代”有两种用法，一是“未经反思的后现代性概念”，二是“经过反思的后现代性概念”。赫勒认为这是一种态度的区分。未经反思的后现代性概念继续了它本应该拒绝的宏大叙事和真理对应理论，经过反思的后现代性概念则在不断地质疑自身。赫勒所采取的视角是第二种视角，她认为后现代的视角应该被描述为现代性意识本身的自我反思。在现代社会中，真理的标准是不断变化的，现代性的合法性开始遭到怀疑。赫勒列举了三种经典的现代性理论，包括黑格尔的、马克思的和韦伯的现代性理论。她一边对这三个人的思想进行分析，一边阐释了自己的现代性理论。她指出，人类的很多行动并不是按照计划进行的，而是完全出于一种偶然。人类历史也不是按照计划来发展的一种必然，在历史中充满着无数的偶然，而这些偶然往往在历史发展中起着决定性作用。接着，赫勒细致地从人生活的各个方面论述了现代性中的一些主要问题，例如现代性的动力和格局、现代性的三种逻辑、文化与文明、世界时间与生活时间，等等。这些论述表面上看起来有些凌乱，但实际上这恰恰是与赫勒的后现代的反

① 阿格妮丝·赫勒：《碎片化的历史哲学》，赵海峰、高来源、范为译，黑龙江大学出版社，2015，第13页。

② 阿格尼丝·赫勒：《现代性理论》李瑞华译，商务印书馆，2005，第5页。

基础、反体系的态度相一致的。

二、年鉴学派对史学研究方法的革新

赫勒希望用碎片化的历史哲学代替传统宏大叙事的历史哲学，这反映出后现代历史哲学家对传统历史学研究方式的不满。其实，早在 20 世纪 20 年代末，就有一个学派对传统宏大叙事的历史研究方式提出了质疑。这个学派就是法国年鉴学派，其称号来源于费弗尔和布洛赫于 1929 年创办的《经济与社会史年鉴》杂志。年鉴学派是国际史学界影响最大的学派，他们一直致力于对历史学的革新，对传统历史研究的方法提出了很多挑战，对史学研究产生了巨大的影响。从 20 世纪 50 年代起，年鉴学派的理论逐步渗透到其他历史学派和各个研究领域，到 20 世纪 70 年代，年鉴学派开始把心态史作为重要的研究对象，形成了“新史学”运动，创新了历史研究的方式，在历史研究领域产生了深远的影响。

年鉴学派的发展经历了三个阶段：第一个阶段是以《经济与社会史年鉴》为中心，展开批判传统史学和宣传“新史学”的运动，倡导历史研究应该是包括地理环境、社会、经济、文化等诸多因素的总体史研究；第二个阶段又被称作布罗代尔时代，同时也是年鉴学派的鼎盛期；第三个阶段打出了“新史学”旗帜，因此被称为“年鉴－新史学派”。

无论在其发展的哪个阶段，年鉴学派都包含着对传统史学的批判和反思。传统史学也即宏观史学，其关注的是政治史、英雄人物的历史、断代史、国别史等，历史被描述为一种一直向前进步的线性发展的历史。传统史学对历史进行宏大叙事，认为历史是由上帝、理性等某一种决定性的力量推动的，不断从低级向高级发展的。宏观史学的最著名代表就是黑格尔。应该说，宏大叙事历史哲学对于帮助人们认识和了解历史有非常积极的作用；但它作为历史研究过程的一个阶段，必然不是完美的，随着历史研究的深入和扩展，随着当代社会诸多领域中发生的变化，历史研究的范式也必须不断地转变，来适应时代的需求。“年鉴学派反对那种认为历史决定论可以用编年顺序把个别偶然事件联结起来的观念。他们提出了一种极为丰富的，关于人类时间的概念。他们借鉴了社会学、人口学和经济学，而在这些学科中，人们谈论的是结构、情势、周期、增长等。与此同时，历史因果关系也不再束缚于有规则的演进概念。相反，他们设计出了一系列功能关系，而且未必遵循年代顺序。”①

在年鉴学派发展的第一个阶段，学派的创始人布洛赫提出过历史研究的对象是总体史。他认为：“唯有总体的历史，才是真历史，而只有通过众人的协作，才能接近真正的历史。”② 这与传统史学只关注政治史、帝王将相的英雄史相比，极大地扩展了研究对象的范围，不再只有国王、精英才被收录进历史，被统治的人、普通大众也成了历史研究的对象。随着历史研究对象的扩大化，传统史学研究的局限被打破了。决定历史发展的不仅仅是某一种特定的因素，政治、经济及社会生活各个方面都开始被作为影响历史发展的因素而受到同样的重视。“为了摧毁传统史学，年鉴学派不惜采取任何手段。他们吸收社会学家、心理学家和地理学家入盟并非为了对历史学进行些无关痛痒的改进。年鉴学派从其他社会科学中汲取了许多概念、方法和假设。布洛赫和费弗尔的策略是搜罗所有新的话语和规则，并将此作为赢得权力的手段。作为第一步，他们发出了破除学科藩篱的号召：走出你们的战壕！这便是年鉴学派向其他人文科学发出的示好协约。”③

在年鉴学派发展的第二个阶段，布罗代尔成了这一学派的代名词，这一阶段也是年鉴学派的辉煌时期。布罗代尔提出了“长时段”理论，他认为可以把历史分成三种时段：长时段、中时段、短时段。“传统历史学关心的是短时段、个人和事件。长久以来，我们已经习惯了它的那种急匆匆的、戏剧性的、短促的叙述节奏。”④ 相比于短时段和中时段，长时段才是历史时间的最深层，把握长时段中某种相对稳定的综合结构是正确认识这段历史的关键。在布罗代尔看来，经济变化、政治变革等大多属于短时段或中时段的历史现象，虽然从表面上看经济政治现象具有很大的力量，但是从长远的角度看，它们对历史的影响并不大，真正对历史演进构成深刻影响的是文化等长时段现象。“和其他时段相比，长时段享有特殊地位，

① 保罗·利科：《法国史学对史学理论的贡献》，王建华译，上海社会科学院出版社，1992，第38页。

② 马克·布洛赫：《为历史学辩护》，张和声、程郁译，中国人民大学出版社，2006，第28页。

③ 弗朗索瓦·多斯：《碎片化的历史学——从〈年鉴〉到“新史学”》，马胜利译，北京大学出版社，2008，第46页。

④ 费尔南·布罗代尔：《论历史》，刘北成、周立红译，北京大学出版社，2008，第29页。

它决定着事件和情势的节奏，划定了可能与不可能之间的界限，并在一定限度内对变数进行调节。如果说事件属于边缘地带，情势属于循环运动，那么只有长时段的结构是不可逆转的。长时段的优势在于它可分解为若干个不断反复的事件系列，这些事件系列能持续显示出被混乱事实所掩盖的平衡和普遍规则。”① 布罗代尔对历史上的时间做了多元化的理解，这意味着一个新的历史时间观的产生。从这种历史时间的多元性出发，布罗代尔又对整个历史进程做了多层次的解释。在年鉴学派两代学者的努力下，新的历史研究方式的影响越来越大，历史研究再也不是线性的、单向度的围绕政治史展开的研究，而是变成了多线索、多角度、立体式的围绕包括政治、经济、文化等各种因素在内的人类社会的总体史研究。

“年鉴学派发展到第三阶段，出现了一些引人注目的变化，即力图修正‘长时段’理论的缺陷。经典年鉴学派提倡总体史学，把社会看成是一个有机联系的整体。而年鉴学派第三代学者却认为历史的间断性是决定一切的因素，否认各种历史事件之间的联系。因此，他们研究的也都是一些历史上孤立的现象。”② 在20世纪60年代，对心态史的研究成了年鉴学派第三代学者的最大特征。其实早在布洛赫、费弗尔时就已经把对心态的考察列为历史研究的一个因素来考虑，但是第三代学者与前两代围绕人类社会中的政治、经济、文化等诸多因素进行总体性研究的方式不同，他们又把目光投向了更细的层面——日常生活，以及更深的层次——社会心态。此时的年鉴学派学者不再局限于问题史，越来越多地把普通人的日常生活作为研究的对象，“勒华拉杜里在《蒙塔尤》一书中详细叙述了14世纪时，一些普通的牧羊人在上阿列日一个偏远山村的日常生活。他再现了长期被历史所忽略或无视的普通人，把日常活动纳入了当时的表象领域。”③ 尤其在20世纪七八十年代，人失去了主体地位，不再是科学技术的主人，而是反过来变成了科学技术的附庸。在这种时代背景下，年鉴学派开始了量化的和破碎的历史描述。“进步理念的危机促进了前工业文化的复兴。

① 弗朗索瓦·多斯：《碎片化的历史学——从〈年鉴〉到“新史学”》，马胜利译，北京大学出版社，2008，第105－106页。

② 张正明：《年鉴学派史学范式研究》，黑龙江大学出版社，2011，第41页。

③ 弗朗索瓦·多斯：《碎片化的历史学——从〈年鉴〉到“新史学”》，马胜利译，北京大学出版社，2008，第160页。

因此，新史学全身投入对传统的探寻，并更注重反复性事物和个人的曲折经历。由于没有集体计划，这种研究变得更为个体化和局部化。在研究中，史学家把历史上的重大时刻和人为的转折抛在一边，而唯独看重百姓日常生活的记忆。”①

在三代学者的共同努力下，年鉴学派成功地创立了一种新的史学研究模式，对传统史学研究所采取的线性的、围绕政治史进行宏大叙事的历史解释模式造成了极大的冲击。综合三代学者的研究特点可以看出，年鉴学派主张在历史研究中把社会当作一个经济、政治、文化、人的心态等诸多因素相互联系、相互影响的系统来认识，通过采取结构的、多元时空的研究方法，多角度、深层次地把握历史。

年鉴学派对传统史学的挑战和革新对后现代历史哲学的产生和发展起到了重要的作用。年鉴学派提出对长时段的重视，促成了对线性史观的冲击。“长时段”理论所产生的一个直接后果就是，与连续性相对的断裂获得史学家们的肯定，成了历史研究的起点。而断裂同时也成了后现代历史哲学研究的起点。福柯在《知识考古学》中充分肯定了“长时段”理论的重要意义，并认为它实际上完成了一种解构。福柯指出：“当代历史中长时段的出现不意味着向历史哲学、世界的洪荒时代或者向由各种文明的命运所规定的那些阶段的返归，它的出现是在方法论上慎重制订序列的结果。”② 而到了20世纪七八十年代，后现代历史哲学也影响了年鉴学派的历史研究方向和主题，使之走向了碎屑化。所以我们可以看到，赫勒的后现代历史哲学所提出的一些观点与法国年鉴学派第三代学者所提出的观点有很多相似之处，二者都反对以往传统史学中所尊崇的基础主义、本体论、中心主义，而重视日常生活中的各方面要素，用碎片化的方式来描述历史。

三、赫勒的历史哲学与年鉴学派“新史学”基本精神的相同

通过上述对赫勒的历史哲学和法国年鉴学派的“新史学”的介绍，我

---

① 弗朗索瓦·多斯：《碎片化的历史学——从〈年鉴〉到“新史学”》，马胜利译，北京大学出版社，2008，第154页。

② 米歇尔·福柯：《知识考古学》，谢强、马月译，生活·读书·新知三联书店，2003，第7页。

们可以看出，无论是赫勒还是法国年鉴学派，他们所进行的史学革新都是源自对传统史学的不满。正是这种目的上的同一性，使得我们能够通过分析，探寻出他们两者之间存在的一些相似之处，比如：两者都明确反对以往宏大叙事的历史叙述方式，反对“大写的历史”而重视“小写的历史”；两者都反对以某种单一的因素作为决定历史发展的原因，都认为历史发展是多种因素共同决定的；两者都注重对包括政治、经济、文化、社会、个人日常生活等在内的各个方面的考察。

总体而言，赫勒的后现代历史哲学与年鉴学派的史学革新有两个相同之处：

第一，两者都对传统历史学的研究方法提出了质疑，扩展了史学研究的范围。无论是赫勒所提出的碎片化的后现代历史哲学，还是法国年鉴学派的“新史学”，都明确反对传统的历史学研究中只重视政治史的方式，主张历史研究和历史叙述都应该把视野扩大，对政治、经济、文化、日常生活等诸多方面进行研究；二者都在承认人在历史发展中的主体地位的基础上，主张把关注的对象从帝王将相扩展到普通人。“年鉴群体三代人突出的成就，在于开拓了广袤的史学领域。这一群体已将史学家的领域，拓展至出人意表的人类活动领域及传统史学家忽视的社会群体。与这一史学领域的拓展密切联系的，是对新史料的发掘及对相应所需新方法的开发。与之密切相关的还有与研究人类的其他学科——从地理学到语言学，从经济学到心理学——的合作。”① 赫勒和法国年鉴学派在史学研究对象的问题上对传统史学的挑战，为更加全面、客观、准确地研究历史、叙述历史真相奠定了坚实基础。

第二，两者采用了相同的历史学研究视域，即微观视域。传统史学之所以能够长期在历史学研究领域中占据主导地位，就是因为这种传统史学提出的宏大叙事的历史学研究模式为史学研究做出了巨大贡献。只不过，随着时代的不断发展，无论是社会生活还是人的思维都越来越呈现出一种多元化的态势，传统史学那种“找出一个单一的要素来作为历史发展的决定因素”的历史解释模式已经难以令人信服了。在宏观史学中备受关注的

① 彼得·伯克：《法国史学革命：年鉴学派，1929—1989》，刘永华译，北京大学出版社，2006，第104页。

“大写的历史”，即那些政治史、英雄史、国别史、民族史等，已经无法反映出历史的全部面貌，无法为历史发展提供解释，因而备受争议，并失去了信徒。人们已经注意到，那些在宏大叙事中被遮蔽了的所谓微不足道的人物、事件，在历史发展中所起到的作用不但并非微不足道，甚至有时还是极其重要的，或者可以说是决定性的。为了避免宏大叙事研究方式在历史研究中出现的片面性和不足，赫勒和法国年鉴学派都以一种微观的视域开展了历史研究，将社会生活中的各个方面，即政治、经济、文化、社会等涉及人的日常生活的各个领域，都纳入历史研究和叙述的范围之中，摒弃了对整体的“单数的人”的重视，转向对个体的“单数的人”的注意和研究。正是因为研究范式从宏观到微观的转变，赫勒和年鉴学派得以冲破传统史学研究在范式上的限制。“年鉴学派的新史学对政治军事等大事件背后的日常生活、生产方式、文化等长时段历史要素的分析，在研究范式上与20世纪的生活世界理论，特别是日常生活批判范式有着深刻的一致性。把日常生活世界从背景世界中拉回到理性的地平线上，使理性自觉地向生活世界回归，是20世纪哲学的重大发现之一，胡塞尔、维特根斯坦、许茨、海德格尔、列斐伏尔、哈贝马斯、赫勒等许多理论家从不同层面推动了这一哲学转向。”① 赫勒也在《历史理论》《碎片化的历史哲学》《现代性理论》这“三部曲”中，通过微观视域的运用，把自己的历史哲学从一种不完整的历史哲学，即历史理论，发展为碎片化的历史哲学，并对现代社会中人们日常生活的各个方面进行了细致的分析。

当然，赫勒的后现代历史哲学与年鉴学派的史学革新之间也有一些区别。一个最明显的区别就是，赫勒的后现代历史哲学有着更强的现实针对性和批判性。法国年鉴学派的学者们是从历史研究的角度提出总体史、长时段、心态史等观点，并批判了传统史学。他们的这种批判主要针对的是史学研究的方法，而非社会现实。而赫勒的后现代历史哲学深受马克思社会历史理论的影响，具有较强的现实针对性，是一种批判理论。因此，赫勒在对传统宏大叙事进行批判的同时，也对现实进行了批判，并尝试着通过这种批判而为人从现代性的束缚中解放出来寻找道路。

总之，无论是赫勒的后现代历史哲学还是法国年鉴学派所进行的史学

① 衣俊卿：《社会历史理论的微观视域》（上），黑龙江大学出版社，2011，第58－59页。

革新，其目的都是更加全面、准确、客观地研究和解释历史。二者所主张的从社会生活的多个方面、各个角度来进行历史研究的方式，对传统史学形成了挑战，为人们认识历史、把握现在提供了新的思考路径，也使得日常生活中的平常人从帝王将相的阴影中解放出来而真正地成为历史的主体。

从激进到保守*

——赫勒历史哲学的现代性逻辑初探

王海萍

赫勒的历史哲学，即她关于历史本身的自觉反思，之所以在20世纪的新马克思主义思潮当中占据重要的地位，其根本原因在于：一方面，它孕育了赫勒合理性哲学乌托邦的信念和人道化、民主化的理论诉求；另一方面，它还是布达佩斯学派政治哲学、道德哲学、现代性批判以及日常生活批判等多个研究领域的重要理论基础。纵观赫勒整个历史哲学，我们发现，有一条红线贯穿其中，它是理解赫勒历史哲学的一把钥匙。这就是赫勒早在需要理论中就已经提出的“乌托邦”概念。尽管随着历史主题的变换，赫勒对待乌托邦的态度逐渐从激进转向保守，然而她内心所怀有的乌托邦信念，即对历史进步的信心和对人类美好家园的向往却从未改变。在赫勒那里，乌托邦并非指乌有之地，它是一个不断在历史中生成的，具有积极导向价值和道德内涵的旨在“超越现存”的理念。然而，乌托邦的现实化却总是充满着诸多矛盾和问题。对于前现代社会，社会政治和经济的内核没有被真正触碰，资本逻辑并没有被真正超越，因而激进的乌托邦在本质上也只能是一种抽象的人本主义的乌托邦。赫勒逐渐修正了她原有的乌托邦观念，在历史理论中，赫勒明确指出，乌托邦必须是人类学激进主义同政治现实主义两者的结合，前者意味着对人性中人类进行合作的理性确信，与前者不同的是，后者并不强调“同意和接受”层面的理性确信，它更为看重的是在更为接近乌托邦的方向上所采取的行动或特定步骤。与之前激进哲学时期强调乌托邦在“应该”层面的价值内涵有很大不同，此

* 本文刊于《苏州大学学报》2018年第5期。

时赫勒更关注乌托邦的现实意义。与此同时，现代性、后现代性问题逐渐成为赫勒历史哲学讨论的核心。至此，与其武断地得出赫勒背叛了其早期的乌托邦观念的结论，抑或草率地断言其前后期的历史哲学思想存在某种断裂，我们不如以其乌托邦观念的转变为切入点，以现代性逻辑为中心线索对赫勒历史哲学整体做出进一步的审视和深入探讨，以挖掘其现时代的价值和意义。

一、赫勒历史哲学的思想原点是什么？

有学者将《历史理论》（1982）、《碎片化的历史哲学》（1993）和《现代性理论》（1999）看作赫勒历史哲学的三部曲，也有学者将它们归属于赫勒的现代性理论，如赵司空、范为等，而在我们看来，无论是将它们置于历史哲学的解释框架还是现代性理论的问题域，问题的关键在于我们首先要厘清赫勒历史哲学思想的原点。那么，究竟是什么构成赫勒历史哲学思想的理论基点和逻辑原点呢？在《历史理论》中，赫勒曾明确指出："历史的社会主义理论也把自身理解为激进需要的表达。"[①] 而沿着赫勒历史哲学的发展脉络，我们有必要首先对承载激进需要的需要理论做一扼要的梳理和概括。

总的来看，赫勒的需要理论体现为由激进哲学的合理性乌托邦代言的历史哲学的一种。具体而言，在理论上，它是由激进需要所引发的；在实践上，它是通过社会需要结构自上而下的整体变革而最终建立的"联合生产者社会"；在价值上，它以颠覆以"依附和统领"为基础的异化社会回归人性家园为最终诉求。因此，激进需要、"联合生产者社会"、合理性乌托邦是构成赫勒需要理论的三个重要支点，同时，它们又是我们理解赫勒历史哲学的逻辑起点。

1. 激进需要是历史意识的一种表达吗？

据赫勒考察，激进需要这一概念最早出现在《黑格尔法哲学批判》这一马克思的经典著作当中，在该文中，马克思通过给予应该（ought）一个客观性的本质特征，即赋予由激进需要体现的激进理论所追求的——人类的丰富——这一人类最高的价值。而连接理论批判和价值诉求最好的中介

① 阿格妮丝·赫勒：《历史理论》，李西祥译，黑龙江大学出版社，2015，第327页。

只有实践，正如马克思所言："批判的武器当然不能代替武器的批判，物质力量只能用物质力量来摧毁，但是理论一经掌握群众也会变成物质力量。理论只要说服人，就能掌握群众；而理论只要彻底就能说服人。所谓彻底，就是抓住事物的根本。而人的根本就是人本身。"[①] 因而，在赫勒看来，正是因为马克思将人类本身应当具有的丰富性作为激进理论的价值前提，激进需要才别具意义。

在马克思的需要理论中，他并没有直接给出激进需要的内涵，而是通过将激进需要与无产阶级意识联系起来表述激进需要的。马克思认为，激进理论的实现必须依赖于满足激进需要的实践，同时也只有那些拥有激进需要的人（无产阶级）才能够成为将激进理论付诸实践的人。因为在他看来，只有当无产阶级发现他们自己与他们个人在社会中的形式发生直接对抗时，他们才意识到只有推翻这个社会（资本主义社会）才足以表达他们自己的品格[②]。概言之，只有当超越资本主义社会这一激进需要成为无产阶级意识时，无产阶级才可能真正表达他们自身。

在《激进哲学》中，赫勒明确将激进需要表征为"我们把所有在一个以依附和统领关系为基础的社会中出现的，但在这样的社会中不能被满足的需要……它们是这样的一些需要，即只有这样的社会被超越，这些需要才能被满足"[③]。在赫勒看来，激进需要表达一种理念，它是一种关于"作为由相互理解和相互支持的不同生活方式构成的统一的共同体"的理念，而且它要求"其整体不断地去除着它们之间的利益冲突"。然而，"利益冲突"在"以依附与统领关系"为基础的社会里却是作为决定性的动力机制（支配的力量）存在的，也就是说，只要"以依附与统领关系"为基础的社会存在，利益冲突不可能真正去除，这也就意味着只有这样的社会被超越，需要才能被满足，因而，激进需要本质上具有超越性的内涵。同时，赫勒又指出，激进需要往往是具体和多元的，如去除饥饿和痛苦以及避免生态恶化都是激进需要，尽管形式上存在很大差异，但它们一致将为人类整体创造新的生活方式和实现自治作为最高的价值目标，进而激进需要又与实现以上价值目标的左翼激进主义运动实践密切联系。作为马克思哲学

---

① 《马克思恩格斯文集》（第一卷），人民出版社，2009，第11页。

② Agnes Heller, *The Theory of Need in Marx* (London: Allision & Bushy, 1976), p. 90.

③ 阿格妮丝·赫勒：《激进哲学》，赵司空、孙建茵译，黑龙江大学出版社，2011，第123页。

的接受者，赫勒继承了马克思的观点，将激进需要的本质理解为是一种超越它的（资本主义的）束缚的意识。在此，激进需要显然是无产阶级整体历史意识的一种表达。而当赫勒将激进需要所承载的价值实体表达为人类整体时，毋庸置疑，激进需要所体现的是一种“世界－历史”的意识，而在赫勒看来，能够将这一历史意识所承载的价值判断普遍化为一种具体理想，则非合理性的乌托邦莫属。

2. 合理性的乌托邦只属于未来吗？

对于赫勒而言，合理性的乌托邦是其历史哲学思想中至关重要的一个概念。她认为，合理性的乌托邦本质上是共产主义，是异化——个体与人的类之间的矛盾——得以克服的联合生产者的共同体。具体而言，赫勒指出，合理性的乌托邦既是对以“依附和统领”关系为基础社会的总体批判，又是一种对生活方式的总批判。她不无感慨地说，合理性的乌托邦“是类的实现，是历史中发展的人长期流浪的终点，是人向在其中可以真实存在的一个家园的‘回乡’。”[①] 后来，她又在《激进哲学》中进一步明确了对合理性乌托邦的理解，她一面延续了马克思的左翼激进主义传统，一面又将哈贝马斯的“商谈理论”引入问题的讨论中，通过预设一个“理想的交往共同体”以确保社会中每个人都有平等的权利参与到价值讨论以及乌托邦理想的实现当中。具体而言，赫勒分别在制度和主体两个层面对合理性乌托邦理想的实现做了有效的担保：在制度层面上，合理性的乌托邦理想的实现依赖于激进民主制度的保障；在主体层面上，合理性的乌托邦理想的实现依托于具有道德个性的个体的出现。至此，在理论上，赫勒既赋予合理性的乌托邦更为丰富的激进主义内涵，又将合理性的乌托邦发展为激进的乌托邦；在实践上，对激进乌托邦所具有的导向性价值的强调以保证价值的多元性以及生活方式多元性得以构建。因而，无论是在理论上还是在实践上，寻求价值与生活方式多元性的乌托邦主张都必然是我们理解赫勒历史哲学的最佳切入点。

另外，激进哲学还必须历史地进行自我反思，进而隶属激进哲学的合理性的乌托邦一定是历史地自我反思后的激进乌托邦。经过历史地反思后，赫勒明确指出，激进乌托邦应当包含真、善、美三重理想：其一，激

① 阿格妮丝·赫勒：《激进哲学》，赵司空、孙建茵译，黑龙江大学出版社，2011，第126页。

进的乌托邦理想一定包含着一个“不受支配的交往”的“理想交往共同体”的预设，即“真”的理想。这一理想涵盖民主理念的实现、价值讨论必须围绕真实的价值展开以及交往共同体要包含真理、正义和自由三种价值。其二，它还包含着未来交往共同体的道德理想，即善的理想。在赫勒看来，这一善的理想包括“对所有需要的承认”和“对所有需要的满足”两个方面。最后，激进的乌托邦的第三个理想是美的理想。首先，赫勒把这一理想表述为：“以一种适合于个体自己的方式，通过占有类的丰富而实现人的类的所有肉体的、心理的和精神能力的发展，以及个体自身肉体的、心理的和精神能力的全面且和谐的发展。”① 美的理想具体包含两个方面内容：社会的丰富性发展；个体通过每个人的能力和需要的全面发展而实现对社会丰富性的占有。由此，发展个人自己的能力和需要以及尽可能占有给定社会的丰富性被赫勒设定为激进乌托邦的构成性理念。她指出，由于人类能力的发展离不开共同体，尤其是人要和谐地发展质上不同的能力和需要必然依赖于共同体。由此，我们把激进的乌托邦理想设定为一个由自由联合的个体组成并共处于一个共同体中的社会。同时，美的理想也预设了“自由的和美的人类交往方式的发展”，也就是说，“当共同体促进而不是阻碍人类能力全面的发展的时候，社会生活方式就是自由和美的”②。由此，激进的乌托邦理想假设了生活方式的多元性，用赫勒自己的话来表达就是激进的乌托邦能够“从现存的生活方式的多元性中发展而来，因为生活方式不再由利益决定，而是由需要决定，不是由习俗而是由自由自主的选择来决定”③。

一般地，历史哲学的乌托邦不但从“是”中引出“应该”，而且它还是未来必然会实现的“应该”。当我们反观合理性的激进乌托邦的特征时，不难发现，赫勒为我们描述的这种合理性的激进乌托邦反映了她的某种历史进步主义倾向：从“是”中引出并在未来可以实现的“应该”。同时由于激进的乌托邦本身是一种历史哲学的乌托邦观念，用赫勒自己的话来论述，它是一种关于大写历史的整体想象，因而它是整体论的。按照赫勒的理论设计，理想的实现建构在一场未来的社会总体性变革之上，即将人类

① 阿格妮丝·赫勒：《激进哲学》，赵司空、孙建茵译，黑龙江大学出版社，2011，第150页。
② 同上书，第154页。
③ 同上书，第155页。

家园的“回乡”构建于“联合生产者社会”之上。

3.“联合生产者社会”是一种乌托邦吗?

马克思认为，只有“联合生产者社会”的确立才能实现需要系统的彻底改变，即社会总体性变革。他认为，共产主义社会，即“生产者联合的社会”的需要系统体现在两个方面：一方面体现为物质需要和非物质需要的区分；一方面体现为一个具体的需要结构中这两种需要间的关系。在马克思那里，物质需要是指那些使对象和手段都必须由生产以及连续再生产而获得满足的需要；而非物质需要的特点在于使该需要获得满足的对象根本就不是被生产出来的。赫勒指出，马克思做出这种区分不是随意的，它建立在马克思关于“必然王国”和“自由王国”的本质性区别之上；同时，它也是理解资本主义商品生产是如何被克服以及如何实现资本主义向社会主义过渡问题的关键，而且生产需要在马克思所构想的“联合生产者社会”的需要结构中处于核心地位。那么，按照马克思的设计，“联合生产者社会”需要系统又是如何建立起来的呢?

在马克思那里，需要一直是作为一种价值判断出现的，因而，新的需要系统的确立本身体现为人对自身价值的一种确证，如人对自由时间的向往；同时，它也体现为人对一种社会模式的追求和期待。在他看来，只有当需要以自身为目的且当需要成为人类的需要时，这个需要才是人类的，同时，它也是“联合产者社会”的需要，即共同体的需要。按照马克思的理解，只有当需要以直接的形式并且是出于自身的原因而与类相适合时，换言之，当需要作为一个客观对象由于自身而与类相适合时，共产主义社会才是合理的。同时，在未来社会里，生产劳动不再是人们生活的核心，生活组织的核心由那些活动和由于人自身而与类相适应的联系表现出来。这时，马克思将这种直接以需要为目的的需要指称为“质的需要”，而且他还断言，这一质的需要将成为能够持续发展未来社会人的独一无二个性的主要需要，同时它也会使人们限制物质上的需要。

恩格斯曾对“联合生产者社会”(马克思的社会发展理论)做出过高度的评价。他赞扬道，社会发展理论从乌托邦走向科学，今天的科学已经包含更多的乌托邦元素，而马克思关于“联合生产者社会”以及联合个人的需要体系的思想显然是乌托邦的：他建立一个标准，一方面，通过它我们能够衡量现实并评价我们的思想观念；另一方面，通过它我们能够决定我们行动的限度。总之，恩格斯指出，它能够呈现成熟人类最美的强烈愿望，一个属于我们类的强烈愿望。

二、后现代历史哲学的现代性逻辑

20世纪80年代以后，赫勒逐渐从一个新马克思主义者转变为一个对马克思的左翼激进历史理论进行自觉反思的思想家。那么，对马克思历史哲学做出重新审视与评判是否意味着赫勒对马克思以及自己早年历史观的一种反叛抑或思想家本人立场的某种转换呢？如果将赫勒早期以激进哲学为标志的历史哲学思想归属为一种人道主义马克思主义的总体性哲学建构的话，那么，后来无论是在学术旨趣上还是哲学方法的运用上都展现了她的转变，虽然在理论建构上，她仍然像马克思那样对乌托邦理念表现出一个历史哲学家的钟爱，然而在方法上，利用解构主义的哲学方法对历史进行重新解读，即对历史进行微观结构的分析却使赫勒走向了后马克思主义的阵营：一方面，她一边对大写历史做出深刻批判，一边着手构建属于后现代的乌托邦；另一方面，现代性问题渐渐被赫勒引入她关于历史的具体分析当中，同时，现代性批判也成为赫勒历史哲学的主题，在此基础上，她又形成了自己关于社会主义的独特理解。

1. 后现代的哲学语境与偶然性

后现代意味着什么？对赫勒而言，后现代并不是现代以后的一个时段，它本身就是现代的，只不过是它包含一种独特的视角和态度，同时它也是后现代历史意识对“我们从哪里来？我们是什么？我们往何处去？”的某种回答以及对“同时代共命运观念”的一种负责的思考，这一后现代视角被赫勒描述为“现代性意识本身的自我反思”。[①] 拥有后现代意识的后现代人打破了进步主义的信条，他们不再根据“历史法则”来思考和行事，在他们看来，历史不但没有趋势，一切又都是偶然的。后现代人对必然性的否认是通过历史的偶然性实现的。后现代人认为未来是正在开放的（being-open），他们“让偶然性的伤口赤裸着，而不是用知识或信仰所提供的药物——并且对现在和未来负责”[②]。其实，在《碎片化的历史哲学》

---

① 阿格尼丝·赫勒：《现代性理论》，李瑞华译，商务印书馆，2005，第13页。

② 同上书，第16页。

中，赫勒已经认识和强调偶然性在历史中的地位并将“偶然性”这一现代性特征引入历史哲学的研究中，在此，她将偶然性理解为历史的前提，同时对“必然性”“理性”“真理”等历史哲学要素提出质疑。

在赫勒那里，偶然性已经成为人们不能逃避的生存境遇。一方面，具有反思的现代意识的后现代人承认偶然性是人类存在的一个条件；另一方面，他们又试图从偶然性出发来解释社会历史问题。赫勒曾用“信箱”的比喻来说明偶然性消解了命运的必然性，现代人的命运不再由相似的目的决定而是掌控在现代人自己手中。与历史理性决定世界历史进程和发展方向这一黑格尔的观点不同，赫勒指出，后现代语境中理性已无法再给人们提供一种确定性，而成了人们进行欺骗和自我欺骗的药方。在她看来，正是因为前现代人过于依赖理性，理性才最终成为一种压制人的力量；而后现代人觉察到，理性、真理是变化的和不确定的，不像前现代人需要理性提供的确定性以保证其命运在一个规则的、整齐划一的世界中展开，他们承认他们所在世界是一个个性张扬且命运可由自己掌控的多元世界，他们因此不再相信理性能够提供某种救命良方并开始质疑理性在历史中的地位，甚至认为理性应当走向终结。

对于真理，赫勒持一种开放的态度，她认为，后现代人已不再一劳永逸地将真理观念充当“是什么”这类问题的唯一答案。后现代人在考察历史问题时既不要过于依赖真理，又不要对它们在历史中的作用持完全否定的态度。她警告后现代人与理性、真理要保持一定的距离，也就是说对待理性和真理要持有限的态度：人们需理性地承认、分析和判定他们在历史中的意义和价值，而不是要么将其奉为“上帝”，要么使其跳入“虚无”。

在《现代性理论》中，赫勒通过火车站的暗喻揭示现代主义的现代性只不过是一种想象机制而已，因为“生活在现在”被现代主义描述为生活在一个受到过去和现在两方面挤压的过渡状态里的体验，而绝对的现在却被现代主义的现代性边缘化了。而后现代人声称，他们并不知道最终的目的，他们生活在绝对的现在，即此时此刻，因此未来对他们而言是未知的。赫勒指出，现代性不是被预先注定成为现时代人的命运而是通过承担责任使现代性的偶然性成为他们的命运。奥斯威辛和古拉格一再提醒我们借助于未来对现代性进行合法化已经破产：革命的范式灾难性地崩塌了，进化的范式也慢慢地受到了侵蚀，那些声称知道弥赛亚是谁以及如何会让弥赛亚到来的诺言被认为是虚假承诺。后现代的哲学语境下，历史学家们更多地运用解构主义的方法来分析和解读历史，在这种思潮的影响下，赫勒也由以宏大叙事建构现代性逐渐走向对历史进行微观解读。

2. 从历史理论的乌托邦到乌托邦的碎片化

如果将对历史的哲学思考以及对现代性的历史反思与历史重构看作是赫勒学术生涯的一个主题的话，那么，对现实超越的乌托邦主义精神的寻求则是贯穿于这种历史哲学思考过程当中的最显著特征，概言之，赫勒是在超越现实的一种价值指向这一意义上运用和理解乌托邦的。具体而言，在赫勒那里，乌托邦并非指乌有之地，而是一种建立在自由基础上带有超越现实意味的价值理念。它既是对历史的一种设想和想象，同时又是对现实的一种建构和解构。因而，乌托邦仍然是理解赫勒后现代的历史哲学思想发展的一个关键点。

如果激进革命既未触动当前社会的价值观念，又未使基本需要结构的彻底改变，那么，这一乌托邦尽管是革命和激进的，它也只能是一种停留于人本主义的抽象乌托邦。从满足人的需要出发，赫勒赋予激进乌托邦更多的是对未来共产主义社会的理性自省。按照赫勒的逻辑，如果基本需要结构得不到彻底改变，合理性的乌托邦理想以及共产主义也只能停留在价值讨论层面上。在《历史理论》中，在反思了这种被赫勒叫作历史哲学的乌托邦之后，她转而将乌托邦理念的价值目标锁定在伦理学和道德上并且强调“人要道德地生活和承担地球责任”。因而，要想准确把握赫勒后现代历史哲学逻辑，我们既不能将赫勒后现代的历史哲学具有的价值多元论和文化相对论色彩随意夸大，也不能无故放大她在历史理论中所显露的怀疑主义和折中主义态度，毋宁是弄清楚赫勒本人所持的真正立场。如同赫勒在《历史理论》里所宣称的那样，其后现代的“历史理论提出了一种积极的斯多葛主义—伊壁鸠鲁主义的伦理学”①，毋庸置疑，按照她的思路，一方面，伦理学是其历史理论乌托邦的最终落脚点；另一方面，决心进行价值理性的行动这一一贯主张一直贯穿到赫勒的后现代的历史哲学，正像她在《历史理论》结尾处所表述的那样，无论成功与失败，承担责任并且能够以“在更乌托邦的社会才可以出现”那样的行动诚实地生活是赫勒最

① 阿格妮丝·赫勒：《历史理论》，李西祥译，黑龙江大学出版社，2015，第341页。

终所期望的。

众所周知，赫勒后现代的历史哲学思想主要集中于《历史理论》《碎片化的历史哲学》《现代性理论》三部著作当中，而能够代表其历史哲学后现代转向的是她写于 1982 年的《历史理论》，这部著作是继《日常生活》《马克思的需要理论》之后的又一标志性著作。有学者将《历史理论》视作赫勒与马克思的历史哲学思想走向分离的标志，又有学者将从它之后的赫勒哲学与拉克劳和墨菲的理论一道归属于后马克思主义。在我们看来，这些判断并非完全武断，尤其是现代以来，当人们遭遇到现代性危机以后，以宏大叙事为表征的单一历史逻辑受到人们普遍的怀疑，作为一位负责任的哲学家，赫勒指出，“这种宏大叙事不再适用于对当代社会历史的理解”[①]。这时，赫勒以后解构主义为视角对传统历史哲学进行重新解读并对现代人的生活从微观层面进行细致的分析就显得尤为必要。在对传统历史哲学的基本理论特征做出归纳的前提下，赫勒揭示出传统历史哲学具有“非历史”和“价值悖论”两个基本缺陷。具体而言，大写的、整体的历史遮蔽了特殊的、具体民族的历史是非历史的，而价值悖论则表现在对历史的进步，以及历史有目的、必然的发展规律的预设大大限制了人的自由选择和行动，进而造成了通向自由——这一最高价值道路的堵塞，于是，赫勒开始着手设计以历史理论的哲学范式取代以乌托邦为标志的大写历史哲学范式。在她看来，后者是一种线性的、由单一逻辑规定的、必然的、宏大叙事式的历史哲学，它非历史地反思历史存在，它从整体历史以及当下的是必然性地推出应该，其中具有最高价值的乌托邦未来是其最主要的特征。虽然，赫勒尖锐地指出大写历史哲学的缺陷，但她不但没有对其持完全否定的态度，而且对乌托邦理念仍然情有独钟，并在此基础上，形成了自己后现代的乌托邦和新的社会主义理论。

对于大写历史赫勒并没有完全否定，但相比于赫勒早期提出的“激进乌托邦”，历史理论的乌托邦确实有了新变化：一方面，它延续了激进乌托邦的主要观念，即历史理论对乌托邦的需要。这是因为：（1）历史哲学的乌托邦是一种关于未来社会的理念而不是关于未来的真实陈述；（2）“应该”在历史理论中依然表达一种理念和规范，只不过这里的“应该”

① 阿格妮丝·赫勒：《历史理论》，李西祥译，黑龙江大学出版社，2015，中译者序言第 4 页。

是多元的，因而它将导致生活方式多元化；（3）它仍旧要求所有接受历史理论的乌托邦的人必须承担道德责任；（4）这一乌托邦是属于这个时代的，与其他的乌托邦一样，它扎根于现代人的生活经验中；（5）这种乌托邦仍然将个体的自由作为其目标，同时，平等和自由依旧是乌托邦的主题。另一方面，与以往的乌托邦不同的是，历史理论的乌托邦拥有自己的新特点：（1）它根植于市民社会第二逻辑，是对其价值实现的一种历史想象；（2）赫勒指出，与历史理论的乌托邦思想密切联系的历史的社会主义理论也把自身理解为激进需要的表达，但是它没有承诺一切人类需要的未来满足；（3）“历史理论的乌托邦是这样一种社会的理念，在其中每一个需要都引起相应变化，因为每一种需要都自由地表达自身，而且有相同的概率去自我表达和为它的满足论证。”①

尽管历史理论的乌托邦与激进的乌托邦有很大不同，同时赫勒也试图通过设计一个历史理论的乌托邦超越历史哲学的乌托邦，然而我们不得不承认，赫勒所设计的历史理论的乌托邦对历史哲学大写乌托邦的超越只是在一定限度内完成的，二者确实存在一定的亲缘关系。即使是这样，我们不得不承认，历史理论的乌托邦在一定程度上丰富并发展了赫勒原有的乌托邦理念，并开启了其后现代历史哲学的思想历程。

到了现代、后现代，随着历史和现实的碎片化，赫勒提出了碎片化的乌托邦思想。按照赫勒的理解，碎片化的乌托邦既保留了以往乌托邦的某些特征，又与它们有着很大的不同。第一，碎片化的乌托邦表明：历史想象与希望原理、历史想象的乌托邦与希望原理密切联系。第二，乌托邦仍然与未被满足的需要相关，同时，它又是对现在的否定。第三，对乌托邦的需要依然被嵌入历史发展的洪流当中。第四，一方面，作为现代的乌托邦，它仍被置放于未来且包含需要的方面，只不过现代乌托邦不再以需要为中心而是以自由为中心。第五，艺术、宗教和哲学成为现代人所理解的乌托邦的现实。第六，乌托邦这一总体性的满足确实是短暂的、偶然的。第七，艺术乌托邦由于自身缺少道德因素而既可能赋予善幸福，又可能赋予恶幸福。而社会－政治乌托邦则设计为一个善的替代方案，因为它被设计为一个最好的可能的世界。现代的乌托邦恰恰是这种社会－政治的乌托

① 阿格妮丝·赫勒：《历史理论》，李西祥译，黑龙江大学出版社，2015，第335页。

邦。第八，现代的偶然意识增强了乌托邦的想象，它既可能向好的方向发展，也可能向相反的方向发展。随之，乌托邦变得越来越特殊。第九，对于现代人而言，乌托邦不再是万灵药，因为一个碎片化的世界总是和碎片化的乌托邦生活在一起。

如果说《历史理论》开启了赫勒研究历史哲学后现代的理论视角的话，那么《碎片化的历史哲学》则真正实现了赫勒历史研究从宏观视域到微观视域的转变。尽管，表面上激进的乌托邦与后现代的乌托邦显得多么格格不入，而事实上，它们都是人们对历史和未来的一种观念的表达，同时又都是人们对未来或必然或偶然、或整体或碎片化的一种历史想象。一言以蔽之，乌托邦观念之所以变化根源于其本身是一个历史生成性概念，它必然总要对某种历史意识做出反应。对于赫勒而言，她所诠释的乌托邦恰好体现为拥有后现代反思意识的后现代人对现代性做出的某种必要反思。

3．现代性动力与社会主义

在重新审视马克思的以“宏大叙事”为表征的现代性观念后，赫勒意识到借助于未来对现代性的合法化已经宣告破产，后现代人生活在绝对的现在，他们把“此时此刻”当作最终阶段接受下来，对他们而言，未来是未知的。因此，后现代人只需对“此时此刻”的绝对现在负责，而且他们仍然可以代表现代性并对它负责。赫勒一边呼吁后现代人通过承担责任来塑造不是由“历史规律”决定的而是属于现时代他们自己的命运，一边运用后现代解构的方法对现代性进行重新解读，通过对现代性的动力、逻辑以及现代性格局做出全面、细致的分析，赫勒形成了自己独特风格的现代性理论。我们发现，其实早在《历史理论》时期，赫勒就已经开始通过分析现代性的动力因素进而深入理解现代性。在分析现代性动力三个主要因素的过程中，赫勒大胆地对自己的以“联合生产这社会”这一激进乌托邦形式为代言的现代性观念，即对共产主义、社会主义的理解做出一定的修正，并将自己从后现代独特视角对社会主义的新理解命名为“历史的社会主义理论”。

在《历史理论》中，赫勒批评马克思历史哲学对社会主义政治特征的过于强调，她认为，一方面，马克思以政治包容伦理价值的方式，即把对社会主义的诉求完全交给历史哲学关于未来社会主义的许诺和警告是不妥的；另一方面，社会主义的转型不是由生产力因素，即工业化逻辑决定的，而是由市民社会第二逻辑，即“权利的民主化、平等化和去中心化过程中（人类权利的）自由的展开和实施”① 所推动的。与马克思不同的是，对社会主义的理解和选择，赫勒更多地强调社会主义所内涵的价值维度，她试图使社会主义摆脱对线性历史发展和历史必然性的依赖，体现为人们立足于现在自觉进行的一种价值选择。

关于现代社会的构成成分，在《历史理论》中，赫勒最初指认现代（社会）是由市民社会、资本主义和工业三种基本成分（动力机制）组成或共同推动的，三种构成成分或动力机制之间相互作用甚至是相互矛盾和相互冲突的。从这一点来看，赫勒意在强调现代社会并非由单一逻辑推动，因而现代社会是异质性的。正是由于以上原因，现代社会以选择性为标志，也就是说，现代人要在多重逻辑中做出选择。在此，赫勒强调，社会主义只不过是现代社会多种可能逻辑当中的一种。同时，赫勒也做出自己的选择，她指认历史理论的社会主义理论并非是由马克思主义历史哲学所强调的独立变量－生产范式直接推动的结果，而是由市民社会的第二逻辑发展而来：“如同市民社会第二逻辑的进化（这意味着自由和通过民主化、平等化和权力的去中心化达到的人权的加强），那么社会主义的转型不意味着单一的‘转折点’，而意味着从较少的社会主义向较多的社会主义的发展；意味着从统治的社会向自我管理的社会、向参与民主的社会发展，这个发展并不排除几个转折点的可能性。”②

按照赫勒的理解，社会主义不但是一种运动，还是一种后现代的理念，而且是一种后现代的乌托邦理念。从后现代的反思视角出发，对于社会主义这一乌托邦理念，赫勒所持的态度是：我们应首先设定适合这一乌托邦理念的目标，而对于这一乌托邦目标，并不期待它的实现，而是使一个比我们生活的世界更为接近它的世界得以产生。基于以上理解，我们看到，在社会主义道路的选择上，与马克思强有力的政治路线不同，赫勒做出了一种折中的选择，她将社会主义理念看作是人类学激进主义与政治现实主义的一种结合。而从这一点来看，赫勒对社会主义的理解实际上是摇

① 阿格妮丝·赫勒：《历史理论》，李西祥译，黑龙江大学出版社，2015，第 292 页。
② 同上书，第 294 页。

摆于历史哲学和历史理论之间的：一方面，她努力使对社会主义的理解摆脱一种宏大叙事的必然性描述；而另一方面，她又将社会主义阐释为一种历史乌托邦的设计或谋划。行文至此，我们看到，对于社会主义的理解，赫勒虽然避免了马克思由于选择不同的逻辑而造成的矛盾立场，但对于诸如社会主义运动如何发展、怎么发展以及社会主义载体等问题并没有给出直接的答案。即便如此，赫勒能够将对现代性动力的分析和理解引入她对社会主义理论的重新理解和阐释当中无疑是难能可贵的，同时，它也悄然宣告赫勒历史哲学现代性范式的转变，即从一种宏观建构的现代性转向以微观解构为标志的现代性。

三、一种续写现代性的历史哲学及其对后现代政治状况的影响

1. 一种续写现代性的历史哲学

现代性是什么？毫无疑问这是一个20世纪以来始终炙手可热却仍旧有些晦暗不明的问题。正像衣俊卿教授所描述的：“当我们真正面对这一问题时，依旧有些茫然。现代性问题似乎还没有完全露出其清晰的地平线，依旧是一个开放的、相互冲突的、相互关联又纠缠不清的‘星丛’。”① 以现代性问题为核心的激烈讨论在社会学、哲学、政治学、美学等多个学科领域展开，他们往往主要围绕着现代性的内涵、现代性的逻辑、现代性与后现代的关系以及现代性的后果等问题展开，诸多思想家如胡塞尔、哈贝马斯、德里达、鲍德里亚和吉登斯等人关于现代性都提出了自己的观点，赫勒也不例外，尽管她的个人经历有些挫折，但她始终积极地建构自己的历史哲学，表达着她对历史、现代性以及人性独特的理解。

的确，分别以激进哲学和现代性批判代言的历史哲学理论，体现了赫勒前后期思想定位的差异以及她对待历史的不同态度。但是，能否将这种差异简单地归因于哲学家前后思想的一种断裂？对于我们而言，问题的关键在于激进哲学与保守的现代性两者之间能否存在某种一致的东西。如前所述，激进哲学彰显了赫勒对待历史左翼激进的态度，同时，激进哲学对异化状态所进行的现代性批判又是通过构建激进的乌托邦理想，即一元的“联合生产这社会”实现的。不难看出，激进的乌托邦是以宏大叙事的方

---

① 衣俊卿：《现代性的维度及其当代命运》，《中国社会科学》2004年第2期。

式建构着无限进步的现代性。之所以如此，按照赫勒的理解，当人们过多地将客观时间融入对历史时间的理解之中时，技术想象被强化且参与到历史时间概念的构成中，这将导致人们对无限进步和未来无限可能产生盲目确信。于是，出于对无限进步和美好未来的笃信，借助未来对现在的虚假承诺，赫勒以宏大叙事的方式讲述历史，以激进的乌托邦建构着不断进步的现代性。

后来，赫勒修正了自己对现代性的理解，正如她自己所说的："现代人最初相信他们的无限可能性和无限进步，后来却通过一种直接的遭遇发现了限制……没有这些限制以及行动者对这些限制的意识，现代性很快就会摧毁其自身。现代性的所有重要发展趋势都可以既是毁灭性的，又是自我毁灭性的。"① 也就是说，赫勒意识到如果人们将科学（技术逻辑）作为现代性的支配性世界观，那么，现代性将走向自我毁灭。她认为，只有时间"把主体性的经验转变成定命（geschick），转变成某种被派定或自我派定之物，转变成目的论时间"，这样时间才"在更深层意义上是历史的，更确切地说，在'含义'（sence）的意义上是历史的。"② 也就是说，只有历史存在者的"主观时间"更多地被统摄到历史时间概念和历史想象中来，实现"主观时间"与"历史时间"真正统一，现代人才可能担负起要对现在负责的任务。赫勒对她早年提出的激进乌托邦加以积极地"规约"，因此在她看来，现时代的紧要任务是弥合现代性理想与现实的现代性经验之间的沟壑。肩负这样的责任，赫勒积极地维护着现代性，她认为，使存在者们改变的是时间，而使存在者共同拥有的世界发生改变的是历史时间；同时，当赫勒本人将在主观时间中获得的经验更多地参与到她对历史时间的理解和历史想象中时，这无疑意味着一种改变。的确，相比于以往激进的、革命的态度，现代世界确实呈现出一种保守趋势，而在赫勒看来，它"是作为一种保护措施，以对抗心智、生活形式、习俗等不断革命的趋势"③，而且这种保守主义的趋势在现代生活中扮演非常重要的角色。如果说激进的乌托邦所表征的彻底的社会革命通过根除当下历史时间中破坏现代性的那些异化力量，从而在无限的意义上建构一种现代性的话，用

① 阿格尼丝·赫勒：《现代性理论》，李瑞华译，商务印书馆，2005，第 96 页。
② 同上书，第 246 页。
③ 同上书，第 238 页。

赫勒自己的话来表达，它是运用“智力和理性”（对传统的准则和规范进行检验与质疑的激进倾向）来建构某种现代性；而后来赫勒对乌托邦的碎片化、社会主义的新理解以及对现代性的动力、逻辑、格局的分析呈现出对社会规则始终如一地运用的保守倾向，即以“理性的合理性”描述现代性时呈现出她历史哲学的保守倾向。同时，她又提出，要维系现代性的脆弱平衡“非常需要这两种合理性之间的家庭争吵……现代性需要让自己保持在刻板和混乱这两个极端之间”[①]。从积极地建构一种现代性到维系现代性的脆弱平衡，赫勒行使着现代人的历史使命，同时，她也努力通过历史哲学这一形式来表达她对人的自由与解放不变的理论诉求。

2. *延伸到后现代政治状况中的历史哲学观念*

在我们看来，赫勒的历史哲学思想对后现代状况的影响集中体现在其与丈夫费赫尔合著的《后现代政治状况》一书关于后现代等问题的理解上。与主体性和理性占据现代性的中心位置不同，赫勒指出，后现代状况充分展示了它本身的异质性和多元性，并以此作为理解世界和历史的出发点。毋庸置疑，多元性和异质性虽然是赫勒早在需要理论当中就已提出的一个重要观点，然而通过对后现代状况的深刻洞察，赫勒指出，与普遍的包罗万象的宏大的计划设计不同，后现代性应更为强调一种不可简化的后现代计划，它应以接受对话和文化的多元性为前提。在我们看来，赫勒的这一理解成为她站在反对宏大叙事的立场上寻求多元的后现代的统一性的核心要点。

当赫勒开始反思现代性问题的时候，她已经是作为一个拥有后现代意识的现代人在关照现代人的生存境况。对她而言，后现代并不是相对于现代而言的，也并非指称现代性终结抑或现代性完成之后的东西，它“既不是一个历史时期，也不是一个特征清晰的文化或政治思潮……后现代性可以被理解为广阔的现代性时空内的私人－公共时空（private-collective time and space）。”[②] 同时，那些存于其中的人们依然生活在现代人和前现代人中间。这是因为后现代性的基础在于“把世界看作异质空间和时间的多元性（plurality）”，“后现代性因此只能在这一多元性内定义自身，与这些异

① 阿格尼丝·赫勒：《现代性理论》，李瑞华译，商务印书馆，2005，第239页。

② 阿格妮丝·赫勒、费伦茨·费赫尔：《后现代政治状况》，王海洋译，黑龙江大学出版社，2011，第1页。

质的他者（heterogeneous others）相对照。”[①] 由此，生活在现在，而同时，无论是在时间还是在空间上，他们“在……之后”（being after）成为那些生活在现在的后现代人的主要关切。在此，“在……之后”并非是一种单纯时间上的表达，而是赫勒反对宏大叙事以及她对形而上学和整体论的拒斥；与其说它是对现在的彻底否定，不如说是相对于以往我们更深刻地占有了我们的现在，而且的的确确从它那里发展出了一个批判的距离。赫勒以这样的姿态和意识行走于现代和后现代、宏大叙事与极端相对主义之间，在多元的后现代里“寻找那个仍然能够把我们的世界连接在一起的纽带……一个能成为极端相对主义反讽解药的思潮”[②] 以及试图在后现代政治状况所允许的范围内重新建立起现代性的统一。

赫勒一直延续其历史哲学的固有立场批判宏大叙事。她把宏大叙事理解为“与意识形态、形而上学和社会历史的综合学说相联系，是以一种无所不包、全面、系统和整体的方式解释世界和一劳永逸地解决社会问题的独特方式”[③]，而且“它有着神圣而神秘的起源，严格的因果性，秘密的目的论，无所不知的和超验的叙事者以及对宇宙和历史意义上的幸福结局所做的承诺”[④]。而后现代性则认为，“‘复数形式的社会主义’表现为许多有分歧的和多种多样的重新安排现代性的尝试，而不是表现为寻找其总体的超越性和绝对的否定。各种社会主义都会创造一个建立在一种自由的和不断发展的对话基础上的社会问题的等级制度，而不是用尽一切地拿着虚假的承诺来解决这些所有问题。”[⑤] 当然，赫勒的这一历史哲学立场根源于她对多元需要、多元乌托邦价值的承认上。由此，我们认为，正是基于对多元价值的承认和去中心化的立场，赫勒在《后现代政治状况》中分析了欧洲中心、阶级遐想和救赎政治的衰落和破产，而它们正是赫勒意欲指出的现代性状况。而社会问题增长的不可通约性必然要求多元主义的、不可简化的后现代计划。

从《后现代政治状况》中赫勒论述的主要问题来看，与其历史哲学思

---

① 阿格妮丝·赫勒、费伦茨·费赫尔：《后现代政治状况》，王海洋译，黑龙江大学出版社，2011，第1页。

② 同上书，第14－15页。

③ 同上书，中译者序言第5页。

④ 同上书，第2页。

⑤ 同上书，第138页。

想密切相关的问题是如何在一个不满意的社会获得满足？它是现代社会具有现代性特征的一个突出问题。“‘令人不满意的社会’这个概念试图从需要（needs）的角度来理解我们的世界时代……它暗示着，创造的需要、感知的需要和分配的需要的现代形式增加了不满，而无视任何具体的需要是否真正得到满足。”① “普遍不满”是现代社会再生产的一种强大的动力，如果人们停止对其命运的不满，那么现代社会就无法再生产自身，甚至会进入一种衰退抑或解体，甚至最终崩溃。因而，赫勒指出，“普遍不满”是现代社会维系其现代性的动力，进而需要提供了检视现代性的一个强有力的视角。具体而言，她认为，从需要的角度来检视现代性起码有两个好处：第一，人们可以以整体的方式而不是整体化的视角来看待现代性，同时，人们可以在人际交互的一个或另一个领域而不是所有的领域寻求改变。第二，它可以结合社会科学与社会哲学两者的对话从主观和客观两个方面审视不满的现象。除了分析令人不满意的社会以外，赫勒还对现代性的道德和公民伦理等问题都做出细致的分析，而且她将二者的统一诉诸合理程序的一致性和连续性。于是，自由、平等、正义、公平作为人际交往和社会政治运行的规则贯穿于赫勒关于后现代政治状况的分析和论述中。

不难看出，体现为历史哲学不同形态，赫勒的激进哲学与现代性理论之间原本并不构成任何矛盾，如若将现代性理解为激进乌托邦与保守的社会秩序之间的相互协调而最终体现为主观时间和历史时间的完美统一，那么，将二者彼此对立，甚至做出赫勒历史哲学前后断裂的判断，必然是忽视了历史主体与历史自身、生活时间与历史时间之间内在有机联系。因而，尽管由于写作跨度、个人经历和问题侧重等原因，赫勒早晚期的历史哲学呈现出不同的样态和理论风格，但是，以乌托邦为标识的赫勒历史哲学观念的转换却始终是以现代性为逻辑核心加以展开的，而从激进到保守的理论范式与实践体验恰恰反映出一位哲学家一以贯之的理论诉求，即对人的自由和彻底解放的不懈追求。无论是作为构建一种现代性的激进哲学，还是一种解读现代性的历史哲学，它们皆内在于现代性历史哲学的组成部分，同时，二者相得益彰且共同搭建一条现代性历史逻辑。

① 阿格妮丝·赫勒、费伦茨·费赫尔：《后现代政治状况》，王海洋译，黑龙江大学出版社，2011，第17页。

总的来看，笔者认为，赫勒的历史哲学丰富、发展了马克思主义的社会历史理论：其一，只有“将历史唯物主义中的‘历史’理解为‘现实的人及其活动’而不是具体的‘历史对象’才能够准确把握历史唯物主义的真实意义，同时这种历史观才能为马克思主义新世界观的确立提供了科学的解释原则”[①]。而乌托邦和现代性问题之间的相互融通所构成的赫勒历史哲学的内涵逻辑势必为马克思主义社会历史理论提供一种新的解释框架。其二，历史唯物主义是一个关于历史发展的理论，它既包含一个与理论哲学相对应的理论维度，也包含一个与实践哲学相对应的实践维度，而且二者是相互融通的。[②] 换言之，历史唯物主义既作为理论指导着社会历史的实践，同时又在实践上实现着社会历史理论的不断创新，两个方面相互融通所构成的内涵逻辑是理解和解释社会历史发展的关键。在此意义上，赫勒的历史哲学也必将对新时代中国特色社会主义的理论和实践做出重要启示。与此同时，赫勒的历史哲学也存在着明显的理论局限性，这主要体现在赫勒取消了政治革命的主张转而将其乌托邦诉求完全依托于自由个性的个体和超越正义道德的“好人”。概言之，由于其理论放弃了政治上的激进主义不但导致贯穿于赫勒历史哲学的乌托邦理念只具有抽象理性自省层面的价值和意义，同时又暴露出该理论批判性和革命性功能一定程度上的缺失。

---

① 参见孙正聿：《历史唯物主义的真实意义》，《哲学研究》2007 年第 9 期。

② 参见李佃来：《历史唯物主义的“实践”维度与“理论”维度》，《哲学研究》2017 年第 5 期。

第六篇

文化现代性批判研究

现代性文化的多元化诉求*

——论布达佩斯学派的现代性文化理论共识

孙建茵

20世纪五六十年代，匈牙利的一批青年学者师从卢卡奇从事马克思主义的哲学和社会学研究。后来，这个学术团体被国际学界命名为“布达佩斯学派”。20世纪70年代后期开始，作为学派的主要成员，阿格妮丝·赫勒、费伦茨·费赫尔、乔治·马尔库什和米哈里·瓦伊达开始将研究的主题转向现代性问题。布达佩斯学派把现代性理解为一种渗透到经济、政治、日常生活等众多社会领域中的深层的文化模式。其核心包含着理性单一化、同质化、总体化和普遍化的思维方式。在布达佩斯学派看来，正是理性这种单一化的发展导致了现代性的危机。这种现代性危机呈现出多种表现方式，例如文化多样性的丧失，极权主义、法西斯主义对民主、自由和平等的破坏，道德虚无主义以及对人的需要的专政，等等。由此，布达佩斯学派从文化理论、政治学、伦理学等多个角度对现代性进行了批判性的分析阐释。其中，马尔库什和赫勒、费赫尔夫妇围绕着现代性文化问题展开了一系列深入的研究。本文试图对布达佩斯学派现代性文化理论的主要内涵进行评述，揭示该学派为现代性文化寻求多元化发展道路的理论共识，并最终对布达佩斯学派现代性文化理论进行简要评析。

一、对文化概念的界定

文化具有极为丰富的内涵，正如许多学者从各自的角度对文化的意义进行了划分一样，布达佩斯学派也对文化的概念进行了界定。马尔库什划

* 本文刊于《学习与探索》2015年第2期。

分了两种文化概念：广义的、人类学的（anthropological）文化概念与狭义的、价值标示的（value-marked）文化概念。赫勒在此基础上进一步提出了第三种文化概念：文化话语。

第一种文化概念具有一种广义的、人类学的意义。布达佩斯学派将这种文化概念理解为一种社会共同体的标志或表意系统。马尔库什认为，这种文化概念的内涵可以从人类学理论的角度得到清晰的阐释。人类学意义上的文化指的是非生物学固定的人类行为方式，它是一个共同体长久积累下来的，被共同体成员所共享的一种形式。它所规定和影响的生活、行为和思想方式可以与另一个社会或共同体相区别，并且共同体的成员可以清楚地意识到这种差异的存在。这种文化概念的意义，在人类学的历史上经历了不少特征上的变化，演化到今天，人类学的文化已经成为一个社会的表意系统，是“人类实践的意义承载和意义传递的元素”[①]。因此“在人类学概念的意义上，所有的人类社会都是文化，因为它们向它们的居民提供规范、法则、叙事、形象、宗教等”[②]。在这种文化的表意系统之内，作为个体的成员可以相互了解，用彼此理解的行为方式生活在这个共同体社会中。总的说来，人类学的文化概念是一个社会单位独特的、区别于其他社会单位的一种标志性的体系。

第二种文化概念指的是狭义的、价值标示的、体现一种自律性价值的文化。赫勒把这种文化直接称为高雅文化。在布达佩斯学派看来，这种文化特指一系列特定的人类行为与社会活动，在现代性条件下，这些活动通常被视为是自律的，其本身具有自己的发展模式、评价标准等，并且独立于政治与经济领域。马尔库什指出，这样的文化主要指的是艺术、科学、哲学、文学等我们所熟悉的文化实践活动。赫勒指出，这种文化“包括心灵、双手以及想象力的创造物，它们一起被黑格尔称为绝对精神：有代表性的艺术作品、神学、哲学以及——在 19 世纪——科学”[③]。这种文化不是在任何情况下都成立的，前现代社会是不存在“高雅文化”概念的。因此，只有在现代性条件下，这样的文化活动本身才具有原生的、内在的规

① Gyorgy Markus, *Culture, Science, Society: The Constitution of Cultural Modernity* (Leiden: Brill, 2011), p. 638.

② 阿格尼丝·赫勒：《现代性理论》，李瑞华译，商务印书馆，2005，第 188 页。

③ 同上书，第 164 页。

范和评价标准。因此，也就是所谓价值标示的文化概念。

第三种是赫勒在马尔库什的基础上提出的“文化话语”的文化概念。所谓“文化话语”主要赋予了文化以交流沟通的作用。通过话语交谈，人们不是要达成共识，而是在于在文化的背景下交换观点，呈现自己的意见。赫勒认为，作为话语方式的文化并不一定是哲学、文学、艺术等高雅文化，换句话说文化讨论是跨语境、跨文化的讨论。在赫勒看来，为了避免文化趋同、一体化，文化的话语方式具有积极的意义。它为参与交谈者提供了一种交谈伦理学，在交谈的语境下，每个人都可以自由地提出自己的观点和价值，并且要在承认他人的观点和价值的基础上，交谈才有可能发生。这种伦理学既是现代性的产物，也为现代性提供了动力载体。

二、文化悖论：普遍性与差异性

对于文化的特征问题，布达佩斯学派一致认为，悖论性是文化对现代性最直接的反应和表现。由于启蒙现代性自诞生起就包含着两种悖论冲突的逻辑：肯定性的逻辑与否定性的逻辑。因此，现代性内部始终具有一种悖谬的、矛盾冲突的特征与张力。这种特征集中反映在现代性文化的悖论特征中。布达佩斯学派指出，文化悖论最突出的表现就是普遍性与差异性的矛盾。然而，两者之间的张力正在逐渐被消解，现代性单一化、一元化的危机也正在威胁着文化的发展。

以广义的、人类学的文化为例，它本身既是一个普遍性的概念，也是一个差异性的概念。一方面，它指代的是人类共同体各自共享的、必然参与其中的一般属性和普遍化的领域；另一方面，它主要标志着时间和空间上区别不同社会的那些内容，也就是各自特征的复合体。这种特异性体现在区别于其他特殊的社会单位之中。正如赫勒所指出的那样，人类学文化概念的悖论是“通过经验——以及非规范性——普遍来运作的，悖论将会通过对立两极（普遍/差异）的主题化而出现。无须说，这一悖论就像所有其他的悖论一样，是现代性的基本悖论的表现形式”①。

的确，文化本身就是一个充满内在张力的概念，普遍性与差异性的悖论在很多方面都是难以调和的。首先，普遍性主张一种直接的进化论，通

① 阿格尼丝·赫勒：《现代性理论》，李瑞华译，商务印书馆，2005，第190页。

过把差异性进行时间定位从而还原为一种延续的统一性；与之相对立，差异性则讲求一种文化相对论，通过空间定位把差异性进行固定化并编纂成文，这样就形成了人类学理论阐述的两极。其次，作为一种文化，普遍性和差异性最终的文化诉求也是不同的。普遍性力主一种“启迪性”的世界大同，而差异性则更注重一种浪漫－怀旧的原始主义的复兴形式，尤其在日常生活的社会意识中，差异性强调种族或文化民族主义的不同基调。最后，在计划和行动战略方面，普遍性要实践一种普遍现代化的整平观念，而差异性则提出了社会－文化分裂主义的计划。这些相对立的矛盾，尽管在某些方面具有类似的特点，但最终都无法相同或彼此还原。这些普遍与差异的互相对立的趋势和倾向，其实就是外在的强制性力量与内在的自我要求之间的矛盾，这些悖论深深地渗透到现代性文化、观念的思维模式之中，在许多时候许多方面，它们是彼此混合、纠缠的。“‘现代化’既可以是外部强加的，擦掉了所有分歧的矫顽力；也可以是一种本原性的驱动力，以期改善自我的命运与国家的地位……而‘分裂主义’一方面可以是弱势群体竭力争取承认和自主性过程中，创造集体团结意识的努力的体现。另一方面，它也可能是一种试图保存僵化的权力结构的尝试，通过隔绝与外来交往所带来的潜在动摇性影响的可能，更不要说它也可能仅仅是种族隔离政策和种族清洗的假象。”①

面对这种冲突局面，现代性文化总是试图用普遍性取代差异性的方式来调和文化的悖论。布达佩斯学派对于现代性文化普遍化的发展趋势和价值立场进行了尖锐的批判。文化的普遍性包含着一种固定的、不变的趋势，借用马尔库什的概念，就是“文化不变量”（culturalinvariants）。在这种观念的驱使下，文化将发展成为它所对立的“自然”状态。按照我们的传统理解，自然更多的是一种客观的存在。它包含着原始的、未经开化的、天然的、无意义的含义。在这个方面，文化是与自然相对的。它主要代表着人类的教化状态，代表着人类在生存方式上根本区别于动物的那些内容。因此，文化是人类实践活动创造的物质和精神对象化的产物。相对于自然的那种无意义的确定性，文化则是被赋予意义并将之传递、发展下

---

① Gyorgy Markus, “Antinomies of Culture: Discussions Papers (Separate Brochure),” *Collegium Budapest* , no. 21 (1997): 8.

去的非确定性的存在。因此，从这个意义上，文化从根本上说应该是一种意义的行为，而不应该是单纯表征“确实性”的自然状态。然而，文化普遍性的要求则意欲用一种不变的文化常量概括或代替文化在意义承载和传播过程中的变量。“人类学的文化概念——它把文化的概念扩展为作为差异的经验普遍性——也使之变狭窄了，因为它排除了规范普遍性的方法以及差异之间的标准区分。”① 因此，必将使文化走向反面，变成一种新的“自然”。

马尔库什认为，现代性文化作为人类历史上迄今为止发展最为充分的文化形态就存在着这种普遍性的发展趋势。马尔库什指出，现代性文化在今天呈现出了惊人的包容力，比起以往任何一个时代的文化，现代性文化似乎更能接受并承认其他文化形态的合法性。然而，马尔库什进一步指出，正是它的这种特质——也就是其自我反思的特征，它的强大的包容力——使它具有了一种普遍性：对其他社会文化的承认赋予了它一种任务和权力去吸收、获得、汲取其他文化的所有成就。赫勒更加尖锐地指出了现代性文化这种所谓的包容力背后暗藏的种族中心主义立场，因为“只有那些承认所有文化都有权要求得到承认的文化才可能是种族中心主义的”②。在赫勒看来，欧洲人正是通过构造人类学意义上的文化先使自己相对化，成为体现差异性的众多文化中的一种；然后，在宣称平等地对待多种文化的同时吸收、借鉴其他文化，输出、渗透自己的文化，逐渐将自己的文化变为可以接受的作为规范的经验普遍存在。这种普遍主义和相对主义的悖论是人类学文化概念的悖论，也是现代性文化的悖论。从反对绝对到走向绝对，结果是“极端主义的理性主义启蒙（作为普遍进步的现代性概念的全球化）和极端主义的浪漫主义（欧洲文化的相对化）一起出现”③。现代性的这种包容似乎意味着差异性可以与普遍性共存。然而，布达佩斯学派指出，这不过是“宏大文化同一性思维的一种不稳定的理想化建设的体现”④，仍然遵循着用普遍性、单一化代替差异性、多元化的发展路径。

---

① 阿格尼丝·赫勒：《现代性理论》，李瑞华译，商务印书馆，2005，第 193 页。

② 同上书，第 194 页。

③ 同上。

④ Gyorgy Markus, “Antinomies of Culture: Discussions Papers (SeparateBrochure),” *Collegium Budapest*, no. 21 (1997): 7.

三、共识：文化的多元化

布达佩斯学派对于现代性文化普遍化、单一化的发展趋势所持的观点高度一致，即认为这是现代性文化危机的根源所在。此外，他们同样认同普遍性与差异性之间的悖论不可能通过一方消除另一方的方式获得解决。在如何克服现代性文化危机的问题上，布达佩斯学派提出了两种不同的解决方案。一种是马尔库什所提出的，保留文化悖论的存在方式，以对立面作为参照，由此获得自我批判和检省的视角，避免现代性文化在单一化的发展中走向危机；另一种是赫勒提出的，通过文化话语概念，在交谈中保留各自文化的特殊性和独立性，以此克服现代性文化危机。

马尔库什认为，各种文化之间的悖论状态是具有积极意义的。因为，文化的悖论是现代性两种逻辑的结果，任何试图消除和调解这种悖论的做法都将使文化出现单一化、一元化发展的困境。悖论的张力为文化双方监视自身提供了良好视角，为解决现代性危机提供了批判的思路。赫勒在这方面受到了马尔库什的影响，她逐一分析了每一种文化的悖论特性。然而，不同于马尔库什保留文化悖论的立场，她认为，以文化话语为核心的交谈能够解决文化悖论难题，并最终通过保护文化的特殊性为解决现代性文化危机找到出路。在赫勒看来，马尔库什对现代性文化悖论的论述是合理的，起源于现代性两种逻辑的悖论是文化的根本存在方式，因此也是不可能消除的。但是，可以寻找一种方式弱化、钝化这种尖锐的矛盾冲突，既保留了文化的这种特殊方式，又为不可调和的双方找到共存的方法。这种有效的途径就是文化话语。“文化话语”的概念与作为“高雅文化”的文化概念紧密相连，高雅文化概念是由文化话语概念产生的，但是文化话语概念不能合并到高雅文化概念当中。在这种作为“文化话语”的文化中，通过交谈真正体现了机会均等的观念。“正是这种文化概念避免了两极对立、商业化和商品化，它也避免了第一种和第三种文化概念的命运。它被证明不是悖论性的。自由在这里不是悖论性的。在两种意义上（不受限制和不取报酬）自由地发表和交换意见使一种弱气质成为必要，而且，这种弱气质（例如悬置利益）并不要求有一个基础。”[①] 通过文化话语的交

① 阿格尼丝·赫勒：《现代性理论》，李瑞华译，商务印书馆，2005，第186页。

谈，每一种文化代表可以畅所欲言地表达自己所坚持的文化理念。这种文化话语是特殊性的、差异性的、个体性的，因此不需要存在一个被所有人都认同的共识性基础。文化话语的目的就是交流，通过悬置不同意见，悖论性的冲突就可以得到弱化和钝化。由此“文化话语”为解决现代性文化危机提供了一种方式。

虽然，赫勒的文化话语方式仍然存在一些悬而未决的问题，例如她自己也已经意识到的文化交谈是否可能转变成“闲话”甚至闲聊，无法达成共识的话语交谈意义何在，等等。虽然马尔库什与赫勒所提供的理论对策存在差异，但是我们仍然可以在其中发现布达佩斯学派现代性文化理论的共同诉求，那就是通过保留文化的多样性和特殊性，通过主张一种多元发展的道路，避免文化走向文化单一化发展的现代性危机。

四、对多元文化道路的反思

作为应对现代性危机的理论对策，布达佩斯学派的现代性文化理论为抵制启蒙理性主导的一元化宏大叙事，提出了“多元化”的思路，以消解理性的话语霸权，重新释放文化的活力。然而，这种多元化的发展之路也带来了新的思考。概括地说，多元化是否意味着放弃一切标准和尺度？如果答案是否定的，那么如何来理解多元化与价值选择之间的关系呢？马尔库什也曾经明确表示过，不应该陷入毫无原则的文化相对主义。那么，所谓的原则必然涉及它背后所支撑的价值体系。这个价值的标准该如何衡量？对此，布达佩斯学派似乎并没有明确地论述相关问题。从这个意义上说，他们所设想的多元化道路本身也是未完成的思索。但是，无论如何，这种思路所具有的积极启示意义仍需被认可，它让我们在现代性危机的十字路口驻足、沉思，它让我们在文化丰富多样、充满异质风景的道路上寻找并探求那个为人类的进步和文明的发展提供不竭动力的价值导向。

在笔者看来，布达佩斯学派的现代性文化理论研究有一个问题不可绕过，那就是，在他们所设想的文化多元化的发展道路上，是否存在一种对人类价值普遍性的描述和应该遵循的标准？按照赫勒的理想，文化话语通过交谈彰显文化的特异性，而悬置可以避免文化冲突，让无法达成共识的文化主体同样具有交谈的权力。当然，对于自由权力的尊重是文化交谈的一个前提。然而，在秉持批判和自由眼光的同时，对于一种最高的文化价值的追寻是不应该放弃的。事实上，布达佩斯学派虽然不同于尊崇现代性的进步主义或达尔文主义者，但是更不同于对现代性悲观失望的后现代主义。在批判与建构之间，他们都试图在自己的论述中做出积极的回应。

必须承认，单一的理性精神、一种思维模式或者一元化的文化，与人类历史发展中的文化和社会的特殊性与多样性是根本矛盾和相互抵牾的。然而，在文化多元化发展的道路上，却始终需要对人类的本性和历史的总体模式予以澄清，并为它的发展描述一种前进的方向，提供一种导向性的作用。这样一来，一种理论必须在保证保留文化多样性的基础之上对于人类文化的未来走向做普遍化的研究，或者至少提供一种比较和选择的标准。对于这样的一种双重的任务，布达佩斯学派是认同的。正如马尔库什所说，“哲学，如果它不想只是变成一种过往的传统的话，尽管它不可避免要意识到一种无限制的合理性观念是一种奢望，而且一般而言我们永远不可能超越自身的局限，但是它仍旧必须不断地与现实理性的局限抗争。是否一种哲学话语可以在多元性与内在普遍性的要求之间找到平衡，这将在很大程度上决定一种作为可以辨识的、特殊的文化研究的哲学与我们自身的相关性问题。”① 赫勒也认为，虽然一种真实标准的提出必然受到现实中多种与之冲突的标准的对抗，然而哲学的讨论不可避免地要为我们提供一种“应然”的“真实的价值”标准：“对我而言‘真实的价值’的标准是一个实然将与之对抗的理想；它是某种应然为之奋斗并且能够为之奋斗的东西。”② 布达佩斯学派的现代性文化理论正是对他们的哲学立场的精确诠释。

在今天的全球化时代，各个国家和民族的经济联系日益紧密，政治上的多极倾向也日益显现，而文化的多元特征更明显地昭示出人类文明对现代性的反省和深思。正如有学者指出的那样：“一方面，文化相对主义作为非西方民族和发展中国家应对全球化的文化策略和文化逻辑，对发展中国家保护本民族文化起到了积极作用；但是另一方面，这一理论由于过分强调文化价值的相对性，否认不同文化形态的可比较性，从而否定了文化的整体性和时代性，对非西方民族和发展中国家的现代化进程和改革开放

---

① Gyorgy Markus，*Language and Production*：*ACritique of the Paradigms*（Dordrecht：D. Reidel，1986）：XIV.

② 阿格妮丝·赫勒：《激进哲学》，赵司空、孙建茵译，黑龙江大学出版社，2011，第83页。

具有一种阻抑作用，在全球化过程中具有文化保守主义性质。”① 对于这一点，布达佩斯学派已经深刻地认识到了。因此，布达佩斯学派最后希望在伦理学的维度回答这一问题，谨慎地确定一种主导价值。马尔库什所提到的知识分子“善”的良知，赫勒通过对真、善、美等价值标准的讨论提出一种“好人”的个性道德等，都体现了他们在这方面的理论努力。他们为我们提供的多元化道路重新确立了自由、选择和美德等古老的价值导向在人类生活中的首要性地位。然而，正如赫勒所言，任何一种关于价值的讨论都难免会产生并再生道德困境。也许这就是布达佩斯学派现代性理论的哲学的魅力：张力与协调的结合。

雅斯贝尔斯曾经用“轴心时代”来描述人类文化的第一个繁荣时期，古希腊的先哲、印度的佛陀、中国的孔子和老子以及波斯的查拉图斯特拉，这种多元样态已经融入人类的整体记忆中，而这些文化传统都是特定生存环境的产物和结果，都具有永恒的生命力。我们可以发现，人类是从总体上对不同价值和因素进行有机整合，考虑的是对自身的善以及有益之事，不是对于部分的有益，而是对于整个生活有益。因此，不管以什么标准作为衡量和指导社会发展的尺度，这一标准都应该注重在尊重各种文化价值的基础上发挥导向性的作用。由此，如何确立一种合理的选择标准和正确的发展方向，成为多元的现代性文化发展需要进一步思考的关键。从这个意义上来说，布达佩斯学派的现代性理论所遗留下来的问题极具历史和现实意义，它为进一步延伸和探讨多元文化的选择敞开了空间。

① 丁立群：《全球化的文化选择》，《哲学研究》2008 年第 11 期，第 118 页。

后现代语境中的现代性批判与重建*

——布达佩斯学派现代性批判理论探析

杜红艳

20世纪五六十年代，卢卡奇身边的群具有激进思想的学生赫勒、费赫尔、马尔库什等人组成了布达佩斯学派，他们发展了西方马克思主义的社会批判理论，并融合了自己对苏联模式社会主义的独特体验，在与西方思想的交流碰撞中形成了对现代性的独特理解。在布达佩斯学派的思想中，贯穿核心的就是对现代性危机的批判与对现代性重建的思索。布达佩斯学派对现代性的思考反映了20世纪在理解现代性的彷徨期来自东欧学者的一种态度。

一、现代性问题的突显

现代性问题随着启蒙步入了历史的舞台。然而现代性却又不能等同于理性和启蒙，哲学家开始对现代性进行思索是认识到启蒙的恶果之后的事。正是对启蒙恶果的反思，使现代性问题正式进入哲学研究的视野。自此之后，哲学家们总是围绕着什么是现代性，现代性的危机是什么，人们该如何应对现代性的危机，现代性危机能够解除吗，现代与后现代的关系是什么等一系列问题展开思索。对于这些问题，许多哲学家都提出了自己的理解，在这些理解中包含几种类型。首先，人们在精神文化层面从对启蒙的理解中抽出了现代性的本质。韦伯、哈贝马斯、福柯等人从康德将启蒙理解为人类脱离自己加之于自己的不成熟状态中得出了对现代性的理解。他们认为，一方面从启蒙中分化出来的现代性是以理性化或合理化为

* 本文刊于《学术交流》2014年第6期。

特征的，在发展过程中丧失了价值或意义的维度转变为一种技术理性或工具理性；另一方面启蒙并未使人脱离未成熟状态“应该把现代性想象为一种态度而不是一个历史时期”①。其次，从社会政治层面阐释现代性的理论。“现代性指社会生活或组织模式，大约 17 世纪出现在欧洲，并且在后来的岁月里，程度不同地在世界范围内产生着影响。”②再次，将现代性描述为一个复杂的多重建构过程，现代性不仅存在于思想领域，而且已经融入政治、经济、社会、文化各个领域，成为一种推动力量，正如霍尔所说：“政治、经济、社会与文化进程是现代社会形成过程的一组‘马达’。”③ 从以上分析中可以看出，存在着更多的关于现代性的理解，这些理解都似乎清晰明了地展示了现代性的内涵，然而，即使是这样我们依旧不能确切地说出什么是现代性：“现代性问题依旧晦暗不明，根本没有真正露出其清晰的地平线，依旧是一个开放的、相互冲突的、相互关联又纠缠不清的‘星丛’。”④ 尽管这些人的观点间往往存在着差异，他们对现代性的理解也不一致，然而不管这些研究者之间有什么样的差异，从什么样的立场、什么样的角度阐释问题，这些理论在实质上都是对现代性本身所进行的反思、对这个时代的危机所做的思考。这是因为这些思想家们遇到的问题是一致的，无论从哪个角度进行思索，产生什么样的分歧，最终要解决的问题都是一致的。

虽然现代性是不确切的、现代性问题是晦暗不明的，可依然是20 世纪哲学研究不能回避的问题。现代性是一种时空概念，同时也是一种文化理解方式、体验方式，进而构成了一种文化模式，标志现代这一时段的本质特征。现代性已经实质地渗透进社会生活的各个层面，并发挥着主导性作用，搭建着现代社会堡垒。然而，现代性在建构现代社会的同时也打碎了前现代社会赋予人的安全感和归属感，一切坚固的东西都烟消云散了。布达佩斯学派看到了现代性作为一种文化模式对人类社会生活的建构以及广泛运用现代性原则带来的一系列威胁人的生存的危机，现代性的列车并未像其当初允诺的那样载着乘客驶入幸福的终点站，反而驶向了奥斯威辛、

① 米歇尔·福柯：《什么是启蒙》，《世界哲学》1991 年第 4 期。
② 安东尼·吉登斯：《现代性的后果》，田禾译，译林出版社，2011，第 1 页。
③ 周宪：《文化现代性》，中国人民大学出版社，2010，第 44 页。
④ 衣俊卿：《现代性的维度》，黑龙江大学出版社，2011，第 2 页。

古拉格群岛这样的车站。基于对现代性的这样一种理解，布达佩斯学派展开了对现代性的批判和重建。

二、后现代语境中的现代性批判

现代性批判是布达佩斯学派思想的一个重要方面，是布达佩斯学派文化批判理论的现实聚焦点。布达佩斯学派对现代性的批判最初就蕴涵于对极权主义的批判中，在布达佩斯学派看来，苏联模式社会主义与法西斯主义一样，都表现出了极权主义的现代性模式，是对人的控制和压抑。在融入西方社会之后，布达佩斯学派看到了现代性原则及其产生的危机在西方社会淋漓尽致的表现，由此展开了对现代性直接批判，并逐步融入后现代多元、宽容的主题。布达佩斯学派主要代表人物的现代性批判各具特色，虽然存在着视角和方法差异，但都表达了对现代社会人存在的价值与意义的失落、文化的多样性与丰富性的丧失的深刻关注，并展现了多元性、宽容性的维度。

首先，在价值层面，布达佩斯学派认为现代性以同质化和普遍化原则摧毁了一切文化的差异，碾碎了各个文化价值的独特性。赫勒把现代性比作压路机，"如果有什么可以迅速被输出的话，这就是技术；如果有什么给每一种生活方式都施加沉重的压力的话，这就是经济压路机。尽管现代性作为一个压路机远不同于资本主义经济，资本主义经济和经济全球化的结合却迅速推进。各种独特的文化必须牺牲它们绝大多数不能与这种经济相一致的东西。"① 现代性的压路机采取同质化和普遍化的原则，特别是通过经济方式摧毁了一切差异，消除了一切与现代性不一致的事物，把一切统合到理性化的进程当中。现代化的历史进程中，理性取得了权威性的地位，使各个领域都走上同一化的历史道路，成为现代化进程的内在推动力量。但是同时"现代化的进程威胁并削弱了文化为人的生存提供意义和方向的传统作用，现代世界，即使是最高的价值观念——自由也不能够重新点亮希望。"② 现代性在推进社会发展的同时也使人存在的价值与意义丧失了，价值虚无主义成为主导性原则。现代性虽然削弱了文化的传统作用，

---

① 阿格尼丝·赫勒：《现代性理论》，李瑞华译，商务印书馆，2005，第82页。

② John Grumley and Agnes Heller: *A Moralistin the Vortex of History* (London: Pluto Press, 2004), p. 244.

但是文化是现代化进程中唯一可以传递意义和价值的载体，因而现代性的重建需要在文化的层面上进行。因为文化在现代社会中肩负的是意义的使命，一个人可以借助于技术生产自身，然而，技术生产的人是缺乏意义和价值的人，给现代人提供一个世界的是文化，负载并传递指向技术想象之外的历史意识的也是文化。所以，现代社会文化是可以防止技术的滥用侵蚀人存在的意义与价值的唯一领域。

其次，从文化层面，现代文化呈现出来的是悖论性的特征，文化既强调普遍又强调差异，既是高级文化又是低级文化，造成了从反对绝对走向绝对，从反对同一到走向同一。马尔库什提出了起源于启蒙的文化的两种概念，即关于人类学的文化概念和狭义部分的、“价值标示的”文化概念，两种文化在现代社会都以悖论的方式存在着，这种悖论的根源正是现代性的历史和逻辑。但是，现代性在诱发了文化悖论的同时，也是推动现代性发展的动力因素，二者互为因果。“正如文化概念所表现出来的悖论张力一样，现代性的文化深处存在着多重悖论现象，它们彼此纠缠，并存并斗争着，这种现象是现代性最有代表性的特征，也是现代性文化的表现特征。”① 恰恰是文化悖论中包含的矛盾性使得批判和反思成为可能，推动了现代性的发展。所以，也正是文化悖论可以作为克服现代性危机的力量。马尔库什并不是在主张抛弃文化悖论的存在方式，其文化批判是要对那些试图统一现代文化的做法进行批判，因为统一现代文化最终必然导致社会理性的极度膨胀和文化危机的普遍化：“启蒙运动的宏大哲学把理性视为人类个体的内在属性或内在能力，致力于在理性之中寻求一种同等可靠的基础，从而把意义和价值赋予我们的活动。它们试图用一种理性上统一的、可以找到的世俗‘文化’（这个概念就是启蒙运动发明的）来取代宗教的意义创造功能以及因此而具备的社会整合功能，并将某种单一的人类完满方向强加给某个充满生机的社会中所发生的一切变化过程。”② 这种统一现代文化的做法才是应该批判的对象。能够打破现代文化同一性就能克服现代文化的危机，而打破同一性的力量是文化悖论，因为文化悖论的存在能够维护文化的多样性。

---

① 孙建茵：《文化悖论与现代性批判——马尔库什文化批判理论研究》，黑龙江大学出版社，2011，第65页。

② 乔治·马尔库什：《语言与生产》，李大强、李斌玉译，黑龙江大学出版社，2011，第2页。

再次，从历史层面，法国大革命可以被看作是现代性诞生的标志，大革命的失败也使得现代性问题凸显了出来。费赫尔认为，大革命是在政治层面实践着哲学的诺言，是现代性在实践中的表现。从总体上看，法国大革命“是关于在启蒙运动最终胜利的最初日子里理性化和世俗化的教条式风暴的寓言，是关于它必然失败的寓言，是关于过度狂热的理性化的反作用以及政治世俗化的限度的寓言。”① 这一历史事件可以作为思考现代性和后现代性的理论资源。法国大革命的失败引发了人们对理性化的反思：“理性化并不是一个同质术语，而是一个包罗众多的词汇。在提倡教会内部改革的人的口中，这个词意指高效率，即现代化。在哲学家们及其政治继承者的解释中，这个词只不过意指理性的统一原则在整个社会中的运用，当然也含蓄地包括教会的事务。作为一种标语的‘理性化’的同质性和统一性是一种革命前的启蒙运动所共有的但危险的幻觉。”② 在学者们对法国大革命的解释与反思中，一种“后历史”的解释模式正在生成，每个人都从自己的视角出发对大革命进行解释，在不同解释中实质反映的是人们对待现代性的态度。费赫尔反对就历史事件谈历史事件，提倡一种解释学意义上的社会解释方式，这种解释方式的转变恰恰反映了人们对现代性的反思和批判，人们从各个角度对这一历史事件的反思实质上批判的是以这种历史意识为根基的现代性。

最后，从政治层面，现代性以同一性的整合权力统合其他，产生了国家社会主义的政治管理模式。瓦伊达认为苏联模式社会主义是现代性在政治上的典型表现，这种社会主义并未给予其曾许诺给人的自由，反而是对自由的压抑。人们“已经意识到工人不能再为资本家工作，但是在国有企业中反而也没比以前获得更多的自由去决定生产什么和怎样生产（这种自由的类型是社会主义的一种特殊许诺，甚至在那些宣布自由权利的缩减的理论声明中，这种类型的自由也将是一种更多的而不是更少的自由的状态）。此外，正是由于主动撤销自由权利，工人更加缺少自由：自由贸易联盟也不想去限制财产权利，或者去干预生产什么和怎样生产的问题，但是没有自由贸易联盟，工人的自由就更加受限了。社会主义国家的相互依

① 费伦茨·费赫尔：《法国大革命与现代性的诞生》，罗跃军等译，黑龙江大学出版，2010，第202–203页。

② 同上书，第230页。

存意味着对这些国家的自由的严重限制”①。实质上，苏联模式社会主义与资本主义一样，运用的都是一种简化法，“除了简化法别无其他：权力关系、主从关系到经济剥削关系的简化，社会形态到表达经济独立关系的社会经济形态的简化，社会团体形态到阶级形态的简化，以及相应的社会冲突到阶级冲突的简化”②。这种简化法也就是现代性的原则，最初是在法西斯主义者的独裁中，而后在苏联模式社会主义中得到了广泛的应用。苏联模式社会主义一直在试图统一整个社会，在这种情况下那些出于自身利益给政治权力施加压力或影响政治权力的各种各样的特殊团体根本不可能存在，行使权力的团体事实上是名义上代表大家利益的特殊团体。这与共产主义应该是每个个体和特殊的团体都有平等的机会表达自己的利益和需要完全相反。国家是现代性在政治上的表现，苏联模式社会主义并未能实现社会主义允诺的民主、自由和平等，这反映了现代性的危机。布达佩斯学派通过批判政治国家进而展开了对现代性的批判，认为政治国家是现代性危机的表现，真正的社会主义国家应该确保每个人都有平等的机会和自由表达自身利益和需要。

布达佩斯学派从各个角度阐释了对现代性的理解与反思，表达了对现代性危机的忧虑，同时也表达了一种多元性的理论诉求，可见他们对现代性的反思和批判是在后现代的语境中进行的，融入了后现代的理论大潮。

三、后现代政治状况下重建现代性的努力

布达佩斯学派在对现代性的批判过程中，得出现代性的危机表现在两个方面：一是人存在的价值与意义维度的丧失，二是多样性的丧失。而文化具有保存价值、维持多样的特点，所以现代性危机只有在文化当中才能够被克服。那么文化对现代性危机的克服是抛弃了现代性还是在对现代性进行重建呢？现代性犹如一枚硬币，有正反两面，人们怎样“看待”现代性就会怎样“对待”现代性，看到硬币的哪一面就会倾向于怎样对待现代性。有两种对待现代性的态度：一种态度是只看到现代性硬币的反面，坚持现代性已经终结；另一种态度看到了现代性硬币的两面，认为现代性尚

① Vajda, *The state and socialism: Political Essays* (London: Allison & Busby, 1981), p. 4.

② Ibid, p. 6.

未终结，只有在现代性中才能找到解决现代性危机的路径。布达佩斯学派持第二种态度，他们追求的是在现代性中克服现代性危机，他们肯定现代性的价值与意义，认为应该在现代性中发掘多元主义的潜力；同时他们又认为对现代性的克服应该结合后现代的政治状况，使之成为适应后现代政治状况的多元主义。所以，布达佩斯学派对现代性的批判不是要抛弃现代性而是要对现代性进行重建，是在后现代政治状况中的重建。

现代化的历史进程也导致了历史条件的变化，逐渐演变为一种多元性、差异化的社会，布达佩斯学派将这一历史境遇称作后现代政治状况。在这种状况中，许多人对现代性的批判都走向了后现代的视域，他们通过多元、差异、相对、怀疑、解构等一系列与现代主义相对的范畴回应了现代主义。布达佩斯学派并未将后现代看作是现代之后的一个历史时期，而是在现代性中孕育出来的，产生于对现代性的历史反居。“后现代性（包括后现代政治状况）不是一个的历史时期。后现代性从各个方面来说都是‘寄生’在现代性之上的；它依靠从现代性的成就及困境中汲取养分而生存。在这一环境下的新情况是在后历史中发展出来的新的历史意识；不断蔓延的我们永远进入现在，同时，又在它之后的感觉。以同样的姿态，我们已经比以往更深刻地占有了我们的现在，并从它那里发展出了一个批判的距离。那些从我们的政治视角出发、对这些批判距离仍然不满的人应该记住，对现在的绝对否定（不可否认比后现代性能提供还得多）很有可能最终陷入彻底丧失自由或彻底毁灭。这两个结局都要超出——或者更确切地说不同于——后现代。它们将是彻底的反现代派。”① 后现代不是现代性到来之后的一个阶段，而是现代性的延续，是对现代性的反思，是以苏格拉底认识自己的方式反思自己，它的理论核心就是反对现代性的宏大叙事，张扬生活方式的多元化。他们认为后现代的政治状况就是以文化的多元化和对话的多元性为理论前提的，所以现代性重建需要在后现代政治条件下进行。

布达佩斯学派对现代性问题的思索虽然已经步入了后现代主义的理论视域，但又不同于后现代主义，因为在他们看来后现代也存在着误区，一

---

① 阿格妮丝·赫勒、费伦茨·费赫尔：《后现代政治状况》，王海洋译，黑龙江大学出版社，2011，第 13 页。

味地高扬后现代贬低现代，会导致一种极端相对主义的形成，“对现在的绝对否定（不可否认，比后现代性所提供的还要多）很可能以彻底丧失自由或彻底毁灭而告终”①。布达佩斯学派认为，在重建现代性的过程中，既要避免现代性的宏大叙事，也要避免后现代极端的相对主义的误区，最好的办法就是找到一个连接点，在后现代政治状况允许的程度上重建现代性的统一。布达佩斯学派提出“我们探索‘后现代政治状况’的主要推动力不仅在于登记现代性中呈现的新兴异质，一个几乎无法，或只能强制地，被继续存在的，满是缺陷的‘宏大叙事’同化的异质。相反，我们开始着手寻找那个仍然能够把我们的世界联结在一起的纽带，寻找一个据我们猜测也许已经熬过分裂过程的思潮，一个能成为绝对相对主义的玩世不恭的解药的思潮。总之，我们试图弄清甚至在后现代政治状况中还有多少普世主义保持不变。”② 后现代政治状况不是一个新的政治时期，因为在后现代，宏大叙事解构了，没有能够作为普遍的、包罗万象的解释原则，文化是多元的，对话是这一时期的重要问题。在后现代政治状况下，重建现代性的统一才是重要的历史任务。

总之，布达佩斯学派的现代性批判的理论宗旨不是抛弃现代性，而是要进行现代性的重建，这种重建又不是回到现代，而是在后现代政治状况的全新历史条件下进行重建。在新的历史条件下这种重建只能是在多元之中达成共识，他们认为民主政治原则和道德准则所体现的自由、正义、平等概念都能够成为后现代政治状况的多元主义的共识。

---

① 阿格妮丝·赫勒、费伦茨·费赫尔：《后现代政治状况》，王海洋译，黑龙江大学出版社，2011，第 13 页。

② 同上书，第 14－15 页。

阐释与修正：对意识形态批判之批判*

——论马尔库什的意识形态批判理论

孙建茵

意识形态问题在马克思主义传统中一直占据着重要地位。对于马克思引入这一概念所带来的理论贡献，20 世纪的新马克思主义者给予了高度认可和一致评价。正如杰姆逊所言："意识形态理论是马克思对异化的认识中一个不可缺少的组成部分，同时也是马克思主义对意识分析和文化分析最有独创性的贡献之一。"① 意识形态理论在整个马克思主义的传统中得到了蓬勃发展，早期西方马克思主义、法兰克福学派、结构主义的马克思主义以及后马克思主义和文学审美的意识形态理论等都有所建树，表明了新马克思主义对这一问题的高度重视。东欧新马克思主义也不例外，其中，尤以乔治·马尔库什的意识形态批判理论具有完整的结构框架和明确的个人见解，体现出了东欧新马克思主义思潮的鲜明特点，因此具有不可忽视的理论价值。马尔库什的意识形态理论代表了东欧马克思主义思潮对西方马克思主义的一种重要的回应与对话，他立足于对马克思的意识形态理论的重新解读和具体应用，对西方马克思主义背离马克思语境的几种倾向给予批判和修正，从而发展并补充了马克思主义的意识形态理论。

一、马克思意识形态批判理论的异质性特征

马尔库什的意识形态理论是其批判理论的一个组成部分，集中体现在他所发表的《意识形态概念》（*Concepts of Ideology in Marx*）、《关于意识形

---

* 本文刊于《求是学刊》2010 年第 1 期。

① 杰姆逊：《后现代主义与文化理论》，唐小兵译，北京大学出版社，2005，第 223 页。

态批判的批判》（*On Ideology-Critique-Critically*）、《马克思主义与文化理论》（*Marxism and Theories of Culture*）等论文中。其理论肇始的基础是对马克思意识形态的再阐释。在马尔库什看来，之所以人们对马克思意识形态概念的基本理解迥然不同，其根本原因在于马克思的意识形态理论具有丰富的内涵和异质性的特征。马尔库什在全面地考察了马克思实际处理各种意识形态文化结构的具体方式之后，明确地阐述了自己对马克思理论的根本理解，甄别、区分了马克思在不同的背景中，出于不同目的所使用的不同意义的意识形态批判。马尔库什认为，一般而言，马克思的意识形态批判可以归纳为两种类型。

第一种，马尔库什称之为“暴露的”（unmasking）意识形态批判。毋庸置疑，翻阅马克思的《德意志意识形态》等关于意识形态问题的文本不难发现，马克思通常是在一种批判的、直接论战的背景下使用这个词语的。马克思的这个概念指的是那些认为观念是历史进步的主要动机的唯心主义哲学、经济学或社会政治学理论。马尔库什认为，在这种背景下所使用的意识形态批判，除了一贯否定的批判力量外，更重要的是体现出一种暴露的意义。这种意义促使意识形态理论成为一种论战工具，直接针对的便是历史唯心主义。马尔库什指出，通常在直接论战的背景下，马克思认为资产阶级唯心主义的意识形态理论履行的是对一系列明确界定的特殊利益的“辩护”功能。它们的作用是使特殊的利益，通常是统治阶级的利益变得好像是普遍的利益一样。为了解蔽统治阶级的意识形态话语背后真实的社会利益根基，马克思“暴露的”意识形态批判主要运用社会学还原的方法揭示观念背后真正的历史动因，暴露意识所掩饰的私人利益的支配力量。因此，“根本上，意识形态批判理论在这个意义上意味着要对任何历史上试图证明精神具有至高无上性的理论尝试予以‘暴露’”①。

第二种，是“解放的”（emancipatory）意识形态批判。马尔库什指出，在马克思对黑格尔、亚当·斯密、李嘉图等人反复的批判中，理论重心已经不再是对资产阶级利益的特殊形态进行“暴露”。因为，在这些批判中，马克思所针对的这些意识形态理论在它们所处的时代是具有“划时代”的

① Gyorgy Markus, “Concepts of Ideology in Marx,” *Canadian Journal of Politics and Social Theory*, no. 1 – 2 (1983): 86.

重要意义的。它们之所以能取得那样的成就，被民众所接受和认同，绝不仅仅是对私人利益的一种虚假伪饰，这些理论已经把现实社会的冲突和矛盾转化为一种思想观念中的束缚。换句话说，这些意识形态把私人利益对社会的统治，把社会阶级中的不平等和剥削等现实通过一定概念阐述的方法论固定为思想体系中的一种逻辑前提，让人们认为它们是理应如此的真理，从而非反思性地接受它们。这样意识形态便达到禁锢思想的目的，从而有效地排除掉了可能对现有社会模式构成威胁的自由思想。因此，针对这些具有"时代"意义和影响的意识形态理论，"暴露"的批判功能只起到了一种辅助性的作用。马克思在这个意义上的意识形态批判旨在揭露这些理论是如何将这些社会外部因素固定为永恒合法性的。通过剖析这些理论中存在的破碎、断裂和扭曲之处，说明通过观念的形式来解决现实的矛盾必然陷入悖论的困境并最终归于失败。而这种批判的宗旨就是要突破意识形态对思想的禁锢，使人们可以"解放"地、自由地设想其他社会形式和生存方式的可能。用马尔库什的方式来表述便是："马克思主义的'意识形态'是一个批判的概念。它是干预传统传递和传统维持的统治性过程的一种有效媒介，是打开思想新的视野，刺激新的社会易感性和想象力的途径，从而从文化束缚中解放出来——最终达到社会的解放。"①

二、对几种意识形态理论倾向的批判

在澄清了自己对马克思两种意识形态批判内涵的界定之后，马尔库什将马克思"解放的"意识形态批判方法运用于具体实践。在他看来，将理论与具体实践相结合才能更好地验证意识形态理论的有效性并充分阐释自己对意识形态理论的理解。因此，马尔库什首先表明了自己对意识形态理论本身存在的潜在悖论和困境的担忧，对一种总体化发展的意识形态理论进行了批判。

马尔库什指出，马克思引入意识形态理论是要服务于一种社会文化批判的任务，它必然预先假定自己与批判对象之间具有一种距离，并且主张自身具有高于批判对象的位置。通过对意识形态"暴露"和"解放"式的批判，意识形态理论似乎可以超越一切偏见和束缚，逐渐成为普遍有效的

① Gyorgy Markus, "Marx is mand Theories of Culture," *Thesis Eleven*, no. 25 (1990): 96.

总体化理论。然而，马尔库什表明，这种总体化倾向是意识形态理论必须面对的内在困境和悖论。因为，它明显地与马克思“解放的”意识形态批判相矛盾。如前所述，意识形态批判不仅要揭露那些既定文化形式所隐藏的真相，还要动员起一种乌托邦的解放力量。也就是说，它不仅是对以往某些传统的、过去的限定的一种打破，不仅是针对资产阶级社会所具有的意识形态束缚的解放，而且是一种持续不断的、自觉的历史延续的任务，是针对任何类型的社会和文化的一种批判任务。但是，本身属于文化领域的一种总体化的意识形态却掩饰了自己对文化实践的依赖和参与程度。正如马尔库什指出的，这样一种全面和总体的意识形态概念通过把自己实践论战的内容及其历史处境一同转变为一种客观主义的态度，从而避免了批判的自我反思。

在马尔库什看来，大多数西方马克思主义的杰出代表同样不能接受这种总体化的意识形态发展趋向，他们一直用自己的理论实践力图寻找阻止意识形态理论成为总体化的路径。用马尔库什的表述方式就是采取“一种有益的自我防卫”策略。因此，马尔库塞后来向弗洛伊德“爱欲”理论的转向，哈贝马斯向行为交往理论的转向，在马尔库什看来毋宁说是一种自觉的自我限定。然而，马尔库什却在这些审慎的理论选择中发现了背离马克思传统立场的非历史的倾向。他批判了这些倾向之中存在的悖论和困境，说明这样的方式仍然与历史和社会的研究角度不能相容，依然无法为一种社会批判理论提供持久的基础。

批判非历史的美学化倾向。根据马尔库什对马克思带有“解放”意向的意识形态理论的理解，这样的理论不可避免的批判任务之一就是分析关于基本的文化形式（cultural forms）的起源和特殊功能的问题，分析属于意识形态领域的文化形式是如何在特定的历史和社会环境中产生并固定下来的。马克思曾经在《资本论》的脚注中提到过：“事实上，通过分析找出宗教幻象的世俗核心，比反过来从当时的现实生活关系中引出它的天国形式要容易得多。后面这种方法是唯一的唯物主义的方法，因而也是唯一科学的方法。”① 通过这一段论述，马克思已经明确提出了意识形态批判理论应该从历史发展的角度解释文化形式产生和变化的原因。马克思未及解

① 《马克思恩格斯全集》（第44卷），人民出版社，2001，第428－429页。

决的关于对文化形式的意识形态分析的任务，被后来西方马克思主义的理论家具体展开和实践，并取得了丰硕的成果。卢卡奇和戈德曼关于小说理论的研究，卢卡奇和威廉斯关于戏剧发展的研究以及阿多诺对古典音乐形式的研究等都具体地证明了，特殊的艺术形式和体裁的出现、蜕变和消失与社会条件和要求的改变具有某种相关的可能性。从总体上说，马克思提出的对意识形态进行唯物主义的研究任务在很大程度上已经实现了。

然而，实际情况说明，这些对马克思所提出的分析任务的完成几乎都是在艺术与美学领域里。除了这些理论在“高级文化”（high culture）[①] 分型等基本问题上的研究不足以外，马尔库什认为，最为重要的是这些理论表现出了一种非历史和超历史的（ahistoric-transhistoric）倾向。他指出，出现这种倾向的首要问题在于批评家对于艺术形式的概念阐述借助了普遍本体论的范畴，这毋庸置疑会致使他们将美学作为一种先在标准，从而选择某些特定的体裁和作品作为意识形态分析的主要对象。也就是说，本体论范畴使美学和艺术成为一种超越历史的客观存在，它们的真理成为哲学家进行批判和分析的标准。例如，在阿多诺对模仿与客体化问题的论述中，艺术真理的普遍化和永恒性，最终便是依靠基本的本体论范畴来证明的。他认为，艺术的客体化可以超越主客体的分离而存在，它为我们提供了一块超越异化的飞地，是消除主客体对立的希望所在。同样的观点也出现在卢卡奇的美学研究中。正如马尔库什所言，在卢卡奇那里“所有真正的艺术作品不变的特征为艺术赋予了其超历史的功能和使命：要祛魅并人性化生活的社会现实性”[②]。这样一来，艺术作品永恒的有效便确保美学的审美客观性不依赖于社会诱导的多样和变化而转移。不仅如此，在布洛赫、马尔库塞甚至阿尔都塞的文本中也可以找到类似的观点和处理方法。

针对这些从社会历史向非历史的“内在美学的”（immanently aesthetical）特征[③]的转变，马尔库什尖锐地指出，从某种意义上说这种意识形态理论陷入了一种困境：将美学永恒真理作为非历史的本体论存在，这种处理方式本身就直接服务于意识形态功能。因为它为特定的文化政治主张和立场提供说明和表现，被预先固定的标准内化为美学的审美特性，因此意识形

① 指艺术、科学、哲学等文化形式。

② Gyorgy Markus，“OnIdeology-Critique-Critically，” *Thesis Eleven*，no. 43（1995）：82.

③ 指把艺术和美学的审美标准作为一种本体论范畴的自律的特征。

态理论所指涉的批判对象也越来越“匿名化”，内化为一种不言自明的美学特征。随着这种趋势的发展，它必将使批评家从怀疑自己的观点受到意识形态的扭曲中隔离出来，并破坏了从一种社会－历史的方法切近艺术的可能性。

批判非历史的人类学倾向。马尔库什指出，在西方马克思主义意识形态非历史的研究方式中，除了表现为美学化的倾向外，还有一种趋势是将最基本的文化范畴或体裁与某种人类学尺度相连接，也就是非历史的人类学倾向。在对这种倾向的批判中，马尔库什重点围绕着威廉斯展开。在马尔库什看来，强烈的历史主义传统和立场致使威廉斯曾在很多场合激烈地批判了卢卡奇和戈德曼等人在美学研究中所表现出来的非历史的观点。然而遗憾的是，威廉斯在分析的过程中，似乎逐渐脱离了他所坚持的立场，最终也诉诸他所拒斥的方法和假设。在《文化》（*Culture*）一书中这种现象尤为明显，威廉斯往往不是从一种关于某种特定社会现实的社会学角度来解释文学形式的基本构成和主要体裁，而是从人类物种的、人类学意义上的社会学角度来解释，也就是说，这些文化形式的问题往往参照的是人类学的维度而不是通常理解的社会学维度。

毋庸置疑，马克思提出的意识形态理论在相关的文化对象与外在社会的条件和现实之间建立了一种联系。这种联系是现实变化的，也必然调解文化领域分支细微的构成关系。然而，人类学的研究方式采用的是一种系统性、一般性的方法，威廉斯用这样的方法研究文化现象便回避了这些结构中特殊的、已经制度化了的历史社会关系。对于这些关系，他只是用人类学的范畴加以描述，甚至借助这些范畴对文化类型的历史发展变化进行了演绎和推导。因此，马尔库什指出，当要澄清这些社会因素是如何转化为文化形式和体裁时，便陷入了一种理论极限。他写道：“既然这些领域中制度上特别的历史性被忽视和错过，那么对其进行历史的分析和处理就变得不可能，最终不可避免地表现为完全抵抗所有历史处理方法的硬核，只能被理解为一个人类学残留。”①

① Gyorgy Markus，“OnIdeology-Critique-Critically，” *Thesis Eleven*，no. 43 （1995）：85.

三、马尔库什意识形态批判的理论特质

马尔库什通过对几种非历史倾向的批判，形成了东欧新马克思主义与西方马克思主义的一种理论对话，也借此阐述了自己鲜明的观点。其理论的独特性主要体现在三个方面。

首先，马尔库什的意识形态批判理论体现出了西方马克思主义传统的影响与东欧新马克思主义立场的深刻融合。从根本上说，马尔库什对马克思意识形态概念的根本定位与西方马克思主义是相同的。他们都是从人本主义的立场出发，并肯定了马克思的意识形态是具有功能价值的概念。例如，青年卢卡奇认为，正是资本主义物化的意识形态的广泛蔓延，使人失去总体性，甚至使工人阶级丧失了批判和革命的力量。因此，卢卡奇高度重视意识的作用，提出要克服物化，唤醒和建立无产阶级的阶级意识，进行意识形态革命，并最终保证无产阶级革命的胜利。此外，葛兰西的文化领导权理论，阿尔都塞的社会多元决定论，以及法兰克福学派的马尔库塞、弗洛姆等人在深刻体悟了法西斯主义的精神创伤后对自主的高级文化解放的可能性的研究，等等。这些理论从不同层面论证了意识形态的功能价值，对此马尔库什高度认同。他指出："一般而言，意识形态概念通常在马克思主义的传统中被理解为丰富化和具体化的上层建筑概念：它通过阐述什么是其作为意识形态的文化客体化的无以类比的成就，以及以何种方式它们可以反作用于经济基础，赋予文化上层建筑相对独立性观点以一种积极的内容。"① 这也正是马尔库什重视意识形态理论，将其视为一种社会批判的重要组成部分的根源所在。

但是，虽然移居西方资本主义社会，马尔库什仍然是"生活在西方的东方人"，他的思想深处还是具有东欧本土性的意识根源，曾经的社会主义政治信仰和理念促使他无法接受西方马克思主义者对马克思意识形态语境的自由发展和根本背离。他们"不允许自己的感情把自己置于右翼力量的控制之下，也不允许自己落入简单化的、非此即彼的思想意识形态模式中；另一方面，他们又完全不同于其他的富有创造性因而必须是异端的马

① Gyorgy Markus, "OnIdeology-Critique-Critically," *Thesis Eleven*, no. 43 (1995): 72-73.

克思主义者”[①]。这种胶着和纠结的情绪恰恰体现了马尔库什理论背景的复杂性和多元性，使他的批判具有一种内在的张力。

其次，除了理论背景的复杂性，马尔库什意识形态理论的独特之处主要体现在研究方法的变化性和连续性上。在马尔库什的理解中，马克思出于不同的批判目的，使用了“暴露的”和“解放的”两种意识形态批判概念，这使得马克思的意识形态理论具有异质性。对马克思意识形态概念的异质性的理解体现了马尔库什变化性的研究思路。同时，马尔库什的连续性的方法论原则也使他不能同意阿尔都塞对马克思“断裂式”的理解，他更倾向于在变化之中找到理论内在的一致性和连续性。在我看来，虽然马尔库什明确区分了意识形态，但需要强调的是，他所进行的这种意义划分并没有严格和彻底的界线。尤其“解放的”意识形态概念和批判理论从某些角度上看也肩负着“暴露的”意义。“解放的”意识形态绝不排除揭露那些意识形态作品中受到的利益的直接影响和它们所引发的幻想。从“暴露的”功能到“解放的”功能的过渡与连接也是存在着理论和实践的必然性的。

最后，马尔库什意识形态批判理论具有实践品格。在西方马克思主义的意识形态理论中，许多理论家借用马克思“意识形态”概念的外壳，发展自己的意识形态理论，提出了更加具体甚至相异于马克思的意识形态理论。与此相反，马尔库什的意识形态理论却始终表现为对马克思意识形态批判的一种理论再阐释和具体的应用实践。与其说马尔库什是在构建自己的意识形态理论，不如说他如实地把马克思的意识形态批判用于具体的实践。马尔库什立足于马克思的文本，对马克思的两种意识形态批判意义进行了详尽的解读，并且高度评价了“解放的”意识形态批判的理论及实践价值。不仅如此，基于对这种批判方式的基本认识，他把这种方法具体地运用于了对整个马克思主义意识形态理论的批判。他的批判严格地实践了马克思意识形态理论的“解放”意义。他揭示了在意识形态批判中出现的非历史倾向，指出根本原因恰恰在于批评家本身将一些美学和人类学范畴当作不证自明的前提。不仅如此，通过对意识形态可能的总体化倾向的批判，马尔库什唤醒了一种反思的、挣脱束缚的批判精神，将意识形态批判

① 张一兵、胡大平：《西方马克思主义哲学的历史逻辑》，南京大学出版社，2003，第181页。

指向了旨在历史延续性地“解放”的乌托邦维度。

四、结语

应该说，马尔库什的意识形态批判理论是对马克思思想的一种重新阐释，是对西方马克思主义理论的一种修正和补充，对马克思主义的意识形态理论发展做出了贡献。通过对意识形态批判的批判，马尔库什用具体实践证明了马克思意识形态理论的有效性。

面对马克思主义传统中对意识形态概念的差异性的理解，马尔库什以马克思的全部理论著作为研究范本，合理梳理并归纳了两种彼此区分又紧密联系的意识形态概念。不仅如此，更重要的是马尔库什充分发掘了马克思意识形态概念超越经济基础与上层建筑二元对立的意义。一般认为，马克思始终将意识形态理解为对经济基础的一种单向反映，这种观点在一定时期甚至被极端地固定化和制度化。西方马克思主义者也大多在反对马克思的这种理解的基础上主张意识形态的积极作用。马尔库什则指出，马克思的意识形态批判已经超越了二元对立的理解模式，因为“解放的”意识形态批判所针对的那些理论和表述绝不仅仅是对经济基础的一种简单反映，它们具有把现实的矛盾转化为思想中的“现实的”力量，换句话说，它们具有重建意义甚至创造意义的力量。马克思正是意识到了意识形态的这种力量才展开了“解放的”意识形态批判。因此，如果说，马克思“暴露的”意识形态概念还是在经济基础与上层建筑的理论框架内的一种理解，那么“解放的”意识形态概念无疑已超越了这种二元对立的关系。马尔库什的这种理解表明，马克思认识到了意识形态突破从属性地位和功能的超越意义，从这个层面看，对解放马克思意识形态概念的固有限制具有重要意义。

文化悖论与中国现代性文化的发展*

——兼评马尔库什的现代性文化批判理论

孙建茵

对现代性文化状况的检视是东欧新马克思主义理论家乔治·马尔库什在最近30年左右的时间里集中研究的主题。2011年，已有超过三百年历史的著名的布里尔学术出版社出版了马尔库什的论文集《文化、科学、社会：文化现代性的构成》。这本文集凝聚了其现代性文化批判理论的核心思想。概括地说，马尔库什建立了以“文化悖论”（antinomy）为核心的逻辑清晰、特点鲜明、体系完整的批判理论。在他看来，现代性文化的存在特征是悖论，文化的悖论具有重要的意义：悖论双方的斗争与对抗提供了文化批判和自省的视角，文化悖论所形成的张力最终构成了现代性发展的动力。马尔库什的现代性文化批判理论为理解中国现代性文化的现实提供了理论框架。与此同时，中国现代性文化理论也为反思马尔库什文化理论的意义、探寻中国现代性文化发展的路径提供了视角。

一、马尔库什现代性文化批判理论的基本内涵

自文化人类学之父爱德华·泰勒于1871年发表了《原始文化》一书，自觉地开启了关于文化的研究后，对于文化概念的界定和研究就如雨后春笋般发展起来。对文化进行定义是当代哲学中的难题，时至今日也并未形成普遍的、公认的定义。A. L. 克鲁伯和克赖德·克拉克洪1952年在《文化——关于概念和定义的评论》中，曾经概括出人们所使用的160多种文

---

* 本文刊于《苏州大学学报》2015年第6期。

化定义。[①] 文化的定义可以分为描述性的、规范性的、结构性的和历史性的等很多类。即便如此，在这些纷繁芜杂的定义中仍然存在基本的共识，即文化是一个内涵丰富的概念，是包括全部的知识、科学、信仰、艺术、道德、法律、风俗，以及人们所掌握的才能和习惯的复合体，甚至资本逻辑和政治模式也可以从文化的视角加以理解。但总体看来，这些文化的定义没有凸显现代社会的根本特征。

马尔库什对文化的理解独树一帜，他认为，“文化”是现代性的产物，它集中地表征了现代性的内在机制。而且，“只有在现代性的条件下，人们在这个世界上的生活和行为方式，以及他们理解这个世界的方法才能被视为一种文化形式，也就是说，不是作为简单自然的或者上天注定的，而是符合同样由人力创造、可变的标准和目标的、某种人造的和可再造的事物”[②]。可以按照理论逻辑发展的三个层次逐渐深入地归纳和概括马尔库什现代性文化批判理论的基本内涵。它们分别是：悖论是现代性文化的基本特征；文化悖论是现代性发展的动力因素；维护文化多样性是解决现代性文化危机的路径之一。

在现代性文化批判理论中成为核心线索的就是马尔库什所力图呈现的现代性文化的悖论特征。换句话说，悖论就是现代性文化的基本特征和存在方式。作为马尔库什现代性文化理论的核心术语，在哲学上，antinomy 更多被译为“二律背反”，而 paradox 被译为“悖论”。然而，在马尔库什的现代性文化理论中，这两个词常常是在不加区别的意义上使用的。这些词语都是用来描述现代性文化的特征，意在说明文化矛盾的，充满歧义的特性。

马尔库什理论的基点是区分了两种悖论式的现代性文化意义：广义的、人类学意义上的（anthropological）文化和狭义的、价值标示的（value-marked）高雅文化。这两种文化概念自诞生之初就伴随着矛盾与冲突，呈现出悖论的存在方式和发展态势。人类学的文化是一个社会共同体所共有的文化，它所具有的表意系统使作为个体的成员可以相互了解，用

① Kroeber A. L. and Clyde Klukhohn, *Culture: A Critical Review of Concept and Definitions* (Vintage Books, 1952), pp. 81 –142.

② Gyorgy Markus, “A Society of Culture: The Constitution of Moernity,” *Rethinking Imagination* (1994): 15.

彼此理解的行为方式在社会中生活、交往。总的说来，人类学的文化概念是一个社会单位独特的、区别于其他社会单位的标志性的体系和符号。而价值标示的高雅文化在现代性条件下通常被视为是自律的，本身就具有价值，并且在一定程度上独立于社会与经济因素的影响。这两种看似无关的文化意义统一在一个名词之下正是启蒙计划的结果，因此具有这两种意义的文化是现代性的独特产物。广义的、人类学的文化概念起源于作为启蒙批判性的逻辑。正是在启蒙对传统、宗教神学的否定性的批判过程中，人们按照自己对实际生存的需要建立了对传统、对当代的自我认识方式，这种讲求创新的、以确立人的主体性地位为内涵的全新思维方式的确立就体现在文化意义之中，人类学的文化概念由此产生。然而，这种人类学的文化概念只是启蒙在理性地批判传统习惯惰性这一计划中的产物之一。与此同时，它的出现还深深地纠缠着另一种不同的文化意义，这种意义上的文化概念是启蒙计划另一种逻辑的产物，也就是肯定性的、建构的启蒙所产生的价值标示的高雅文化。马尔库什指出，启蒙所力图打破的就是传统基于历史的偶然性和非理性情感的自发作用与盲目兴趣而确立的基础，因此现代性要为社会建立一种统一性和连续性的文化精神。换句话说，启蒙在否定性逻辑之外还具有一种肯定性的逻辑，服务于为历史发展的进程施加一种统一的方向，也就是用理性标示控制未来的行程。这就是作为现代性产物的、集中体现理性精神的文学、艺术和科学等高雅文化。

马尔库什从启蒙的两种逻辑中解释了文化悖论存在的根源，说明了悖论恰恰是现代性文化的存在方式。除了两种文化概念的悖论，马尔库什还以人类学文化概念中普遍性价值与差异性价值之间的悖论以及高雅文化中科学与艺术的悖论为例，论述了这种特征的广泛存在。换句话说，各种充满张力、彼此冲突的文化现象作为现代性的产物，其悖论特征是固有的、无可消除的状态。由此，马尔库什明确提出了自己的观点，文化的悖论方式具有一种积极的意义，是现代性得以持续和前行的内在动力。现代性文化危机的原因不是文化悖论造成的，恰恰相反，以悖论方式存在的各种文化力量与现象，如启蒙和浪漫主义的悖论在批判对方、反思自身的过程中推动了现代性事业的发展。然而，现代性的危机源于一种“和解”的思路，即取消矛盾和悖论。一旦在悖论的文化间达成和解，那将“不再是对立倾向的相互推进，即通过制度上分离的领域不断的斗争”，而是力图达到一种“排他的普遍性”。[①] 马尔库什文化悖论与中国现代性文化的发展指出，正是这种无视文化悖论存在的必然和必要性的和解趋势，试图用一种独一的、中心化的文化取消差异性的文化，否认了悖论是现代性的动力源泉，使现代性陷入了单一化、同质化的僵死局面。基于这种价值判断，马尔库什为克服和解决现代性危机指出的路径就是通过打破决定论思维、关注文化特殊性和保留文化的多样性而恢复文化悖论所能提供的动力。

二、“五四运动”与中国的文化悖论

马尔库什基于启蒙现代性的两种逻辑分析了现代性文化存在的悖论特征，这种悖论特征广泛存在于现代性文化的各种现象之中。他对文化悖论的分析为理解中国现代性文化的特征提供了一种思路。应该说，与传统文化开始痛苦决裂的中国的现代性文化是从“五四运动”时期肇始的。1840年以来，近代中国社会的启蒙运动是在救亡的大背景下，以“三部曲”的方式展现出来的，即“洋务运动”“政治维新”和“新文化运动”。[②] 在经历了甲午战争和戊戌变法的失败之痛后，“五四运动”为中国指出了一条文化启蒙的道路，“新文化运动”为中国现代性文化的萌芽提供了沃土。按照马尔库什对现代性文化悖论的分析，这种特征在中国“五四运动”以来的文化发展中也普遍存在，主要体现在三个层面上：

首先，中国现代性文化中批判逻辑与建构逻辑的悖论。19世纪中叶，代表工业文明的外来力量强行闯入，中国出现了两千年未遇的大变局，除资本主义生产方式进入中国以外，西方启蒙思想的传入使中国的封建政治秩序和传统文化体系受到了极大冲击。“五四运动”所开启的新文化运动本身的逻辑就呈现出悖论的特征：一方面是对传统的否定，与资本主义生产否定小农经济，民主政体否定封建专制相伴随，文化上亟须打破传统的束缚；另一方面，传统文化的瓦解在民族心理上产生了一个结果，那就是要求建立一种符合中国现代化发展的新的文化秩序。事实上，与马尔库什所揭示的西方启蒙运动的两种逻辑相同，标志着中国现代性文化开端的

① Gyorgy Markus, “A Society of Culture: The Constitution of Moernity,” *Rethinking Imagination* (1994): 653.

② 俞吾金：《启蒙的缺失与重建：对当代中国文化发展的思考》，《上海师范大学学报：哲学社会科学版》2010年第4期。

"五四运动"本身也具有内在的悖论，并由此决定了中国现代性文化的悖论特征。如果说，在西方世界，启蒙的两种逻辑孕育了现代性文化的悖论，那么在中国语境下，"五四运动"中否定传统与肯定新文化的两种逻辑就是中国现代性文化悖论的源头。

其次，中国现代性文化中外来文化与本土文化的悖论。这种悖论特征体现在中国现代性文化在接受和传播西方思想时面对的外来文化与本土文化的悖论冲突。以"德先生"和"赛先生"为口号的新文化运动使中国人认识到，西方的人权、自由、民主、平等等政治理念和现代科学知识一样重要，是中国在反对封建文化和确立现代性文化的启蒙中必不可少的要素。这些价值理念和文化知识是文化现代性的精神内涵，因此是中国在走向现代化过程中不可回避的。然而，中国的知识分子同样意识到：一方面，西方的启蒙运动为了打破传统、追求自由与平等的价值经历了漫长的时段，在拥护民主与科学的道路上，付出了血的代价；另一方面，西方列强的入侵在带来现代性文化理念的同时更给中国带来了被殖民的屈辱和痛苦。这种在某种程度上介于强行撕裂、外部闯入与主动学习、内部引进之间的状态，引发了中国现代性文化生成中的第一重冲突：一方面是与传统强烈而急切地决裂和变革渴望；另一方面则是民族主义对传统的守护。因此，中国在远未实现现代化之时就已经出现了抵制现代性文化的趋势，甚至还出现了全盘西化与盲目排外的极端的冲突。对于这一点，马尔库什将之称为人类学文化内部，普遍性与差异性两种价值之间的悖论冲突。作为一个社会共同体的表意体系，体现本民族意志的人类学的文化必然内含着普遍性的主张，也即统一性、世界大同、普遍现代化的同一化观点。与之相对，人类学文化对民族特性的强调则体现在差异性上，因此出现了与普遍性价值相冲突的种族和文化民族主义的不同基调。无疑，中国现代性文化的生成所存在的外来文化与本土文化的悖论正是两种价值冲突的体现。

最后，中国现代性文化中建构逻辑的内在悖论。这种悖论指的是中国现代性文化建构中对"科学技术"的追求与对"人文精神"坚守之间存在的冲突。"五四运动"使中国人摆脱的最大偏见就是古代传统是不可动摇、天经地义的。思想的启蒙和现代性文化的生成倡导一种积极的创新意识。人们不再固守传统而是开始按照科学的标准重新对事物做理性的评判。能够带给我们现代知识和技术以及理性精神和思维方式的科学为新的文化秩序的形成提供了一种肯定性的力量。因此，“科学”在此成为一种新的不证自明的权威得到了普遍的接受，并从此代表了中国现代性文化的新走向和新趋势。然而，按照马尔库什的理解，“五四运动”所确立的科学标准是用一种“唯科学”的文化涵盖所有其他理念的体现。它所确立的科学的至高无上将文化丰富的内涵和元素减为唯一的“科学”标准，消除了文化的悖论也抑制了现代性文化发展的活力。而这在此后中国近一个世纪的时期内都产生了极大的影响。

然而，随着科学技术的发展，科学一统天下为新文化代言的实践呈现出不可忽视的文化危机，那就是被科学所吞噬的文学、艺术的丰富性逐渐萎靡，人文精神和审美情趣严重缺位。长时间科学主义的盛行，认为科学技术可以解决一切问题的观点大行其道，从而忽视了对人文社会科学思想的研究，忽视了对人文精神和人文关怀的倡导。正如有学者指出的那样：“在当代中国文化的发展中，出现了这样一种奇观：一方面，官方的理论家总是不断地举行科学技术方面的会议，强调发展科学技术的重要性和普及科学知识的必要性；另一方面，民间的学者总是强调人文精神的失落及重新振兴它的必要性。”①

这种可以追溯到“五四”时期的科学技术与人文精神之间的悖论在当代中国的表现尤为明显。这一悖论正是马尔库什所论述的高雅文化中艺术与科学的悖论，简要地说，就是推崇“科学的救世主”的唯科学化和宣扬“艺术的宗教”的唯美化之间的冲突。然而，从马尔库什的观点出发，这种从根本上体现着悖论特征的历史事件却导向了一种消除悖论、消解张力的一元化的文化趋势，随之而来的负面影响则是不可忽视的。直到 1978 年，“关于真理问题的大讨论”打破了长期盛行的片面化、一元化的思维模式和精神枷锁，肯定了“个性”“多元”“差异”的意义与价值。应该说，从那时起，中国的现代性文化就在多样性的争鸣中不断发展，不断创新。这种文化张力的积极意义正是马尔库什所指的文化悖论所提供的检视自身的批判和补偿功能的体现。

---

① 俞吾金：《当代中国文化的内在冲突与出路》，《浙江大学学报：人文社会科学版》2007 年第 4 期。

三、马尔库什理论的意义与来自中国视角的反思

马尔库什的现代性文化批判理论是对现代性文化危机进行反思的结果。他对现代性文化悖论特征的阐释，对作为现代性动力机制的文化悖论的肯定是一种全新的理解。马尔库什的理论并不是要围绕着什么是现代性这个问题建构一个全面、庞大的理论体系。他对文化悖论的理解恰恰说明了他反对描述一种普遍的、唯一的现代性文化。他对同一的批判以及对多样性的强调说明，现代性文化应该是在各种力量的共同作用下以非确定的方式存在和发展的，借用阿多诺的术语，马尔库什给我们呈现的是现代性文化的“星丛”。正因如此，他的理论让“现代性文化”成为一个开放性的范畴，从这个意义上说，“现代性文化”是一个谜，是一个包含着无限可能性的存在。这样的解读让马尔库什的现代性文化理论充满了迷人的魅力。

应该说，马尔库什的现代性文化批判理论对于分析中国现代性文化现实是具有解释力的，为反思和更加客观地评价“五四运动”以来的中国现代性文化状况提供了一种理论视角。尤其值得一提的是，他对文化悖论张力的深刻理解也给中国认识和发展现代性文化提供了借鉴意义。中国的现代性文化不应该也绝不会走西方现代性文化的老路，因为它从本质上就是一种特殊的体现着多样性和异质性的多种现代性文化中的一种。然而，在与中国学者的文化理论的比较中，马尔库什的文化理论也显示出了两个方面的局限性。

一方面，与马尔库什从文化这一单一角度入手反思现代性不同，中国学者强调在人与现代性的关系、文化与其他领域之间的关系中理解现代性。这一点体现在中国学者对现代性文化的内在性特征的强调上。所谓内在性的文化也即广义的文化，是文化内在于社会运动和人的活动所有领域的无所不包和无所不在的特征，是文化最为根本的特性。与之相对的外在性的文化则主要指的是文学、艺术、宗教等独立的精神思想领域。按照这种划分，内在性的现代性文化是人类实践活动的类本质对象化的体现，“是人之历史地凝结成的稳定的生存方式和活动方式。这种具有内在性、精神性、机理性的文化……内在于总体性文明的各个层面和人的各种活动中，制约着文明的进步和人的发展”①。这种对现代性文化内在性特征的强

---

① 衣俊卿：《现代性的维度》，黑龙江大学出版社、中央编译出版社，2011，第22页。

调主要有两个重要的意义和指向。一方面，强调文化的内在性便主张将现代性文化关注的焦点回归到人自身。作为人的生活方式的文化成为一种人的本质规定性，因此对现代性文化的理解实质上就是对人的生存状态的理解。换句话说，对现代性文化的理解与对人自身的认识密不可分。另一方面，要在文化与政治、经济等社会领域的关系中理解现代性。文化作为活动机理、图式、机制、内驱力等要素内化于社会的政治、经济和日常生活等一切领域之中。因此，现代性文化的悖论特征不仅仅表现在文化、思想领域内部，甚至体现在与经济运行模式、社会制度间的冲突和矛盾之中。由此，与马尔库什的理论相比，中国学者的现代性文化理论不是一种脱离社会的抽象，而是立足于社会现实，力图在文化与社会其他领域的关系中理解现代性。

其二，中国学者对现代性文化的理解注重传统文化与现代性文化之间的关联与张力。如果说，马尔库什所理解的现代性文化代表着一种与历史决然断裂性的，坚决否定性的文化模式的话，那么中国的现代性文化则是一种更加注重在历史的连续性中实现自我更新和创造的文化模式。

在中国现代性文化的生成过程中，中国传统文化的影响力和延续性是非常明显的。儒家文化是中国传统文化的代表，它不仅仅是一种学说、理论、思想，而是已经溶化和浸透在中国人生活方式和心理模式之中，成为民族心理和民族文化的重要组成部分。即便“求真务实”，注重实际和创新的现代性文化逐渐成为主流，那些在中国人的历史记忆中打下烙印的传统文化标准仍然具有效力，仍然是衡量现代人文明文化程度的重要标尺。从这个意义上说，即便“五四运动”拉开了中国现代性文化的序幕，但是中国学者在一个世纪的研究中始终不忘从传统文化的角度来阐释和反思现代性文化。

面对现代化转型期的中国现代性文化现实，中国学者提出了“文化自觉”的口号。文化自觉指的是“生活在一定文化中的人对其文化有‘自知之明’，明白它的来历、形成过程、所具有的特色以及它的发展趋向”①。这种观点代表了很多中国现代性文化理论所持的立场。中国的现代性文化不能完全脱离中国传统文化的母体，中国的现代性文化不是与传统文化的

① 费孝通：《对文化的历史性和社会性的思考》，《思想战线》2004 年第 2 期。

决然断裂和对立；恰恰相反，传统文化中合理的因素为现代性文化提供了自省和矫正的力量。例如，在中国古代文化典籍中，文化是人在自己身上涂抹色彩，以示与自然相区别，文化是人的活动的结果，因此，文化就是人化（humanazition）。在中国传统的文化中，人是文化的实践者，文化是不能脱离人而存在的。因此，面对从清末开始到“五四”时期被明确下来的中国现代性文化走向了“见物不见人”“天人对立”的趋势，中国的现代性文化理论始终立足传统文化，强调人的中心地位，在传统与现代的张力之间寻找文化自省的角度和文化前进的动力。

简言之，在对现代性文化的理解方面，中国学者的观点成为反思马尔库什理论的一种视角。一方面，传统文化是现代性文化的重要来源，是现代性文化发展的建构性力量；另一方面，文化、政治、经济中任何一个单一的要素均不具有解释历史的优先性，现代性文化是弥散式的整体力量，它与人自身、与人们的日常生活、与社会的整体进步已经紧密结合在一起。因此，仅从文化一方面来寻找现代性危机的出路显然是不够的。

四、结语

的确，现代性是一个未竟的事业，现代性对于社会的进步、科技的发展、文化的交流等各个方面所做出的贡献是不容忽视的，是人类智慧与文明发展的最高阶段，是我们当下的生存景观。作为现代性的外在表现和内在的凝结，现代性文化是我们认识世界、反观自我、继续前行的内在力量。对中国现代性文化走向的思考必然是现代性研究的题中之义。在我看来，现代性文化有别于传统文化，它具有开放性。它向其他文化资源敞开，通过对话、交流重塑文化自我。现代性文化具体而丰富，它一方面表现出多元性和差异性，另一方面又体现出选择性和创造性。马尔库什对现代性文化采取了一种扬弃的态度，在悖论式存在的文化对话与交流中找到现代性发展的力量。这种立场和价值取向体现了马尔库什郑重、成熟的哲学眼光，也为我们理性地、辩证地、冷静地认识现代性文化、发展现代性事业提供了一种理论依据。当然，现代性文化理论给我们最大的启示意义则在于，要在两种现代性文化理论的张力中不断获得自我矫正的力量，为中国现代性文化的发展探寻一条中国特色之路。

马尔库什的语言范式理论及其文化现代性批判*

匡存玖

乔治·马尔库什是东欧马克思主义布达佩斯学派的主要成员，与赫勒、费赫尔、瓦伊达等学者同为卢卡奇的得意门生。长期致力于人道主义马克思主义研究，反对苏联官方“正统”的马克思主义。与布达佩斯学派其他学者相比，马尔库什显得更为激进，20世纪70年代就因政治原因而被迫移居海外。马尔库什在东西方马克思主义理论并融背景下，数十年关注文化现代性、哲学范式等方面研究，代表作有《马克思主义与人类学》（1965）、《对需要的专政》（1983）等，在匈牙利和国际学术界产生了重大影响。马尔库什具有强烈的分析哲学、逻辑学等学术背景，早年的博士论文就是关于维特根斯坦有关逻辑哲学问题的研究。20世纪70年代移居国外后，又先后跟随美国著名分析哲学家塞勒斯、逻辑学家奎因等人从事博士后研究，关注分析哲学和语言热点问题，后来也出版过一些语言哲学方面的理论著作。目前，国内学者更多关注马尔库什的文化现代性与多样性、人的本质、生产范式等方面的研究，很少对马尔库什的语言哲学思想做出集中梳理和论述。本文重点关注马尔库什的语言哲学思想，特别是他的哲学范式研究，考察马尔库什对待人文学科范式的态度和方法，关注其社会与文化研究视野，以及语言范式的一些理论困境及其缺陷，有意弥补国内在马尔库什语言哲学思想研究上的一些不足。

---

* 本文刊于《中外文化与文论》2016年第2期。

一、基于共识和类比基础上的语言范式关联

马尔库什用“范式”概念集中归纳20世纪哲学思潮总体研究策略。这比纯粹用“哲学思潮”“哲学转向”笼统概括20世纪哲学思潮显得更为深入具体和有针对性。在他看来，一些看似差异明显、关联度并不大的哲学思潮，很有可能存在一些不容忽视的共同点，比如在理论、意识形态上，总会有意无意深藏一些共识性观念，即在范式上互相关联。他把20世纪以波普尔为代表的实证主义，以维特根斯坦为代表的语言哲学，以列维-斯特劳斯为代表的结构人类学，以伽达默尔为代表的解释学，集中解释为一种整体上的“语言范式”研究。也就是说，这四种哲学理论在对人与人、人与世界关系问题探讨上，存在一个共同的研究核心或范围，即语言。他们都致力于从语言中发现和建构一种关于人类社会客观性及其社会关系的理论。他们对语言的分析研究，都采取了一种比较或类比的方式。像维特根斯坦的语言哲学及其后来的奥斯汀和塞尔的言语行为理论，其哲学理论主要建立在对语言和言语的逻辑比较、语言分析基础之上。以列维-斯特劳斯为代表的结构人类学，其理论也主要建立在对语言的系统性、差异性类比或比较研究基础之上。以往学者虽对维特根斯坦语言哲学、列维-斯特劳斯结构人类学中的语言元素关注颇多，但对以波普尔为代表的实证主义哲学，以伽达默尔为代表的解释学理论中的语言元素关注度不够。因此，马尔库什提出“范式”概念，强调从20世纪哲学思潮中发现一些关联性模式及其研究异同，对于重新发现和认识当代哲学研究趋势走向，具有积极的理论指导意义和价值。

马尔库什首先把以波普尔为代表的实证主义纳入语言范式批判，并将波普尔思想体系概括为，“以语言方式阐释的知识在自然科学的假说——演绎系统中达到了最高形式，而这种知识可以被视为一切社会客观性的范式和模型”①。虽然波普尔一再强调自己不是实证主义者，但马尔库什仍坚持将其纳入实证主义阵营，并认为波普尔哲学理论体现了一种认识论上的现实主义，以及对待知识问题上的历史研究方法。在马尔库什看来，波普

① 乔治·马尔库什：《语言与生产——范式批判》，李大强等译，黑龙江大学出版社，2011，第8页。

尔对语言范式的研究，集中体现在他对知识问题的讨论上。一方面，波普尔重视知识的客观性，他把知识视为语言表达所期望和预设的逻辑内容，必须通过语言获得一种客观化的形体，诸如哲学观念、科学理论；另一方面，他把语言视为知识和人类进步的基础，充分看到了语言在建构客观知识、推动人类社会进步发展中的功能作用。可以发现，波普尔语言功能观念也体现了“语言范式”思想。在波普尔那里，语言具有四种基本功能，即语言的表征功能、释放信号功能、描述功能和论证功能。前两种功能是较低级的功能，为人和动物共有；后两种功能为高级功能，为人类所特有。在马尔库什看来，波普尔的四种语言功能呈现出一种语言水平运用上的进化和演进，类似于达尔文式的柏拉图主义。比如表征功能作为表达某种主观状态的功能，信号功能作为沟通这些状态的功能，本质上是人与动物最基本的生物性功能，只有在进化到描述、论证功能后，才真正适用于人类语言。在波普尔那里，语言既使人类体现一种生物学性质，也使人类以单独个体方式呈现，只有完全具备这四种语言功能，人类才真正具有完全的自我意识。

以后期维特根斯坦为代表的语言哲学，无疑是典型的语言范式研究。马尔库什对维特根斯坦语言意义观、“语言游戏说”做了细致考察，把语言规则、语境、行为模式纳入维特根斯坦语言范式讨论。在维特根斯坦那里，“语言游戏”是由语言规则、语境和行为模式构成的统一整体。维特根斯坦分析的核心，主要在于语言功能的差异和语言使用的模型。具体而言，语法规则决定了一种语言中词的意义。反过来说，词或句子作为一种语言的组成部分，必须从属于该语言的语言规则，词或句子才能真正发挥其作用和功能。马尔库什也注意到了维特根斯坦“意义即使用”思想中的规则观念，在他看来，“意义即使用”中其实预设了规则的概念，因为“每一种规定都可以被理解为描写，每一种描写都可能被理解为规定”①。对此，马尔库什认为，要对维特根斯坦的“语言游戏说”做出规则范式上的批判，几乎是不可能的。因为对语言游戏进行批判，只不过意味着再次参与另一种替代性的语言游戏而已。同时，范式批判也与语言游戏语境密

① 乔治·马尔库什：《语言与生产——范式批判》，李大强等译，黑龙江大学出版社，2011，第8页。

切关联。马尔库什基于马克思理论立场，对维特根斯坦语言规则、语境、行为模式做了更深层次的研究。可以发现，后期维特根斯坦关注的规则、语境和行为模式研究，在奥斯汀和塞尔的言语行为理论中得到继承和发展。言语行为理论关注规则、制度、惯例、原理、模型、语境等特征，明显继承了维特根斯坦“语言范式”理论，其“意义即用法”和“语言游戏说”等思想，甚至被视为言语行为理论的渊源和开山纲领之一。

马尔库什指出，列维－斯特劳斯的结构主义“语言范式”，借鉴了现代语言学创始人索绪尔的语言学观念，弥补了维特根斯坦语言哲学没有指明语言范式普遍性的缺陷，同时也为列维－斯特劳斯的结构主义人类学研究提供了一个良好的理论出发点。可以发现，索绪尔的“能指”与“所指”、“语言”与“言语”、“共时性”与“历时性”等概念，经常以一种二元对立的方式成双成对出现，体现了强烈的系统和差异性观念。列维－斯特劳斯把这些结构主义语言学概念推广到整个社会生活领域，创立了结构主义人类学，并在理论的持续建构中，使这些语言学概念发生相应变化，有的甚至是一些本质性变化。像列维－斯特劳斯那样把共时性和历时性的概念扩展到整个社会生活领域，“不可避免呈现出一种普遍性的历史理论的属性”①。在列维－斯特劳斯那里，每种文化与历史的自我生产与再生产，都由一系列相同形式的元素所推动，它们建构为一种语言学的系统，呈现出一种由变量均衡构成的新配置、新模式。这与乔姆斯基转换生成语法把表层结构视为深层结构基础上的参数设置，具有类似之处。由此，马尔库什认为，列维－斯特劳斯的结构主义语言范式具有一种普遍意义。这也是列维－斯特劳斯结构主义人类学超越维特根斯坦语言哲学的重要方面。

马尔库什把伽达默尔的解释学理论引入对比，并认为解释学与语言范式的关联更为明显。一方面，伽达默尔把语言视为诠释关系的普遍形式，彰显了解释学语言范式研究的普遍意义，这点与列维－斯特劳斯的结构主义人类学一样，明显超越以往哲学；另一方面，伽达默尔把语言纳入对话研究，语言被视为对话理解中说话者与言说对象的统一体。也就是说，只

---

① 乔治·马尔库什：《语言与生产——范式批判》，李大强等译，黑龙江大学出版社，2011，第27页。

有在对话与理解中，语言才获得真正的存在。伽达默尔解释学旨趣主要放在历史性环节，更多关注如何把零散孤立的生活形式，整合统一到具有语言性、历史性的连续统中，实现语言的自我建构与对生活的发展。后来姚斯的接受美学更多受了伽达默尔的影响，关注文学史与历史研究，体现出宏大的理论和语言范式研究观念。伽达默尔把语言历史等同于共同的结构基础，把对话视为一种包含有限性和历史性，永远未完成的本质运动。每一种语言使用都带有特定的历史性印记，这种历史性在语言的不断丰富中保留其原有的表达意义。如果忽略这种历史性，就相当于损失意义表达的丰富性、真实性和生动性。马尔库什也关注伽达默尔的“视点”理论，在伽达默尔那里，背景不是一种固定的非连续性语言框架，而是一个历史连续体中持续变化的视点。可以发现，姚斯的“期待视域”观念，直接受伽达默尔视点理论的影响。在马尔库什看来，伽达默尔的语言范式研究，对历史性的诠释和语言模型进行普遍化，与他的“语言事件”等概念关联起来，对后世产生了广泛影响。

上文通观马尔库什的“语言范式”研究，抽取20世纪哲学思潮中最具代表性的几大流派，包括实证主义、分析哲学、结构主义、解释学理论，同时抽取这些流派中最具代表性的人物，像波普尔、维特根斯坦、列维-斯特劳斯、伽达默尔等，对20世纪哲学思潮做了一番总体性的梳理。20世纪整个哲学领域，发生了一次类似于哥白尼革命的“语言学转向”，几乎涉及整个英美科学主义、欧陆人文主义两大阵营，影响到了后来逻辑实证主义、日常语言学派、现象学、存在主义、阐释学、结构主义、解构主义等多个流派。特别是英美分析哲学，包括逻辑实证主义、日常语言学派、逻辑实用主义等学派，把语言哲学置于哲学研究的中心，哲学的任务成了对语言的思考。整个20世纪，语言被视为哲学研究的关键性题材，成为哲学研究无法回避的问题。对此，马尔库什指出，正是这种背景和状况使得语言成为哲学自我理解的方法论。在他看来，早期的一些哲学思潮，也在不知不觉的演进过程中与语言问题明显关联起来，像存在主义、海德格尔的《存在与时间》、伽达默尔的哲学解释。的确，在解释学理论中，语言问题也被视为解释学的源起和归宿，并与解释学的理论发展伴随始终。马尔库什把现象学、阐释学理论纳入“语言范式”研究，无疑对当代哲学研究具有更高层面的指导意义，超越了一般“语言学转向”的理论论述。

二、基于马克思理论及其文化现代性的范式批判

作为一名东欧马克思主义学者，马尔库什对当代语言哲学及其“语言范式”的研究，并不是就语言而论语言，而是基于马克思理论立场，融入了大量关于实践、历史、文化、生活、社会等马克思理论批判元素，体现了一种独特的理论分析视角和批判眼光。傅其林先生指出，布达佩斯学派“把对历史与时间的思考融入其具体的文化、政治、经济、社会理论之中”①。马尔库什长期关注文化现代性、哲学范式、人类实践交往等问题研究，他“对现代性的探讨主要致力于文化层面的研究”②。而他本人也认为，近 30 年来，其个人兴趣基本转向了文化问题。他与赫勒等学者一道，共同致力于文化现代性问题研究，其学术生涯也因此可以概括为文化与启蒙两大主题。从整个学术研究背景看，关注社会与文化的研究，不仅是马尔库什个人所追求的学术目标，也是20 世纪六七十年代以来当代哲学研究的一道亮丽风景线。在后现代和全球化背景下，无论是结构主义、解构主义、后殖民主义、女权主义，还是西方马克思主义、东欧马克思主义，不约而同都把学术旨趣指向社会与文化研究。所不同的是，马尔库什所采用的研究策略和理论立场是马克思或后马克思主义，他把对当代哲学思潮中语言范式的研究，提升到社会与文化层面来审视，坚持用马克思主义的实践、历史、社会、生活等理论视角分析问题，用语言范式解读这些哲学思潮当中的社会对象化结构及其人类交往关系问题，从而发现了一些以往语言哲学研究尚未发现的问题。

马尔库什认为，波普尔现实主义认识论及其对知识的历史研究方法，体现出描写人类历史特征及社会对象化的理论范式。波普尔把语言范式的关注点主要放在对“客观知识”作历史意义的分析上，他把社会与历史阐释为一种逻辑理论与非理性实践间的作用，看到了其中的动态因素。波普尔借鉴吸收了马克思理论的研究元素，其“所谓的‘社会的或历史的境况’，只是马克思主义所谓的‘社会历史条件’的具体化、境况化”③，其

---

① 傅其林：《布达佩斯学派对历史哲学范式的批判》，《求是学刊》，2010 年第 5 期。
② 杜红艳：《布达佩斯学派文化理论研究》，博士学位论文，黑龙江大学，2012，第 126 页。
③ 闻凤兰：《波普尔社会科学方法论研究》，博士学位论文，吉林大学，2007，第 7 页。

分析法也明显来源于马克思主义。基于马克思理论立场，马尔库什反过来又注意到了波普尔知识范式理论中的实践、历史、现实等元素。马尔库什对波普尔的知识范式进行了批判，在他看来，正因为波普尔只关注社会历史科学研究，所以他的知识理论就存在一个明显的不足或缺陷，即对真正社会问题缺乏关注和研究。像一些传统自由主义想要达成的理想目标，如马克思关于如何最大限度让大多数人获得幸福的目标，作为一种真正的社会问题，在波普尔那里就缺乏明显的讨论研究。从某种意义上说，波普尔的知识理论更像是一种纯粹的语言理论范式。正因为如此，马尔库什甚至毫不客气地认为，波普尔的知识理论体系是一种“天真的历史唯心主义”。

马尔库什从维特根斯坦语言范式中发现了大量关于实践、社会、生活事实方面的马克思理论批判元素。在他看来，维特根斯坦“语言游戏”既是人类社会生活的原初数据或“原初现象”，也是一种生活形式和“一种整体文化”，是实践性的社会现实。从语言使用实践功能看，这种社会现实构成了一个统一体中的一种研究形式或片段。从特定角度看，学习语言游戏意味着一种实践。正是通过实践参与一种“语言游戏”，才能在给定规则的文化系统中获取一种对行动、思想进行评判的能力。马尔库什关注到了维特根斯坦语言游戏规则中的实践、生活讨论元素，在他看来，维特根斯坦的语言规则作为一种生活事实，需要纳入实践才能得到正确理解和表达。也就是他强调的，对规则的遵守必须作为一种公开的行为或实践，即将其作为习俗和制度来看待。与之对应，生活事实也常被解读为一种制度性规定。在马尔库什看来，维特根斯坦的语言规则蕴含一些公共行为准则，因为语言是一种实践参与的活动。维特根斯坦试图说明语言游戏规则有其适用标准。在马尔库什看来，维特根斯坦的这种理解表明，人类对语言规则的理解把握只是被动参与其中。如果只把人类实践关系诠释为一种语言互动，把实践诠释为一种直接参与，就会在无形之中为理论和实践设置了一道无法逾越的障碍，造成两者对立。

马尔库什对列维－斯特劳斯结构主义人类学的批判，也体现了不少社会、历史、文化、实践等马克思理论批判元素。在他看来，列维－斯特劳斯从一开始就把语言视为一种社会互相作用与具有社会客观性的普遍理论范式，具有社会历史和文化方面的特征。列维－斯特劳斯继承了索绪尔现代语言学、雅柯布逊的功能与形式主义语言学观点，把语言视为一种隐藏在语言使用过程中的具体行为，或结构统一的、同质的关系系统。在列维－斯特劳斯结构人类学那里，一种语言或非语言结构的意义，既要取决于当时的社会、历史与文化语境，同时也取决于它所处的系统结构或关系系统。这与维特根斯坦意义取决于使用，包括规则、语境、背景等方面，具有类似之处。列维－斯特劳斯的结构人类学虽然引入社会、系统、文化语境等观念，但最终却使其否定了对社会总体采取实践、批判态度的可能性。事实上，只是通过语言结构关系的类比来理解和说明不同社会的现实序列，必然会陷入理论困境。可以发现，语言和社会、历史之间有很大的区别，虽然这些理论都在范式中预设了语言的复杂性和多面性，但社会关系毕竟无法仅仅通过语言范式的讨论得到全面地反映或阐释。但维特根斯坦和列维－斯特劳斯毕竟开启了这方面的尝试研究，在马尔库什看来，“尽管这两位学者的诠释的出发点有如此巨大的分歧，但他们把语言的使用当作一种普遍性的范式却使他们的结论令人震惊地相似”①。他们的语言范式研究仍然具有十分积极的意义和价值。

马尔库什当然也注意到了伽达默尔解释学理论中的实践、历史、社会、普遍性等方面的马克思理论批判元素。伽达默尔“通过对近代以来审美意识和历史意识的异化的批判，对艺术作品的游戏的存在方式和理解的‘效果历史意识’的建构，使解释学在语言论的普遍维度中提升为一种哲学”②。在马尔库什看来，伽达默尔也和列维－斯特劳斯一样，非常清楚语言作为一种社会相互作用与具有社会客观性的普遍范式意义。在伽达默尔那里，语言是对话持续的“发生”，是构成此在与历史传统在个人间理解和代际间传播的一种形式。任何人类生活的共同体都是一种语言形式的共同体，也就是说，全部形式的人类生活共同体建构了语言。这对后来费什提出“阐释共同体”的概念产生了明显影响。伽达默尔把“对话”界定为一种“我－你”之间的实践关系，只有通过一种指向对话主题的有意识的交互反思，才能建立这种对话的实践关系。在伽达默尔那里，作为对话的语言是“理论性的”，是理论与实践的直接统一。

① 乔治·马尔库什：《语言与生产——范式批判》，李大强等译，黑龙江大学出版社，2011，第25页。

② 魏强：《历史与构境：从解释学走向出场学之路》，博士学位论文，苏州大学，2014，第1页。

马尔库什对波普尔、维特根斯坦、列维－斯特劳斯、伽达默尔等大家的批判，采取了马克思理论批判立场。在马尔库什看来，虽然这些理论差异明显，但它们有共同的出发点和理论目标，即通过语言范式建立一种关于人类社会的客观性理论。它们都把语言视为人类存在的真实基础，并通过语言模式类比来理解和建构人与世界、人与人之间的关系，对其做出人类社会、历史等方面的解读，并从中寻找一种社会交往与社会客观性的普遍范式。只不过，在马尔库什看来，波普尔属于实证主义阵营或范畴，其他三种理论属于解释学范围。三者之中，维特根斯坦的历史相对主义强调差异性研究，列维－斯特劳斯强调结构的总体性研究，但都最终又走向文化的比较研究。两者都在同一抽象图式或模型上理解理论与实践、社会与个体的关系，只是他们采用了相反的价值符号而已。而在伽达默尔那里，他把社会存在视为一种历史性的不间断流动，既不同于维特根斯坦的差异性研究，也不同于列维－斯特劳斯的总体性研究。但是，总体而言，三者都把对个体间的社会关系的理解诉诸相同的语言范式研究，显然具有内在的相似性。

三、语言范式的理论研究困境及其解决出路

马尔库什认为，语言范式当中还存在一些系统性、根本性的理论困境或缺陷有待解决。在他看来，语言范式无法真正揭示社会历史变革的因果机制。因为在语言范式的框架之内，有关社会历史变化的因果机制很难得到全面表述。事实也是如此。语言范式想要把全部人类行为都纳入语言实践的框架范围内来研究，把每种社会关系都阐释为一种语言形式，虽然雄心可嘉，但势必造成这样或那样的困难或难题。可以发现，语言变化与历史发展根本无法对应，社会变化结果也与语言的使用变化结果大相径庭。所以，虽然语言变化会对社会历史变化产生一定影响，但归根结底，社会历史变化才是导致语言的变化的决定性因素，而不是反过来，语言成为推动社会历史变革的主要因素。所以权衡轻重，语言范式并不太适合用来作为一种解释社会变革的普遍范式。对此，赫勒也认为，“语言范式不能够适当地描述当代文化世界”①。我们看到，20 世纪“语言论”转向中的一些哲学流派，都把所有哲学问题归结为语言的问题，事实上也就存在了一

① 阿格尼丝·赫勒：《现代性理论》，李瑞华译，商务印书馆，2005，第 208 页。

些理论上的困难或缺陷。比如，分析哲学特别是后来的日常语言学派，像维特根斯坦、奥斯汀、塞尔的言语行为理论，都把经验分析视为一种根本研究方法，主张从日常生活经验出发，对研究对象做细致入微的分析比较。按照马尔库什的观点，语言范式建构在语言类比及差异性研究基础之上，从表面上看，这种理论方法看似可靠，但也有可疑之处，比如很多社会历史问题的结论无法从纯粹的语言类比中得出。

这些语言范式首先在语言发展认识上存在一些理论悖论或困惑。比如，它们把知识或语言视为一种历史社会进化方面的普遍范式，像波普尔就把语言与生物机体、功能进化等对应，提出了“达尔文式”的语言进化论。20 世纪以来，生物进化论在实证主义、分析哲学思潮中影响很大，像后来塞尔在其言语行为理论中，也把意向性和集体意向性看作具有自然生物生长的性质，像言语行为表征世界的对象和事件的能力，就是“将有机体与世界关联起来的那些在生物学上更加基础的能力的扩充”①。但是，语言显然不适合做这样的类比。因为如果按这种观点做进一步的推论，那么语言在历史社会发展过程中就将不断进化，当然也就存在着高低优劣之分。事实上，这种观点很难让人信服，因为我们很难判断英语和汉语在发展进程中孰优孰劣，哪种属于高级语言，哪种又属于低级语言。事实上，世界的每种语言都可以用特定方式来表现同样一个思想，凡是人类在生活世界看到或想到的事物，都有办法通过语言表达出来，既然每种语言都能完全表达它所要表达的东西，那么也就不存在优劣高低之分。而且，“语言进化论”也给了“种族优劣论”许多可乘之机。后来有人就把语言的优劣刻意对应于种族的优劣，以此区分优等民族和劣等民族。对此，马尔库什明确地指出，语言不存在任何优劣高低之分，世界上任何一种语言都是“平等”或“完美”的。语言发展也并不像历史和社会那样，表现为一种进步或发展，而只是一种纯粹的改变，甚至是非常单纯的改变。而且，语言也根本不存在任何普遍的评判标准，因为我们无法对处于发展序列中的语言、历史状态进行排序。在社会和历史发展过程中，语言也不存在任何经验或知识的积累，它只是处于不断的修正和变化过程之中。简言之，语言构成了一个由历史修正却不表现任何积累性的客观系统。

---

① 约翰·塞尔：《意向性：论心灵哲学》，刘叶涛译，上海人民出版社，2007，第 1 页。

同时，语言规则及日常话语中的隐现也给语言范式研究造成一些研究困境。在马尔库什看来，对日常话语的普通使用者而言，说话者可能利用语言清晰表达自己的思想，对普通说话者来说，语言是一种清晰或透明的存在。但同时，人们通常又意识不到他所了解的语言中支配语句阐释的规则。而且，也没有任何理由假定这些规则可能呈现在意识之中。也就是说，在马尔库什那里，这种清晰性往往使说者很少感受到语言规则的存在。必须指出的是，不能因为日常对话中感受不到语言规则的存在，就否认语言规则的存在。事实上，无论是波普尔、维特根斯斯坦，还是列维-斯特劳斯、伽达默尔等，甚至马尔库什本人，都把规则作为语言研究的重要基础，谁也无法否认语言规则的事实。在他看来，学习一种语言，就是获取一种创造性和应用语言规则的能力。这与塞尔把言语行为视为在“X在背景C中算作Y”的规则下运行的一种规则行为和制度性事实，具有相通之处。[①] 应该说，马尔库什看到了语言范式规则应用上的困境所在：语言规则无法在日常话语的使用过程中被明白地言说出来，从而也无法对语言规则做出有意识的批判。于是存在这样一种状况：语言规则的变化及其新规则的出现，只是在给定的语言学规则应用中自发产生或出现，而无法成为一种有计划、有意识的活动结果。也就是说，想要以人为的方式改变语言规则和人们运用语言的习惯，是很难做到的。但马尔库什仍然预设了对语言规则实施某种批判反思的可能性，包括鉴别正确和错误使用语言的能力，以及有意识地解释规则的能力。

语言范式还存在一种理论发展上的研究困境，即语言系统与使用语言的个人之间的矛盾关系。一方面，语言作为一种系统，它存在于具体说话者的言语行为之中。在马尔库什看来，理想状态下，这种能力同等呈现于语言共同体的每位成员身上。也就是说，语言系统以个人能力方式存现，如果没有这些言语行为，语言系统就没有依托，也就不复存在；同样，如果没有语言系统，言语行为也就不成其为言语行为。但另一方面，语言系统又必须被理解为一种作为交流体系的社会关系。这也有点类似于塞尔集体意向性与个体意向性的矛盾关系论述。在塞尔那里，个体意向性源于集体意向性，但集体意向性又不能还原为个体意向性；个体意向性间存在同

---

① 约翰·塞尔：《社会实在的建构》，李步楼译，上海人民出版社，2008，第108页。

一性关系。在马尔库什这里，说话者与听话者都具有这种交流能力，也就是说，说话者和听话者都可以把语言系统内化于个人能力之中。正是由于说话者与听话者语言系统能力的同一性，双方的沟通交流才成为一种可能。马尔库什认为每个人都具有这种语言系统的个人能力。他们共同参与到语言之中，其个人之间的相互关系构成了社会关系的总体，进一步“表现为诸多这种总体构成的一个有限的但在理论上不可还原的系列”①。

面对语言范式的种种研究困境和难题，马尔库什还提出了另外一种理论范式，即生产范式，并用生产范式来批判和处理语言范式中的矛盾和问题。这种生产范式建立在马克思生产理论基础之上，体现了马克思的独特理论观察视角。通过对语言范式理论困境及其问题的批判，马尔库什事实上已表明对生产范式的肯定和支持。在他看来，马克思生产范式体现了历史唯物主义在解释社会历史变革中的强大解释力，正如他自己所说，读者可以清楚地看到他对生产范式理论的支持。虽然马尔库什提出了生产范式，但他并不想用生产范式来替代语言范式。在他看来，生产范式和语言范式同为当代哲学思潮的两种主导解释模式，是当代哲学观察世界的两大重要理论视角。也就是说，两者的对立，并不是逻辑上的对立，而是视角上的对立。正如赫勒“视角主义”所指出的那样，视角不同，所得出的结论也不相同。马尔库什的这两种范式，就是这两种观察视角的具体体现。在他看来，两种理论范式既对立又互补，共同存在于现实世界之中。一方面，由于对历史、对未来的设想不同，观察世界的角度就不同，这就导致了两种理论范式的对立；另一方面，两种理论范式都以解决当前文化困境问题作为其发展目标，明显具有共同点。所以，我们不能将生产范式和语言范式的对立，简单视为唯物主义和唯心主义的对立。两者并不是谁好谁坏、谁优谁劣的问题，它们的存在都有其合理性。马尔库什认为两种范式都有普遍性的诉求，因而无法用同一模式、同一标准和统一的认知体系划定其意义与使用的范围。在马尔库什看来，它们都是表现人类生存状态的重要范式，都是现代性文化景观反思的结果，是文化多样性的重要体现。

---

① 乔治·马尔库什:《语言与生产——范式批判》，李大强等译，黑龙江大学出版社，2011，第47页。

在他看来，“承认理论和实践观点的多元化是我们文化的不可消除的属性”①。

综上所述，马尔库什从20世纪众多哲学思潮中找出它们的理论共识及其范式关联，并基于马克思理论及其文化现代性立场，对当代哲学语言范式理论进行了深入批判，融入了实践、文化、历史、生活等大量马克思理论批判元素，体现了马克思理论研究的独特视角和风格。马尔库什对语言范式困境的悖论式批判，并不是想用马克思的生产范式替代语言范式，而是想说明语言范式和生产范式都是当代哲学思潮理论不可或缺的理论视角和研究策略，体现了他对后马克思主义、文化多元观的肯定。傅其林先生也指出，“马尔库什通过对马克思著作的重新阐释建构了具有多元主义特征的批判理论”②。在语言范式批判上，马尔库什也和赫勒一样，逐渐从20世纪70年代布达佩斯学派关注乌托邦式的宏大叙事研究，转向关注后现代文化的现代性与多样性研究，并对后现代哲学问题做出肯定性、合法性的阐释，体现出强烈的后马克思主义理论范式及其意识特征。马尔库什于20世纪80年代所开启的语言范式及其生产范式理论研究，既看到了理论范式共识关联的一面，体现了宏大叙事的研究特征，也注意到生产范式和语言范式两者共存的合理性，看到了文化多样性、现代性的一面。事实上，20世纪80年代马尔库什对语言范式、生产范式的批判，也正好反映了他对哲学研究的文化转向历程，此后他逐渐转向了文化的现代性与多样性研究。

---

① 乔治·马尔库什：《语言与生产——范式批判》，李大强等译，黑龙江大学出版社，2011，第4页。

② 傅其林：《布达佩斯学派的后马克思之路》，载曹顺庆主编《中外文化与文论》，四川大学出版社，2009年。

市民社会真的没有文化记忆吗？*

——兼评赫勒的市民社会理论

颜　岩

市民社会是近年学界讨论的热门话题之一。本文拟就匈牙利哲学家赫勒的市民社会理论谈几点看法。在论文《尝试回答问题：市民社会有文化记忆吗?》中，赫勒提出了一个著名的论断，即市民社会没有（也不需要）文化记忆。该论断的提出既与她幼年的大屠杀经历以及后来在匈牙利所遭受的政治迫害有关，也与她自身对文化记忆和市民社会的理解有关，这主要表现在：一方面赋予文化记忆某种负性的悲悯气息，另一方面将市民社会纯化为一个相对自治的民主领地。正是这种冰火不容、一正一负的形而上学划界，使得市民社会与文化记忆势不两立、彻底绝缘。其实，市民社会不仅包含自由和民主的价值向度，同时也是一个充满异化、竞争和压迫关系的领域；文化记忆也不单纯是悲苦的回忆，更是作为一种乌托邦式的历史碎片留存在人们的记忆深处。无论是对市民社会和文化记忆的理解，还是对两者关系的论断，赫勒都是片面的。

一、作为悲悯意识形态的文化记忆

文化记忆作为一个总体性的范畴，常常与集体记忆相联，因此欲探讨文化记忆概念所包含的真实意蕴，首先要弄清楚什么是集体记忆。众所周知，法国学者莫里斯·哈布瓦赫（Maurice Halbwachs）是最早提出并探讨集体记忆的人，他首次赋予该概念某种社会学的内涵，即强调集体记忆不是一个既定的概念，而是一个社会建构的概念，在他看来，“尽管集体记

---

* 本文刊于《哲学动态》2011年第10期。

忆是在一个由人们构成的聚合体中续存着，并且从其基础中汲取力量，但也只是作为群体成员的个体才进行记忆”①。由此可见，哈布瓦赫更偏重于阐明个体记忆如何在集体互动中被塑造出来这一问题，在他看来，所谓集体记忆归根结底是诸多个体记忆的总和。哈布瓦赫之所以提出集体记忆的概念，其主要目的是为了克服涂尔干（Emile Durkheim）思想中面临的一个困境，即如果说社会的创造总是在欢腾的节庆时期，那么，日常平日生活中的人们又如何创造呢？哈布瓦赫认为，集体记忆可以很好解释历史的连续性，正是这种记忆使单调乏味的日常生活变得鲜活起来。必须指出，哈布瓦赫虽然提出了集体记忆这一概念，却没有将集体视为集体记忆的主体，只是到了后来，康纳顿（Paul Connerton）在《社会如何记忆》中才正式确立了这一点。康纳顿指出，一个群体通过各种仪式塑造的共同记忆，不仅是每一个群体成员的私人记忆相加的产物，更是属于这个群体自身的。赫勒在探讨文化记忆时，部分借鉴了上述学者的观点，但同时又加入不少自己的理解，对于文化记忆，她是这样描述的：“当谈及文化记忆时，我并不打算追溯贮存在某种等待唤醒的集体意识中的过去，也不主张某种沉浸在遗忘废墟中从根本上看只能有计划赎回的集体无意识。在一定程度上，文化记忆体现在客观化事物中，以一种集中的方式贮存意义，这些意义同时被共享。它们可以是文本（如神圣的文本）、编年史或诗歌，也可以是遗迹（如建筑物或雕像）或任何一种作为提醒物而建立的重要符号或记录。另外，文化记忆还体现在规律性重复和可重复实践中：节日、仪式和典礼。最后，与个人记忆类似，文化记忆总是与重大的或独特的事件有规律重复发生的场所相联。”② 由此可见，赫勒将文化记忆理解为一种特殊的集体意识，它拥有自己特定的载体，这个载体可以是实物，也可以是人们的某种活动。最重要的是，文化记忆是联通过去和现在的一座桥梁。另外，赫勒还认为文化记忆一定与特定的身份认同紧密相关，文化记忆最重要的功能就是建构并维系人们的身份，只要某个人群能够维系并谋求共同的文化记忆，这个群体就将永远存在下去，而一旦其丧失了文化记忆，该

---

① 莫里斯·哈布瓦赫：《论集体记忆》，毕然、郭金华译，上海人民出版社，2002，第39－40页。

② Agnes Heller, “A Tentative Answer to the Question: Has Civil Society Cultural Memory?,” *Social Research* 4, no. 68 (2001): 1031－1040.

人群存在的基础也就不存在了。同理，无论是个体还是群体，如果改变了自己的身份，文化记忆也将随之改变。

下面我们就从市民社会和文化记忆的关系角度出发做进一步的探讨。首先，赫勒从历史的角度回顾了文化记忆的发展历程。最初（18 世纪末），政治实体（最重要的是国家）是文化记忆的主要载体，这时文化记忆代替宗教发挥着意识形态的功能，而教师、诗人、画家等知识分子也都直接参与到文化记忆的生产过程中来。后来，随着社会领域与政治领域相分离，市民社会从国家中分离出来并获得了相对自治，相应地，文化记忆也必然面临如下选择：要么被市民社会排除在外，与市民社会彻底分离；要么被某种特殊利益整合，沦落为一种意识形态。作为激进的理论家，赫勒当然不愿看到文化记忆堕落为一种意识形态，因此她必然会选择第一条道路，这也是她为什么要反复强调“市民社会没有文化记忆”的真正原因。关于这一点，她说得很清楚：“我不想讨论拥有一种文化记忆是好事还是坏事，我在这里只想提出一种温和的建议，即证明在现代（自其发端处），市民社会本身便没有文化记忆”①。显然，赫勒这一论断本身暗含了这样一个潜台词，即文化记忆一旦进入市民社会领域，一定会成为一种意识形态。

为什么赫勒要赋予文化记忆这样一种负性评价呢？这首先与她早年关于大屠杀的记忆有关。作为犹太人，赫勒从小便受到歧视，第二次世界大战爆发后，她的父亲被送往奥斯威辛集中营，随后在那里被处死。父亲的死对赫勒触动很大，她不得不开始反思下面一系列问题：这一切是怎样发生的？人们何以能够如此行事？人们能够期待某种救赎吗？善与恶的本质是什么？人们在罪恶面前能够做些什么？与其他大屠杀的幸存者一样，赫勒最终无法逃脱这样一种伦理困境：人性已然丧失，“好人”何以可能？但父亲的从容就义②让她坚信“好人”的存在，也使她坚强地活了下来。尽管如此，赫勒还是选择了遗忘，她相信，任何关于这段记忆的书写都将是一种谬举，因为大屠杀的现实大大超出了人们的想象力，你越是忠于现

① Agnes Heller, “A Tentative Answer to the Question: Has Civil Society Cultural Memory?,” *Social Research* 4, no. 68 (2001): 1031 – 1040.

② 在被处死前，赫勒的父亲曾有过一个活命的机会，前提是放弃自己的信仰，转信基督教，但这被他一口回绝了。这不禁让人们联想到苏格拉底，这位年已七旬的哲人遣退妻儿，在众弟子面前饮下毒鸩，从容就死。赫勒认为父亲勇敢、坚毅面对死亡的精神是一种道德善举的典范，正因如此，她坚信“好人”的存在，并将道德哲学置于整个学术思想体系的中心。

实去描述它，就越显得虚假，真实和虚假在这里真的实现了“内爆”（鲍德里亚语）。赫勒深知，照事情发生的原状写东西意味着自己要被记忆奴役，因此不如不去言说，不去写作。正是在这个意义上，我们说阿多诺关于“奥斯威辛之后不再有诗”的论断是正确的。我们不得不承认，在经历了20世纪那场巨大的浩劫之后，没有人能随随便便谈论关于大屠杀的记忆，对于犹太人来说更是如此。赫勒在匈牙利所经受的打压和迫害也直接影响了她的学术立场。翻开赫勒的人生简历，我们发现她曾两度被开除出党，两度被政府解除教职并严禁从事学术活动，她的丈夫费赫尔还有过短暂的牢狱之灾，甚至她的孩子也有被剥夺大学入学资格的危险。作家康拉德曾意味深长地概括了当代东欧知识分子面临的困境和磨难：“今天，只有持不同政见者还保持着连续的情感。其他人则必然将记忆抹掉；他们不允许自己保持记忆……许多人热衷于失去记忆。”[①] 总之，悲悯的人生经历让赫勒心灰意冷，她不再相信任何文化记忆，就拿大屠杀记忆来说，除了引起心中的恐惧，还能代表些什么呢？

必须指出，赫勒对待文化记忆的态度是充满矛盾的，总体上她对文化记忆持一种否定的态度，但有时她又强调文化记忆具有某种积极的功能。在论文《大屠杀之后可以写诗吗？》中，她对阿多诺“奥斯威辛之后不再有诗”的论断提出了质疑：一方面，人们可以说奥斯威辛之后不再有诗，因为这场灾难足以让一切浪漫主义的乌托邦烟消云散，足以让一切写作显得苍白无力；另一方面，人们又能够而且应该在奥斯威辛之后写诗，因为如果不去言说，不去写作，关于大屠杀的记忆将会随着记忆的流逝，随着一代又一代人的更替而被人们遗忘。赫勒的结论是，奥斯威辛之后可以有诗，但只能是那些萦绕于奥斯威辛周边关于沉默的诗。[②] 赫勒还赋予诗更多的功能，在她看来，作为一种文化记忆，一种现代性中尚未泯灭的历史想象，诗是技术想象恶性膨胀的一副解毒剂。正因为有了它，人类社会才不至于走向灭亡，人类才可以诗意地栖居在这片土地上。可惜的是，对于

---

① 转引自莫里斯·哈布瓦赫：《论集体记忆》，毕然、郭金华译，上海人民出版社，2002，第39页。

② 赫勒在文中详细探讨了四种沉默，它们分别是：无谓（senselessness）的沉默、战栗（horror）的沉默、凌辱（shame）的沉默和负疚（guilt）的沉默。详见 Agnes Heller and Ferenc Feher, “Can Poetry Be Written After the Holocaust?,” in *The Grandeur and Twilight of Radical Universalism* (New Brunswick: Transaction Publishers), 1991, pp. 393–401.

文化记忆积极功能的阐述在赫勒理论中仅占很少的一部分，她还是更倾向于在否定的意义上谈论文化记忆。

二、作为民主自由领域的市民社会

与对待文化记忆的否定态度相反，赫勒对市民社会持一种完全肯定的态度。在她看来，市民社会的概念是个大杂烩，广义上看，它可以包含一切国家所不能容纳的东西。例如，它可以是市场、私人拥有或控制的机构、工会、民间社团等，也可以是一种解决单一问题的政治运动，或一种有组织（半有组织）反抗国家虐政的运动。另外，家庭、宗教及其机构、某些再现并保存记忆的机构（如博物馆）也属于市民社会。[①] 从这样一种界定出发，赫勒认为市民社会不需要任何文化记忆。首先，就市民社会在市场和经济活动中的表现而言，由于这些活动都是围绕利益展开的，因此不需要长期记忆，尤其是文化记忆。赫勒的这一说法不无道理，自我调节的市场机制的确是文化记忆的“死敌”，正如马克思和恩格斯在《共产党宣言》中指出的，随着市场的扩大，“一切封建的、宗法的和田园诗般的关系都破坏了……一切固定的僵化的关系以及与之相适应的素被尊崇的观念和见解都被消除了，一切新形成的关系等不到固定下来就陈旧了。一切等级的和固定的东西都烟消云散了，一切神圣的东西都被亵渎了”[②]。其次，赫勒认为凡是利益活动必然带有竞争，这就注定了它不可能含有内聚力，即便退一步讲，在合作体内部有可能因共同利益而产生内聚力，但这种合作也只能是偶然的、暂时的，因为内聚力将由于个体间竞争的加剧而趋于瓦解。在利益的驱动下，活动常常是冷漠的、残酷的，表现为无爱无恨，利益决不讲审美，从根本上说，它反对一切仪式。最后，赫勒认为一切受利益规范的市场活动必定指向未来，而一切文化记忆又总是指向过去，因此，两者必然呈现出一种水火不容、势不两立的态势。

那么，是不是不受利益规范的活动就可以同文化记忆“和睦相处”了呢？对于这个问题，赫勒并没有做正面的回答，她只是反复强调，只要大多数公众关注的政治运动与集体活动仍处于市民社会领域之内，就不需要

---

① Agnes Heller, “A Tentative Answer to the Question: Has Civil Society Cultural Memory?”, *Social Research* 4, no. 68 (2001): 1031 – 1040.

② 《马克思恩格斯选集》(第1卷)，人民出版社，1995，第274 – 275页。

文化记忆。以关注单一问题的社会政治运动为例，尽管这些运动的中坚分子通常利用一些标志和符号寻求某种身份认同，但这并不代表他们拥有某种文化记忆，因为这些运动本身是指向未来的（实用主义的），这就使得它们根本无法建立一个属于自己的文化传统，随着目标的实现，它们将趋于分裂或解体。或许它们会一度受到媒体的追捧，然而一旦失势，就会被人们遗忘在历史的角落。以 1968 年法国“五月风暴”为例，不可否认这场革命意义重大，但它却没有建立属于自己的文化记忆，也没有创造出自身的身份认同，留下的仅仅是乡愁。其他政治运动也是如此，以反抗专制国家的运动为例，由于专制国家总是倾向于污蔑、攻击这些反抗事件，受害者或持异议者的文化记忆便慢慢演变为一种另类记忆——反记忆（countermemory），这种反记忆常常被政府主动宣传，最终，反记忆成为一种官方记忆、一种意识形态。在赫勒看来，1956 年的匈牙利革命就是一个绝好的例证。10 月 23 日本是纪念革命的日子，现在却演变成了官方的节日，人们只知道这一天可以不用上班在家休息，而决不会去思考它究竟意味着什么？类似的例子并不少见，试问，现在有多少年轻人知道“五一国际劳动节”的来历和真实意蕴呢？必须指出的是，尽管赫勒认为市民社会中不可能存在文化记忆，她却没有否认市民社会内的某些机构可以选择性地记载某种散落的文化记忆，甚至创造自己的文化记忆。在她眼里，市民社会好似一幅同一性与非同一性的拼接画，一个塑造文化记忆的群体与不塑造文化记忆的群体的混合物。鉴于当前社会人们对文化记忆的渴求非常强烈，赫勒最后还是保留了这一概念。但她始终固守这样一个信念，即市民社会中没有文化记忆，因为市民社会总是“可以利用利益与合作的冲突，有限的、未来指向的活动以及自己的短期记忆，无须存档和乌托邦，仅在实用的考虑下平稳运行”①。

从深层次上看，赫勒的市民社会概念受到了两种市民社会理论传统的影响：一种是由马克思开创的强调其经济意义的传统，另一种是由葛兰西开创的强调其文化意义的传统。就前者而言，市民社会主要被界定为区别于政治国家的、以市场为核心的经济活动和经济关系领域；就后者而言，

① Agnes Heller, “A Tentative Answer to the Question: Has Civil Society Cultural Memory?” *Social Research* 4, no. 68 (2001): 1031 – 1040.

市民社会主要被界定为实施“文化霸权”的各种民间组织的总和。关于这一点，赫勒有较为详细的阐述，在《历史理论》（1982）中，她揭示了市民社会所内含的两种逻辑：一是市场、私有财产的排他性、不平等与控制增长的普遍；二是（人权的）自由在民主化、平等化和权力去中心化过程中的展开与加强。[①] 我们发现，两种逻辑在赫勒的理论体系中地位并不对等，她似乎更多地强调市民社会的第二种逻辑——民主和自由。在随后发表的一篇论文《阶级、现代性、民主》（1983）中，赫勒更是径直将市民社会的第二种逻辑化约为民主逻辑，并将之视为现代性的核心要素，她是这样说的，“对于现代性，我们意指这样一个阶段和领域，其中资本主义、工业化和民主同时出现，并且相互影响、增强、补足和抑制”[②]。与葛兰西一样，赫勒坚持政治国家与市民社会的二分，强调市民社会的独立性和自主性，她甚至断言，为了保护个体自由，一种消除了资本主义不平等关系且独立的市民社会领域是必要的，我们知道，保留市民社会就意味着保留资产阶级社会，这显然与马克思对市民社会的批判立场相去甚远。赫勒之所以认为市民社会不可超越，与她片面强调市民社会第二种逻辑（民主）是密不可分的。具体说来，赫勒认为西方社会的宪政民主在某种意义上是一种形式民主，尽管它为人们的言论、宗教信仰、财产占有提供了自由和保障，但却仅限于政治领域，而在经济领域，尤其在经济决策过程中，人们享有的权利非常有限。因此，要克服形式民主的弊端，就必须将它扩展到包括经济生活在内的一切人类社会领域，在这个过程中，市民社会作为民主和自由的孵化器，是一定要保留的，人们要做的不是废除它，而是令其尽可能地民主化。赫勒还以现实存在的社会主义为例来证明自己的这个观点，在她看来，社会主义由于废除了资本主义的生产关系，使市民社会从属于国家，从而将自由和民主也一道废除了。那么，人类社会究竟应该何去何从呢？赫勒开出了一个药方，那就是走激进民主的道路，发展一种非资本主义的市民社会。这种社会因为废除了资本主义的不平等关系，因此不再是资本主义社会，但由于它又保留了市民社会，因此仍属于资产阶级社会。按照赫勒的说法，在这种非资本主义的市民社会中，市场对劳动

① Agnes Heller, *A Theory of History* (London: Routledge & Kegan Paul, 1982), p. 284.

② Ferenc Feher and Agnes Heller, *Eastern Left, Western Left* (Cambridge: Polity Press, 1986), p. 201.

的需求将不会导致受雇佣者与公司所有者之间产生不平等的关系。公司所有者、管理者和工人的关系实现了真正的民主化。同时，非资本主义的市民社会并不必然排斥商品市场、利润动机和私有财产，但这些资本主义生产关系的特征将不再是资源配置的主要原则，它们将服从于社会发展的总体目标。因此，这种社会尽管带有资本主义的特征，却不是资本主义社会。另一方面，非资本主义的市民社会决不抛弃民主，其基本目标是将资本主义的形式民主进一步激进化，即通过一系列激进的改革方案消除资本主义分层权力机制中的非民主因素，保证个体自治价值的充分实现。从这样一种理解出发，赫勒将市民社会视为民主和自由彻底实现的领域。显然，在这样一种理想化的领域内，作为意识形态的文化记忆不可能有半点容身之处。

三、简评

赫勒将文化记忆视为一种面向过去的意识形态，这仅仅揭示了文化记忆的一个方面，事实上，社会中存在着大量具有积极意义、面向未来且具有批判和乌托邦潜能的文化记忆，正是后者构成了市民社会的重要组成部分。仍以二战留下的文化记忆为例，如今，人们之所以可以轻易将二战记忆与大屠杀记忆紧密联系在一起，就在于存在一个共同的文化记忆，无数犹太人被屠杀成为这种苦难记忆的核心，正是这样一种文化记忆，使得人们对人类的未来采取审慎的态度，对当前的社会采取批判的立场，这难道不是一种指向未来且具有积极功能的文化记忆吗？这种记忆难道不是内含着丰富的乌托邦解放潜能吗？我们认为，文化记忆不仅仅意味着一种乡愁，更多的情况下，它联系着过去、现在和未来，揭示着历史与现实间的微妙关系。赫勒之所以一口咬定文化记忆是一种意识形态，还与她对国家的理解有关，在她看来，既然国家控制着一切文化记忆的生产，而国家又是意识形态的最大代表，那么，文化记忆必定是意识形态的。这显然是一种偏见，人们不禁要问，市民社会难道就不会生产文化记忆吗？要知道，随着互联网时代的到来，各类非政府机构和个人利用网络生产文化记忆已经不再是一件难事。另外，即使退一步讲，国家生产的文化记忆就一定是意识形态吗？难道说一座由国家修建的革命英雄纪念碑也包含着统治阶级的意识形态吗？赫勒在这里显然过于夸大了国家的阶级统治功能，一个基本的事实是，国家的确承担着大量具有积极意义的文化制品（包括文化记忆）的创作工作。

赫勒最大的问题是对市民社会的理解存在严重偏差。对市民社会第二种逻辑的过分倚重使她最终背离了马克思主义的正确轨道，错将政治民主变革置于资本主义生产关系的经济变革之上，以致得出“非资本主义的市民社会”这种谬见。与哈贝马斯一样，赫勒试图将市民社会视为一块抵制国家意识形态控制的“飞地”，一个真正民主自由的领域，同时设想一种纯粹的、以交往和商谈为基础的民主社会形态。为此，她制定了一系列具体的方案：以工人所有权为形式的总体化自我管理；国家权力的分散，缩减为再分配的机构；工厂中民主关系与工作状况的技术改善要满足于人类的个体发展；阶级关系被利益冲突群体取代，等等。我们认为，赫勒的上述方案显然是一种乌托邦，因为它排斥了市民社会的经济内涵。在我们看来，市民社会首先是资本主义生产关系的一个经济领域，其中不仅有自由和民主的价值向度，更充满了异化和不平等的剥削关系。因此，任何一种民主形式，在资本主义生产关系没有废除之前，在市民社会（资产阶级社会）没有被社会主义社会取代之前，都是虚幻的、无法想象的。回到本文主题上来，按照赫勒对市民社会和文化记忆的理解，文化记忆恰恰在市民社会民主化进程中起着强化国家意识形态控制的作用，即妨害了社会（个体）自治的实现。正是在这个意义上，赫勒千方百计地要将文化记忆驱逐出市民社会领域。

赫勒在何种意义上误读了马克思的现代性理论*

颜　岩

赫勒是当代著名的哲学家和政治理论家，现任纽约社会研究新学院“汉娜·阿伦特哲学教授”。作为卢卡奇的学生和助手，她曾是布达佩斯学派的核心成员，并在哲学、法学、伦理学、美学、社会学等方面建树卓越。1984年，赫勒在国际著名刊物《论纲十一》上发表了一篇题为“马克思与现代性”（Marx and Modernity）的论文，详细探讨了马克思的现代性理论，其中既有肯定褒扬之意，也有指摘质疑之辞。赫勒对马克思现代性理论的理解与质疑多为误读，这一方面源于她从后现代主义视角出发对现代性所做的独特理解，另一方面也与她的后马克思主义转向有关。辨析这些理论的真伪，不仅有利于深入理解马克思的现代性理论，在新形势下更好地坚持和发展马克思主义，还能有效抵御后马克思主义的歪曲和攻击，捍卫马克思主义的科学性。

一、未来指向的动态社会及其工业化逻辑

现代社会是一个动态社会，这的确是马克思的观点。在《共产党宣言》中，马克思是这样描述的：“一切等级的和固定的东西都烟消云散了，一切神圣的东西都被亵渎了。人们终于不得不用冷静的眼光来看他们的生活地位、他们的相互关系。”① 赫勒认为马克思精准地把握住了现代性的实质，在她看来，现代社会与前现代社会最大的区别正在于前者是矛盾的，

* 本文刊于《求是学刊》2011年第4期。

① 《马克思恩格斯选集》（第1卷），人民出版社，1995，第275页。

后者是同质的，动态性构成了现代性动力和现代社会格局的重要特质。马克思的确意识到，现代社会的动态性将有利于保障现代人各方面潜能的实现，正是在这个意义上，他认为资本主义（现代社会）取代封建主义（前现代社会）是人类历史上的一个巨大进步。当然，马克思从来不会忘记在价值层面上对资本主义进行道德谴责，他多次强调资本主义生产关系有违背人性的一面，与人类的自由和解放事业相抵牾。马克思这种对现代性的辩证态度是赫勒始终无法理解的。赫勒还认为现代社会具有一种未来指向性，作为实存（“是”），它总是指向一种未来状态（“应该”）。这个说法是符合马克思原意的。众所周知，马克思倾尽心力研究政治经济学并撰写《资本论》就是为了论证资本主义社会这个“是”必然因其内在矛盾而走向灭亡，取而代之的不是别的，正是共产主义社会这个“应该”，可见现代性必然内含“是”与“应该”的张力。

赫勒认为马克思的现代性理论与他对资本主义的批判紧密相连，在他的理解中，资本主义是现代性的第一个阶段，具有过渡的性质，终将被更高级的社会形态（共产主义社会）取代。她将马克思的观点归为三点：“存在于19世纪的那种现代性或工业资本主义的特殊形式必须经历一场实质性转变；工业化的无限发展与资本主义经济组织的联姻不能持久；工业化将为资本主义自身的发展设限。”① 由此出发，她愿意承认如下事实，即现代性不等于资本主义，正是后者为现代性的发展设置了羁绊，随着工业（生产力）的发展，这种限制将被彻底摧毁。如果由此出发断言赫勒与马克思的现代性理论完全一致，那就大错特错了。早在《历史理论》（1982）一书中，赫勒就阐发了自己关于现代性的独特见解，她提出一种关于现代性的“三逻辑论”，认为现代性并非受制于某种单一的逻辑，而是由市民社会、资本主义和制造工业三种逻辑构成。② 由此出发，她否认了“至今一切社会的历史都是阶级斗争的历史”③ 的说法，在她看来，这种观点假定了阶级是社会发展的唯一逻辑。更进一步，赫勒区分了市民社会逻辑内部的两种亚逻辑：一种是市场、私有财产排他特性、不平等与统治增长的普遍化；另一种是个体平等的自由（人权）在权力民主化、平等化和分权

① Agnes Heller, “Marx and Modernity,” *Thesis Eleven* (1984): 47.

② Agnes Heller, *A Theory of History* (London: Routledge & Kegan Paul, 1982), p. 283.

③ 《马克思恩格斯选集》（第1卷），人民出版社，1995，第272页。

化过程中的展开与加强。[①] 在她看来，马克思现代性理论的根本问题就在于只涉及了资本主义和工业化两种逻辑，市民社会的第二种逻辑完全缺失，马克思将革命策略建基于现代社会根本矛盾的消除之上，同时又将根本矛盾简单归于资本主义和工业化的矛盾，于是民主和自由便被前两种逻辑彻底掩杀了。我们认为，赫勒之所以强调现代性有三种逻辑，并不仅仅是想强调历史是由多元决定的，其深层目的还在于淡化现代性与资本主义的关联，强调市民社会第二种逻辑的重要性。毋庸讳言，马克思决不会避而不谈自由与平等，但他是有条件的，这个条件就是社会生活的经济方面，如他所言，"生产者只有在占有生产资料之后才能获得自由"[②]，同样，平等的观念也是历史的产物，抽象地理解平等必然会陷入荒谬。赫勒的问题就在于过分突出了民主的作用，在她那里，民主已经不再是一种政治制度，而是凌驾于工业化和资本主义逻辑之上的"绝对"，一种新的神话，这就明显背离了马克思主义的基本立场和观点。

现代社会的工业化还具有一种无限扩张的趋势。关于这一点马克思有明确的阐述："不断扩大产品销路的需要，驱使资产阶级奔走于全球各地。它必须到处落户，到处开发，到处建立联系。资产阶级，由于开拓了世界市场，使一切国家的生产和消费都成为世界性的了。"[③] 赫勒将现代社会格局在全球范围的布展喻作"蒸汽压路机"，认为"它一旦在世界上的一个地方确立，就会碾过所有的前现代文化和格局"[④]。在如何评价这一现象的问题上，马克思与赫勒的态度迥然相异。马克思始终坚持一种辩证的态度。一方面他认为这一过程将给人类带来无尽的苦难，使财富成为贫困的源泉；另一方面他又承认工业化的拓展使普通劳动人民走进公共场合，登上政治舞台，眼界和觉悟得以空前提高，社会关系得以空前拓展，自由得以空前扩大。总之，马克思相信资本主义制度和大工业具有相互矛盾的影响，它们既有消极面也有积极面，最终将会给人类带来进步和自由。赫勒

---

① 参见 Agnes Heller, *A Theory of History* (London: Routledge & Kegan Paul, 1982), p. 284 页。另外，赫勒前后期对现代性三种逻辑的概括是不同的，在《阶级、现代性、民主》(1983) 一文中，她将之概括为资本主义、工业化和民主；在《现代性理论》(1999) 中，她又将之概括为技术、社会地位的功能性分配以及政治权力。

② 《马克思恩格斯全集》(第 19 卷)，人民出版社，1963，第 264 页。

③ 《马克思恩格斯选集》(第 1 卷)，人民出版社，1995，第 275－276 页。

④ 阿格尼丝·赫勒:《现代性理论》，李瑞华译，商务印书馆，2005，第 77 页。

在这个问题上则显得比较悲观，她认为现代性既可以把人们带入天堂，也可以把人们引向地狱，未来快车的终点站既可以是共产主义，也可以是奥斯威辛或古拉格。总之，赫勒认为人类社会的未来是不可预知的，人们现在要做的事就是信守承诺，为共在负责。不难看出，赫勒这种以道德哲学为基础的现代性理论与马克思主义是根本异质的。

二、现代社会的理性化进程与功能主义读解

区分合理性与理性化是韦伯的贡献。合理性一般用于解释人的行为，理性化主要用于组织和制度层面，依据一定的规则，组织在运行时总是遵循效率优先的原则，这就不可避免地会偏离价值。韦伯对价值合理性和目的合理性专门做了区分，前者主要指由价值意识（宗教、伦理、道德、审美等）决定的行为，后者主要指内含预期目的及实现手段的工具性行为。在现代社会，价值合理性与目的合理性通常是割裂的，这主要表现为理性行动较少受到价值观念的引导，这也是现代性悖论产生的根本原因。马克思虽未使用过“理性化”或“目的理性”这样的概念，但却对资本主义的理性化进程进行了批判：一方面他认为工具理性推动了资本主义生产力的发展，推进了个体自由的演进；另一方面他又指出工具理性的片面发展将会加剧资本主义社会的基本矛盾，使人类深深地陷入异化境地。卢卡奇在《历史与阶级意识》中也探讨了理性化，但他却试图将康德化的韦伯与黑格尔化的马克思嫁接在一起，最终将批判的矛头指向了马克思的物质生产概念。赫勒作为卢卡奇的得意门生，基本沿袭了这一错误倾向，她指责马克思对待理性化的态度含混不清：“一方面，他对那些不再与价值相关或从属于价值的效率大加赞赏，甚至称赞李嘉图对‘为生产而生产’的偏袒；另一方面，马克思又同韦伯一样对理性化表示担忧……最终不愿承认生产应该与一切价值脱离关联。”[①] 赫勒的这一说法恰恰表明她自己不懂辩证法，同时也暴露出她对马克思思想理解的狭隘性。我们认为，马克思对理性化的辩证解读其实包含两条线索：一个是从客体视角出发对资本主义社会理性化进程所做的科学考察，其主要目的在于理解社会，分析统治社会的规律；另一个是从主体视角出发对资本主义社会理性化进程所做的道

① Agnes Heller, “Marx and Modernity,” *Thesis Eleven* (1984): 48.

德（价值）批判，其主要目的在于揭示资本主义社会中普遍存在的非人性方面。这种看似“含混”的致思构设，恰恰蕴涵着马克思历史辩证法主体向度与客体向度之间的内在张力，彰显着马克思革命的批判精神。囿于早期的哲学人类学范式，赫勒极力擢升青年马克思的人本主义思想，她显然没有看到，1845 年之后马克思已经从人本主义的哲学人类学走向了以物质生产为基础的唯物史观。正是这一理解上的缺陷，导致她最终偏离了正确的轨道，陷入了唯心主义和形而上学。

从功能主义角度理解现代性是赫勒理论的一大特色。德国社会学家卢曼（Niklas Luhmann）曾将前现代社会称为分层社会，现代社会称为功能社会。沿袭这一分析思路，赫勒对马克思的阶级概念进行了全新解读。在她看来，阶级首先是一个政治－经济范畴，一个人最终属于哪个阶级，要看他（她）在政治－经济生活中的地位。就这一点而言，前现代社会与现代社会截然不同：在前现代社会，一个农奴的命运在出生那一刻便被决定了，他（她）一辈子只能是农奴，除非在某种特殊情况下才可能获得自由；现代社会则不同，一个工人完全可以通过后天努力跻身于资产阶级的行列，判定标准就是他（她）在社会中发挥的作用（功能）。为了更好地说明这一点，赫勒举了一个人们生活中乘公交车的例子：假设在站牌候车的人可以任意选择一辆公交车乘坐，人人都想坐一辆更好的车（有座位且车内干净），但好车的出现是完全偶然的，因此对所有人而言乘坐好车的概率完全相同。赫勒用这个例子无非是想表明现代人必然处于偶然性中这一事实。她常用“信封”喻说来描述这种偶然性：现代人总是被抛入这个世界，该过程完全是偶然的，如同一封没有注明地址的信被投入信箱一样，它最终被寄往何处是不得而知的。总之，在赫勒眼里，偶然性既是人类的宿命，也为人类带来了自由。那么，马克思又是如何看待偶然性及其与自由的关系呢？在这个问题上，马克思前后期思想是有变化的。在博士论文中，从“自我意识”哲学出发，马克思给予偶然性充分的重视，认为它体现着自由意志，可以为人们的行动自由提供论证。而在《德意志意识形态》中，马克思已经充分意识到现代性的实质恰好在于一种“偶然性的统治”。马克思指出：“在现代，物的关系对个人的统治、偶然性对个性的压抑，已具有最尖锐最普遍的形式，这样就给现有的个人提出了十分明确的任务。这种情况向他们提出了这样的任务：确立个人对偶然性和关系的统治，以之代替关系和偶然性对个人的统治。”[①] 因此，赫勒对现代性的偶然性大加赞赏的做法，恰恰是马克思所极力反对的资产阶级意识形态。

在《资本论》最后一章，马克思提出“什么事情形成阶级”的问题，却没有给出答案。从功能主义和偶然论的视角出发，赫勒认为马克思基于劳动－资本关系的现代性分析是片面的，她反对将阶级限定在经济领域的做法，而是将它首先看成一个与民主紧密相关的政治概念。依她之见，一个社会最重要的要素既不是经济状况，也不是政治条件，而是超经济－政治的民主，这就又回到关于市民社会第二种逻辑的论述上来。笔者认为，赫勒辐辏于民主概念，赋予其激进的内容，无非是要摒弃马克思的经济首要性原则和暴力革命论，因此，她必然心契于拉克劳和墨菲的如下论断：“左派的任务不是放弃自由民主的意识形态，相反，是在激进的和多元的民主方向上深化和扩大民主。”[②] 当然，这已经是标准的后马克思主义话语了。

接着这一分析思路往下走，赫勒认为马克思关于工人阶级是人类解放事业天然代理人的说法不能成立。这让我们不禁联想到拉克劳相似的论断：“工人阶级——像所有其他成分一样——是一种社会作用力，但此一作用局限于它自己的目标及可能性之内，它并非是马克思主义传统中的‘普遍阶级’，并非是全世界人类解放的必然代理人。”[③] 限于篇幅，我们在这里无法对此观点进行详尽的批判。正如密里班德（Ralph Miliband）指出的，后马克思主义最大的问题在于轻觑了统治阶级的力量，工人阶级的“优先原则”应基于如下事实，“即在资本主义社会中没有其他的集团、运动或者力量会有哪怕是很小的能力，能够如同工会工人一样向现存的权力与特权的组织发起有效的和强大的挑战”[④]。尽管赫勒有时也强调历史的冲突特性并崇尚一种激进行动，但她的激进行动并不是一种革命的实践活动，而是一种激进的民主运动。另外，赫勒的阶级概念也多与马克思相扞格。受汤普森（E. Thompson）理论的影响，她把阶级视为一个不间断的形

① 《马克思恩格斯全集》（第3卷），人民出版社，1960，第515页。

② 恩斯特·拉克劳、查特尔·墨菲：《领导权与社会主义的策略》，尹树广、鉴传今译，黑龙江人民出版社，2003，第198页。

③ 周凡、李惠斌：《后马克思主义》，中央编译出版社，2007，第67页。

④ 周凡：《后马克思主义：批判与辩护》，中央编译出版社，2007，第34页。

成过程，既然阶级总是不定型的、在途中的，那么它就不能用来说明总体的社会。实际上，赫勒反对的不仅仅是工人阶级这个概念，她还反对具有普适价值的阶级概念本身，在她看来，根本不存在普遍阶级，甚至说根本不存在可以揭示一切社会现象普遍基础的社会集体。确切些说，赫勒还是愿意保留阶级这个概念的，但她反对一切闭合的、普遍的、固定的阶级概念，因为这种阶级概念消除了一切社会反抗的可能性空间。正因如此，赫勒与其他后马克思主义者一样表露出对结构主义的敌意，在她看来，结构主义通过寻求本质的结构制造了一个闭合的社会场域，根除了一切社会对抗的可能性，严重限制了左派的行动和政治分析能力，其根本祈向在于一种本质主义先验论。因此，只有脱离结构主义，拒斥“普遍阶级”，承认社会领域内对抗的多元性，在不同缝合点间进行有效接合，才能实现当前政治的根本转变。无须置辩，这与拉克劳和墨菲的后马克思主义致思路径是完全一致的。

三、科学的魔咒与价值准则的多元化

强调科学在社会发展中的作用是马克思的一贯思想，因此他必然会认同“知识就是力量”这一说法。亲眼看见并经历了二战带来的创伤，赫勒更倾向于站在悲观主义的立场上看待科学。与卢卡奇一样，她指责马克思将科学视为一种卓然独存于上层建筑之上的中性物的做法是一种“非统治的”“纯化的”“客观化的”知识论，指责“马克思从未想过科学将会成为一种占统治地位的世界观，他分享了实证主义的观点，认为只有宗教、政治和道德观念（不是科学）才行使着统治的功能”①。在赫勒看来，现代性是这样一种社会格局，在这里科学大行其道，行使着解释世界的基本职能，人们相信“科学的”就是“真的”，这个着了魔的词语可以激发出一种新的信仰，否认是其实际所是。通过合理化和最优化的概念，科学最终发展成一种压迫性的力量，与此相应，技术想象成为统治现代人的支配性想象。② 作为一个激进的学者，赫勒并不想让人们陷入绝望之境。阿多诺

① Agnes Heller, “Marx and Modernity,” *Thesis Eleven* (1984): 52.

② 赫勒认为现代性有技术想象与历史想象两种想象机制，前者与行动有关，主要关注问题的解决，后者与回忆有关，主要关注解释和旁观者的创造，详见阿格尼丝·赫勒：《现代性理论》，李瑞华译，商务印书馆，2005。

曾说过一句广为流传的话——奥斯威辛之后写诗是野蛮的。如果说阿多诺的名言贯涵着一种忧悒的悲观主义情愫，那么赫勒在《大屠杀之后可以写诗吗?》中的质疑则表明她实现了一种辩证的璞归：一方面，人们可以说奥斯威辛之后不再有诗，因为这场灾难足以让一切浪漫主义的乌托邦烟消云散；另一方面，人们又能够而且应该在奥斯威辛之后写诗，但只能书写萦绕于奥斯威辛周边关于沉默的诗。[①] 赫勒之所以能够走出悲观主义与她对“诗”的独特理解有关，在她看来，“诗”代表着一种与技术想象毫无关联的反技术冲动，即一种在资本主义现代性中尚未泯灭的历史想象，它可以成为拯救人类的力量。总之，赫勒一方面认定技术想象已经成为现代性的支配性想象机制；另一方面又指出现代人同时受到历史想象与技术想象的双重框范，任凭技术想象如何肆虐，人们总可以凭借历史想象诗意地栖居在这片土地上。笔者认为，尽管赫勒在看待技术的问题上比阿多诺、海德格尔等人乐观，但并非没有缺陷，她最大的问题在于没能有效区分科学与科学在资本主义制度下应用的关系，没能将生产力与生产关系剥离开来，这就难免将批判的矛头滑向物质生产这一马克思唯物史观的核心范畴。这既与她对卢卡奇的盲目笃信有关，也与她的后马克思主义立场有关，众所周知，后马克思主义正是从批判马克思的生产概念入手的。现代性不仅促进了社会发展、制造了社会灾难，还导致了传统习俗和美德的丧失以及价值准则的普遍化。赫勒认为马克思总体上对现代性是持乐观主义态度的，通过细致比较前现代社会和现代社会，马克思将一切阻碍生产力发展的传统社会价值观念视为消极的、反动的，资本主义工业化彻底摧毁了这些观念，于是现代性便确定无疑地具有了一种历史合理性。对此，赫勒批判道：

马克思坚定地认为工业资本主义将在若干个不同方面执行普遍化的功能。他认为，资本主义将会统一全球：在一个非常短的时期内，所有国家将成为资本主义的，这就是他为什么在理论上支持殖民化的原因。资本主义将倾覆一切传统的生活方式和行业，从而为现代性的第二阶段共产主义

① 赫勒在文中详细探讨了四种沉默，它们分别是无谓（senselessness）的沉默、战栗（horror）的沉默、凌辱（shame）的沉默和负疚（guilt）的沉默。详见 Agnes Heller and Ferenc Feher, “*Can Poetry Be Written After the Holocaust?*”, *The Grandeur and Twilight of Radical Universalism* (New Brunswick: Transaction, 1991), pp. 393－401。

扫清一切障碍。我们现在知道，这是个错误的预言。这种认为市场扩张将为现代性的出现提供充分基础的马克思主义观点是一种错误观念。基础－上层建筑的模式是否应为该不足负责仍可讨论。我更倾向于相信这个由马克思创立的模式恰好是为了充当支撑其预言的理论工具，而非他用。然而，无论这两个概念中哪一个具有优先地位，都表明马克思没有打算考虑对于现代性产生同等重要的非经济因素的作用，而这一点后来被马克斯·韦伯深深地强调了。①

这是一段非常重要的指认，同时也是对马克思极大的误读。在《共产党宣言》中，马克思的确说过“资本主义将统一全球”这样的话，但我们不妨揣度一下，当马克思称“将按照自己的面貌创造出一个世界”时，他是在为之欢呼雀跃吗？当然不是。马克思要告诫我们的恰恰是：资本主义将一种先进的生产方式带到全球各个角落，一方面给当地带来了经济上的繁荣，但同时又使东方从属于西方，使无数劳动人民陷入困苦境地。马克思从不认为资本主义现代性是“好的”，至少在价值层面上决不会这样认为。当马克思对我们说，资本主义和工业发展带来了人类进步，他并不是说资本主义和工业发展增加了个人的幸福，他只是想要强调，人们诸种需求和能力的扩展、社会活动和社会意识水平的提高，离不开资本主义市场和工业的发展，仅此而已，马克思决不会认为资本主义在其他方面也是进步的。显然，赫勒根本没有弄清楚马克思是在何种意义上批判（抑或认同）资本主义社会的，从马克思对资本全球化进程的预测出发，她竟然得出马克思支持殖民化这一结论，真是荒谬之极。接着，赫勒又将批判的矛头向前推进了一步，直指马克思唯物史观的经济首要性原则，她宣称马克思拘囿于历史哲学，根本无法回答“阶级为什么无法意识到自己事实上在做什么”这一问题，认定市场扩张无法为现代性提供充足的基础，现代性的续存需要引入市民社会的第二种逻辑。更让人费解的是，赫勒还指责马克思陷入了一种绝对普遍主义，忽略了中产阶级、农民和殖民地居民等特殊群体，“总体上对政治问题反应比较迟钝，对民主政治的规划更是如此”②。但事实上，马克思并未如赫勒所说从不关注特殊群体，并且常常缺

① Agnes Heller, “Marx and Modernity,” *Thesis Eleven* (1984): 53.

② Ibid, p. 53.

乏一种民主精神。

最后，赫勒认为现代性将直接导致创造与阐释准则的消失，相对应的是，“对”与“正确”的概念将多元化。在这一点上马克思的观点同样是辩证的。一方面，他认为资本主义市场摧毁了前现代社会一切特定的标准，艺术遭受了毁灭性打击；另一方面，他又认为资本主义现代性创造出真正意义上的审美主体，这种审美主体摆脱了一切传统宗教伦理的束缚，以自由人的姿态出现在社会中。马克思认为这种现代性悖论是历史性的，它仅存在于资本主义社会，未来共产主义社会人们便可以充分发挥自己的才能，创造出各种各样的艺术作品。赫勒将现代性与真理的认识标准关联起来，目的是阐述一种多元真理观。在她看来，人们对真理的认识一定会受到主体阶级立场的影响，一个阶级看上去正确的东西，在另一个阶级看来则可能是错误的，因此现代社会的真理观只能是多元的、动态的。赫勒这种相对主义真理观由于否认了真理的一元性和客观性，必然会陷入自身矛盾中。

四、结语

赫勒对马克思现代性理论的所有误读都源于她对马克思历史哲学的误解。在她看来，马克思的现代性理论与其历史哲学之间存在不可调和的矛盾：一方面，从历史哲学（基础－上层建筑的模式）出发，马克思一定会将伦理原则归于特定的经济（阶级）状况；另一方面，从现代性理论出发，他又将伦理原则归于社会的功能分工。赫勒的这一指责是完全没有道理的。诚然，马克思从唯物史观出发一定会将伦理原则建基于社会物质生产活动（经济生活进程）之上，这是他一以贯之的思想原则，现代性理论也不例外，但马克思从来没有想过要将伦理原则归于某种社会的功能分工，赫勒完全是在借马克思之口说自己的话。当然，赫勒这样做是有目的的，她为伦理学“松绑”，令其摆脱经济的束缚，为的是强调一种个性化的相对主义伦理学。与马克思那种普罗米修斯式的以解放全人类为根本旨归的宏伟抱负不同，赫勒的伦理学是以康德伦理学为鹄的。它强调一种偶然性意识和伦理责任，反对一切历史必然性对个体伦理选择的蔑视，抵制所有自称拥有必然性知识的政党凭借手中特权对历史行动者自治权的篡夺。赫勒认为这种伦理学的实现需要具备四个条件：第一，运动必须不再将自己视为绝对的，而是联系其他运动、社会和历史；第二，运动必须不再受自发意识控制，而这只有当历史不再是顺利进展的，而是进入革命或危机（新冲突）频发的时代才有可能；第三，伦理学只有在个体决定和实践作用不断增强的社会中才是可能的和必要的；第四，要使伦理学在社会运动中发挥作用，必须具备一种对运动的意识、自觉和自我批判。① 大体上看，赫勒诉诸伦理学的初衷是抵制官僚主义，寻求一种真正的自由或自治，但她恰恰忽略了，任何个体都是社会关系的总和，离开了社会制度的根本变革，个体解放只能是一种乌托邦幻想。与阿伦特一样，赫勒最终将批判的矛头指向了马克思的革命政治学，这个教训是我们应该反省的。总之，受卢卡奇、韦伯、康德、海德格尔、哈贝马斯等人影响，赫勒对马克思现代性理论的解读必然戴着有色眼镜，马克思的现代性理论在她眼里至多是一种富有深刻洞见的片面性理论。但我们若能抛开成见，还是能在里面寻得一些有益启示的。

① John Grumley and Agnes Heller, *A Moralistin the Vortex of History* (London: Pluto Press, 2005), p. 28.

现代性的危机与存续*

——评阿格妮丝·赫勒的现代性批判理论

颜 岩

目前，关于现代性的各类学术话语足以让人眼花缭乱，诚如吉登斯（Anthony Giddens）所言："现代性，就其核心而论，是令人迷惑不解的，而且，似乎也没有什么办法使我们能够'解除'这种迷惑。"① 一般而论，学界探讨的各类现代性理论多出自欧美哲学家，这些理论尽管异质纷呈，却又众口一词地认定现代性源于欧洲。事实上，存在着两个欧洲，一个是人们所熟知的西欧，另一个是被波兰诗人米沃什（Czeslaw Milosz）称作"进步和历史感所在"② 的东欧。拉瓦斯汀（Alexandra Laignel-Lavastine）曾这样概括东欧哲学思想的精神实质："一方面承袭了某种对资本主义工业文明的浪漫主义批评，表现为不含民族主义倾向的对文化多元性的一贯坚持和尊重，同时另一方面继承了启蒙时期的普遍主义，表现为不含等级倾向的将个人尊严视为最高价值。"③ 简要言之，反对个人价值受到无人性、匿名权力的精神控制，反思现代性的限度，强调个体的道德责任感，乃是东欧思想家的核心理论关切。布达佩斯学派哲学家赫勒从东欧特殊的社会文化环境出发，长期聚焦于现代性问题，对现代性的动力、逻辑、格局以及人们的生存境遇做了深入的分析，为学界相关问题的探讨提供了新的视角和借鉴。

---

* 本文刊于《苏州大学学报》2014 年第 6 期。

① 安东尼·吉登斯：《现代性的后果》，田禾译，译林出版社，2011，第 43 页。

② 亚历山德拉·莱涅尔－拉瓦斯汀，《欧洲精神》，范炜炜等译，吉林出版集团有限责任公司，2009，第 35 页。

③ 同上书，第 46 页。

一、反思的后现代视角与“双重偶然性”的生存境遇

与许多讨论现代性的理论家一样，赫勒否认自己是后现代主义者，甚至不承认“后现代主义”这个术语，“除非是在提到艺术特别是建筑中的某些风格与趋势时，我将不会谈到后现代主义者。我将不会使用‘后现代主义’这个词”[①]。不仅仅是后现代主义，赫勒对一切“主义”都保持距离，“我把自己描述为一个马克思主义者，但那时在某种意义上我已经不是任何‘主义者’了。我要选取自己的观点。我不想发展出一种新的‘主义’，只想提出被我称为‘个人思想’的东西”[②]。虽然反对“后现代主义”，赫勒并不排斥后现代（性）这个概念。在她看来，“后现代既不是一个历史时期，也不是一个特征清晰的文化或政治思潮”[③]，而是“现代性意识本身的自我反思”[④]。如果说现代性意识是一种“反思的普遍性意识”，一种历史哲学（大写的历史），那么后现代性意识则是一种“经过反思的一般性意识”，一种历史理论。

赫勒反复强调自己是“后现代人”，并坚持运用后现代的视角分析问题。后现代视角是反“主义”的，主要有两种类型：一种是“未经反思的后现代”视角，该视角通常是幼稚的，无意识续写着现代性的宏大叙事，要么陷入宗教激进主义，要么陷入犬儒主义；另一种是“经过反思的后现代”视角，该视角通常是自我反思的、反讽的，总是质疑自身。与现代主义强化“未来”和虚化“现在”不同，后现代视角要求用“绝对现在时”思考问题。“以现代主义的观点看来，现在就像是一个火车站，我们这些现代世界的居民需要坐上一列快车经过这个车站，或是在此停留片刻。那些火车会把我们带向未来。”[⑤] 按照现代主义的观点，火车到站的时间（“现在”）是由列车的行驶状况（“过去”）决定的，列车到站后只是做短暂的停留，最终还是要驶向目的地（“未来”）。这样一来，“现在”就被

---

① 阿格尼丝·赫勒：《现代性理论》，李瑞华译，商务印书馆，2005，第 8 页。

② Agnes Heller, “SimonTormey. Interviews with Professor Agnes Heller: Ⅰ,” *Revista de Filosofía*, no. 17 (1998): 30.

③ 阿格妮丝·赫勒、费伦茨·费赫尔：《后现代政治状况》，王海洋译，黑龙江大学出版社，2011，第 1 页。

④ 阿格尼丝·赫勒：《现代性理论》，李瑞华译，商务印书馆，2005，第 13 页。

⑤ 同上书，第 17 页。

彻底边缘化了，车站因列车的驶过变得合法。后现代的视角也相信列车将会到站并停留片刻，却认为终点可能是奥斯威辛或古拉格，至于列车会驶向何方，人们现在无法确知。后现代人机智勇敢，他们坦承生活在车站上，但在接受绝对现在的同时却声称自己不知道目的地是什么。后现代人拥有责任意识，照管着同时代人并遵守自己的承诺，他们对“现在”负责。如果说现代人总是武断地认为自己拥有理解历史的特权，并对历史做出独断论的回答。后现代人则是谦虚的，他们既不要求在历史中获得任何特权，也不相信历史规律和历史趋势，而只相信偶然性。后现代人对任何形式的进步主义表示怀疑，在他们看来，“现在只是宏伟未来展现出来之前的一个过渡阶段的观点，认为只有人和现代人可以根据他的计划自由地创造这一未来的观点，以及最终认为一次震惊、一个特殊事件、一场灾难将宣告这一绝对自由的未来到来的观点，它们都是一回事”[①]。为了进一步阐明现代性意识、未经反思的后现代意识以及经过反思的后现代意识，赫勒举了一个有趣的例子：假设人们正围坐在现代性的桌子旁，这时你可以让所有的椅子被“现在”占据，也可以空一把椅子等待弥赛亚的到来，至于其来不来，我们不得而知。未经反思的后现代意识绝不会空一把椅子，传统的宏大叙事（现代性意识）一定会相信虚假的弥赛亚并许下不真的承诺，经过反思的后现代意识则主张永远不要让空椅子被冒充者占据，但也不打算把空椅子搬走，而是让其暴露在虚空中，并相信“只有空虚才是完满，此外再没有‘希望之外的希望’”[②]。

赫勒认为，后现代人生活在现在，但“在时间和空间上，他们在之后”[③]。省略号首先意味着处于“宏大叙事”之后。赫勒是这样描述宏大叙事的：

宏大叙事从一个固定的起点被放大到神话尺度，并被赋予如此重的分量，以至于接下来的故事只能从罗马建城之日算起。宏大叙事讲述这个故事的时候，表面上是依据因果关系，暗地里却是依据目的论的自信。这一相对于被讲述故事的优势位置必然包含着一个哲学上和政治上的先验论，

① 阿格尼丝·赫勒：《现代性理论》，李瑞华译，商务印书馆，2005，第19页。

② 同上书，第23页。

③ 阿格妮丝·赫勒、费伦茨·费赫尔：《后现代政治状况》，王海洋译，黑龙江大学出版社，2011，第1-2页。

即存在无所不知的叙事者。它表面上是超脱的，而实际上，叙事者就像叙事诗里的神一样，会偏袒一个主人公而压制另一个主人公。通常，宏大叙事最终会“揭开”自己的目的，一个最初与起源一同被创造出来的目的。①

赫勒对宏大叙事持批判的态度，因为这种叙事“有着神圣而神秘的起源，严格的因果性，秘密的目的论，无所不知的和超验的叙事者以及对宇宙和历史意义上的幸福结局所做的承诺”②。省略号还意味着在阶级假想之后。从后结构主义的立场出发，赫勒认为结构主义试图寻求具有内在规律的根本结构，因而是一种新形式的本质主义。她甚至认为：“按照现代主义阶级范畴简直无法理解今天政治上的思潮和变动，因为按照其严格的结构（阶级）术语解释会得出荒谬的结论。”③

赫勒的后现代视角要具体问题具体分析，不能因其否定了必然性、社会进步和历史规律，就一口认定是完全错误的。关于必然性和偶然性的关系，赫勒如是说：首先，从海德格尔的“被抛”概念出发，“每个人都因出生而被抛入一个特定世界”④。人们面临“双重偶然性”，一种是最初的偶然性（initial contingency），也即出生的偶然性；另一种是继发的偶然性（secondary contingency），也即成长的偶然性。在前现代社会，出生的偶然性决定了个人在社会分工中的位置。出生在身份等级较高的家庭中的人，往往在社会分工体系中占有最有利的地位，最初的偶然性就转化为必然性，成为个体命运的一部分。在现代社会，劳动的功能分工代替了社会的分层分工。一个人在社会中的地位不再由他的出身决定，而是由他在社会分工体系中所发挥的功能决定。于是，“最初的偶然性本身就成为超定的。曾经是命运的东西，现在变成了一种境遇”⑤。在这个过程中，偶然性意识普遍觉醒，但已不再是最初的偶然性，而是继发的偶然性。继发的偶然性意识打破了宿命，人们变得乐观起来，相信自己一定能够通过后天的努力取得成功。然而，盲目的乐观并没有让人们事事如愿，人们日益发现，一种不依附于命运意识的纯粹的偶然性意识将会给人类社会（也包括自己）

---

① 阿格妮丝·赫勒、费伦茨·费赫尔：《后现代政治状况》，王海洋译，黑龙江大学出版社，2011，第2页。

② 同上书，第2页。

③ 同上书，第4页。

④ 同上书，第19页。

⑤ 同上书，第20页。

带来更大的灾难。因此，“纯粹偶然性的自由必须转化成命运的自由，自由必须与必然联合，或者至少它必须‘意识到’必然性或者按照必然性行动，以便它被‘意识到’”①。康德充分意识到了偶然性潜在的危险，他将自在之物和现象界分离，就是想通过道德律令限制偶然性。斯密意图用“看不见的手”规避偶然性带来的风险，他相信社会总是“受着一只看不见的手的指导，去尽力达到一个并非他本意想要达到的目的。他追求自己的利益，往往使他能比在真正出于本意的情况下更有效地促进社会的利益”②。黑格尔试图用国家来调和市民社会内部的矛盾，即用国家伦理来束缚偶然性。马克思则正确地指出，资本主义社会（市民社会）“偶然性占据着统治地位”，但这种统治“无非是那些统治个人的物质关系的理论表现”③。要消灭这种物质关系，“不能靠人们从头脑里抛开关于这一现象的一般观念的办法来消灭，而只能靠个人重新驾驭这些物的力量，靠消灭分工的办法来消灭”④。

从个体自由出发，赫勒反对一切必然性对偶然性的钳制，她更关注“怎样才能不放弃自由，不守着必然性或宿命的扶手而把我们的偶然性转化成命运”⑤。必然性是一把双刃剑，既可以成为自由的扶手，也可以成为戕害自由的工具。盲目信奉必然性，个体便会丧失自由，专制制度便会滋生开来；完全拒斥必然性，人类将会陷入迷茫，虚无主义便会泛滥成灾。赫勒的高明之处在于从后现代视角出发反思现代性的悖论，避免了上述两种极端立场的缺陷。一方面，与浪漫派的理论家不同，她坚决反对退回到前现代，并坚信：“只有现代社会格局能够维持——喂饱和养活——如今与我们共同拥有地球的那千百万人。如果重建前现代社会格局——即使这是有可能的事——我们地球上至少有一半的人口在劫难逃。”⑥ 另一方面，

① 阿格妮丝·赫勒、费伦茨·费赫尔：《后现代政治状况》，王海洋译，黑龙江大学出版社，2011，第21页。

② 亚当·斯密：《国民财富的性质和原因的研究》（下卷），郭大力、王亚南译，商务印书馆，1974，第27页。

③ 《马克思恩格斯全集》（第30卷），人民出版社，1995，第144页。

④ 《马克思恩格斯文集》（第1卷），人民出版社，2009，第570－571页。

⑤ 阿格妮丝·赫勒、费伦茨·费赫尔：《后现代政治状况》，王海洋译，黑龙江大学出版社，2011，第22－23页。

⑥ 阿格尼丝·赫勒：《现代性理论》，李瑞华译，商务印书馆，2005，第83页。

与极端的后现代主义者不同，她意识到“对现在的绝对否定很可能以彻底丧失自由或彻底毁灭而告终”[①]，并坚信：现代性完全能够保持脆弱的平衡并幸存下来，只要人们做出正确的选择并为此负责。

二、现代性的动力与现代社会格局

赫勒认为，现代性的动力和现代社会格局是现代性的两个基本要素。现代性动力的出现可以追溯至民主鼎盛时期的雅典城邦。其时，传统遭到普遍质疑，真理不再是理所当然的，一切都要接受检验，正是这种无限的否定性使现代性保有活力。柏拉图本打算用至高无上的善制止启蒙逻各斯的无限扩张，结果却牺牲了自由人格。黑格尔作为“第一位清楚地阐释现代概念的哲学家”[②]，试图用伦理力量确保人格自由，他深信现代性的动力既可以是破坏性的，也可以是建设性的，但在建构宏大叙事的同时，却用辩证法解构了形而上学。赫勒认为黑格尔没有给现代性预设基础，而是让现代性保持伦理力量的平衡。家庭、市民社会和国家分别对应着三种伦理力量，当三者保持平衡时，现代性就充满活力，当其中一种力量占据支配地位并阻遏其他力量发展时，现代性就岌岌可危。黑格尔虽然阐明了现代世界的优越性和危机所在，并将现代社会视为一个进步与异化共在的世界，却无意识地陷入了矛盾。国家作为伦理实现的最高阶段，本来是想避免市民社会不同个体间的利益争斗，结果却演变为极权主义统治的工具，个体自由丧失殆尽。韦伯的高明之处在于拒斥了黑格尔总体化的历史哲学，将历史视为不同变量相互作用的结果，在他看来，“历史发展中不存在单一的独立变量；有时候有某个因素会被认为是最具决定性的。没有一个因素可以被挑选出来作为一般而言的现代生活的主要原因、动机力量或基础”[③]。韦伯的社会领域划分理论（分为哲学、宗教、艺术、经济、政治等领域）还强调了现代性多元决定的特征，并告示人们，不同领域拥有不同的规则，决不能相互混淆，一旦有越界行为出现，人类社会将陷入灾难。

---

① 阿格妮丝·赫勒、费伦茨·费赫尔：《后现代政治状况》，王海洋译，黑龙江大学出版社，2011，第13页。

② 于尔根·哈贝马斯：《现代性的哲学话语》，曹卫东译，译林出版社，2011，第5页。

③ 阿格尼丝·赫勒：《现代性理论》，李瑞华译，商务印书馆，2005，第55页。

赫勒认为，现代性的动力是一种非辩证的辩证法，即霍克海默和阿多诺意义上的启蒙的辩证法。《启蒙辩证法》一书的作者向我们发问：为什么“人类没有进入真正的人性状态，反而深深地陷入了野蛮状态”①？本来，“启蒙的根本目标就是要使人们摆脱恐惧，树立自主。启蒙的纲领是要唤醒世界，祛除神话，并用知识代替幻想”②，但实际上，启蒙的每一个努力都陷入了悖论，“启蒙消除了旧的不平等与不公正——即绝对的君王统治，但同时又在普遍的中介中，在所有存在与其他存在的关联中，使这种不平等长驻永存”③。破除神话的启蒙反而走向神坛，这就是启蒙的辩证法。赫勒对启蒙的阴暗面有刻骨铭心的感受，但她却能客观公正地看待启蒙，把它视为一项未完成的规划。赫勒坚信，启蒙具有否定和质疑的精神，它批判一切，“一切都会受到质询和检验；一切都受到理性的细察和论证的驳斥”④。这种类似黑格尔“恶无限”的逻辑最终构成了现代性的动力。马克思无疑深刻觉察到启蒙的这种特质，当他宣称现代性让“一切坚固的东西都烟消云散”时，就包含了对现代性动力的思考。

赫勒细致区分了两种启蒙：理性主义的启蒙和浪漫主义的启蒙，“只看到启蒙年轻美丽一面的观众倾心于理性主义的启蒙；只看到启蒙老丑一面的观众则倾心于浪漫派的启蒙”⑤。理性主义的启蒙将技术模式应用于现代性的一切领域，认为技术可以解决所有问题；浪漫主义的启蒙否认技术的力量，认为启蒙必将导致虚无主义。赫勒认为两种启蒙都是片面的，正确的做法是辩证地看待启蒙，分析其内在的悖论。现代性有两大悖论：自由的悖论和真理的悖论。自由是现代人的基础，但“自由作为基础也就意味着一切都没有基础”⑥，这是自由的悖论。现代人要追求真理，但又“必须学会在没有真理的情况下生活”⑦，这是真理的悖论。

现代性的社会格局主要用于刻画社会地位分配和劳动的社会分工。前

---

① 马克斯·霍克海默、西奥多·阿道诺：《启蒙辩证法》，渠敬东、曹卫东译，上海人民出版社，2006，前言第1页。

② 同上书，第1页。

③ 同上书，第9页。

④ 阿格尼丝·赫勒：《现代性理论》，李瑞华译，商务印书馆，2005，第64–65页。

⑤ 同上书，第69页。

⑥ 同上书，第26页。

⑦ 同上书，第30页。

现代社会和现代社会是两种最典型的社会格局，赫勒曾用“双重偶然性”来描述两者的根本差异，有时也用“双重先验”（“遗传先验”和“社会先验”）来标示这一点：在前现代社会，遗传先验被放在一个信封里寄往等级制社会的城堡，当信到达城堡时，命运便确定下来；在现代社会，遗传先验仍被封存在信封中并被扔进邮箱，但信封上却没有注明地址，人们在成长过程中亲手写上地址，这时偶然性转化为命运意识。“现代性不是天堂。它只是另外一种社会格局。”① 这种格局确实会给人类带来残酷的现实，但不可否认，现代社会格局已经成为遍及全球的支配性社会格局，我们要做的只能是让它存续下去，并令其沿着最有利于人类的方向发展。

三、现代性的想象制度和发展逻辑

赫勒认为现代性有两种相互并存、相互影响、相互渗透的想象机制：技术想象和历史想象。现代人同时受到两种想象的束缚，“双重约束意味着一个人既为技术想象所约束，又为历史想象所约束”②。一个人可以离开历史想象过一种成功的生活，但他（她）却不是幸福的人，要获得幸福就必须做道德上的“好人”，自觉接受历史想象的引领，“必须有一个处在实用主义需求之上和之外的世界——一个富有想象、富有不必要活动和无用观念的世界”③。为了说明历史想象对于人类的意义，赫勒区分了“现代生活”和“现代世界”。现代生活可以单纯凭借技术想象存在，目前大多数人正过着这种生活。现代生活最大的特点是蔑视生命，将一切归为技术。现代世界则是一个由文化提供意义的世界，它负载并传递着历史想象，个体在其中过着有意义的生活，充分展示着个性。与技术决定论者不同，赫勒倾向于用历史想象制约技术想象。当阿多诺声称“奥斯威辛之后不再有诗”时，她提出了质疑：一方面，奥斯威辛之后的确不再有诗，因为灾难足以让一切浪漫主义的乌托邦烟消云散，一切写作都是苍白无力的；另一方面，奥斯威辛之后又必须写诗，若不言说和写作，大屠杀的记忆便会逐渐流逝并被人们遗忘。诗作为一种特殊的历史想象，乃是技术想象恶性扩张的一副“解毒剂”，有了它人类社会便不至灭亡，人类才有可能继续栖

---

① 阿格尼丝·赫勒：《现代性理论》，李瑞华译，商务印书馆，2005，第 81 – 82 页。

② 同上书，第 135 页。

③ 同上书，第 122 页。

居在这片大地上。

对现代性逻辑的分析是赫勒现代性理论的核心。在《历史理论》一书中，赫勒指出现代性具有三个要素：市民社会、资本主义和制造工业。在《阶级、现代性和民主》以及《后现代政治状况》中，现代性的逻辑被明确表述为资本主义、工业化和民主。在《现代性理论》一书中，现代性的逻辑又进一步被表述为“技术的逻辑、社会地位的功能性分配的逻辑以及政治权力的逻辑（统治与支配的制度）”①。赫勒的三种表述并不矛盾。一方面，前两种表述是在特殊意义上对西方现代性的总体描绘（社会主义国家不在其列），最后一种表述是在普遍意义上对整个现代性的一般概括（包含一切现代工业国家）。另一方面，三种表述有内在的联系，呈现出一种逐步细化的递进关系。例如，工业化要比制造工业涵盖的领域更广，技术更能表现出技术想象在现代性中的支配地位，也切近现代性的本质。再如，当赫勒分析西方式的自由主义民主时，市民社会的逻辑、民主的逻辑以及社会地位、功能和财富划分的逻辑大体上具有相同的内涵，根本目的都是确保“‘起点的平等’和结果的公正不平等”②。按照赫勒的说法，市民社会的逻辑包含两个层面，一是相对独立的私人经济领域，表现为市场、私有财产、不平等（异化）的普遍化；二是自由（人权）的领域，表现为权力的民主化、平等化和分散化。第二个层面其实就是民主。赫勒非常看重现代性的民主逻辑，也更愿意推进民主的逻辑，让它发展成“现代性维护它对于另外两个（资本主义和工业化）首要位置的支配性逻辑”③。当谈到资本主义向社会主义的过渡时，她这样说道：

“如果社会主义作为结论被概念化，并被视为市民社会第二种逻辑的布展（意味着自由、人权通过权力的民主化、平等化、分散化推行开来），社会主义的转变就不再暗含单一的‘转折点’，而是意指从较少社会主义向较多社会主义的发展，从统治的社会向自我管理的社会以及参与民主的社会的发展，这是一种不排斥多种转折点可能性的发展。”④

① 阿格尼丝·赫勒：《现代性理论》，李瑞华译，商务印书馆，2005，第95页。

② 同上书，第177页。

③ 阿格妮丝·赫勒、费伦茨·费赫尔：《后现代政治状况》，王海洋译，黑龙江大学出版社，2011，第41页。

④ Agnes Heller, *A Theory of History* (London: Routledge & Kegan Paul, 1982), p. 286.

赫勒认为马克思的市民社会理论忽略了民主这一要素，误将工业和资本主义视为社会发展的主导因素，社会主义最终被锚定在技术和生产力的发展之上。这显然是一种误解。一是，马克思的确更多地强调了市民社会的经济层面，这主要与他提出该理论时的背景有关，为了批判黑格尔的唯心主义法哲学，必须从社会经济层面出发，强调市民社会决定国家。二是，马克思从来没有忽略民主，他批判民主，是因为资本主义民主是抽象的形式民主，是假民主和不民主。三是，马克思也不是片面的生产主义者。他对生产有两种理解：一种是一般性的理解，强调生产是人类历史的第一个基本前提；另一种是批判性的理解，侧重于对生产在资本主义制度条件下的批判。赫勒将两者混为一谈，仅仅看到了马克思强调生产是人类存在的基础这个层面，忽略了马克思对资本主义具体生产的批判。正是在对生产的批判中，马克思提出了一种关于生产的民主理论，即联合生产者共同支配生产资料、共同决定生产过程的生产模式。

下面具体分析一下现代性的逻辑的论述。首先，技术的逻辑是一种只需要"解决问题"意义上的认识，"技术想象指向未来，倾向于解决问题的心智，想当然的面对真理，以工具理性为基础，将物（人与自然）视为客体，对进步和知识积累充满信心，更加喜欢新事物，青睐于功效"①。技术的逻辑一旦不受限制，便会走向反面，现代性将会终结。幸好技术的逻辑不可能完全支配社会，"政治的逻辑和社会地位功能划分的逻辑并没有完全被科学或一般性的技术想象所支配"②。现实的情况是，技术的逻辑不得不受制于其他两种逻辑，但还是要防止技术体制化和意识形态化，尤其不能让技术通过合理化转变为压迫性的力量。

其次，社会地位、功能和财富划分的逻辑是现代性的核心。从后现代视角出发，赫勒认为现代人应该拥有多种生活方式，并通过对称性互惠（symmetric reciprocity）联结起来。"我为你做了 X，我期望你对我做 Y（这里 X 和 Y 不能互换）"③，这是互惠的基本原则。对称性互惠指人们在参与讨论时相互间的关系是对称性的，没有人拥有反对他人的权力，一切

① Agnes Heller, "The Three Logics of Modernity and the Double Bind of the Modern Imagination," *Thesis Eleven*, no. 81 (2005): 68-69.

② 阿格尼丝·赫勒：《现代性理论》，李瑞华译，商务印书馆，2005，第 105 页。

③ 阿格妮丝·赫勒：《超越正义》，文长春译，黑龙江大学出版社，2011，第 23 页。

依附和统领关系都被排除在外。现代性要存续下去，社会地位、功能和财富划分的逻辑就必须取得相对的独立性。用我们熟悉的政治哲学术语来表述就是，市民社会必须同国家实现分离，并保持相对的独立性。以苏联为例，由于市民社会并不是一个相对独立的领域，国家权力占据了支配性地位，技术发展也表现为某种技术力本论，现代性的平衡也就无法维系。赫勒认为“自由主义民主制度是给予第二种逻辑以相对独立性的最佳政治制度”①，因为该制度包含了三个基本要素：市场的普遍化、货币化和专业化。

第一个要素是市场的普遍化。“市场总是在扩大，需求总是在增加”②，这是马克思和恩格斯在《共产党宣言》中对资产阶级社会的基本判定。正是在资本主义社会中，“资本行使管理权，劳动力则被管理”③。然而，赫勒坚持认为资产阶级社会不等于资本主义社会。由于资本主义仅仅是现代性的一种逻辑，因此超越资本主义并不意味着超越资产阶级社会（现代性）。赫勒的结论是，资本主义不平等的生产（社会）关系可以被废除，但市民社会、个体自由和民主作为现代性最核心的逻辑必须保留下来。言外之意是，资本主义社会可以扬弃，但资产阶级社会不可超越。赫勒甚至认为马克思在这个问题上栽了跟头。必须承认，马克思的确有时将资本主义社会等同于资产阶级社会（市民社会），在他的早期著作中根本没有资本主义社会这个概念，因为那时他主要是对资产阶级社会（市民社会）展开批判。但是，当确立了唯物史观后，马克思便很少使用市民社会概念了，因为他发现，如果从市民社会和国家的关系出发阐明自己的观点，恰恰落入了资产阶级的意识形态。赫勒的问题在于，始终从市民社会与国家的二分出发理解资本主义社会，这就忽略了二分的前提恰恰是历史的产物。当她夸赞市民社会（民主）的重要性时，资本的逻辑恰恰被忽略和遗忘。

赫勒认为，货币化对前现代社会的解体立下了汗马功劳，其根本点在于将一切质性差异还原为量的差别。赫勒反对任何形式的浪漫主义，她正

① 阿格尼丝·赫勒：《现代性理论》，李瑞华译，商务印书馆，2005，第121页。
② 《马克思恩格斯文集》（第2卷），人民出版社，2009，第32页。
③ 阿格尼丝·赫勒：《现代性理论》，李瑞华译，商务印书馆，2005，第123页。

确地看到，“货币化也许不是非常高尚，但它确实给予人们更大的自由”①。她发现，现代社会的“需求不是按定质的捆束来分配，而是按同质化的量（货币）来分配的”②。这显然是一种异化，由于资本主义不断制造出新的需求，而货币又是有限的，于是两者发生矛盾，人们陷入异化需求不能自拔。赫勒关于货币化的论述与马克思的货币拜物教理论具有一致性，两人都把货币化看成是现代性的必然产物，都认为货币化导致了人（社会）的异化，都反对仅仅从道德层面拒斥这一社会发展趋势。区别在于，马克思并未止步于此，而是从货币拜物教批判转向资本拜物教批判，最终揭示了资本主义社会剥削的秘密。

赫勒认为，专业化将现代社会变成了一个“精神动物的王国”。要摆脱专业化带来的负面影响，就必须引入文化。文化并不是指那种与大众文化相对的高级文化，而是哲学人类学意义上的普遍概念。按照这种文化概念，一切人类社会都是文化，“每一种生活方式都是一种文化”③。赫勒认为文化具有历史想象的功能，可以负载并传播历史意识，让人们由动物式的生存状态转向有意义的人类生活。

现代性的第三个逻辑是政治权力（统治），主要指上层建筑中的国家。与传统马克思主义的理解不同，赫勒并不认为政治是经济的婢女，反而认为前者具有较大的独立性。在对国家的描述中，她重点论述了极权主义国家和自由民主制国家。第一种国家的特点是，“它的出现、它的运转以及它的意识形态最充分地表现出技术逻辑”④，这是一种最极端的形式，种族灭绝和大屠杀是其必然结果。赫勒主张现代社会应该采取自由民主的国家形式，因为在这种体制下，人们会受到双重束缚，现代性的三种逻辑会保持平衡，现代性会存续下去。

赫勒关于现代性三种逻辑的论述在一定程度上有效避免了独断论，如她所说：“现代性不应被视为一个同质化和总体化的整体，而应被视为一个有着某些开放但并非无限制的可能性的片断化世界。”⑤ 问题在于，现代

① 阿格尼丝·赫勒：《现代性理论》，李瑞华译，商务印书馆，2005，第126页。
② 同上书，第126页。
③ 同上书，第188页。
④ 同上书，第151页。
⑤ 同上书，第96页。

性的三种逻辑是否地位相同？能否说其中一种逻辑更为“基本”？马克思是否只是片面强调了现代性的某一种逻辑？笔者认为，现代性是一个整体性的概念，包含着政治、经济、文化等多个领域。每个领域都具有相对的独立性和自律性，都有自身的发展逻辑和运行规则。就此而论，赫勒强调现代性具有不同的发展逻辑，这是正确的。但是，后现代的方法让她最终否认了现代性的整体性，这就势必导致对现代性逻辑的“均衡化”分析，而一旦认为三种逻辑在地位上完全相同，就一定会否认马克思现代性理论关于资本逻辑的分析。其实，马克思现代性理论最大的特（优）点就是，一方面将资本主义视为现代社会的基本逻辑，坚持用资本的逻辑分析资本主义社会的总体结构特征，另一方面强调资本主义社会的领域分化，坚持一种差异性的分析，揭示现代性逻辑的多重内涵。

对于现代性，赫勒始终抱有一种积极的心态，她意识到，“人们能够对许多美好的、高贵的和优雅的事物的消亡感到难过，但仍然可以对造成这些事物消亡的社会安排而感到满意。仆人到死都忠诚于主人可能会引起我们的羡慕和神往，但是我们并不希望重新回到基于主人－仆人关系占统治地位的现实世界中去”①。这种自觉抵制浪漫主义的姿态是难能可贵的。从政治立场上看，赫勒最终倒向了自由主义，现代性批判以高扬西方现代性的自由民主制度收场。导致这一结局的原因非常复杂，既与赫勒在匈牙利的人生遭遇有关，也与她长期流亡海外的生活经历有关。但从学理上看，转向主要源于赫勒现代性理论自身的缺陷。如前所述，赫勒对现代性的分析主要依据的是市民社会与国家的二分模式，尤其突出和强调了市民社会（民主）的逻辑，从现象层面看，这一分析模式似乎反映了现代社会的基本面貌，但其实根本没有切中要害。马克思曾一度使用过市民社会－国家二分的模式分析现代社会（后扩展为经济基础－上层建筑二分的模式），但他后来意识到该模式具有历史局限性，于是转向了经济学研究，通过三大拜物教批判，深入分析了资本的逻辑，进而揭示了资本主义现代性的秘密。赫勒现代性理论的固有局限导致她最终否定了社会的整体性，放弃了救赎政治，如她指出：“现代社会不像一座楼房，必须毁掉它才能

---

① 阿格妮丝·赫勒：《现代性能够幸存吗?》，王秀敏译，黑龙江大学出版社，2012，导言第11页。

建立新楼房。如果我们必须使用明喻，那么它更像一艘船，在这艘船上，一群人可以改变桅杆，另一些人可以改变航程，而第三群人可以忙于清洁甲板。”① 改良而不是革命，这就是赫勒现代性理论的政治结论。抛开这一政治主张不谈，她的现代性批判理论还是有不少精彩洞见的。例如，关于偶然性转化为命运的论述就触及偶然性与必然性的关系问题，深刻揭示了现代人的生存悖论；关于现代性想象机制和双重束缚的理论，正确揭示了现代性内含的两种异质力量，为现代性的存续提供了一条可能性路径；关于现代性三种逻辑的论述，正确揭示了现代性的复杂性和矛盾特征，警示我们一定要防止现代性单一逻辑的片面发展。中国的现代性之路一定具有中国特色，它不同于西方的现代性，但也绝不可能完全脱离西方现代性的历史语境和基本逻辑，在这个意义上，赫勒的现代性理论对我们审视和建构中国特色的现代性具有一定的启发意义。

① 阿格妮丝·赫勒、费伦茨·费赫尔：《后现代政治状况》，王海洋译，黑龙江大学出版社，2011，第40页。

现代性与偶然性*

——对赫勒现代性理论的解读

颜 岩

塞涅卡有言："顺从命运的人，命运领着走；不顺从命运的人，命运拖着走。"① 这句话有两层意思：一是要人们相信命运是一种主宰性的力量，决不能违背；二是告知人们一旦主体意识到并成功地选择了命运，便能够自主行动、享获自由。现代性是一个复杂的概念和理论规划，其核心论题可以是启蒙、理性、个体性、资本主义、工业化、民主等。但在笔者看来，现代性最核心的论题应该是人的自由。然而，现实情况却是个人被偶然性统治着，没有实现真正意义上的自由。现代人如何直面偶然性进而享获自由？现代社会偶然的个人又如何选择自己的命运进而实现主体自决？这些问题本来就是现代性理论的题中应有之义。东欧新马克思主义理论家赫勒对此进行了深刻的反思，并由此出发形成了自己独特的现代性理论。

一、偶然性的萌发与演化

赫勒关于偶然性的基本论断一方面吸取了黑格尔—马克思的理论资源，如强调偶然性的不可避免性、历史性以及相对于纯粹必然性而言的合理性；另一方面融合了存在主义哲学的思想元素，如强调个体自由和主体选择。在日常生活用语中，偶然性通常指意外碰巧发生之事，如某人叫张三（不是李四），一张桌子是黑色的（不是白色的），等等。但在哲学层面

---

* 本文刊于《山东社会科学》2018 年第 8 期。

① 转引自张凤阳：《现代性的谱系》，江苏人民出版社，2012，第 1 页。

上，尤其在存在论意义上，偶然性却指的是现代社会人的境况，[①]，更多地与人类社会（历史）这个话题相关。赫勒的现代性理论有一个基本的哲学预设——偶然的人，在她看来，“一个人不得不内在的是偶然的”[②]。伊壁鸠鲁曾指认必然性的生活是不幸的，并坚信必然性的生活不是必然的。赫勒则将之改为：偶然性的生活是不幸的，但偶然性的生活却不是偶然的。赫勒首先将偶然性意识的萌发追溯至圣经中人类的祖先——亚当和夏娃。在那里，偶然性意味着纯真无罪状态的丧失，它在亚当和夏娃偷吃禁果的那一刻呈现出来。这种偶然性对于人类发展而言影响深远，一方面，人拥有了一定的自由度，卢卡奇与布达佩斯学派的现代性哲学及现代性批判可以不在伊甸园中“盲目”地生活了；另一方面，人失去了上帝的庇护，将不得不面对改造自然和社会过程中的一切风险。这一步一旦迈出，便在事实上无法挽回，出家之后便难回家，人们再也无法回到过去，他（她）必须为自己的选择负责，在享获自由的同时品尝自己种下的苦果。

偶然论的对立面是目的论，偶然性的凸显意味着上帝作为绝对目的永久地丧失了。偶然性在前现代时期基本上处于边缘地位，无论是柏拉图的理念论、亚里士多德的目的论还是中世纪的宗教神学，都足以让其生发得极其缓慢。科拉科夫斯基（Leszek Kolakowski）深刻洞察了其中的奥秘，即“人类是一种偶然性的或意外的存在物这一事实，就是对造物主谦卑和崇拜的原因”[③]。柏拉图很少使用偶然性这一术语，因为在他看来，这种变动不居的、经验的、暂时的事物，并不是人的本质，人应该是完善的、理念式的存在。柏拉图主义者“说明了人的偶然存在与人的真正存在之间的差别，他们寻求声明如何使人通过自我神话的努力而克服这种二重性。他们决不承认偶然性是人类的命运，他们认为命运之路通向绝对”[④]。在亚里士多德哲学传统中，偶然性主要指“一种可能存在或者可能不存在但却不

---

① 赫勒有意不使用“人性”而用“人的境况”概念，一方面是因为前者过于多义、模糊，另一方面是后者与古老的“人的命运”相连，可以方便地与她的偶然性论题对接。在赫勒那里，人的境况指的就是区别于本能规范的社会规范，即一种“在张力中的生活”。

② 阿格妮丝·赫勒：《碎片化的历史哲学》，赵海峰、高来源、范为译，黑龙江大学出版社，2015，第9页。

③ 莱泽克·科拉科夫斯基：《马克思主义的主要流派》（第1卷），唐少杰等译，黑龙江大学出版社，2015，第11页。

④ 同上书，第15页。

是必然的有限存在的状态”[①]，其存在意义仅仅是为了反衬必然性（绝对、上帝）的至上地位。“中世纪哲学之父”爱留根纳（John Scotus Eriugena）则试图证明，偶然性作为一种非绝对实在，意味着暂时性，并以恶为特征，乃是绝对发展和实现自己的一个必然阶段。在《论自然的区分》中，爱留根纳论述了精神创造世界又回归自身的历史，偶然性作为异化的一个阶段，被设定为终将被扬弃的。可见，古代哲学家并没有彻底否认偶然性的存在，他们认为这种偶然性来自人的狭隘性和生存的匮乏状态，这就等于先天认定人是偶然的。悖谬在于，人虽然是有限的、偶然的存在物，却又时刻渴求达到一种超验、完满、绝对的状态，哲学就是要解决偶然性与必然性的矛盾。古代哲学的论证逻辑在于贬低偶然性，抬高必然性，但事实却是这样做并没有使人获得自由。

总体上看，在前现代社会，偶然性虽然存在，却始终被必然性（上帝、绝对）裹挟着，因此前现代人可以不为自己的行为负责，他们总能够寻找到最终的目的和必然的理由。现代人则必须为自己的行为负责，因为这时偶然性在经历了漫长的胎儿期后，已经登上历史舞台。笛卡儿率先打开了一个缺口，黑格尔进一步揭示了偶然性的秘密，他试图以国家来超越和克服偶然性，并将偶然性视为自我意识向绝对精神发展的必经阶段。尽管在偶然性阶段精神是异化的，但由于历史发展的最终目的是绝对精神，因此偶然性终将被扬弃。赫勒认为，黑格尔的思辨哲学（历史目的论）并没有真正扬弃偶然性，恰恰相反，那种认为偶然性必将成为过去的信念，一方面只会让人们变成历史的玩偶，并滞留在偶然性之中不能自拔，另一方面又暗含着一种必然性的强制，尤其当这种必然性附着在国家身上，就会形成极权主义。在经历了“奥斯威辛集中营”和斯大林主义的双重侵凌后，赫勒不再相信任何总体性的事物（如黑格尔的伦理国家）可以让个人享获自由，她开始在存在主义那里寻找新的思想资源。

赫勒特意区分了两种偶然性：宇宙的偶然性和历史（社会）的偶然性。前者是一种自然的偶然性，后者是社会（历史）的偶然性，与人的被抛状态相关。在赫勒看来，“历史的－社会的偶然性不能被思考、想象、

① 莱泽克·科拉科夫斯基：《马克思主义的主要流派》（第1卷），唐少杰等译，黑龙江大学出版社，2015，第11页。

知觉、诠释所消除，或者被任何在思辨过程中的思考行为或言语行为所废除”①。要想消除历史的偶然性，只能要么重返前现代社会，但这一方面是浪漫主义的、不可能的，另一方面这种消除不是真正的消除，如前所述，偶然性在前现代社会依然存在，只不过是被必然性压制住了。唯一可行的方案是超越当前社会，进入全新类型的社会。赫勒并没有详细勾勒新社会的具体面貌，她关心的问题是，现代人既然已经处于偶然性之中，就必须直面偶然性，并克服逃离偶然性的种种诱惑。也就是说，现代人必须学会与偶然性共舞。从后现代的视角出发，赫勒很少直接批判偶然性，而是依据自己独特的生活经历描述现代社会偶然的人的生存面貌，并经常夸赞偶然性。她声称自己是后现代人，既不要求在历史中获得任何特权，也不相信历史规律和历史趋势，只相信偶然性，“我们不知道是否存在着‘一种’历史，也不知道它是否按照某个计划或某种趋势向着某个事物前进，因此有没有这样一个计划存在压根就是无关紧要的。因为就人性生物和行动者而言，没有目的、没有目标、没有一般方向，在我们通常用‘历史’一词来加以概括的那些事件中也没有必然性”②。这种同偶然性调情的暧昧立场与黑格尔－马克思对偶然性的批判形成了鲜明对比，但必须指出，赫勒的这一立场既与她个人的特殊经历有关，也与她一向拒斥目的论和必然性的哲学倾向有关，她一直坚持认为，正是黑格尔的必然性以及任何一种“目的、精神、上帝（已知的或未知的、显露的或隐蔽的）阻碍了人对绝对自由的追求”③。

二、历史偶然性的双重属性及其扬弃

就第二种偶然性——历史（社会）的偶然性而言，赫勒又区分了两种类型：一种是最初的偶然性（initialcontingency），也叫出生的偶然性，另一种是继发的偶然性（secondary contingency），也叫成长的偶然性。两种偶然性在不同的人类社会历史时期有着截然不同的表现。前现代社会的人

---

① 阿格妮丝·赫勒：《碎片化的历史哲学》，赵海峰、高来源、范为译，黑龙江大学出版社，2015，第18页。

② 阿格尼丝·赫勒：《现代性理论》，李瑞华译，商务印书馆，2005，第15页。

③ 阿格妮丝·赫勒：《碎片化的历史哲学》，赵海峰、高来源、范为译，黑龙江大学出版社，2015，第25页。

总是这样设想，如果我是 X 而不是 Y，我将会取得多么大的成就啊！其时，出生的偶然性决定了个人在社会分工体系中的位置，一旦意识到这一点，最初的偶然性就转化为一种宿命意识（必然性），个人只能“心安理得”地依附于这种外在的带有强制意味的命运。在现代社会，劳动的功能性分工代替了社会的等级划分，个人在社会中的地位不再由出身决定，而是由其在社会分工体系中发挥的作用决定。“曾经是命运的东西，现在变成了一种境遇。”[①] 境遇即偶然性，这种意识的普遍觉醒，让人们相信“一切皆有可能”。其时，继发的偶然性逐渐取代最初的偶然性占据支配地位并发挥主导作用。

赫勒试图用“双重先验”——遗传先验和社会先验——来阐明现代人生存境遇的偶然性。她举例说：在前现代社会，遗传先验被封存在信封里并被寄往等级制社会的城堡，一旦信件送达，人们的命运就确定了；现代社会则是另一番景象，遗传先验仍然是被封存在信封里并被投入邮箱，区别在于，信封上没有注明地址，信件究竟会被送往何处，是完全偶然的，人们将在成长的过程中自己写上地址，直到这个时候，偶然性才消除并转化为命运意识。赫勒有时喜欢用蹦床来形容现代社会的偶然性，当人们在蹦床上弹跳时，每次的运动轨迹都是不同的，它受到各种因素的影响，具有无序的特征。现代社会也是如此，它犹如一艘船，“在这艘船上，一群人可以改变桅杆，另一些人可以改变航程，而第三群人可以忙于清洁甲板”[②]。船的明喻意在表明现代性不是铁板一块，并不是只有一种发展逻辑，发展也不可能是线性的，毋宁说现代性进程中充满了偶然性。

与黑格尔和马克思一样，赫勒并不认为历史偶然性就是自由，在她看来，在某种极端情况下，一种不依附于命运意识的纯粹偶然性将会给人类带来灾难。因此，“纯粹偶然性的自由必须转化成命运的自由，自由必须与必然联合，或者至少它必须‘意识到’必然性或者按照必然性行动，以便它被‘意识到’”[③]。赫勒并不是要人们重新回到必然性（宿命论）的怀

① 阿格妮丝·赫勒：《碎片化的历史哲学》，赵海峰、高来源、范为译，黑龙江大学出版社，2015，第 20 页。

② 阿格妮丝·赫勒、费伦茨·费赫尔：《后现代政治状况》，王海洋译，黑龙江大学出版社，2011，第 40 页。

③ 阿格妮丝·赫勒：《碎片化的历史哲学》，赵海峰、高来源、范为译，黑龙江大学出版社，2015，第 21 页。

抱中去，其高明之处在于从后现代的视角出发深刻剖析了历史偶然性的双重属性，并试图让偶然性转化为一种合理的命运意识。与浪漫主义者不同，赫勒坚决反对退回到前现代社会，“只有现代社会格局能够维持——喂饱和养活——如今与我们共同拥有地球的那千百万人。如果重建前现代社会格局——即使这是有可能的事——我们地球上至少有一半的人口在劫难逃”[①]。与极端的后现代主义者不同，赫勒清醒地意识到“对现在的绝对否定很可能以彻底丧失自由或彻底毁灭而告终”[②]，因此我们只能直面偶然性，并将其转变为一种自主的命运意识（不同于被动的宿命意识）。与黑格尔和马克思一样，赫勒认为偶然性是现代性最大的神话，它虽然是现代性的必然产物，却必将随着现代性的消亡而消亡。但问题在于，现代人目前正处于偶然的现代性之中，这就有必要为人们寻找一条通往自由的道路。黑格尔的思辨目的论方案显然不现实，赫勒于是转向存在主义的选择论，她坚信，一旦个人正确地选择了自己，偶然性就转变成了他（她）的命运。

三、两种存在论的选择

现代人是偶然的人，这是赫勒对现代社会人的境况的基本概括。偶然的人是没有目标的，因此现代人必须选择一个目标，接受特定的生活态度。如果个人不做出任何选择，他（她）将始终是偶然的人，“如果你不选择你自己的生活，而是让他人为你选择，那么就没有任何终极目标出现在你生活的地平线上。你毕生都将是完全偶然的”[③]。对于个人而言，偶然性既可能是祸端，也可能是福祉，“只有对自我的选择成功时，作为虚无的自由才成为作为福祉的自由”[④]。在赫勒看来，当个人不知道自己的命运为何物时，他（她）一定会被偶然性缠绕，并生活在虚假的自由中，用黑格尔的话说就是处于虚无之中。当个人意识到自己的命运，并为实现这一命运做出选择并付诸行动时，他（她）就成为自由的人。于是，哲学史上

---

① 阿格尼丝·赫勒：《现代性理论》，李瑞华译，商务印书馆，2005，第 83 页。

② 阿格妮丝·赫勒、费伦茨·费赫尔：《后现代政治状况》，王海洋译，黑龙江大学出版社，2011，第 13 页。

③ 阿格妮丝·赫勒：《道德哲学》，王秀敏译，黑龙江大学出版社，2014，第 6 –7 页。

④ 同上书，第 7 –8 页。

的名言“认识你自己”和“我思故我在”便被改写为“选择你自己”和“我选择故我在”。赫勒的基本逻辑是，个人只有先成为自己，才能认识自己，成为自己的关键就是将偶然性转变为自己的命运。在这里，选择并不是日常生活中可以随随便便作的，而是一种存在论意义上的选择，“对自我的选择是一种存在的选择，因为它是对存在的选择”[①]。存在的选择之所以非同寻常，就在于它是不可撤销、不可逆转、不可更改的。存在的选择不是针对某个具体目标的选择，而仅仅是选择你自己，即让你是其所是。存在的选择一旦被逆转和撤销，个人将重新回到被偶然性环抱的赝自由状态。

赫勒区分了两种类型的存在的选择：依据差异的范畴选择自己和依据普遍的范畴选择自己。依据差异的范畴选择自己指选择自己成为某种特定事业的人，如一个人选择哲学作为自己的事业。这种存在的选择是不可更改的，赫勒以柯林伍德为例说明这一点。据说柯林伍德走上哲学之路是源于一本他看不懂的书，虽然这本书令他困惑不解，但他却有一种奇特的感觉，即认定书的内容至关重要，“他不由自主地感到一个任务在生命中等待着他，这是他的任务，它是被交给他的，他是和它同一的”[②]。赫勒亦有类似的经历。在读大学时，她曾被人拉去听卢卡奇的讲座，她发现自己一句话也听不懂，但却朦胧地意识到卢卡奇讲述的内容是至关重要的。随后她投身于卢卡奇门下研究哲学，并成为一名著名的哲学家。可见，依据差异的范畴选择自己并不简单意味着选择某种职业，而是指向一种生活态度，正是在这个意义上，赫勒认为“所有的哲学家都必须将他们自己的哲学转变为他们自己的生活态度”[③]，“每个哲学家一定是在实践着自己的哲学，没有被生活所体现的哲学就不再是哲学”[④]。赫勒认为卢卡奇成功做出了存在的选择，他将哲学视为自己的全部生命，为了哲学上的自由创作，他毅然选择放弃情人伊尔玛（Irma Seidler），后者的自尽令其痛苦不堪，但他仍能够坚韧地活下去，并从事哲学写作。

① 阿格妮丝·赫勒：《道德哲学》，王秀敏译，黑龙江大学出版社，2014，第12页。
② 阿格妮丝·赫勒：《碎片化的历史哲学》，赵海峰、高来源、范为译，黑龙江大学出版社，2015，第43页。
③ 阿格妮丝·赫勒：《激进哲学》，赵司空、孙建茵译，黑龙江大学出版社，2011，第18页。
④ 阿格妮丝·赫勒：《卢卡奇再评价》，衣俊卿等译，黑龙江大学出版社，2011，第38页。

依据普遍的范畴选择自己指选择我们自己做一个道德上的好人，这不仅是一种存在的选择，还是一种伦理的选择，“伦理地选择我们自己意味着命定我们自己成为我们所是的好人”①。选择在道德上做一个好人，这是一种绝对的、最高的选择，它绝不会受到任何外在因素的干扰，任何他人也无法替你做出。如果一个人这样做了，那么他就从一种被抛的状态进入自由世界。赫勒坚信好人一定存在。苏格拉底就是这样一个道德上的好人，为了追求哲学真理，他曾遣退妻儿在众弟子面前饮鸩赴死。赫勒同样也是这样一个好人，她坚定地选择哲学（批判）作为自己的职业（生命），为的是告慰那些在集中营中不幸丧命的人，她立志要为所有的死者偿债。每天清晨醒来，她总是思索这样一个问题：为什么在集中营中死去的是别人，而不是自己？

一个人一旦做出了存在的选择，他（她）就选择了某种价值目标，也就必须对此担负一定的道德责任，任何试图剔除个人责任的做法只会令其行为丧失合理性。“一个负责的人就是要管事（担负责任）。但是你不可能照管一个未知且不可知的未来。一个人要对现在负责。大致上，这意味着一个人要照管他的同时代人，要照管他的共在。”② 赫勒的这种责任意识来自她独有的“大屠杀”经历。她经常追问如下问题：大屠杀为什么会发生？人们何以如此行事？在罪恶面前我们能做什么？鲍曼（Zygmunt Bauman）坚信道德堕落是自我保全原则的必然结果：“大多数人在陷入一个没有好的选择，或者好的选择代价过于高昂的处境中时，很容易说服他们自己置道德责任问题于不顾，而另行选取了合理利益和自我保全的准则。”③ 米沃什（Czeslaw Milosz）细致地描绘了人们在巨大外部压力和恐惧下选择归顺屈从的过程，在他看来，任何极权主义暴政的产生都不是偶然的、个体性的、外来的事件，而是有其自身深刻的历史、文化和人性根源。在某种意义上，人们并非是在无奈中被迫放弃自由，而是心甘情愿地选择奴役，在这背后隐藏着一种神秘的集体魔法。

---

① 阿格妮丝·赫勒：《道德哲学》，王秀敏译，黑龙江大学出版社，2014，第16页。

② 阿格尼丝·赫勒：《现代性理论》，李瑞华译，商务印书馆，2005，第21页。

③ 齐格蒙·鲍曼：《现代性与大屠杀》，杨渝东、史建华译，译林出版社，2011，第268－269页。

四、从不满意到自决

偶然的人一旦从存在的角度选择了自己，偶然性就转变为命运。意识到自己命运的人不仅是自由的，还是快乐的、易于满足的。在现代社会，偶然的人总是对社会普遍地感到不满意，“烦”成了偶然的人的基本存在状态。在赫勒看来，资本主义社会总是在需要的量上无休止地扩张，这就必然会导致整个社会系统趋向机能失调，人们对社会不满也就在所难免。现代社会的浮士德表明，与其说“令人不满”是资本主义社会的专利，不如说它是现代性的产物，“‘令人不满意的社会’这个概念试图从需要的角度，或者更具体地说，从需要的产生、觉察、分配和满足出发来把捉我们的世界时代的特征。它表明，需要产生、觉察、分配和满足的现代形式增加了不满，与任何具体的需要是否得到满足毫无关系”[①]。尽管不满意充斥着整个社会，具有一定的消极性，但它也可以成为社会发展的动力和马达，现代性的存续需要这种“不满意”，“如果人们停止对他们命运的不满，现代社会就无法再生产其自身。至少，它当然会进入一种衰退或解体的时代，最终无疑会崩溃”[②]。

更进一步，赫勒认为不满意与个人在现代性中的双重偶然性境遇直接相关，它根源于期望和现实的差距，现实总是残酷的，个人总会遇到自己的界限，当期望无法在现实中得到满足时，不满意的情绪就蔓延开来。但如果个人成功地选择了自己，偶然性的消极影响就开始消退，“如果我们认识到除了我们已经选择过的生活道路外，我们不可能选择任何其他道路，并且我们已经实现了我们所有天赋中最好的可能性，我们就不再是偶然的了”[③]。由于主体的选择不是在被迫或无知的条件下做出的，人们就有理由对自己的选择感到满意。在赫勒看来，偶然性转变为命运的关键是个人必须处于自决的状态，即能够在不受任何外力干扰的情况下自由做出选择。这里必须严格区分两种不同性质的需要：一种是普通的需求，另一种

---

① Agnes Heller, Ferenc Feher, *The Postmodern Political Condition* (New York: Columbia University Press, 1988), p. 14.

② 阿格妮丝·赫勒、费伦茨·费赫尔：《后现代政治状况》，王海洋译，黑龙江大学出版社，2011，第 17 – 18 页。

③ 同上书，第 32 页。

是作为自决的需要。前者是对具体物的某种渴望和欲求，一旦目标实现，需求就会消失；后者是个体对“人的本质在于自由自觉的活动”的觉识和把握，其本身就意味着主体处于自决的状态。依照康德“人是目的而不是手段”这一戒律，赫勒认为除了那种把他人视为手段的需要不应得到满足外，其余的需要都应该予以承认，因为这些需要为人们走向自决提供了支撑和承诺。由此出发，赫勒认为，凡是以需求为导向的人一定会屈从于某种外在的因素，其行动也就不可能是内在的、自决的。这一点对于存在的选择至关重要，因为人们很可能因为外在的因素而改变自己的选择，其结果只能是个人回退到某种偶然状态之中。

问题在于，自决的人如何可能？赫勒试图通过两种方式解决这个问题：一方面，她预设了好人一定存在，而好人一定是自决的人；另一方面，她寄希望于一种激进的民主制度，坚信民主作为现代性最重要的逻辑可以为自决提供支撑。赫勒此处似乎有循环论证之嫌，一方面，她认为好人可以保证自决；另一方面，她又认为自决是好人存在的前提。另外，激进民主是否真的具有如此巨大的功效还有待观察。但赫勒有一点是正确的，那就是现代人无论如何都必须在不满意的社会中寻得自决，以获得一种满足的感觉。诚如她所言，自决能够让生活更加美味，能够让人们的巅峰体验不至于消逝。难能可贵的是，赫勒还跳出了存在主义“孤立的个人”的观点，她强调个人的自决离不开他人的自决和社会的自决，并坚信，通过发展一种对称性的互惠关系和提倡平等的交往，人类团体和整个社会机构的自决将不断增长。

综上所述，从对偶然性的分析出发，赫勒认为现代社会的个人是偶然的人。偶然性较之传统社会的宿命论（必然性）而言，无疑具有一定的历史进步性，但个人依然生活在虚假的自由中。历史偶然性的消除有赖于个人将偶然性转变为自身的命运，即做出存在论的选择，尤其是从道德层面选择做一个好人。好人是真正能够做到自决的人，他（她）生活在一个令人不满意的现代社会，却能够让生活充满意义，并滋养出一种满足感。只有当个人的自决、他人的自决和社会的自决三者形成良性互动，真正意义上的人类解放和自由才能实现。赫勒的上述论断，对于我们今天理解现代人的生存境遇，享获幸福人生来说，仍具有重要的启发意义。

论赫勒现代性批判视域中的想象制度和文化与文明的运动轨迹*

彭成广

赫勒区分了高雅的、人类学的、文化话语的这三种意义上的文化概念，在此基础上，她还继承了康德、韦伯、哈贝马斯等人关于审美自律的观念，为文化在现代性场域下的必然存在和独特功能赋予了合法性基础。①赫勒还进一步探讨了现代艺术自律及其悖论问题，并认为，历史想象和技术想象共同构成了现代性的功能性结构，正是在两种想象制度的相互制衡中，文化在现代性的场域下才得以延续存在。同时，与文化的概念相对应，文明可以分为技术文明和道德文明两个方面，与技术想象和历史想象相承续，双重文明在相互依存、包含及转换的关系中进行着现代性的钟摆运动。

一、历史想象和技术想象的双重制衡

历史想象和技术想象是赫勒的现代性想象制度的核心概念。通俗地讲，历史想象以过去为维度，以追忆、怀旧等情感为价值体现，技术想象则以未来为定向，追求以技术为导向的新颖，即认为越新就越好。当然，这两种想象制度在实际运行中并非严格地分开，而是同时并存、相互影响渗透的。这两种想象制度的相互制衡构成了现代性的文化及文明的运动轨迹。在此维度下，赫勒论述了现代文化艺术自律的合法性和危机性，重申了阐释学的价值和规范等命题。

---

* 本文刊于《学术交流》2017 年第 4 期。

① 傅其林：《阿格妮丝·赫勒审美现代性思想研究》，巴蜀书社，2006，第 16 页。

（一）两种想象制衡下的现代文化

与前现代社会不同，现代社会格局[1]的主要特征是“职位决定功能”。那么，文化作为现代社会的重要一维，其功能是什么？赫勒认为：“文化也加工和传播精神食品和饮料。”[2] 此论断至少有两层意义：其一，文化有其存在的必要性和合法性，在现代社会格局中占有相应位置并行使相应功能；其二，文化在传播精神食品的同时也传播“饮料”，文化不可能固守高级文化的范畴，它必然具有大众化、通俗化和平民化的倾向。大众文化意味着快速消费和吸收，这是“饮料”的比喻意义。

一直以来，哲学学校、工厂和教堂等机构场所理所当然地行使着文化加工、传播的职能和权力，这种职能和权力在现代遭到严重质疑。这是因为，进行文化加工就意味着选择权和区分权，即“在健康的、精神的食品和不健康的、令人憎厌的食品之间做出区分”[3]。对现代人来说，健康与否的划分是对艺术创作自由的限制，而在崇尚民主平等、多元自由的现代社会，每个人的判断都很重要，所以健康与否不应再由传统的文化加工机构决定。赫勒认为，在现代社会，对文化的整体判断从健康与否转为精致与否。这二者对现代人来说有着截然不同的意义：“前一种区分被看作是对自由的一种限制，后一种区分则被理解成行使自由。”[4] 简言之，健康与否限定了艺术生产，是对艺术创作自由的干预，而精致与否解除了对艺术创作自由的限制，转向了对艺术客体本身的评价，指向艺术自律。

但在现代社会，艺术自律尤其高级文化的自律也受到了市场的挑战。文化在现代市场中悖论重重：一方面，传统的文化加工机构遭到现代市场侵占，消费与生产的市场规律取消了传统文化加工机构的决定权，艺术创作相对自由；另一方面，商品化的规范和标准，如快速消费、利益驱动等特征，严重摧毁了艺术自律，这里只有消费与生产，没有健康或精致，艺术自律受到市场限制。那么现代艺术如何存在？赫勒认为有两个运动方向，即技术想象和历史想象。作为现代性的功能性结构，二者相互对立、依存和渗透，有着不同表征：“技术想象把一切纳入使用之中，使一切事

---

① 阿格尼丝·赫勒：《现代性理论》，李瑞华译，商务印书馆，2005，第76－77页。
② 同上书，第198页。
③ 同上书，第198页。
④ 同上书，第199页。

物具有普遍性，使事物失去个体的特殊性与差别，从而导致无意义与无家可归的结果。……民主与自由的政治想象……以完全不同于技术想象的方式思考自由，使人意识到创造行为的自由、脆弱性、无知，也意识到它的可能性以及将来会带来的所有的不确定性。……自由民主政治想象强调异质性、差异性，强调象征性内容，强调审美因素。”① 这里所说的民主与自由的政治想象也就是赫勒所归纳的历史想象。②

这两种想象制度制约着现代艺术的发展方向和价值判断：“技术的想象（海德格尔所说的‘框架’）是严格地以未来为定向的；在技术中，最后的，最晚近的，总被认为是最好的”，而在历史想象中，“事物越是古老，它就越是珍贵。……投射和怀旧是两个极端，但它们是一体的，因为现在是靠（最近的）未来和（最近的）过去来滋养的”。③ 例如，当初艺术家穷困潦倒，而今其旧作却卖到天价。显然，作品价值判断的变化不是由以未来为定向的“越新就越好”的技术想象的运动方向所决定的，而是存在一个与技术想象相反的运动方向，即以怀旧、古韵和过去为主要特征的历史想象。

（二）阐释学：历史想象的主要载体和表现图式

阐释是历史想象的主要载体和表现图式，在很大程度上说，谈论阐释就是谈论历史想象本身。赫勒非常重视阐释学的价值。她认为，阐释学是现代性精神的重要维度，“现代性的精神一方面产生了民主”，另一方面“产生了阐释学”，同时，主体通过阐释来获得自为的表达和存在，“阐释学是我们的社团精神的最充分的自我表达”。④ 阐释是现代性的必然产物，它让客体与主体得到有效统一，即客体成为主体的客体、主体成为客体的主体。与技术想象相对，阐释是现代文化存在和运动的另一载体，诚如鲍曼所言：“彻底放弃做一个立法者的野心，承认世界的合理性程度并不会有所提升，明言这已不再是一个问题，因为大多数人所需要的不是真理，而是理解，不是立法，而是出色的阐释——幸运的是，理解与阐释并不需

① 傅其林：《阿格妮丝·赫勒审美现代性思想研究》，巴蜀书社，2006，第 73 页。

② 傅其林：《论阿格妮丝·赫勒的现代性想象制度理论》，《淮阴师范学院学报（哲学社会科学版）》2008 年第 4 期。

③ 阿格尼丝·赫勒：《现代性理论》，李瑞华译，商务印书馆，2005，第 200－201 页。

④ 傅其林：《强制阐释论的范式定位》，《学术研究》2016 年第 3 期。

要一个历史的推动者，只靠知识分子自己便能做得尽善尽美。”①

阐释与意义相连：“提供趣味标准越来越多地是同阐释的任务相联系的”，其被阐释的对象“不再是美，而是越来越多地变成了意义或含义”。②阐释深化了文本，使文本变得更有意义。

与以未来为定向的技术想象相比，阐释的战场是历史、过去，没有历史就没有阐释，“历史想象使过去成为阐释者的狩猎场”③。“过去”不再像19世纪前半期那样居于特权的规范性的位置。现代性让阐释者控制着过去，阐释不可能针对未来，因为未来不可阐释，阐释无法对即将到来的新的艺术时代进行前瞻，所以阐释是历史想象的载体，不同于技术想象以未来为定向、依据现在推断未来。

在以否定、解构为特征的现代思维下，阐释被认为是对艺术作品的忠诚实践，是对艺术作品的此性、自性的再创造，而非简单的文本解读和展现。赫勒认为解构也是阐释，是一种最近的实践，它往往违逆文本，不断地质疑文本，从各种不同角度向文本提出新问题，希望能够发现令人惊异的秘密：“解构……通过嘲弄、讽刺、去除伪装和否定——一句话，通过挑衅——使文本保持活力。”④

解构的阐释无处不在，“（准阐释者群体）越是宽泛，对阐释对象（文本）的选择就越是缺少选择性”⑤。问题是，谁有权选择值得阐释的文本？阐释的随意性有了新的矛盾：“现代性已经变得无所不包。只有市场这个巨大的平整器在运作。”⑥ 选择什么都行，没有规范和标准，意味着文化讨论几乎不可能受到限制，几乎不可能有两个人读过同样的书、看过同样的画或对于同一哲学文本拥有相同的观念。这就意味着阐释者变成了零星化的小群体，一种随机的、流动的、短暂的群体，正所谓“隔行如隔山”——这个“行”真的存在吗？也许仅仅是谋生的手段。

在启蒙的承诺下，“一切都可以被阐释……选择适当阐释对象的是单

---

① 齐格蒙·鲍曼：《立法者与阐释者——论现代性、后现代性与知识分子》，洪涛译，上海人民出版社，2000，第236－237页。

② 阿格尼丝·赫勒：《现代性理论》，李瑞华译，商务印书馆，2005，第175－176页。

③ 同上书，第201页。

④ 同上书，第205页。

⑤ 同上书，第206页。

⑥ 同上。

独的个人”[①]。当然，阐释并非毫无根据。选择是任意的，但自由选择意味着把自己面孔的形象压印在阐释对象上，阐释物的意义就是个体的意义。所有进行选择的个体从他们自己选择的阐释对象的角度出发，以他们独有的方式来呈现整个世界。选择意味着责任，自由更是责任。在这点上，赫勒同萨特的“绝对自由与绝对责任”观念一致。她再次回到了伦理道德这一基础，认为伦理学是世界的条件，各种道德规则的提出为人们的具体行动提供了可以依赖的拐杖。这也是赫勒伦理三部曲的核心内容。

为什么需要阐释？赫勒借用了尼采的观点，认为这是对意义的渴望：“戴着镣铐跳舞并不难。从镣铐中解脱之后跳舞更困难。如果不再有任何舞谱，跳起舞来就更困难”，因为不管怎样都会“受到同一种精神饥渴的驱使。那是他们（我们）试图去满足对意义的饥渴”，但是问题并没有结束，人们“仍然试图问‘为什么’和‘为了什么目的’”。[②] 所有的一切都在运动中，都在开放的流动中，正是对意义的渴望构成了现代性文化的延续存在。

二、双重文明的内涵特征和钟摆运动

文明与文化既紧密联系又相互区别。相较而言，文明更属于现代性的范畴，它是现代性技术想象的必然产物，它以未来为定向，以日常生活为载体和表现形式。赫勒的“双重文明”概念指的是技术文明和道德文明，这两种文明也是相互制约和渗透的，双重文明对于现代性的社会格局，乃至对于现代人的日常生活运行，都具有极其重要的意义，因为文明所体现的弹性和向度、规范和准则共同确保了现代人在现代社会格局中稳定地行使着自我的职能。

（一）双重文明的概念及表现样态

赫勒化用了康德对技巧的文化与道德的文化之区分，指出文明也可分为技术文明和道德文明。这两种文明始终紧密联系在一起，不存在纯粹的技术文明或道德文明。在现代人的日常生活中，文明具体表现在人的衣食住行等日常行为的控制和运用上，如正确使用科技日用品、以合适的礼仪

① 阿格尼丝·赫勒：《现代性理论》，李瑞华译，商务印书馆，2005，第207页。

② 同上书，第211页。

参加各种不同的宴会，甚至旅游度假、休闲娱乐等生活方式的丰富都被视为文明化。这些并非纯粹的技术文明，它们不光是通过知识的累积和实践学习来控制某种具体技术，更体现着道德文明。对此，赫勒举“清洁”一词为例。从表层看，清洁完全指涉控制技术，但为何清洁就一定是文明的？这里潜藏着一个道德文明的基础：“清洁从传统上说也是一种道德隐喻。‘脏’或‘清洁’这样的词既指品行，也指身体的外表和气味。”[①] 我们可继续举例，正确使用刀叉勺筷等繁复的餐具与单一的原始进食方式，合理使用过滤水杯与直接掬水而饮，为何前者就意味着文明、后者就是原始粗俗？此间必然隐藏着深刻的道德文明基础：优雅、秩序、经济、高贵等价值概念指涉文明，是道德文明和技术文明双重范畴，甚至“文明”一词本身就蕴含着强烈的价值指向，具有丰富的现代性，而绝非纯粹的客观描述。

文明蕴含着丰富的经验事实，其主要载体是日常生活。文明内在于人类生活之中：“与文化的两种概念相反，文明的概念……指的是日常生活，那种与现代性一起出现并与之俱进的日常生活。”[②] 在此赫勒区分了文化与文明：其一，文明需要日常生活的具体图式来表现，而文化尤其高级文化在某种程度上与日常生活和思维有着相对区隔。文化构成人类的内在精神，它无形无体，是一般的抽象；文明是具体、可表现、能够接触体验和学习的具形具体，可感的经验性和内在参与性是文明的核心特征。其二，文明是现代性的范畴，“文明的概念是进步主义的、乐观主义的、未来定向的”[③]，这些特点也构成了现代性的重要内涵。文明与文化形成对照，“文化是历史地凝结成的稳定的生存方式”[④]。文化具有相对恒定缓慢的沉淀方式和进程，文明的变化速度则快得多。

赫勒高度肯定双重文明的重要性，因为这些文明所体现的准则和规范使得在新的社会格局中，人们按其所行使的职能来保持相对稳定。“如果不是有文明的安全带环绕着我们，生活会变得完全无法忍受。……在那些

---

① 阿格尼丝·赫勒：《现代性理论》，李瑞华译，商务印书馆，2005，第214页。
② 同上书，第212页。
③ 同上书，第213页。
④ 衣俊卿：《文化哲学十五讲》，北京大学出版社，2004，第18页。

文明的规则未能得到发展的地方，更有可能发生持续的社会动荡。”[①] 进一步讲，文明本身具有高度的契约精神，文明的规范和准则意味着一定范围内人们自主自觉遵守，这种规则本身具有必然的技术合理性，而对其进行遵循和遵守也是道德文明的体现。

（二）文明的向度、限度及二律背反

文明并非一个同质的封闭的概念，“文明的规范和准则（在使用语言、人造物品中，以及人际接触中）是有弹性的，并且必须在情境中加以遵守”[②]。这是文明得以形成和运用的限定条件。文明作为日常生活的体现，虽然具有模式上的内同性和一致性，但绝不是一个放之四海而皆准的、一般的、普通的、平均的概念。如果文明的规范失去了相应的情境，也就会失去文明本身的意义。对此，我们可以举一小例，如不同国家的人们在日常交往中有着不同的见面礼、答谢礼等肢体动作，如果不加区别地通用，就会造成相反的非文明效果。所以文明只有在日常生活客体化中才得以运行，客体化系统包括的“日常语言，人造物品的运用，以及习俗”[③] 构成了日常生活得以运行的基础。文明只有在相应的情境中才得以形成，依此才具有立体丰富的表现图式。文明有着自身的向度和限度。

在谈到技术文明时，赫勒归纳出控制、中介、效率、合理性等关键词。技术文明是从社会与自然的二元关系中产生的，说到底，是技术使社会能控制自然。技术文明是手段的文明、中介的文明，而非目的的文明。它对目的漠不关心，技术用于何方面、后果如何并非技术文明所关心的范畴。对此，赫勒举例说：“电视并不对暴力的增长负责，煤气的生产也不对毒气室负责。”[④] 同时，不光是技术给文明充当中介，技术本身也需要通过中介载体来体现，载体样态与中介联接在一起构成技术文明。

为什么效率被认为是文明化？赫勒解答道：文明化“假定了经济化”，“现代文明概念是同工作伦理一起出现的。工作伦理一方面给予作为技艺……的工作以道德上的重视，另一方面也给予环绕着工作行为的礼仪修养以道德上的重视”，效率却“是超越伦理的（超越善与恶的），并开始有了

① 阿格尼丝·赫勒：《现代性理论》，李瑞华译，商务印书馆，2005，第 217 页。
② 同上书，第 214 页。
③ 同上书，第 213 页。
④ 同上书，第 227 页。

一种独立的生命”。[①] 这种前提预设带有极强的现代性理性的逻辑，文明本身是现代性的产物。技术文明是理性的，这意味着我们拥有这样的信念：我们越是合乎理性，我们就越是文明。为什么如此？因为理性和文明都可以依赖、可以预见，技术也可以，如暖气、空调等。技术是机械的概念（可靠、可预见），而不是有机的概念（不可预见、本能的），这种可靠和可预见性赋予了技术文明以合法性。解决问题和实现目标需要两种完全不同的合理性。解决问题是属于技术层面的，无关乎目的。

技术文明有着不可避免的二律背反：它既“解除人的负担”又“使人异化”、既“创造财富”又“使地球枯竭”、既“使我们得到解放”又“使我们受奴役”[②]，“就像现代性中的一切事物，技术文明是得也是失——而且没有办法加以权衡”[③]。文明的核心内涵是理性，技术也是，但不能把技术等同于文明，否则文明就会走向技术的极端，其后果非常严重，甚至会导致文明的毁灭。同时，理性与否也有限度，短暂而言合乎理性的事物，长期看来可能并不可靠、不可预见。那么什么才是现代人应有的理性的立场呢？赫勒给出了自己的答案：“承认真（以及善与美）并不是绝对的，并不是理所当然的——进而言之，承认人们可以就某一事物提出矛盾的命题，而不给他们贴上异端或疯子的标牌——这种态度、信念和实践是真正现代的，并且可以在现代的意义上被说成是理性的。”[④] 于此可见，赫勒对现代性是反思批判的，其态度是多元的、包容的，而非激进的解构、否定和排斥。

三、现代主体的遭遇和对现代性的批判反思

无论前现代还是现代社会，人总是社会的主体。赫勒对人本身的高度关注始终贯穿整个现代性理论乃至哲学体系。人既是精神性又是物质性的，既是感官的又是理性的存在。所以作为人的物质基础，身体在现代性进程中扮演了极其重要的角色，其功能也发生了相应转变。赫勒所构建的现代性想象制度和双重文明理论，无不揭示出现代性作为悖论和矛盾这个

① 阿格尼丝·赫勒：《现代性理论》，李瑞华译，商务印书馆，2005，第228页。
② 同上书，第231页。
③ 同上书，第234页。
④ 同上书，第236页。

事实。现代性必须在两种想象的制衡和双重文明的摆动中矛盾地存在。同时，与两种想象和双重文明一样，理性合理性与智力合理性也是现代性这枚硬币的两面，共同构成现代性的维度。这既是现代性的内在张力，也是现代性的危机，若任由其中一端极端地发展，必然导致现代性毁灭。这是赫勒对现代性既肯定又批判反思的双重立场。

（一）被规训的身体与灵魂

文明的主体是人，文明化必须体现于人的行为方式，尤其是人的身体，因为文明的方式主要是通过身体控制来表现的，身体在文明化的过程中不断接受导引和规训，于是“人体就像所有其他自然物品一样”充当了文明的“长期储备”①。人体具有可塑性，人自身必须习得客体化系统的符码规则，通过“日常语言，人造物品的运用，以及习俗”② 来实现对人体的控制，否则无法正常生活。

人体不单行使储备功能，还具有表现－隐藏功能。“‘举止’，包括对身体的控制，不只是一个存在——比如说，作为贵族的存在——的表现形式，而且也是隐藏存在的面具，它隐藏一个人的起源，甚至隐藏个性。”③它如其所是地表现着主体身份，同时又隐藏了是其所是的主体存在，身体隐藏了灵魂。这种表现与隐藏的技术文明极大地忽视了道德文明的功能，因为身体表现出来后可以有效掩盖内心。从技术文明角度讲，身体可以不断得到规训，技术文明监禁了道德文明，身体监禁了灵魂：“如果你控制你的身体，那么就没有人对你的灵魂感兴趣……在现代性的两种想象机制（历史想象和技术想象）中，举止、常规和进行身体控制的各种技术都是技术想象的产物。”④ 而历史想象反对这样做，它捍卫自由个性的观念。赫勒认为这一反叛始于福柯始，至少是由福柯指出的——自现代启蒙始，灵魂与身体的传统关系被颠倒了，灵魂囚禁了身体。

福柯指出：“古典时代的人发现人体是权力的对象和目标。我们不难发现当时对人体密切关注的迹象。这种人体是被操纵、被塑造、被规训

① 阿格尼丝·赫勒：《现代性理论》，李瑞华译，商务印书馆，2005，第 218 页。
② 同上书，第 213 页。
③ 同上书，第 218 页。
④ 同上书，第 219 页。

的。它服从，配合，变得灵巧、强壮。”① 他认为，人体被如此专横干预并非史无前例。在任何社会，人体都受到极其严厉的权力控制，那些权力强加给人体各种压力、限制或义务。但在现代启蒙下，“这些技术中有若干新的因素。首先是控制的范围。它们不是把人体当作似乎不可分割的整体来对待，而是‘零敲碎打’地分别处理，对它施加微妙的强制，从机制上——运动、姿势、态度、速度——来掌握它。这是一种支配活动人体的微分权力（infinitesimal power）。其次是控制的对象。这种对象不是或不再是行为的能指因素或人体语言，而是机制、运动效能、运动的内在组织。被强制的不是符号，而是各种力量。唯一真正重要的仪式是操练。最后是控制的模式。这种模式意味着一种不间断的、持续的强制。它监督着活动过程而不是其结果，它是根据尽可能严密地划分时间、空间和活动的编码来进行的。这些方法使得人们有可能对人体的运作加以精心的控制，不断地征服人体的各种力量，并强加给这些力量以一种驯顺－功利关系”②。

赫勒认同福柯“自理性启蒙始，灵魂囚禁身体”的论断。她认为，在前现代社会格局中，所在的社会阶级决定了应该怎么做，身体服从阶级，灵魂居住在身体的监狱中。而启蒙运动以来，在现代理性文明支配下，经济化、合理化等现代内涵决定着身体应该怎么做。理性文明决定着技术文明。身体被监禁在灵魂中：“灵魂通过理性的控制，通过对身体的制度化的规训和持续的监视，更加以科学上合法化了的压制实践，在身体上施加了巨大的力量，使它变得柔韧和顺从。”③ 换言之，文明首先要被披上道德文明的外衣，这是文明的合法性基础，为技术文明的出现预设了先验的合理性。

但是，赫勒反对那种完全站在反理性启蒙的浪漫启蒙立场用历史想象、技术想象之一代替另一种的极端做法，因为那样会导致新的混乱和毁灭，如1968年运动“对文明化进程的反叛”——“摧毁大学或要求放任教育，性解放，同性恋解放，强调青春、自发性以及在一切事情上不拘礼

① 米歇尔·福柯：《规训与惩罚——监狱的诞生》，刘北成、杨远婴译，生活·读书·新知三联书店，1999，第154页。

② 同上书，第155页。

③ 阿格尼丝·赫勒：《现代性理论》，李瑞华译，商务印书馆，2005，第219页。

节"[1]，这种运动激进地反叛文明化进程，颠覆现代理性文明，以此来动摇现代性的逻各斯。赫勒认为，这种反叛与颠覆不可能彻底，不可能从一个极端到另一极端，那些被称为对现代性之反叛的后现代行为本身解构即建构、摧毁即创建，解放也是另一种禁锢，一种变相的禁锢。赫勒强调的是历史想象与技术想象相互制衡，即现代性的"钟摆完全可能在彻底的顺从和彻底的混乱这两极之间摆动，而不会到达哪一个极端。如果会达到任一个极端，而且钟摆会停止摆动，……现代性将不会存在"[2]。

（二）现代性的批判与反思：作为硬币两面的理性合理性与智力合理性

在深刻认识到现代性必须在两种想象的制衡和双重文明的束缚下进行合理的钟摆运动之后，尤其在充分认识到现代性之技术文明的主要特征和二律背反的矛盾之后，赫勒提出了"理性合理性"和"智力合理性"概念。通常，理性合理性的表现就是逻辑的合理、技术的合理，就是一个社会的各种规则尤其惯常规则已被不断地、始终如一地运用到人类生活中且不易被人觉察。在此意义上，赫勒的理性合理性趋近于日常生活中那些较为稳定恒常的生活模式，这些模式维持了日常生活的正常运行。与理性合理性相对，智力合理性的主要任务是"检验和质疑公认（传统）的准则与规范、事实陈述、确定性以及善与真的概念"[3]，否定、批判、超越和解构是其核心范畴。

赫勒认为，那些认为智力合理性是现代唯一的合理性的看法大谬不然。事实上，现代生活运行中，某些规则被认为理所当然，并形成了理性合理性，在现代生活中扮演着重要角色。"可塑性有一个限度，人类生活形式和特性的灵活性有一个限度，日常生活不断革命的速度也有一个限度。"[4] 在赫勒这里，理性合理性与智力合理性的关系实际上就是日常生活、日常知识、日常思维等恒与变的相对关系。强调日常生活革命的速度存在限度，也就是给智力合理性的质疑和否定活动设定了限度。

理性合理性与智力合理性相互纠缠的关系构成了现代性的平衡："理性的合理性具有经验的确定性，而智力的合理性把它的解合法化（de -

---

① 阿格尼丝·赫勒：《现代性理论》，李瑞华译，商务印书馆，2005，第 221 页。
② 同上书，第 223 页。
③ 同上书，第 237 页。
④ 同上书，第 238 页。

legimating）要求建立在反事实的确定性之上。……智力的合理性也是破坏性的。它想要摧毁‘真的’和‘老的’。理性的合理性也是破坏性的——它想要消除处在孕育阶段的智力合理性的要求。……现代性需要让自身保持在刻板和混乱这两个极端之间。”① 可以这样理解：两种合理性都是现代性的产物，都是从对传统的质疑和否定开始；两种合理性之间的关系类似于现代性与后现代性的关系，二者共同构成了现代性这枚硬币的两面。

四、结语

赫勒从现代性的结构根源出发，确立了现代性的两种想象制度。她既肯定以理性、科学为特征的技术想象的合理性，又反对现代性走向技术决定论的极端，为此必须以提供意义和阐释的历史想象来制衡；她既肯定技术文明的积极性，又正视技术文明的二律背反，凸显了以价值、伦理为特征的道德文明的重要性。这种态度体现出赫勒对现代性肯定与批判反思的双重立场，丰富了我们对现代性的认识，使我们能比较深入地分析理解现代文化艺术遭遇现代性的多元存在样态，诸如艺术自律的合法性和危机性及出路等问题也就有了解决的途径——正是历史想象和技术想象的双重制衡才使得现代性文化得以延续并悖论性地存在，这也是赫勒的现代性想象制度的主要贡献。同时，赫勒的技术文明和道德文明、理性合理性和智力合理性等概念可视为历史想象和技术想象的衍生概念，现代性只有在这些概念的制衡和摆动下才得以平衡存在。这既是现代性的矛盾悖论性，也是现代性的结构张力，更是现代性的危机所在。作为现代性的必然产物，文明是现代性批判与反思的重要概念，它与文化一道，在现代性的钟摆运动轨迹中展开相应的运动，呈现出丰富多元的现代文化与文明样态。

---

① 阿格尼丝·赫勒：《现代性理论》，李瑞华译，商务印书馆，2005，第238－239页。

现代性场域下的悖论与超越*

——赫勒文化现代性理论研究

彭成广

“文化是历史地凝结成的生存方式或生活样法。”① 相较宏观的社会变革而言，文化属于微观社会哲学领域，被视为现代性的内在机理构成和深层符码运转，更鲜活地存在于人的日常生活与审美中。文化是现代性的喉舌问题域，有学者甚至认为现代性从本质上就是文化的存在。② 文化主题一直是赫勒重点关注的对象之一，在《文艺复兴的人》《常生活》《人的本能》等著述中赫勒就有文化的相关论述，而在被学界称为现代性三部曲的《历史理论》《碎片化的历史哲学》《现代性理论》等书中，更是集中探讨了文化在现代性场域下的悖论和出路等问题。

一、传统的破裂：科学与价值的分野——高级文化概念及其悖论

赫勒在马尔库什所提出的“高级文化”“人类学文化”的基础重新引入了“文化话语”的文化概念，③ 其目的是为了缓解前两种文化概念不可避免的悖论，而重建类似于哈贝马斯所提出的“理想的交往共同体”，使

* 本文刊于《中外文化与文论》2016 年第 2 期。

① 衣俊卿：《文化哲学》，云南人民出版社，2001，第 10 页。

② 衣俊卿认为，现代性从本质上就是文化存在，是理性化和个体化时代的主导性的文化模式或文化精神。详见衣俊卿主编《现代性的维度》，黑龙江大学出版社，2011，第 19 页。

③ 关于高级文化和人类学的文化概念，可以参见乔治·马尔库斯，米开尔·M. J. 费彻尔：《作为文化批评的人类学》，王铭铭、蓝达居译，生活·读书·新知三联书店，1998。

对话实践得以可能真正地存在。[①] 姑且不论这种期望和实际经验之间的沟壑如何跨越，赫勒的文化理论都可视为对现存文化悖论的超越和理想文化对话的构建。

什么叫高级文化？赫勒对此概括为："作为高级文化的文化概念包括心灵、双手以及想象力的创造物，他们一起被黑格尔称为绝对精神：有代表性的艺术作品、神学、哲学以及——在19世纪——科学。"[②] 并补叙道："高级一词指在日常生活和关于日常生活的思想层面之上的空间"[③]，这一补充不容忽视，在此强调了高级文化与日常生活及思想的区隔性，与中国传统文化上的道与器大有类同的比较意义。[④]

（一）高级文化的传统及科学与叙事的分野

因为高级文化与日常生活和思维之间具有绝对的区隔域，高级文化的形成就特别强调创作性，需要天才的创造力，来进行无中生有式的自由创作，具有同形而上想象的一致性，富有绝对理念化和神秘化的色彩。

同步预设低级文化的已存状态，是高级文化的存在前提。文化存在着高级/低级之分，由此潜在的逻辑是，高级文化的形成必然是个动态过程，它允诺着低级文化向高级文化转变的可能性。要理解高级文化，与之而来的一系列需要被提出来：进入较高级领域的机会是什么？由形成一种有文化的判断力的能力来获得；判断力从何而来？是趣味高雅的人欣赏伟大的艺术。对这些问题的回答好像已经成为人们所共享的无须验证和质疑的共识。但是在现代性的迫使下，正是这些共识需要被质疑，因为培养好的趣味不再是封闭的和独享的特权，而是具有自由和公开性，即不同类型的人都能够通过学习来培养自己好的趣味。说到底，如何创造美可以拥有秘密，但是关于美的观念和欣赏美的能力是能够学到的东西，审美不再是特权。

---

① "理想的交往共同体"（ideal communication community）这个概念，其实并非哈贝马斯的原创，而是从阿佩尔那儿借用过来的，在此基础上，哈贝马斯预设了交往主体间的理性原则，赫勒所提出的文化对话在本质预设上是一脉相承的。阿佩尔的"交往共同体"的概念可以参考阿佩尔：《交往共同体是社会科学的先验先决条件》，《哲学译丛》1989第4期。

② 阿格尼丝·赫勒：《现代性理论》，李瑞华译，北京：商务印书馆，2005年，第164页。

③ 同上书，第164页。

④ 《易经·系辞》中指出："形而上者谓之道，形而下者谓之器，化而裁之谓之变；推而行之谓之通，举而措之天下之民，谓之事业。"大致指的抽象思辨与具体细微的区别。见《十三经注疏》，上海古籍出版社，2011，第83页。

在现代性时期，坏/好趣味取代了有/无趣味的划分，为什么呢？因为趣味的标准不再是稳固的，而是流动的、变化的、暂时性的，现代性的动力导致了对趣味判断的不断修正，趣味需要被不断地重新定向。这样一来，问题在于，高级/低级文化的区分是否还有效？因为趣味的标准都失效了。如果说依然有效？那谁是趣味标准的代言人？赫勒认为正是这些问题导致了科学的叙事与艺术的叙事的分野，实际上也是知识与价值的分野。“在所有对象化的活动中，科学、艺术和哲学是‘自为的类本质对象化’的最高发展，其中，科学代表最高的类的知识，艺术代表着类的自我意识，而哲学则代表着达到最高可能性的知识和自我意识的统一。”① 高级文化的概念显然包括了科学、艺术和哲学三个方面，在真、善、美三位一体中，科学代表了真，而艺术代表着美，美的概念与科学的真的概念不同，它涉及价值判断，涉及趣味判断，尤其是在现代性的场域下，“美”凸显着个人的价值趣味，而“真”恰恰相反，它是独立于个人趣味判断以外的人类所集体共享的规范和判断，在“真”这个范畴面前，预设了一个不可置疑或动摇的“始因”，即规范和标准。因为美的标准具有因人而异的个体性，所以并不能用“美/不美”这对概念来阐述“美”，只能用定量概念，即“有多美”，美（价值）的地位被动摇了，美不再是恒定不变的概念，美处于不断地超越和阐释的开放过程中。

可以据此仔细分析的是，高级文化这个概念遵循了西欧中世纪以来的“七艺”的传统：文法、逻辑、修辞、音乐、算数、几何、天文一直是高级文化的范畴，所包括的实质内容与儒家所主张的“六艺”相通，② “文化”本身就包括人文科学和自然科学的两组概念。从古希腊到19世纪工业革命之前，传统的科学和艺术并不对立，艺术本身并不排除理性，甚至纯粹的人文学科艺术也不排斥科学那种计算和定量的方法。在传统意义上来讲，科学与哲学艺术、真理知识与价值是统一体，并没有出现真正意义上的分野。

但是在现代工业革命以后，现代科学知识和理性越来越能带来巨大的市场效益，带来了巨大的生产力，所谓的知识技术有压倒一切的趋势，而

① 阿格妮丝·赫勒：《日常生活》，衣俊卿译，黑龙江大学出版社，2010，第7页。

② 《周礼·保氏》：“养国子以道，乃教之六艺：一曰五礼，二曰六乐，三曰五射，四曰五驭，五曰六书，六曰九数。”见《十三经注疏》，上海古籍出版社，2011，第731页。

形成了技术理性崇拜的科学主义，艺术价值越来越被视为无用。人文科学所代表的价值与自然科学所代表的知识越来越分道扬镳了，甚至造成了不可逾越的鸿沟，由此而带来的一系列社会问题、生存问题、人类精神危机引起了人们的忧虑和质疑：科学进步一定会带来幸福吗？同时，就在科学的内部，理性自身也因为被无限的崇拜而出现了内部的分化，如技术理性、目的理性、价值理性、工具理性等相互冲突，这些内部的分化也质疑了科学主义的至高无上性。艺术与科学在此呈现了分野，这种分野对越来越猛的科学主义势头能够进行合理的制约，在此情况下，重申艺术的重要性，自然是时代的另一个主题，出现了所谓的审美救赎的激进艺术革命论，也就不难理解了。

（二）现代实质平等及流动的趣味：高级文化的悖论表现

赫勒提出，早期现代哲学中有两个最早的悖论式表达：笛卡儿说每个人都同样的赋有常识；卢梭说所有人生而自由，却无不在锁链中。赫勒以此出发，既然每个人都同样地赋有常识且生而自由，那么每个人都具有区分美/丑的能力，那什么是美？什么是丑？关于美丑的趣味判断没有了客观的标准，而是以个体经验来建构的——这是大卫·休谟的经验结论。

在传统高级文化的观念下，趣味的标准不是基于艺术作品与生俱来的独一无二的标准，而是由文化精英不断构建的。也就是说，文化精英决定了什么是好的趣味，只要你有好的趣味，你就是文化精英中的一员，这是一个无法验证的危险循环。

在现代性实质民主的压迫下，关于趣味的标准越来越受到了挑战，因为，人人平等的信条就意味着没有人比别人强，也没有人比别人更聪明或更能干。一个人不能证明自己的趣味比别人的好，就只能求助于艺术的本质。艺术有本质吗？本质到底是什么？归根结底，个体谈论艺术的本质，总是带着自己的趣味判断标准，但趣味本身又不能被证明，这就是“美”的悖论。但是在科学中，这种悖论就不存在，因为在科学中人们理所当然地接受着一个“始因”——标准和规范，这个“始因”是大家共享的，是无须证明的。

趣味的标准并没有稳固牢靠的基础，高级和低级文化的区分无法成立，且每个人的趣味都同等重要，这就是高级文化概念的悖论。赫勒再次往前推了一步，既然每个人的趣味都重要，那么，做出高级/低级文化区分的趣味也很重要，不能进行这样的区分，但也不能取消这种区分。

二、高级文化悖论的深层原因剖析及困境转向

赫勒所探讨的三种文化概念，与威廉斯的文化概念一脉相承。所不同的是，威廉斯更加侧重于从共时性的角度，而赫勒侧重于历时性的角度来分析文化，非常注重文化形成的客观环境和实际生成。

（一）现代性的维度——高级文化悖论的必然性

如前所述，在工业革命为标志的现代社会格局以前，高级文化这个概念相对笼统，具有无所不包的性质，但是在现代性要求实质民主、平等和自由的迫使下，高级文化悖论重重，大致有如下具体原因和表现：

其一，现代社会格局的转变使得生活方式和社会组织发生了重大变化，尤其是现代社会分工现象愈加严重，所谓隔行如隔山，这样一来，高级文化圈越来越小，甚至传统的无所不包的高级文化圈已经不复存在，毕竟类似于黑格尔、康德这样的科学哲学的通才巨擘已经不再有了。

其二，现代数字媒体技术的高速发展，尤其是复制拷贝等数字技术的应用，高级文化不再是贵族阶层或精英阶层所独享的特权，更多人能够通过技术手段，迅速进入到高级文化圈，且能够随时随地地消费高级文化。

其三，现代性的市场化，使得高级文化也逐渐被商品化，这是一个无法避免的双重悖论过程。一方面，高级文化需要商品化，来获得以生存的延续；另一方面，其传播和消费过程中所发生的变化，远远超出了高级文化的预期而无法控制。

其四，现代性的实质就是反精英化而力求世俗化、大众化。最为重要的是，大众文化和高级文化在市场化的运作下，越来越有更多的交集，形成了你中有我，我中有你的局面，已经没有纯粹的独立存在的可能性，高级文化也不可能严守其传统的壁垒，高级文化需要大众文化的养分，来改良大众文化的表现形态，来重新塑造高级文化的形态。而大众文化的存在一方面是针对解构高级文化，以此来获得自身的合法权益，另一方面，却不可避免地要趋近于高级文化的模式，来获取更多已然形成的经验样态。

其五，在现代社会格局中，高级文化的瓦解还受到大众话语权的推动，如文化民主、民权运动等，瓦解了传统的边缘/中心的划分，强调边缘的中心价值，高级/低级文化的划分不再有效。

（二）高级文化的困境转向：从美到意义——阐释学的回归

如何避免高级文化的悖论？赫勒提出了一些哲学论点：其一，拒绝美学的两项决定性革新，即拒绝趣味的中心地位——好趣味/坏趣味的区别，重新引入有/无趣味之分。这样一来，通过对艺术作品的自身类型中评估其完美/不完美，来获得更为客观可靠的判断力。赫勒强调"'完美'在此代表做得好、适当或有技巧，艺术作品的精神在其中则不重要。技术想象引导着判断。"[①] 显而易见，在这里，知识与价值的分野再次体现出来，只能用科学的标准来评判艺术作品本身，因为从实际操作层面上，技术想象是可计量的具有逻辑理性、工具理性规范范畴。其二，充分运用现代性社会格局功能主义的特征和历史想象的机制。现代社会的功能主义特征与前现代社会格局截然相反，在前现代社会格局中，一个人在阶层划分中所占据的地位决定了他所行使的职能；在现代格局中，一个人所行使的职能决定了他在阶层划分和社会等级体系中的位置，顺理成章的是，对艺术的判断，即对高级/低级的判断也是根据人作为主体在阶层体系中所占的位置而行使的一项职能，这种职能具有偶然性，发展到现代，对于偶然性成为"知识分子"的阶层而言，必须行使一项职能，那就是提供一个趣味标准，包括关于趣味标准的争议。因为这是由知识分子在阶层划分和社会等级体系中的位置决定的。但是问题是，这项职能还有一个客观的标准吗？

赫勒认为，在此有必要引入历史想象到判断中，回归到阐释学的想象之中。一直以来，赫勒高度重视阐释学的作用，并认为阐释学是现代性精神的重要维度，"现代性的精神一方面产生了民主，另一个方面产生了阐释学"[②]，同时，主体通过阐释来获得自为的表达和存在，"阐释学是我们的社团精神的最充分的自我表达"[③]。说到底，阐释也是现代性的必然产物，阐释让客体与主体得到了有效的统一，阐释让客体成为主体的客体，让主体成为客体的主体。高级文化在现代性场域下悖论重重，阐释学是它的困境转向，"一般认为，提供趣味越来越多地同阐释的任务（对象）相联系，其被阐释的对象不再是美，而是越来越多地变成了意义或含义"[④]。

---

① 阿格尼丝·赫勒：《现代性理论》，李瑞华译，商务印书馆，2005 年，第 174 页。
② Agnes Heller, *A philosophy of history in fragments* (Oxford: Basil Blackwell, 1993), p. 189.
③ Ibid, p. 202.
④ 阿格尼丝·赫勒：《现代性理论》，李瑞华译，商务印书馆，2005 年，第 176 页。

阐释深化了文本，使文本变得更有意义。

尤其是对高级艺术或高级文化的阐释，更是涉及提供意义和内涵，高级文化就是这样有意义的作品。越是高级的，越能通过阐释的行为，为后代提供不断更新的解读、意义和启示，它们拥有被无限阐释的潜能，而且它们已经一再从各种不同的角度得到阐释，他们行使着一项职能——呈现意义并激发怀旧和亲近之情的职能。相应地，低级艺术就不能很好地行使这项职能，低级文化至多只能在某个群体中激发，而不是在更广泛的受众中激发怀旧或亲近之情。但是，不管高级文化还是低级文化，它们所行使的功能是一样的，决定它们在文化作品等级体系中的等级，是阐释者的任务。这个等级不是美或趣味，而是意义或含义。

在此，赫勒提出了她的观点，她认为，与其存在着高级文化/低级文化之分，不如把低级文化称为大众文化或大众艺术。大众艺术的功能是娱乐，高级艺术的功能是提供意义。大众文化具有被消费的属性，能够被快速的吸收，但这是必需的，因为这是人类存在的需要。大众文化区别于高级文化的一个重要方面是“创造者、生产者和传播者之间的差别似乎消失了”①。虽然高级艺术也被传播甚至消费，但这不是创造者的意图，也不是内在于作品中的属性，而是传播者外加力的。但大众文化的本质就在于为不同层次的人提供消费，传播和消费是大众文化的本质属性。“大众文化和高级文化有一个共同特征：他们都是普遍主义的，因为他们迎合所有的文化，对于那些寻求意义和寻求休闲与娱乐的人来说，在世界任何地方都可以找到高级文化和大众文化。”② 高级文化和大众文化共同构成了人类文化的主要形态。

三、否定与超越：人类学概念的悖论及文化话语的乌托邦维度

（一）人类学概念悖论及伦理学基础

“所有的人类社会都是文化，没有独一无二的文化，而是存在着多元的文化。经验的文化概念首先意味着规范——亦即，每一种文化都必须得到承认。在人类学概念里，平等这一概念被扩展了，即实质平等，每一种

① 阿格尼丝·赫勒：《现代性理论》，李瑞华译，商务印书馆，2005 年，第 178 页。

② 同上书，第 179 页。

文化都与其他文化平等，文化之间没有可比较性。”① 赫勒认为，人类学的文化概念完全是现代的，因为人类学的文化认为，所有文化都是平等的，他们不能进行比较，他们具有同等的价值。

但是赫勒认为，“我可以承认所有的文化，因为我承认他们都有价值这一主张，同时却不接受他们都有同等价值的主张，以及他们都有同等价值的‘事实’。”② 因为这样一来，就容易走向文化相对主义，而无法比较。为了避免这种危险，赫勒是把价值等同于道德的、真理的范畴。何谓价值？价值本身就是一个极具道德定向、伦理定向的概念，“谈论价值就意味着谈论一个世界的规范、准则和价值观念，意味着谈论他们的真理与善的概念，谈论他们的仪式、信念，等等。”③

基于此，赫勒继承了萨特的“绝对自由——绝对责任”的观念，强调伦理的、道德的选择，并且要为选择负责任，“在任意一种情况下，这都不是一种逻辑的选择，而是一种伦理——政治的选择。而这意味着做出这一选择的那个男人或女人在为他或她的选择负责任。”可以说，这种主张贯穿了赫勒学术思想的始终，正如格鲁基（John Grumley）所说：“从赫勒的哲学旅程一开始，伦理学一直是她思考的中心问题。”④ 伦理学是赫勒试图在现代性场域下调和文化悖论的尝试的基础和保障，也是赫勒所创立的激进需要、激进革命论等学说的基本保障，每个人的需要都必须得到无条件的承认，但是必须有一个前提：道德上的不荒谬存在于不把别人当作实现目标的手段，“只有在一种需要的满足没有仅仅把他人当作手段来使用时，这种需要才会被认为是合法的。”⑤ 可以说，这些论断都体现了伦理学的主要内涵和丰富维度。

（二）理想交往共同体的构建——文化话语的概念及积极乌托邦的维度

关于文化话语概念，赫勒归纳：“一个文化人不是写诗或作画的人，而是一个对于诗歌或绘画有趣味的人，一个能够明智地谈论诗歌或绘画的

---

① 阿格尼丝·赫勒：《现代性理论》，李瑞华译，商务印书馆，2005 年，第 189 页。

② 同上书，第 192 页。

③ 同上。

④ John Grumley and Agnes Heller, *A Moralist in the Vortex of History* (London: Pluto Press, 2005), p. 177.

⑤ 阿格妮丝·赫勒：《后现代政治状况》，王海洋译，黑龙江大学出版社，2011，第 30 页。

人，在他的生活中，阅读、聆听和观赏高级文化的产品占据着最重要的位置。”[①] 这个概念暗含了如下信息：（1）文化话语超越了自在自为日常生活，带有强烈的自觉自主属性；（2）文化话语得以实践的基础是主体间具备着高度一致的趣味自觉，并共同遵守话语得以展开的基本规范性要求；（3）文化话语本身带有去目的性，通过文化话语实践来削弱确定性和中心性，其本身既是载体，更是目的。

赫勒特别强调在文化话语实践中，必须高度注重交谈性，因为交谈是文化话语的重要载体和维度，交谈的目的就是交换观点和解释，本身就是目的，它不需要从中得出结论。对此，赫勒也承认文化话语的前提：文化话语预设了一个群体，都以交谈为目的。问题在于，这个群体如何在生活实践中真正的存在？赫勒的做法是，再次悬置这个问题，而进一步指出文化交谈可以深化为文化讨论，文化讨论是反思和自我反思的。反思意味着批判、消解确定性、解构中心，而这恰恰构成了交谈和讨论的核心内涵。没有什么前提规范性的预设，谈什么都行并不意味着怎么谈都行，对此，赫勒提出，文化话语实践存在着文雅交谈的伦理学，这是文化话语得以存在和实现的基础。总结起来，文化话语交谈的伦理学有着自身的道德准则，如悬置个人利益和偏见，尊重别人的观点和判断，不怀疑别人的动机，等等，这样就能够在讨论中提高讨论的乐趣，在讨论中享受自由、平等，每个人都可以参与，却对个人的整个现实生活并不产生任何后果。这是交谈、讨论的根本保障，也是其根本目的，是现代的内驱力。从这一角度来说，“文化话语意义上的文化概念成为现代性的动力的主要载体”[②]。

赫勒进一步认为，自由交换意见是现代社会中唯一未被商业化影响的精神交换。交换意见并非一定要价值中立，但交换意见时一定要无所遮蔽，只有这样才能让交谈闪亮自己的内心。在这种交换中，我们可以忠实于自己，我们享受自由交换意见所带来的乐趣，如实质平等、真正自由及需要被承认等。但是，自由交换意见必须确定没有旁观者，每个人都在内，都在参与，每个人都遵守话语的道德准则，有着均等的机会，没有商品化。

---

① 阿格尼丝·赫勒：《现代性理论》，李瑞华译，商务印书馆，2005，第180页。

② 同上书，第182页。

结合赫勒的论述，高级文化和文化话语两种概念有如下区分：其一，作为文化话语，讨论本身就是目的，悬置了私人利益，同时也不需要得出结论或做出决定，而高级文化概念本身就预设了规范和目的。其二，作为文化话语，缺少高级文化概念的两极性，即不存在高级/低级文化的区分。文化话语概念避免了两极对立、商业化和商品化，同时也避免悖论性的命运。在这里，自由不是悖论的。那是因为，交谈本身不受限制和不取报酬，一个人的判断要被别人接受，必须悬置起与个人立场和经验相关的任何东西。赫勒进一步发挥了康德的纯粹趣味判断的概念，[①]“特别是它不带‘刺激和律动’的预设，也可以被解读成一种隐藏的律令”[②]。并重申了弱气质（weak ethos）这个概念，笔者认为，“弱气质”类似于中国文化中的“无我”“忘我”状态，即悬置起个人经验和立场的低姿态，用现象学还原的方法，把与个人相关的一切成见、前结构和预置视野放到括号内悬置起来，让物——交谈本身被显现出来，这是真正交流的道德基础。其三，作为文化话语，其实践有交谈伦理学作为保障，高级文化却不包括伦理学基础。文化话语虽然避免了自由和真理的悖论性的命运，但是它并非完美的。赫勒指出，作为现代性动力的载体，虽然有着交谈的伦理学基础，可以相对有效避免划入相对主义，但是由于在实践运行中，过分强调去中心性和确定性，文化话语可以持续否定一切事物，最终会否定掉自己，使一切都虚无了。尤其是文化话语得以实践的基础是主体间具备高度一致的趣味自觉，并共同遵守话语得以展开的基本规范性要求，这种规范虽然是保障基础，但是这种基础可靠吗？理性交谈可行吗？这些都是经验与理论之间无法逾越的沟壑注定文化对话概念具有乌托邦的性质。“与通常意义上纯粹的‘空想’和‘无’不同，乌托邦是理想的维度，是一种目前在现实中尚不存在，但人们期望在未来得以实现的理想的社会图景，在这样一种理想的维度下，乌托邦对现存社会和现存社会制度具有强烈的超越于否定的价值指向。”[③] 赫勒的文化对话就具有这种意义上的乌托邦维度，蕴涵着丰富的人本主义和人道主义内涵，其最终目的是为了推动人的自由和全面发展。

---

① 康德指出：“纯粹鉴赏判断是不依赖于刺激和激动的”。详见伊曼努尔·康德：《判断力批判》，邓晓芒译，人民出版社，2002，第58页。

② 阿格尼丝·赫勒：《现代性理论》，李瑞华译，商务印书馆，2005，第186页。

③ 衣俊卿：《西方马克思主义概论》，北京大学出版社，2008，第99页。

正是基于这样的理解，赫勒还把马克思的“自由人的联合共同体”赋予了积极乌托邦的色彩：“马克思关于自由人的联合体的观念中有许多方面，而且在集合的个体的需要系统中都有乌托邦思想，当我们衡量我们今天的生活和我们行动的标准时，它们仍然是肥沃的。他建立了一种我们用来可以衡量显示和我们价值观念的标准，用这些我们可以判定我们行为的缺陷；它表现出了最美丽的对成熟人性的渴望，一种属于我们的存在的渴望。”① 文化话语概念是赫勒构建的“理想的交往共同体”，其目的是为了消解在现代性的场域下不可避免的文化悖论，具有积极乌托邦的否定与超越内涵，在这种维度下，通过实际交谈、谈论、反思、批判、内省、超越等一系列实践活动中，享受这种过程所带来的真正自由、平等、民主，从而实现作为类的全面超越与发展。

① Agnes Heller and Ferenc Feher, *The Grandeur and Twilight of Radical Universalism* (New Brunswick: Transaction, 1990), p. 96.

赫勒与马尔库什文化现代性批判理论比较研究*

杜红艳

作为布达佩斯学派的主要成员，赫勒与马尔库什都对文化进行了一般的界定，这种界定是在现代性视域中进行的。赫勒与马尔库什都把文化概念与现代性结合在一起思考，都抱着解决现代性文化危机的期望，但他们提出的解救之道却存在着区别。马尔库什最先转向了文化现代性的研究。他说："在过去的20～25年里，我的兴趣基本上转向了文化问题，这个问题既表达了现代性计划的内在张力和矛盾及其在西方社会现实化的过程，同时也是这一过程的促成者。"① 赫勒在马尔库什的基础上发展了这种文化现代性理论，对现代性文化危机展开了批判。

一、基于现代性的文化概念

在赫勒和马尔库什看来，文化是典型的现代概念，文化是伴随着现代性产生的。马尔库什毕生都从事着文化问题的研究，文化现代性理论更是其理论后期的关注点，我们甚至可以用"文化现代性"来概括马尔库什的整个理论。马尔库什认为起源于启蒙设计的文化有两种明晰的意义。"一方面，'文化'指的是某些社会实践活动以及它们产生的结果所能渗透到的所有方面：在当代的理解中，它是意义承载和传播的维度，是所有社会的表意系统（signifying system）（广义的、人类学意义上的文化）。另一方

---

* 本文刊于《求是学刊》2012年第3期。

① 孙建茵：《文化悖论与现代性批判——马尔库什文化批判理论研究》，黑龙江大学出版社，2011，第1页。

面，它指的是一系列限定的、特殊的实践活动——像艺术、科学等——它们在西方现代性的条件下成为自主的，也就是自身被社会地设定为有价值的，并且具有自己原生 - 内在的规范和评价标准的活动（狭义 - 部分的、‘价值标示的’［value - marked］文化概念）。”① 首先，文化的意义在于人与动物不同的存在方式，文化包含在社会活动当中，与自然现象的无意义相比，人类在物质和精神层面的对象化过程中承载和传输着意义，文化的出现打破了自然的迷信和偏见；其次，现代性文化是现代性条件下作为掌握知识的权力和实用工具而存在的，文化为了制造规范和重塑价值而被创造出来，为人类实践创造一种新的规范。可见，在现代性的历史条件下，文化一方面承载和传输意义，另一方面制造规范和标准。“可以说，文化概念就孕育在启蒙之中，人类学的文化概念与价值标示性的文化概念反映了同一个启蒙计划的两个方面。一方面，批判性、否定性的启蒙要推翻传统‘迷信’和‘偏见’的迷魅，建立一种全新的思考和行为方式，另一方面建设性、肯定性的启蒙要为理性支配的未来寻找一种精神力量。由此，在语义上似乎存在‘混乱’的两个文化概念，虽然完全不同，却可以共存于同一个词语之下，原因正是由于启蒙这一计划的两个方面最终必然的融合。”②

现代性条件下的文化问题也是赫勒始终关注的问题。早在《文艺复兴的人》中赫勒就分析了文化现代性的早期演变。在《日常生活》中，在卢卡奇的影响下，赫勒又阐述了文化可以作为反抗政治压迫和社会同一化的力量。在《人的本能》中，赫勒从文化的角度，提出人具有“第二天性”，即人不是直接具有自己的本能，而是在对象化的过程中历史地生成的“第二天性”中获得自己的本质的。20 世纪 70 年代后，随着整个后现代思潮对现代同一性的质疑，赫勒也提出了反对现代化进程中“无所不包的文化”对人的同化。赫勒在马尔库什的基础上，同样基于现代性的理解，提出文化不是一种独立的现代性逻辑，而是存在三种文化概念：作为“高级文化”的文化、作为“文化话语”的文化和人类学的文化。“文化的三种

① 乔治·马尔库什：《马克思主义与人类学》，李斌玉、孙建茵译，黑龙江大学出版社，2011，第 103 页。

② 孙建茵：《文化悖论与现代性批判——马尔库什文化批判理论研究》，黑龙江大学出版社，2011，第 63 页。

概念（我们即将谈到）包含、讨论并描述了——有时是辩护性的，有时是批判性的——几种被认为是属于文化的相互关联的现象。”①

无论马尔库什总结的两种文化概念，还是赫勒在此基础上提出的三种文化概念都是对文化现代性的研究，都是在文化层面对现代性的思索。

二、文化的悖论性存在

由于现代性本身就是悖论的存在，在现代社会文化无疑以悖论的形式存在着。赫勒与马尔库什都分析了文化在现代社会的悖论性存在。

1. 人类学的文化概念

人类学的文化概念在马尔库什理论中又被称为“人类学意义上的文化概念”，其理论实质都是一致的，即是布达佩斯学派对现代性理解的经验性层面。之所以称为人类学的文化概念，是因为这一文化概念是建立在人类学对文化的理解基础上的。人类学的文化概念是现代化的产物，马尔库什认为，“人类学的文化概念基于一种一体化的社会形象（integrative image of society）：文化是一个社会的全体成员共享的东西，对文化的参与可以使他们在一个通常意义的世界中以互相理解的方式行动。此外，它也是那些共享的意义，在这些意义的基础上，个体形成了共有的一致性，其时间上的持久又确保了社会持续的统一”②。赫勒对人类学的文化概念作了解读，认为这种文化概念是现代化的产物，是在现代社会格局出现后产生的。“在人类学概念的意义上，所有的人类社会都是文化，因为它们向它们的居民提供规范、法则、叙事、形象、宗教等。”③ 这种文化承认所有文化的价值，每一种文化的价值都是同等的，没有谁比谁更高级。这种文化概念对文化平等价值的强调是完全现代的，是现代化的产物。然而，同时，这种文化概念也强调差异，差异意味着“要形成一个特殊的社会单位，就必须形成使之与其他社会单位区分开来的那些特征的复合体”④，即是说人类学的文化概念强调各种文化之间的平等的前提是对各种分化的区分，认为

---

① 阿格尼丝·赫勒：《现代性理论》，李瑞华译，商务印书馆，2005，第163页。

② 乔治·马尔库什：《马克思主义与人类学》，李斌玉、孙建茵译，黑龙江大学出版社，2011，第103－104页。

③ 阿格尼丝·赫勒：《现代性理论》，李瑞华译，商务印书馆，2005，第188页。

④ John Grumley, “Exploring the Options in No-Man's Land: Heller and Markus on the Antinomies of Modern Culture,” *Thesis Eleven* (2003).

各种文化是存在差异的。这样，人类学的文化概念就既强调普遍性又强调差异性，表现出了悖论性存在："独特的差异性和统一的'文化'概念再一次证明宏大文化同一性思想是一种不稳定的理想化建构的体现"①。

赫勒也陈述了这一悖论，"由于人类学的概念并不知道有高级/低级的两极对立，而是通过经验——以及非规范性——普遍来运作的，悖论将会通过对立两极（普遍/差异）的主题化而出现"②。当运用人类学概念的文化时就会感觉到张力的存在，因为如果承认了每一种文化都具有同等的价值，就必须要承认没有一种文化比其他文化更高级，最后差别就会变成无差别的多元主义。"因此，人类学的文化概念——它把文化的概念扩展为作为差异的经验普遍性——也使之变狭窄了，因为它排除了规范普遍性的方法以及差异之间的标准区分。"③ 但是，这还不是赫勒说的悖论，因为人类学的文化概念承认所有文化的同等价值，是彻底的、现代的，所有的前现代文化都可以看作种族中心主义的，然而"只有承认所有文化都有权要求得到承认的文化才可能是种族中心主义的"④，欧洲人正是通过构造人类学意义上的文化先使自己相对化，再把自己变为可以接受的作为规范的经验普遍。赫勒认为，这才是人类学的文化概念的悖论，从反对绝对到走向绝对，结果是"极端主义的理性主义启蒙（作为普遍进步的现代性概念的全球化）和极端主义的浪漫主义（欧洲文化的相对化）一起出现"⑤。

2．价值标示的文化概念

马尔库什将现代性基础上存在的第二种文化概念称为"狭义－部分的、'价值标示'的文化概念"，这种文化概念与人类学的文化概念的广义性不同，是狭义性的存在。这种文化概念被赫勒称为"作为'高级文化'的文化概念"。无论是什么名称，都是在一种狭义上的理解，都具有价值标尺的作用。价值标示的文化概念也是现代性的存在，虽然与人类学的文化概念的悖论不同，然而，价值标示的文化概念也是悖论性的存在。

首先，这种困境就表现为这种文化概念包含二分的特征，从而把文化

① Gyorgy Markus, "Antinomies of Culture" in *Discussions Papers* (Collegium Budapest, 1977), p. 7.

② 阿格尼丝·赫勒：《现代性理论》，李瑞华译，商务印书馆，2005，第190页。

③ 同上书，第193页。

④ 同上书，第194页。

⑤ 同上。

推向了高级文化的领域，产生了高级文化与低级文化之间的悖论。马尔库什说："如果'高级文化概念'本来代表了启蒙这一充满希望的计划，那么随即跟随着它的一种流行的、低级意义上的文化则用它启迪民众的无力宣布了它的落空和幻灭。"① 价值标示的文化概念在现代已经变成了分裂性的存在，导致现代性在创造了高级文化的同时，同样也创造了摧毁高级文化价值的低级文化。现代性的发展，使艺术品成为商品而商品化所提供的趣味选择使低级文化侵入了高级文化的领域。

其次，高级文化又是矛盾的概念，因为其包含的科学和艺术领域，既是对立的又是互补的。启蒙与浪漫主义就是现代性之初产生的既对立又冲突的、包含在高级文化概念之下的领域。高级文化应该是自律性的，然而现代科学内在的社会结构却无法保证其自律性，因为现代科学的发展受投资的限制，只有掌握经济和政治权力的国家才能为科学发展提供长期巨额资金。所以科学已经变成他律的了。并且科学技术越发达，越可能制造出摧毁整个人类文明的武器。同样，艺术也存在着困境高级艺术在现代性中最早是与低级艺术一起出现的。"高级艺术品，是完全与工具目的无关的一种愉悦的资源，同时这种愉悦能净化并提升接受者，准备好去代表更高级的、非功利的目的。"② 然而，高级艺术的发展使艺术品最后完全变成自我指涉的了，不考虑接受者了。这样，高级艺术具有的赋予每个人生活以意义的功能就消失了，高级艺术现在只能引起一个相对小众接受者群体的兴趣。

再次，现代性的文化关系既是赋予权力的又是抑制性的。"现代文化不仅将自身设定为对每个人来说都是内在有价值的和有重要意义的，而且还是'非凡的'：也就是高级文化。这种'高级'和'大众'文化之间的对立，根本上不同于我们在前现代社会中在'精英的'与'平民的'或'低级的'文化之间做出的划分。在后者的情况中，对于那些社会来说，所涉及的实践活动并不被理解为同一种实践；它们在归属上属于不同的社会力量并且具有相当不同的、不可比较的功能和重要意义。只有在现代性

---

① Gyorgy Markus, "Antinomies of Culture" in *Discussions Papers* (Collegium Budapest, 1977), p. 10.

② 孙建茵：《文化悖论与现代性批判——马尔库什文化批判理论研究》，黑龙江大学出版社，2011，第4－5页。

的条件下——由于文化作品基本上专指向一个社会学上非特指的公众，由于市场机制使它们的分配普遍地均质化等——以往一直不同的问题才开始转化为如此构成的文化领域的内部矛盾。”[①]

最后，现代性产生了高级文化和低级文化的区分，同时也使得这种区分不能成立。高级文化的文化概念“包括心灵、双手以及想象力的创造物”[②]，也就是黑格尔意义上的绝对精神：有代表性的艺术作品、神学、哲学和科学。高级文化的存在需要两个条件：“第一是拥有‘高级文化’需要有现代性的动力，第二是需要有能够（允许）向其同化的、作为一种相对开放的生活方式范例的‘他者’，以培养进入这种被认为较高级的（但一开始是相异的）生活方式的意愿”。[③] 现代世界符合这两个条件，所以现代世界存在高级文化。在前现代时期，通过有趣味和没有趣味来区分文化的高级和低级；而到了现代时期“重要的不是‘有趣味’或‘没有趣味’，而是有‘好’趣味或有‘坏’趣味”[④]。那么又是谁决定了文化趣味的好坏呢？现代性的民主导致了趣味标准的悖论，因为民主化不能区分好坏。但是，如果不存在趣味标准，那么高级艺术和低级艺术就不能区别开了，那样作为“高级文化”的文化概念就又不成立了。在现代民主条件下，每个人的趣味都是同等重要的，因而作为“高级文化”的文化概念是不民主的。社会格局的转变影响了高低文化之间的区分，“在前现代社会格局中，一个人在阶层划分中所占据的地位决定了他所行使的职能。在现代格局中则正好相反：一个人所行使的职能决定了他在阶层划分和社会等级体系中的位置”[⑤]。所以说，现代性的产生使文化有了高低之分，同样是现代性的民主使这种区分走向悖论。

三、克服现代性文化危机的不同努力方向

赫勒与马尔库什都提出了人类学的文化概念和价值标示的文化概念，并断言这两种文化概念在现代社会都是以悖论的形式存在的，悖论是这两

① 乔治·马尔库什：《马克思主义与人类学》，李斌玉、孙建茵译，黑龙江大学出版社，2011，第116页。

② 阿格尼丝·赫勒：《现代性理论》，李瑞华译，商务印书馆，2005，第164页。

③ 同上书，第167页。

④ 同上书，第169页。

⑤ 同上书，第175页。

种文化的基本存在方式，也是现代性在文化层面的一种表现。赫勒和马尔库什都是站在反思现代性的立场上对文化进行深入剖析，然而他们的角度却存在着分歧；都是从文化悖论切入问题，然而引出的路向却有所差异。

1. 马尔库什：保护文化悖论免受同一性的威胁

马尔库什认为，人类学的文化概念和价值标示的文化概念与现代性的产生一样源于启蒙，悖论是这两种文化概念的根本存在方式，是不可避免的，文化悖论的根源正是现代性的历史和逻辑，现代性产生了文化悖论，文化悖论也代表了现代性的存在状态，这是现代性的基本存在方式。悖论包含了正反两面，正反两面的矛盾斗争是推动现代性发展的内在动力。在这种矛盾冲突中现代性才能够得到发展，所以文化悖论是推动现代性发展的动力因素。然而，现代性正在试图抹平这种悖论，以同一性的原则改变文化的这种悖论性的存在。在马尔库什看来，在前现代社会，宗教的作用是为人的存在提供意义和价值，现代社会宗教的这种作用丧失了，宗教在理性面前失去了权威的地位，而理性在成为全新的权威后并没能接替宗教赋予人的存在以价值和意义的职能。现代社会，文化接替宗教行使传递价值和意义的职能，而文化这种作用的发挥要通过文化内部悖论的相互斗争，使人能够进行反思和批判，并在这种反思和批判中获得意义。理性同一性试图用同一性消解文化悖论，而文化悖论的消解会导致社会发展失去推动力量。文化悖论中的相互对抗的多元主义正是现代性的动力。所有试图克服这种悖论的企图不但不会克服现代性的矛盾，反而会遗弃现代性本身。

马尔库什总结了现代性进程中调和文化悖论的两种理论尝试，即启蒙主义和浪漫主义，并对这两种理论进行了批判。马尔库什认为，“文化悖论式的存在体现了文化补偿性的功能，并从积极的意义上肯定了现代性的文化悖论所提供的批判视角，正是两种力量的对抗和竞争为现代性的进程提供了根本的动力”①。启蒙主义和浪漫主义都试图用一致的、不变的理念来统一社会、规划社会，这对社会来说是危险的，因为这只能导致社会的停滞不前。取缔文化的任何一面，无论是高级、低级、普遍、特殊，都会

① 孙建茵：《文化悖论与现代性批判——马尔库什文化批判理论研究》，黑龙江大学出版社，2011，第 87 页。

引发片面性的危险，取缔任何一面都会使文化丧失批判的力量。

2. 赫勒：以作为“文化话语”的文化克服现代性的文化悖论

赫勒在马尔库什的基础上，伴随着自己对现代性的思索，继续从文化入手对现代性进行批判。在马尔库什的基础上，赫勒还提出了“作为文化话语”的文化概念，正是这种文化概念能够作为抵御现代性危机的力量。赫勒虽然也承认现代社会文化的悖论性存在，但是与马尔库什不同她试图运用“作为文化话语”的文化来克服文化悖论。人类学的文化概念和价值标示的文化概念使得文化越来越变得无所不包了，“经验的文化概念在包围每件事的意义上是普遍的，高级文化概念在设定标准的意义上是普遍的，而文化话语的文化概念是因为提供了‘机会均等’所以也是普遍的”①。赫勒看到了“无所不包的文化”对人的威胁，以权威左右人的趣味，控制文化工业，导致文化产品的同质化，消解了质的差别，结果就是高级文化的消失。这在赫勒看来就是一种“文化的枯竭”。然而这还不是最严重的问题，最严重的是文化合理化和职业化导致的文化交流的碎片化，文化交流的参加者的范围已经缩小到只是从事这种行业的人才进行这种交流了。结果文化交流碎片化为小型的、孤立的、偶然的、流动的微型讨论，不但没有讨论的标准，而且也没有交流的共同文化经历，即家园的缺失。在这种情况下，赫勒重新提出了“文化话语”的文化概念，她认为“没有文化交流人也能生存，但是没有文化交流却不能过上好的现代生活”②，作为“文化话语”的文化概念与无所不包的文化不同，它恰恰是克服文化的无所不包性。这种文化概念提倡沟通与理解，尊重差异性，通过对多样性与差异性的强调，使在多样性共存的情况下，能推动现代社会的发展和进步。所以，它既保存了文化的多样性与文化的多元层面，又使这些多样性能够彼此交流，达到一种理解和尊重，保持多样性的存在就能够使文化重拾批判和反思的功能，重新获得传递意义和价值的作用。作为“文化话语”的文化强调文化的交谈作用，这种交谈不在于是否要达成共识，而是在交换观点和解释，这种交谈本身就是目的。作为“文化话语”的文化主要针对现代性的发展使文化变得无所不包这一情况提出的，正是

① John Grumley, “Exploring the Options in No-Man's Land: Heller and Markus on the Antinomies of Modern Culture,” *Thesis Eleven* (2003).

② Ibid.

文化的交谈可以抵制现代性的强制同一性。同时，在避免狂躁、商业化和商品化的意义上，文化交谈使其他两种文化悖论变得迟钝了。赫勒强调文化话语交谈的力量，强调对个体的文化选择和文化需要的尊重，目的都在于要为个体选择提供一个多元化的平台，这与后现代思潮的多元化主题不谋而合，其实质是对现代性的一种反思和批判。

布达佩斯学派对人类学的文化概念和价值标示的文化概念分别进行了解读，揭示了这两种文化概念的悖论性存在。马尔库什认为文化的悖论性存在保存了文化的反思和批判功能，是现代社会发展的动力因素。然而，现代社会文化的悖论性存在受到了威胁，现代性的一体化进程已经深入到了社会的各个层面，最终进入了文化层面，力图用现代性的原则和规则来统一文化所包含的彼此矛盾的方面。这种做法使文化丧失了反思和批判的功能，使其作为人的意义和价值的载体的意义失效了所以，文化在现代社会的存在受到了威胁。

赫勒在这一理论前提下，提出了作为“文化话语”的文化概念。她虽然也承认文化悖论的存在，但是她的观点就比马尔库什要乐观许多，虽然伴随着作为“高级文化”的文化和人类学的文化概念产生的悖论作为现代性的基本存在方式不可能消除，但仍可以尝试使之变得迟钝，避免它。在赫勒看来，正是“文化话语”提供了现代性悖论在理论上的克服方法。在这种作为“文化话语”的文化中，通过交谈真正体现了机会均等的观念。但是赫勒同时也提出了自己的忧虑，“这个概念也有其令人沮丧的一面。由于交谈以自身为目的，并且一切都可以成为反思的交谈的话题，文化交谈可以转变成‘闲话’，转变成闲聊。进而言之，以讨论自身为目的的讨论是一种对别人不负责任或只负很小责任的实践”①。所以赫勒最后得出结论：在避免了自由和真理的悖论的同时，作为文化话语的文化概念无法避免陈腐或琐碎的指责。因为，这种文化交谈属于任意性的活动，这种商谈伦理学需要悬置人的兴趣。

---

① 阿格尼丝·赫勒：《现代性理论》，李瑞华译，商务印书馆，2005，第188页。

现代性三种逻辑的动态共生*

——东欧新马克思主义学家费赫尔的现代性批判理论

孙建茵

现代性批判是东欧新马克思主义流派之一布达佩斯学派颇为重要的理论主题。师从于卢卡奇的四位学派成员阿格妮丝·赫勒、费伦茨·费赫尔、乔治·马尔库什和米哈伊·瓦伊达从20世纪70年代末期开始，从不同的角度展开了对现代性问题的研究。赫勒著有著名的现代性三部曲；马尔库什用启蒙两种逻辑的悖论关系解释了现代性独特的存在方式和动力机制；瓦伊达通过对现代性的极端形态法西斯主义的批判揭示了现代极权主义的小资产阶级属性。费赫尔的现代性批判理论与学派其他成员不同，他从历史学和政治学的视角问诊现代性，并因此与马克思的历史唯物主义的分析框架关联在一起。费赫尔通过对现代性三种逻辑的分析创建了现代性批判的基本理论框架，借由这一框架展开了对法国大革命和世界政治前景的批判性分析。他的现代性批判理论体现了马克思历史唯物主义的方法论传统并以独特的方式表达了现代性在场的理论观点。本文试图从费赫尔与赫勒复杂的思想关系中析出费赫尔独有的现代性批判理论，阐释其对法国大革命做出的卓越且有创见的理论分析，并在历史唯物主义的视域中评析其理论的得失成败。

一、费赫尔现代性批判理论的缘起与内涵

应该说，费赫尔的现代性批判理论并不是他个人独立阐释的，而是受到妻子赫勒的影响，在两人共同的研究中完成的。对这一理论的形成过

---

* 本文刊于《山东社会科学》2018年第8期。

程，费赫尔曾在《被冻结的革命——论雅各宾主义》中明确描述过："我和阿格妮丝·赫勒一起，研究这个理论有一段时间了。这个理论首次和大概的构想出现在赫勒 A Theory of History 当中。初稿已经在费赫尔和赫勒合著的 Theory and Society 中的'阶级、民主和现代性'章节中进行了详细论述。"[①] 两人合作了多部关于现代性问题的著作和专题论文，其中最有代表性的是 1983 年发表的《阶级、民主、社会》、1987 年发表的《东方左翼与西方左翼》以及 1988 年出版的著作《后现代政治状况》。不仅如此，他们夫妻二人曾多次在不同场合强调，自己的观点深受对方的影响。赫勒将费赫尔在 25 年里对她思想和精神上的帮助描述为"慷慨而持久"，并在《历史理论》中这样评价："我想要表达对费伦茨·费赫尔的感激，因为他的衷心批评和良好的忠告使我能够修改手稿，阐明了某些盲点，并使某些论证更为可信。"[②] 可以这样说，共同探讨哲学问题，合作阐释理论观点已经成为他们最主要的研究方式。因此，围绕着现代性的核心价值、现代性的历史叙事方式、现代性与后现代之间的关系等问题，费赫尔与赫勒完成了对现代性理论的建构，这一理论最核心的内容无疑是对现代性三种逻辑的分析。然而，相互间紧密的合作关系和彼此影响的思想联系并不意味着二人现代性理论的完全同一。事实上，在理论共识的背后蕴含着费赫尔与赫勒异质性的思想内核和理论旨趣。通过比较研究，从二人对现代性三种逻辑的阐释中析出费赫尔个人的现代性批判理论观点，便于清晰地理解其思想的独特性。

在现代性的发展中可以区分出三种不同的逻辑线索，这种理解是赫勒与费赫尔二人的思想共识。然而，在费赫尔和赫勒各自独立完成的理论著作中却存在着两种对"三种逻辑"的不同表述。费赫尔对现代性三种逻辑的经典概括体现在《被冻结的革命——论雅各宾主义》中："我理解雅各宾主义的前提是现代性理论，它是由其内在的三个不同的'逻辑'组成：工业化、作为经济生活组织原则的资本主义和民主产生的进程（也就是

---

① 费伦茨·费赫尔：《被冻结的革命——论雅各宾主义》，刘振怡、曹丽新译，黑龙江大学出版社，2014，第 15 页。

② 阿格妮丝·赫勒：《历史理论》，李西祥译，黑龙江大学出版社，2015，第 2 页。

说，政治自由，或者是‘共和国’）。”① 费赫尔在后续的论述中直接把这三种逻辑简称为工业化逻辑、资本主义逻辑或经济逻辑和政治逻辑或民主逻辑。在赫勒现代性三部曲的终结篇《现代性理论》中，赫勒则把现代性的三种逻辑区分为：“技术的逻辑、社会地位的功能性分配的逻辑以及政治权力的逻辑（统治与支配的制度）。”② 赫勒有时也把这三种逻辑简称为技术逻辑、社会逻辑和政治制度的逻辑。比较来看，费赫尔与赫勒的两种“三种逻辑”体现了许多共性的理解，但是更存在着差异，这些差异不仅体现在二人对三种逻辑内涵的理解上，更体现在他们运用现代性的三种逻辑对现代社会进行批判性研究的角度上。

从现代性三种逻辑的内涵来看，费赫尔与赫勒的不同表述方式本身已经说明了二人理解上的不同。赫勒深受康德哲学和麦金泰尔伦理学的影响，始终关注现代性的伦理维度，这一点集中体现在她对现代性三种逻辑的解释中。在技术逻辑中，赫勒描述了现代社会科学技术想象的恣意发展，在带来社会进步的同时也侵入了生活的其他领域，是对韦伯意义上的诗、历史想象等价值领域的殖民。在社会逻辑的分析中，赫勒虽然探讨了市场、货币制度等资本主义社会的基础机制和专业化等趋势，同时她也着重分析了正义、德性在社会等级制度中的作用。面对第三种逻辑，赫勒揭示了其中蕴含的意识形态属性。她尤其揭示了政治制度作为一种意识形态，以一种伦理力量为中心构建了集体信念反过来强化并保护这种伦理力量的功能。

与赫勒从伦理学的角度阐释现代性三种逻辑内涵不同，费赫尔是从历史学和政治学的角度解读三种逻辑的。工业化的逻辑在费赫尔的论述中代表着资产阶级社会生产方式的变革，体现了西方社会从农业文明向工业文明转跃的历史演进的总体方向。以工业化为发展目标，费赫尔评析了美国、法国和英国在这一历史进程中的得失成败。资本主义的逻辑在费赫尔那里代表着资本主义的经济组织原则。商业化、市场化和特有的经济政策的实施状况作为资本主义经济逻辑的基本内容对于资本主义发展产生的重要意义是费赫尔讨论的重点。政治逻辑是费赫尔格外重视的逻辑。政治逻

① 费伦茨·费赫尔：《被冻结的革命——论雅各宾主义》，刘振怡、曹丽新译，黑龙江大学出版社，2014，第 15 页。

② 阿格尼丝·赫勒：《现代性理论》，李瑞华译，商务印书馆，2005，第 95 页。

辑体现了现代性包括自由、平等在内的核心价值，以对民主制度的追寻为表现形式。费赫尔指出，现代社会中，政治逻辑成为主导逻辑的现实在许多政治体制的建构中发挥了极为重要的作用。以此为基本观点，他批判性地分析了法国在大革命的历史进程中不同的政治选择。

对现代性三种逻辑的不同理解体现了费赫尔与赫勒不同的理论旨趣。在建立了对现代性三种逻辑的阐释框架之后，赫勒运用这一框架展开了对伦理学的研究。从20世纪80年代中后期开始一直到90年代，赫勒先后出版了道德哲学三部曲《一般伦理学》《道德哲学》《个性伦理学》《超越正义》及《现代性能够幸存吗?》等著作，从现代性发展的三种逻辑出发，分析了现代社会政治、经济和日常生活领域的道德和伦理困境。与之不同，费赫尔的研究兴趣点始终在历史和政治领域。现代性的三种逻辑为他提供了对现代政治制度和历史叙事模式展开批判性分析的框架。他出版的专著《被冻结的革命——论雅各宾主义》和主编的文集《法国大革命与现代性的起源》以及相关论文，就是在法国大革命的历史背景中分析现代性彼此独立却又相互制约的三种逻辑是如何诞生并在动态的关系中对大革命的历史进程发挥作用的。

二、现代性的三种逻辑与法国大革命的批判性反思

费赫尔的现代性批判理论的一个突出意义体现在他发展了一种对法国大革命进行解读的新视角。在研究法国大革命的理论传统中，一种代表性的观点是把大革命当成一个统一的历史事件来进行描述和研究，尤其在法国大革命的性质上更是如此。不管是像莫蒂默-泰尔诺（Mortimer-Ternaux）为代表的19世纪保守的历史编纂者，还是以科布（Cobb）为代表的当代激进派学者，都把法国大革命视为一场连续的、一成不变的政治革命。而受马克思思想的影响，克鲁泡特金（Kropotkin）、列斐伏尔（Lefebvre）、索布尔等学者在解读法国大革命时同样强调革命性质的统一，他们“把整个革命的特征概括为：祛除法兰西封建制度的一场资产阶级民主（变革）”[①]。然而，二战后，以英国历史学家科班（Cobban）和法国著

① 费伦茨·费赫尔：《被冻结的革命——论雅各宾主义》，刘振怡、曹丽新译，黑龙江大学出版社，2014，第3页。

名大革命史研究者傅勒（Furet）为代表，一种全新的观点对传统提出了挑战。他们反对把法国大革命这一长时段历史解读为同质性的，从历史资料的分析中得出了与以往不同的结论：与其说是资产阶级为了推翻封建主义而发起了法国革命，毋宁说是法国大革命造就了资产阶级本身。[①] 费赫尔非常赞同从异质性的角度来重新分析法国大革命的性质，但是与历史学家查阅历史档案的研究方法不同，费赫尔对法国大革命和极具独特性的雅各宾主义的研究是一种历史解释和政治理论的结合，他自己将之称为一项政治哲学研究。他所借重的哲学理论正是以三种逻辑为核心的现代性批判理论。他着重强调："对法国大革命的理解，必须关注由现代性三个逻辑构成的清晰背景。"[②] 因此，他运用现代性三种逻辑的独立又互动的关系对大革命进行了分析。费赫尔的结论是：正是在法国大革命中，工业化、资本主义的经济组织原则和民主制度这三种逻辑逐渐展开，法国大革命成为现代性的起源。

费赫尔指出："每一个'逻辑'，连同它们之间的联合，所具有的相对单独的动力，都比传统更好地为革命提供了理解框架。"[③] 因此，他首先分析了法国大革命中工业化逻辑的发展。在费赫尔看来，法国大革命并没有把工业化作为革命的首要目标，而是把已经现代化了的，以农村为基础的法国的生产模式作为目标。甚至，工业化的目标在法国大革命期间被视为充满负面影响的结果，其原因是在英国已经显露出来的工业化进程的症状之一：城市的贫困。促成这一原因的除了法国的资产阶级精英和具有反叛精神的贵族之外，同样还包括已经达到半工业化的无产阶级力量。因此，工业化成为法国大革命被敌视的幻想，其发展完全是被动性的结果。

作为现代性的第二条逻辑，资本主义的经济组织原则是在资产阶级精英主动得选择中发展起来的。这一逻辑包含三层内涵：一是要求私人财产的神圣和自由，这种自由不受任何规定的束缚；二是要求实行自由放任的经济政策，经济要摆脱外部的所有干扰；三是国家和社会的合理化。这种

---

① 参见 A. Cobaan, *The Social Interpretation of the French Revolution* (Cambridge University Press, 1999).

② 费伦茨·费赫尔：《被冻结的革命——论雅各宾主义》，刘振怡、曹丽新译，黑龙江大学出版社，2014，第 21 页。

③ 同上书，第 16 页。

主动选择的资本主义经济组织原则甚至得到了法国当时广大农民的认可。农民并没有选择一种独立于资本主义经济原则的经济策略，而是接受了在当时发起于城市的这种经济政策，因此，可以说，在法国大革命期间，农民的革命中存在着亲资本主义的倾向。

相对于现代性的前两种逻辑，费赫尔更加强调第三种逻辑的重要作用。对此，他指出："现代性的内在逻辑可以完全分离，按照等级顺序排列，从这个程度上而言，我认为，'政治逻辑'，旨在创造一种'自由社会'的动力，是法国大革命最重要的因素。"① 因为，政治逻辑在法国大革命期间表现为所实行的国家制度，它不仅为法国大革命期间各种革命提供了共同的特征，更为重要的是，它维护了平等、自由和生命等核心价值。尽管在革命的进程中，经济利益和经济政策的构想不断出现分歧，但即便是在各种利益发生尖锐冲突的时候，在政治层面，尤其是在这些价值的认同上，始终是同一的，即对一种自由社会或民主制度的追求。正是这种统一而贯穿性的价值追求诞生了现代性的政治逻辑。费赫尔指出，从这一逻辑入手对于研究雅各宾专政可以提供有效的分析。

与学界普遍所持的观点不同，费赫尔并不认为雅各宾专政只是法国大革命发展过程的一个特殊的阶段，恐怖统治也不是吉伦特派造成军事混乱的结果。在费赫尔看来，雅各宾主义的独特性一直被忽略，它是法国大革命中众多异质性的政治团体的一个典型代表。正是雅各宾派的政治主张才使得现代性三种逻辑中的政治逻辑，即民主制度以一种极为独特的方式在法国大革命的进程中产生、展开进而影响了革命的进程。费赫尔指出，在法国大革命的前夕，随着开明君主实施、哲学家监督的"自上而下的革命"策略被彻底抛弃，随着共和国中贵族的堕落，随着英国自由主义的虚妄现实的呈现，卢梭对启蒙的卡桑德拉预言已经成为现实，启蒙的危机和理性主义的失败需要一种新的政治理念来应对。能够解决"人造文明"的悲剧的新的政治秩序应该是一种宣扬道德的共和政治。"现代民主的建立，是希腊，尤其是罗马共和国城邦的再造，雅各宾派革命者把它看成是应对

① 费伦茨·费赫尔：《被冻结的革命——论雅各宾主义》，刘振怡、曹丽新译，黑龙江大学出版社，2014，第20页。

‘启蒙运动危机’的对策。”[①] 因此，雅各宾派最初的政治构想是试图通过建立一个“德性共和国”，通过设计一个新的政治秩序以应对人造文明的困境和启蒙的危机。在法国大革命的初期，这一构想是以自由和生命为主要价值的，它规定了普选权，宣告法律面前人人平等，这些都体现了现代民主制度的方向。然而，在费赫尔看来，雅各宾派的政治构想具有鲜明的内在矛盾。国家成为公意的化身，公共意志成为判断政治“正确性”的标准，进而区分共和国国民的朋友和敌人。这使公意披上了道德的外衣成为某种最高存在的崇拜物。由此，“超越启蒙运动危机的尝试以反启蒙结束。”[②] “德性共和国”的构想回到了启蒙之前的状态。不仅如此，这种“德性的共和国”还带来了自由的辩证法——自由的暴政。以自由的名义实行暴政的结果就是以几乎没有自由的极端暴政结束，这是对民主最大的破坏。

在费赫尔的分析中，现代性的三种逻辑孕育在法国大革命的进程之中，其诞生与发展同雅各宾派的执政具有重要的关联。正如费赫尔所言：“在这个意义上，也在许多其他意义上，他们已经给现代世界带来了复杂的改革、观念和制度，没有它们，我们现在所谓的社会主义不能作为一项事业而存在。”[③] 然而，雅各宾派的革命措施却与这三种逻辑相互独立又相互作用的共生状态发生了矛盾和冲突，最终使雅各宾专政成为一种背叛法国大革命初始方针的政治体制。按照费赫尔对现代性三种逻辑的论证，工业化逻辑在大革命中根本没有得到发展。资本主义经济组织原则或市场化作为一种经济原则应该是一种独立发展的逻辑。然而，雅各宾派的共和国经济体系却始终被置于政治原则或外在于经济的其他因素的影响之下。这样的经济政策阻碍工业化的进程，反抗经济增长，最终扼杀工业资本主义的出路。政治逻辑在雅各宾专政中走向了自身的悖反，共和国的蓝图和构想最终却破坏了民主制度内在的自由和生命的核心价值。这种背离决定了雅各宾主义绝不是法国大革命同一性质的一种特殊表现，而说明了它自身独特的，与大革命完全不同的政治性质。由此，费赫尔得出了结论：“雅

---

① 费伦茨·费赫尔：《被冻结的革命——论雅各宾主义》，刘振怡、曹丽新译，黑龙江大学出版社，2014，第73页。

② 同上书，第75页。

③ 同上书，第179页。

各宾派处于古代和现代之间的中间派或中间立场上，他们狭隘的民主概念不仅在政治方面就是这样，在社会经济方面也是如此。”① 这样看来，雅各宾派在法国大革命之初促进了现代性三种逻辑的诞生，然而雅各宾主义却无力遵循现代性逻辑的发展而动，最终背离了现代社会发展的轨迹。

三、现代性的三种逻辑与世界政治前景分析

运用三种逻辑框架研究法国大革命和雅各宾专政只是费赫尔现代性批判的理论实践的一个方向，在这一框架下，费赫尔还对世界政治前景进行了分析。根据现代性三种逻辑的存在关系，费赫尔批判了当代政治制度的几种典型模式，并提出了一种符合现代性三种逻辑发展的、合理的政治制度范式。

费赫尔指出，在资本主义的制度下，现代性的三种逻辑之间存在着巨大的张力，成为资本主义危机的潜在根源。他甚至做出了预测：“不管是否有适当的议会制，纯粹的资本主义逻辑的生存机会和全球主导地位都是微乎其微的。”② 这种张力和矛盾尤其体现在资本主义经济逻辑和政治逻辑之间。资本主义民主的程度越高，资本主义经济长久发展的可能性就越小。因为，在民主制度中，无限增长的资本主义经济逻辑所制造的需要可以得到自由和公开的表达，但是这些需要却无法在相同的程度上得到满足。这种内在的张力只会越来越在制度内部产生矛盾和冲突。随着资本主义经济全球化的发展，真正的全球经济得以建立，这种经济的内在冲突和矛盾体现在工业和原材料各自独立和脱节的状态，以及跨国公司组织的建立以及明显限制的资本积累、资本投入的自由流通。为了避免永久性的经济危机，全球化发展的经济需要一种全新的框架来应对困境，例如国家生产模式或宗教激进主义政治。费赫尔从现代性的三种逻辑关系入手对这两种可供选择的、解决资本主义危机的政治模式的可行性进行了批判性分析。

一种解决方案是，在现代性的三种逻辑中，保证工业化逻辑对其他两

---

① 费伦茨·费赫尔：《被冻结的革命——论雅各宾主义》，刘振怡、曹丽新译，黑龙江大学出版社，2014，第 177 页。

② Ferenc Feher and Agnes Heller, “Class, Democracy, Modernity,” *Theory and Society* 12, no. 2 (1983): 239.

种逻辑的优先地位。由此将实行一种冷酷的、非民主的制度，伴随着这种方式的政治理念是与资本主义逻辑相矛盾的意识形态，费赫尔把它称为“国家生产模式”。他指出，这种模式作为应对资本主义经济危机的手段得以可行的唯一条件是“有缺陷的资产阶级的技术政治－官僚政治部门对资本所有者的经济存在和工薪阶层的政治存在施行绝对统治”①。与社会主义有规律的调节不同，这种制度完全废弃了资本主义逻辑中应有的市场竞争。而对工薪阶层的完全控制则意味着这种制度在性质上成为右倾的极权主义政体，违背了追求民主的现代性的政治逻辑。因此，这种解决方案用工业化逻辑窒息了政治逻辑，打破了现代性三种共生逻辑的平衡，使之处于相互的冲突对抗之中，因此其内在的自我矛盾性决定了它的难以为继。

另一种可供选择的解决方案，是传统的宗教激进主义政治。这种体制在殖民地或半殖民地制度的废墟上蓬勃发展。这种政体要么通过传统的生活方式，要么通过宗教教义或者同时通过两种方式来建构组织社会的原则。这种方案保留了古代社会框架的原型，社会运行机制完全无法与工业化或资本主义相容。当然，这种模式本身并不意味着无法鼓励和促进经济活动的发展。但是，费赫尔强调，这种方案根深蒂固地潜藏着“绝不可能发展工业化和资本主义逻辑的倾向”②。显然，这种政治体制是对现代性工业化逻辑和资本主义经济逻辑的严重抑制。不仅如此，这种政治体制也并不符合现代性政治逻辑追求民主的一贯方向。宗教激进主义与民主制度相互抵牾，甚至主张废除公民的存在。费赫尔由此指出，宗教激进主义的方案是一种政治上的倒退，是对现代民主制度的背离，现代社会的阶级存在将被这一方案还原为种姓制度（castes）或教徒与异教徒的差别。

费赫尔由此指出，这两种政治形态，作为应对资本主义危机的解决方案来说都备受争议。极权主义的大屠杀、工业化扩张带来的生态危机、核能的利用危机四伏，所有这些像噩梦一样笼罩在世界发展的前路上空。那么，什么才是保证人类社会可以持续发展的合理的政治形态呢？费赫尔提出了他的构想：“它最主要的基本内容包括：以工人所有权的形式实行全面的自治；国有权力下放；减少重新分配机构的作用；政治上活跃的公民

① Ferenc Feher and Agnes Heller, “Class, Democracy, Modernity,” *Theory and Society* 12, no. 2 (1983): 241.

② Ibid: 242.

能够保持哈贝马斯所说的‘未失真的交往’；工厂内建立民主（非等级）关系，在始终对工作条件是否适合人道的个人发展的考量中有意识地促进技术发展（如果有需要，在民主共识的基础上，可以牺牲加速的工业扩张）；没有阶级关系，但是在特殊群体或国家再分配机构和特定工业集团等分支机构之间，利益冲突将继续存在。”① 费赫尔的这种构想符合他对现代性三种逻辑相互作用中共生的理解，这样的政治体制保证了工业化逻辑、经济逻辑和政治逻辑的协调发展。促进技术的发展是工业化进程的必要条件；工人自治、国有权力下放和弱化分配机构的限制是对市场机制和竞争机制的解放，符合经济逻辑的发展需求；工厂内的民主关系和主体间在商谈伦理基础上的交往是对政治逻辑中民主、自由、平等价值的保护。然而，这三种逻辑并不是完全独立的，而是像“现代性的钟摆”一样，在相互的制约中达到动态平衡，推动现代社会前进。当人道的个性发展与科技发展发生冲突时，民主的政治逻辑应该优先于工业化逻辑；虽然取消阶级的存在，但要承认并允许利益冲突的存在，体现了政治逻辑与经济逻辑的相互融合。

所有条件和谐地统一在一种可以持续发展的世界性的社会政治形态中，这是费赫尔对世界政治前景的展望。虽然这样的可能性仍然十分令人存疑，然而，在这种政治形态中，工业化逻辑、经济逻辑和民主制度的逻辑不再彼此阻碍，而是体现出积极的相互促进力量，三种逻辑的平衡共生使现代性充满了活力。由此，现代性被赋予意义，它不再是如法国大革命般被告别的历史，而是正在进行着的现在。费赫尔在现代性三种逻辑的动态关系中找到了“现代性还乡”之路。

四、对费赫尔现代性批判理论的借鉴与反思

毫无疑问，法国大革命是近300年来人类历史上最为重大的事件之一，它对后世的影响以及后人对它的研究从未间断。这些研究遍及经济、政治、文化和历史等诸多领域。其中，现代性与法国大革命之间的关系是最为核心的议题，换言之，对现代性问题的讨论如果避开法国大革命几乎是

---

① Ferenc Feher and Agnes Heller, “Class, Democracy, Modernity,” *Theory and Society* 12, no. 2 (1983): 243.

不可能的。在这个意义上，费赫尔的现代性批判理论正是建立在一个无法逾越的关节点上，他用现代性三种逻辑的批判框架可以从容吸纳并分析各种历史材料。无论再发现多少新的历史史料都不能超越费赫尔现代性批判的范畴。这也说明了他的现代性批判理论的解释力。然而，费赫尔的现代性批判理论与马克思的历史唯物主义之间的关系仍需进一步说明。

作为东欧新马克思主义的重要代表，布达佩斯学派核心成员，费赫尔围绕在晚年卢卡奇身边，亲身参与了卢卡奇“复兴马克思”的计划，因而，他的现代性批判理论也深受马克思思想的影响。虽然，在马克思的一生中，对德国现实的关注始终是焦点，但是不可否认，在其政治哲学和历史学的研究中，很多主题是围绕法国展开的。也可以说，法国的历史为马克思的研究提供了教科书般的实例，尤其体现在对法国大革命的分析中。法国大革命研究构成了马克思政治思想的重要来源。虽然马克思从未有专门的著述是研究法国大革命的，但是马克思却在自己的多部著作中，以大量篇幅和段落较为深入地探讨了法国大革命的问题。马克思对法国大革命的研究对费赫尔产生的重要影响体现在：费赫尔接受了马克思的观点，即法国大革命宣告了一种新兴社会和制度的诞生。马克思说：“1648 年革命和 1789 年革命，并不是英国的革命和法国的革命，而是欧洲的革命。它们不是社会中某一阶级对旧政治制度的胜利；它们宣告了欧洲新社会的政治制度。资产阶级在这两次革命中获得了胜利；然而，当时资产阶级的胜利意味着新社会制度的胜利，资产阶级所有制对封建所有制的胜利，民族对地方主义的胜利，竞争对行会制度的胜利，遗产分割制对长子继承制的胜利，土地所有者支配土地对土地所有者隶属于土地的胜利，启蒙运动对迷信的胜利，家庭对宗族的胜利，勤劳对游手好闲的胜利，资产阶级权利对中世纪特权的胜利。”[①] 由此，马克思指出，法国大革命通过对资产阶级所有权的争取、对资本主义市场竞争的肯定和对新的政治制度的向往，宣告了现代国家的诞生。可见，费赫尔得出的现代性三种逻辑起源于法国大革命的结论与马克思的关键表述是基本一致的。费赫尔甚至认为，法国大革命就是马克思政治理论的模型。[②]

---

① 《马克思恩格斯文集》（第二卷），人民出版社，2009，第 74 页。

② Ferenc Feher，“The French Revolutions as Models for Mar'xs Conception of Politics,” *Thesis Eleven* 8（1984）：59 –76.

同时，费赫尔在现代性视域下对法国大革命的研究又体现出了鲜明的特性。一方面，费赫尔摆脱了对历史唯物主义的教条化理解。他在《贱民和公民》《被冻结的革命——论雅各宾主义》等著述中曾多次评论阿伦特的观点。阿伦特认为，马克思建立了暴力革命和历史必然性之间的稳定关联，因而历史必然性成为革命的理由。[①] 费赫尔指出，阿伦特的分析并非直接针对马克思，而针对的是教条主义对马克思的歪曲阐释。费赫尔发现，马克思终其一生关注法国大革命的原因之一是重新思考和反复修正他早年在《黑格尔法哲学批判》手稿中提出的国家和市民社会关系的解释模型，从而在经济过程、新型的资本主义交往关系、国王主动放弃权力后的真空、众意构造的社会认同、人民意志的代表，多元政治诉求的合力等众多因素的共同作用中来思考历史的进程。马克思认为，历史的演进既不仅仅取决于单纯的经济因素也不取决于少数精英的意志，因此将马克思理解为“经济决定论”或“历史目的论”都是对马克思的曲解。如果资本主义的经济逻辑是解释历史的唯一具有决定作用的因素，那么长时段的法国大革命就只能是一种无差别、同质性的历史。然而，事实恰好相反，正是由于在法国大革命期间，现代性的三种逻辑各自发挥作用并且各自具有相对的独立性，因此法国大革命在1789至1799的十年时间里，不同的革命阶段才呈现出了异质性、多元化的特征。“在每一个革命中，现代性的三个逻辑都同时呈现，并且被其核心人物主题化了，不同革命之间其主题化的程度是不同的。”[②] 因此，在费赫尔那里，现代性的三种逻辑不再是简单的决定与被决定的关系，而是以各种合并、组合的方式构成相互作用的场域，创造了法国大革命和现代性多元论的构想。这种理解对于反思教条主义，重新理解马克思具有一定的积极意义。

另一方面，费赫尔的现代性批判理论和马克思历史唯物主义的分析框架之间仍然存在紧张的关系。在马克思看来，历史事件尽管包含着众多复杂因素，但绝不是这些因素综合作用的偶然结果，任何理论或原理对历史的阐释都必须与现实的物质条件紧密联系起来。1871年巴黎公社失败后，马克思随即总结道，“这些原理的实际运用，正如《宣言》中所说的，随

---

① 汉娜·阿伦特：《论革命》，陈周旺译，译林出版社，2007，第52页。

② 费伦茨·费赫尔：《被冻结的革命——论雅各宾主义》，刘振怡、曹丽新译，黑龙江大学出版社，2014，第21页。

时随地都要以当时的历史条件为转移，所以第二章末尾提出的那些革命措施根本没有特别的意义。如果是在今天，这一段在许多方面都会有不同的写法了。”① 这说明，马克思分析任何历史问题的出发点都是“现实的人”的实际活动和已有的或重新创造出来的物质生活条件。这种理解是历史唯物主义的逻辑起点，从而体现出唯物的特性。而费赫尔在解释历史时突出的是现代性价值体系中的平等、自由和生命。这样，费赫尔基于某种先定的、永恒的价值理念构建的现代性的三种逻辑与马克思从个人的物质生活条件出发构建的历史唯物主义的分析框架，最终走向了两种迥异的历史解释模式。

事实上，费赫尔是在离开匈牙利移居西方国家之后展开现代性研究的。虽然，其现代性理论诞生于后现代主义方兴未艾的背景中，他的理论也表现出了对宏大叙事的批判和多元主义的立场，然而，费赫尔对现代性的分析却鲜明地表明了他与后现代主义大相径庭的理论旨趣。费赫尔说：“如果‘后现代性’并不被理解为现代性之后的一个时代，而是被理解为在现代性之中的一种肯定现代性的‘到来’，即它最终的安定（settling - in），同时调查现代性的资格并努力赋予它以意义的立场和态度，那么后历史这一概念对于历史学家来说将从禁忌和障碍转变为一种激励。在这种理解方式中，历史将作为我们共同阅读的文本而逐渐为人所知，但我们每一个人都以他或她自己独特的方式来阅读历史。”② 在这个意义上，现代性并没有被后现代终结或取代，它不是完全消失的过去，而是仍在发挥影响的现在。费赫尔的现代性批判理论正是以他独特的方式赋予现代性以意义。

① 《马克思恩格斯文集》（第2卷），人民出版社，2009，第5页。

② 费伦茨·费赫尔：《法国大革命与现代性的诞生》，罗跃军等译，黑龙江大学出版，2010，第4页。

瓦伊达小资产阶级批判的文化维度*

孙建茵

作为布达佩斯学派的重要成员，使瓦伊达蜚声国际学界的是他的法西斯主义批判理论。他的理论最具独特性之处就是对小资产阶级的批判性分析。虽然，在法西斯主义批判的历史上，有不少学者都提出过“法西斯主义是中产阶级激进化的结果”这一观点，然而，对中产阶级的界定较为模糊，更鲜少有研究通过对小资产阶级进行专门、全面的分析而揭示其在法西斯主义运动中的重要地位和作用。值得一提的是，瓦伊达将法西斯主义理解为一场群众运动，而群众的主体正是资本主义社会中的小资产阶级。瓦伊达以马克思的阶级分析作为主要方法对小资产阶级进行了细致、深入的剖析与批判。虽然立足于马克思主义立场，然而瓦伊达并没有忽视经济、政治之外的文化因素对小资产阶级运动的重要影响。因此，他的小资产阶级批判不仅分析了小资产阶级的经济处境、组织形式和社会结构，同时也关注了小资产阶级的意识形态、性格机制和生存环境的文化氛围，彰显了其批判理论的文化维度。

一、对小资产阶级意识形态的分析

瓦伊达指出，法西斯主义的意识形态基础是一种“总体性”原则。这种总体性原则的具体表现就是对一切特殊性的反对。正是由于遵循着总体性原则，法西斯主义在确定政权的领导阶层时与其他的独裁主义形式具有本质区别。

瓦伊达首先对总体性原则本身做出了分析。“总体性”的意识形态的

---

* 本文刊于《中外文化与文论》2016 年第 2 期。

典型表现是反对自由主义和“理性主义”。正如马尔库塞所言：“斗争最初绝非开始于政治舞台，而是与19世纪的理性主义、个体主义和唯物主义展开的一场哲学争论。”[①] 法西斯主义的敌意最初表现为攻击和反对自由主义、理性主义的意识形态。按照“总体性”原则来看，所有的特殊性都要从属于、服从于总体和整体。因此代表着特殊利益的理性主义和自由主义必然成为敌对的目标。瓦伊达指出，自由主义最核心的要素就是保持着对理性主义至高无上的乐观信念。因此，在资产阶级的意识形态中，理性主义成为可以凌驾于一切之上的，甚至超越总体和整体的“合理性”。从这个意义上，理性主义代表着可以超越一切的特殊性。然而，伴随着理性主义单面的、合理性过度扩张的危机的出现，非理性的因素开始崭露头角，并成为法西斯“总体性”原则的理论根基。以尼采为代表的优选精英的立场就是非理性的总体性要求的最初表现。瓦伊达认为，从那时起，非理性的总体性就与自由主义理性的特殊性构成了直接的对立。法西斯主义发展了非理性的总体性原则，它放弃了尼采式的愤世嫉俗的、带有贵族气的非理性主义的特征，而是为这种非理性主义配上了更具包容性的外观。正如沃尔特·达雷（Walter Darré）的“鲜血与祖国”（blood and soil）纲领能够迅速产生群众影响力一样，法西斯主义所提出的“总体”是一个有机的整体，是以民族、国家、种族为外观的框架。在这个总体性框架之下，在民族国家这个整体的意识形态之下，所有的特殊性都被合理地克服和否定了。

瓦伊达尖锐地指出，法西斯主义“总体性”原则的意识形态从本质上是小资产阶级性质的。马尔库塞对法西斯主义所构建的“总体”进行了深入剖析：“它所提出的整体不是在阶级社会格局内由一个阶级的统治而实现的统一，更确切地说是联合了所有阶级的一个统一体，这个统一体设想能够克服阶级斗争的现实由此也克服阶级本身的现实……换句话说，目标就是一个无阶级的社会，但是这个无阶级的社会是以现存阶级社会为基础并身处其格局之中的。”[②] 瓦伊达由此指出，法西斯主义并不是对现存阶级社会的基础与格局的否定，因此这种意识形态并不是社会主义或者马克思

① Herbert Marcuse, “The Struggle against Liberalism in the Totalitarian View of the State,” *Negations* (1968): 17.

② Ibid: 21.

主义的意识形态。然而，这种意识形态同时却反对自由主义和理性主义，由此可以判断，其本性是小资产阶级性质的意识形态。

瓦伊达指出，并不是所有支持法西斯主义的社会阶层都能被视为小资产阶级，然而，就意识形态特征而言，对法西斯主义的支持使他们在意识形态上具有典型的小资产阶级性质。瓦伊达根据马克思的阶级理论，从在社会生产中的位置和对生产资料的所有权方面分析了小资产阶级的意识形态属性。从在社会生产中的位置来看，小资产阶级是在现行体制内倍感生存威胁的群体。它并没有完全丧失生存的基础，而是感到既受到日益增强的资本集中的威胁也受到了无产阶级有组织的经济斗争的威胁。它感到在这个体制内自己的生存处于危险之中，要么实际上已经被驱逐到社会的边缘并且在既定的制度中看不到前途和希望。从所有权角度来看，法西斯主义的意识形态并不触及现存复杂社会格局，其深层根源在于对私有财产的保护。这一原则符合小资产阶级的利益。法西斯主义不但没有否定他们的财产权，而且像他们允诺，要对抗其他国家、种族而维护作为总体性的本民族国家的利益。因此，从经济的角度来看，瓦伊达指出，法西斯主义的意识形态原则代表了典型的传统小资产阶级的利益。除了传统小资产阶级以外，支持法西斯主义的阶层还包括“新近的”失业者、农民、流氓无产阶级等。在瓦伊达看来，他们虽然在经济地位上不属于小资产阶级，然而他们也乐于接受适用于小资产阶级的意识形态。他们不是为了现存社会的根本变革，而是和小资产阶级一样为了收复自己在社会的“传统”位置和私有财产而加入法西斯主义运动之中。

通过对以总体性为原则的小资产阶级意识形态的分析，瓦伊达进一步指出，法西斯主义在是可以以此为依据进行辨别的。与德国和意大利不同，匈牙利的霍尔蒂政府和西班牙的佛朗哥政府按照这一意识形态的总体性原则来看，就不能被视为法西斯主义的典型。按照反对一切特殊性的总体性原则来看，在法西斯主义的领导阶层中，传统的资产阶级政党是被排斥在外的，因为法西斯主义政权的实行是在完整的国家一体化的外观下进行的。因此，它不允许代表某一特殊利益的政党出现在领导阶层中。从这个意义上说，霍尔蒂政权与佛朗哥政权虽然在某些形式上与法西斯主义类似，而且在某种程度上直接得到法西斯主义的默许甚至帮助，但是他们在政权领导阶层的特征上与法西斯主义完全不同。因为，这两个国家的政权组织结构不符合总体性原则的意识形态。在匈牙利，霍尔蒂与传统的资产阶级联合行使政治权力。西班牙的佛朗哥政权也并没有从现行政权中摒弃传统的统治阶层。虽然，在其他方面，法西斯主义政权也具有自身的独特性，但是从领导阶层所遵循的总体性原则来看，法西斯主义独裁在夺取政权后旨在建立一个全新的、独立的政治统治集团。“当一种法西斯主义独裁如此排除所有传统的政党（连同它们代表特殊社会阶层利益的独特功能）并建立自己代表‘总体’国家的统治时，它便表现得与法西斯主义意识形态精神别无二致。”① 因此，以此作为标志性的区别，瓦伊达认为，法西斯主义独裁的意识形态是一种鲜明的“总体性”原则。这种总体性原则是对一切代表特殊群体、特殊利益的特殊主张的反对。法西斯主义不仅把资产阶级和无产阶级都作为“利己主义”的政党而予以抨击，而且还反对“财阀政治”、布尔什维克主义和改良主义的马克思主义。“从其自身的观点出发，它会毫无疑问地证明反对改良主义运动的正当性，因为改良主义（出于原则，不同于革命的社会主义运动想要创造一个消灭特殊阶层之间利益矛盾的社会这一目的）代表着无产阶级利己的利益。通过放弃共产主义社会改造的目标并且在现存体制中只是为了满足工人阶级的需要而努力，它实际上是试图维护某一个阶级的利益，而这无疑仍然是特殊的，对立于其他别的阶层的利益。”②

由此，瓦伊达对法西斯主义的小资产阶级性质的意识形态进行了深入剖析。小资产阶级的意识形态是以非理性的总体性原则为基础的，这种意识形态与自由主义、理性主义直接对立。总体性的意识形态以民族国家的整体为名义，实际上是对资产阶级以及无产阶级的双重否定。瓦伊达指出，总体性原则实际上并没有损害私有财产的既得利益。因此，这种意识形态必然是代表小资产阶级性质的。为了进一步解释法西斯主义运动中小资产阶级的独特性，瓦伊达还对小资产阶级的社会心理进行了研究，探究小资产阶级接受法西斯主义特殊行为和意识形态多以来的人格类型和性格结构方面的特征。

---

① 米哈伊·瓦伊达：《作为群众运动的法西斯主义》，孙建茵译，黑龙江大学出版社，2015，第7页。

② 同上书，第6页。

二、对小资产阶级性格机制的分析

瓦伊达把小资产阶级的典型的性格特征归纳为五个方面：对自我的非批判的态度、对所属的特殊群体的非批判性的态度、将社会划分为内群体与外群体、已过去为定向的保守倾向以及权威主义的人格。

对自我的非批判性态度和对特殊群体的非批判性态度都属于特殊人格的特点。对自我的非批判性的态度是因为一个人的需要、意愿的想法都是给定的东西，因此自我只能选择接受。而对他而言，所属于的群体就是人类的代表。他完全认同其所属的非选择性的群体，并且把群体的价值标准当作“自然的”，当作唯一绝对有效的标准。瓦伊达指出：“一个真正认真选择出来的（即非偶然的）群体的从属关系的先决条件不仅在于我们在加入它之前就要正反两方面衡量，还在于即便当我们加入它之后，我们仍然对这一群体的价值标准和观点保持一种有意识的态度。这样做的结果可能会出现各种冲突，这些冲突有时候可能导致采取一种与最初所选择的群体决然对立的立场，尽管最初曾经完全认同这个群体。然而，我们正在研究的这种类型则不加批判地接受这个似乎由他选择的群体价值和态度可能发生的所有改变，也由此显示了这种附属关系本身非批判的本性。”①

这种对所属群体的非批判性的态度使小资产阶级在对社会进行划分时依据的就是内群体/外群体的原则。小资产阶级将自己作为基点和中心划定了不同范围的群体。他对内群体与外群体的态度是截然对立的。他无条件的认同内群体，并以此为标准反对外群体。当内群体的利益受到了损害，那么就要由外群体来承担责任。按照这种标准，小资产阶级从内而外把社会划分为家庭——亲属——村庄——社区（共同体）——国家——种族。“如果家庭的情况变得糟糕，那么亲属就是有责任的，因为他们剥夺了家庭的继承权；对于自己国家的不幸，应该责怪的是周遭的其他国家，因为它们偷走了它的生存空间（lebensraum）；关于雅利安种族的问题则应该归罪于下等种族，等等。”②

特殊人格以过去为定向的保守主义倾向指的是对过去岁月和时光的毫

---

① 米哈伊·瓦伊达：《作为群众运动的法西斯主义》，孙建茵译，黑龙江大学出版社，2015，第27－28页。

② 同上书，第28页。

无保留地接受和向往。“过去”往往指代的是童年、家庭和祖国。他们理想化地认为“过去”是美好的黄金时代。因此，小资产阶级总是对现存的状况感到不满，总是在与被理想化的“过去”的对比中感到自己生活的不幸，并因此在外群体中寻找要为这种不幸负责的人，转而将之作为攻击和反对的对象和目标。“如果现存的结构有利于外群体，他的替罪羊的话，他也会反对这种结构；但是在这种情况下，他是为‘最初的’结构复位而战。但是不管他的反抗多么激进，始终都是以过去为定向的。”①

小资产阶级典型性格的最后一个特性是权威主义人格。对于这一点，众多社会心理学家都曾经进行过论述。一方面，小资产阶级的权威主义人格使他依附于权威，面对强于自己的群体和权力，小资产阶级选择履行其一切命令。然而，另一方面，对于弱者，他又将自己视为绝对权威，视为必须被服从的命令者。

正如阿多诺所言：“潜在的法西斯主义人格，不论在公开的表达层面上还是在人格的构成成分上都属于一种伪保守主义，而非真保守主义。与伪保守主义相一致的心理结构，是指那些在自我水平上的世俗性，对权力主义的顺从、无政府主义的冲动，以及无意识的破坏性。”② 弗洛姆同样指出，小资产阶级转向法西斯主义存在权威主义的心理基础：“他们异常恐惧，非常渴望臣服于掌权者，同时也想统治那些无权者……希特勒被证明正是这样一个好工具，他集小资产阶级和投机分子的性格于一身……纳粹主义在心理上复活了下层中产阶级……它集结了下层中产阶级的情感能量，把他们便变成为德帝国主义经济政治目标卖命的一支重要力量。”③ 可以发现，对于小资产阶级典型的性格特征的表述，瓦伊达的解读深受社会心理学批判的影响。

三、对小资产阶级生存文化氛围的分析

瓦伊达不仅关注小资产阶级的意识形态、性格机制，同时还分析了小资产阶级生存环境带给他们的文化氛围。

---

① 米哈伊·瓦伊达：《作为群众运动的法西斯主义》，孙建茵译，黑龙江大学出版社，2015，第28－29页。

② 阿道诺：《权力主义人格》（上中下），李维译，浙江教育出版社，2002，第909页。

③ 弗罗姆：《逃避自由》，刘林海译，国际文化出版公司，2000，第156页。

一方面，瓦伊达指出，小资产阶级的生存氛围决定了他们性格中的保守主义和权威主义特征。瓦伊达认为，小资产阶级的社会地位使他们长期受到来自上下两个方向的压力，即向上流动的压力和向下流动的威胁。这样夹缝中的生存状态使小资产阶级笼罩在特殊的文化氛围之中。与小资产阶级相比，统治阶级完全不必担心向下流动的危险。因为他的出身的优势使他拥有获得成功必不可少的资源：金钱、良好的教育和开阔的眼界。除非发生极特殊的情况，统治阶级完全不必担心失去自己的既得利益。从这种对社会地位和出境的分析来看，小资产阶级恰恰处于拥有向上流动的机会，然而随时受到因破产而向下流动成为一无所有者的威胁。因此，不断向上流社会流动的欲望促使小资产阶级要全力保护自己的私有财产和社会的中间地位以避免滑向社会底层。因此，他们从根本上不会破坏现有的制度。他们只能用保守主义的态度将保持现有的生活状况和经济地位作为基本目的，从而对可能破坏和影响自己利益的群体，如无产阶级发动攻击。另一方面，小资产阶级却承受着向上流动的巨大的压力，他们没有统治阶级雄厚的经济实力。因此，面对凌驾于他们之上的权力，他们甘于放弃和牺牲自己选择无条件的顺从和依附，从而保存住可怜的既得利益。同时，对于弱势群体，他们要通过发号施令来显示自己的优势，确证自己的力量，也就是其权威主义性格特征的表现。

另一方面，小资产阶级的家庭是其性格特征形成的现实环境。瓦伊达指出："既然性格特征是在童年时就形成的，那么小资产阶级性格特征形成最主要的决定性媒介就是家庭中的日常生活，因为这构成了孩童最基本的环境。"① 瓦伊达认为，对于小资产阶级性格特征形成的决定因素不仅仅在于其社会地位和等级，还来源于外部环境所营造的氛围，主要就是小资产阶级的家庭。家庭是日常生活的组织中心，虽然人类的再生产并不仅仅在家庭中进行，然而正是家庭孕育了新的一代，并且教授他们在日常生活中所必需的各种活动。因此，日常生活的活动和家庭的熏陶成为个体感受到的文化氛围的主要来源。瓦伊达认为，根据马克思主义的理解，在性格结构和综合性的社会关系的整体之间存在直接的联系，确切地说，生产关

---

① 米哈伊·瓦伊达：《作为群众运动的法西斯主义》，孙建茵译，黑龙江大学出版社，2015，第26页。

系和财产关系的变革将创造一种适应新社会的人格特征。然而，关于社会与塑造与其相符合的性格类型方面的专门研究并没有在马克思主义理论框架内展开。家庭这一组织类型在社会性格的塑造方面的作用一直处于被忽略的状态，家庭和社会之间的关系仅仅被视为生产关系和财产关系的一个环节来考察。然而，瓦伊达注意到，小资产阶级性格特征的形成因素中，家庭教育的重要作用显得格外重要。赖希就曾经指出："中产阶级的社会地位取决于：（1）它在资本主义生产过程中的地位；（2）它在权威主义国家机构中的地位；（3）它的特定的家庭状况，这家庭状况又直接取决于它在生产过程中的地位，而且是理解它的意识形态的关键。"[①] 小资产阶级家庭的独裁特征、父母的权威，对孩子的"服从"教育、自我保护本能的形成等因素对于来自小资产阶级家庭的权威主义和保守主义性格产生了至关重要的影响。对此，瓦伊达指出："除了经济功能，资产阶级家庭基本的社会功能就是塑造一种保证资产阶级社会没有冲突地运转的个性……马克思主义对资本主义家庭基本功能的考察一直受到法西斯主义做法的很大促动：它们已经揭露，除了家庭正在改变的经济功能外，家庭的基本作用就是为资本主义社会实现其功能，塑造需要的典型的个性类型。正是家庭创造了人的个性的方方面面，使人们适应作为整体的社会生产状况和政治条件，并且使这些条件作为一种'自然的'的条件而显现。"[②] 由此看来，生存的社会环境和日常的家庭环境所提供的文化氛围对于小资产阶级独特性的形成也产生了重要作用。

四、结语

在瓦伊达对法西斯主义的小资产阶级的人格类型和性格特征进行分析之前，社会心理学方面的法西斯主义批判已经取得了重要的影响。与社会心理学的法西斯主义批判理论一致，瓦伊达承认心理和性格因素与法西斯主义运动的兴起之间存在重要的联系。正如瓦伊达所言："阶级是一个经验实体，是在一个社会中有着同样或相似之处的群体。然而，它的意识，不能被其'客观的'状况所决定，也就是说，不能被其在理论所指定的生

① 赖希：《法西斯主义群众心理学》，张峰译，重庆出版社，1990，第 39 页。

② Andras Hegedus，Agnes Heller，Maria Markus and Mihaly Vajda，*The Humanisation of Socialism*（London：Allison & Busby，1976），p. 12.

产关系中的位置所决定。恰恰相反，其意识被各种具体状况的一种合成物，如生活水平、历史形成的需要、传统等的合成物所决定。”[①] 瓦伊达认为，心理和意识层面的因素在阶级划分方面是非常重要的因素。由于生命体验、国际、行业、种族等方面的差异，个体经验上必然会形成不同的意识和心理。因此，当意识层面具有相似性的时候，同样可以成为凝聚一个阶级或阶层的力量。因此，瓦伊达十分重视从心理、意识形态等文化角度来分析小资产阶级的独特之处。

然而，瓦伊达虽然赞同小资产阶级分析要关注文化视角，他却并不完全赞同赖希、弗洛姆和阿道诺等人的观点，更不能简单接受弗洛伊德式的心理机制分析。因为，社会心理学的马克思主义者们的观点一般认为，法西斯主义的群众心理是一种在特定时期普遍存在性格特征。然而，这种理解存在的问题就是，如果把社会性格理解为受社会现实影响的结果的话，那么为什么基本相同的社会结构能够产生决然不同的性格类型呢？而且这些不同类型的性格特征完全不能解释法西斯主义演变成群众运动的原因。因此，瓦伊达指出，法西斯主义不能从“国民性格”中推演出来，相反，小资产阶级的文化特性则必须从社会现实中寻找其决定性的因素。因此，瓦伊达从文化角度对小资产阶级做出的批判性分析遵循了马克思主义的基本立场，即不仅停留于文化现象的描述，更注重探寻意识形态、性格机制、文化氛围背后深刻的经济与社会现实根源。

① 米哈伊·瓦伊达：《国家与社会主义：政治论文集》，杜红艳译，黑龙江大学出版社，2015，第63页。

瓦伊达政治批判理论的文化立场探微*

杜红艳

政治的观念在现代社会发生了改变，政治不再是凌驾于日常生活之上的领域、不再是少数人从事的活动，政治已经嵌入到人的日常生活中，从公共领域的角度讲每个人都是政治生活的参与者。赫勒提出，“在公共领域中自由这一普遍价值的具体化是现代的政治概念”①，这界定了政治的范围，无论什么一旦进入到公共领域，就是政治的。同时，现代政治哲学已经确证：公共领域涉及每个现代人的生活。可见，现代人是政治生活中的存在，政治关系在现代社会占有重要位置，政治因而构成了现代社会批判的一个重要维度。瓦伊达对政治权力关系的分析也印证了赫勒阐发的现代政治概念，在此基础上，瓦伊达揭示出：浪漫主义的文化批判不能解释现代社会的问题，政治在现代文化反抗中具有重要作用，只有从政治出发才能避免从抽象意义上谈论现代社会问题。正是从政治维度，瓦伊达揭示出了法西斯主义和苏联模式社会主义的症结所在。

一、文化立场上的政治批判

瓦伊达的理论是建立在对20世纪历史上发生的两场最主要的社会运动——法西斯主义和苏联模式社会主义的批判基础上的，是从政治角度对社会进行的文化批判。

一方面，瓦伊达对引发两场运动的政治权力结构进行了分析。这种分析是建立在文化批判的立场上的，通过对经济权力、政治权力和其他权力

---

* 本文刊于《学术交流》2018年第1期。

① 阿格妮丝·赫勒：《现代性能够幸存吗?》，王秀敏译，黑龙江大学出版社，2012，第146页。

之间错综复杂关系的分析得出结论：现代社会的经济权力不能推导出其他一切权力，在两场运动中起到重要作用的政治权力并非来源于经济权力。在瓦伊达看来，马克思阐释的政治权力的来源是经济权力，而现代社会状况发生了变化，经济权力并非是政治权力的唯一来源，经济权力决定不了政治权力，在现代社会中起重要作用的是文化权力。

瓦伊达提出，现代社会权力作用的发挥只有两种可能："要么是确定的社会群体垄断了整个社会的决策，即权力，要么是这个社会创造了一种制度体系，其目标是为整个社会做决策"。① 又由于马克思所提出的，社会主义最后会废除国家，所以唯一的可能只能是确定的社会群体垄断整个社会决策。在苏联模式社会主义制度下，这个确定的社会群体是政治上被优先考虑的先锋队，通过强力压制社会群体的利益。可见，苏联模式的社会主义条件下，政治权力并非来源于经济权力，事实反而是政治权力影响经济权力。同样，在法西斯主义运动中，最初要建立的就是"要求一个从一开始就要在国家内采取一种反对'特殊'利益的立场，抨击资产阶级和无产阶级的'利己主义'的政党"②，法西斯主义并非是基于社会的既得利益者，而是基于在资本主义民主制度下没有得到好处的小资产阶级，"法西斯主义运动的意识形态和组织形式深深地植根于'小资产阶级'倾向中"③。

故而，瓦伊达提出："我们绝不能在这个或那个社会群体的社会经济主导地位中寻找政治权力的来源（即使在特殊社会的特定历史时期，国家作为剥削阶级的暴力机构而起作用，我也不能保证这种表达能够完全被采用）；在一些时期，这个或那个社会群体的社会经济主导地位是明确的，即使在这些时期，现代意义上的国家，这个与社会相分离的权力机构，也不是必需的。对于这些来源，我们必须在这样的社会环境中去寻找，在其中，没有任何社会群体能够代表社会整体，大多数不同的社会群体都已提出参与权力的要求"④。可见，瓦伊达并不赞同经济权力是政治权力的来

① 米哈伊·瓦伊达：《国家与社会主义》，杜红艳译，黑龙江大学出版社，2015，第9－10页。

② 米哈伊·瓦伊达：《作为群众运动的法西斯主义》，孙建茵译，黑龙江大学出版社，2015，第6页。

③ 同上书，序言第3页。

④ 米哈伊·瓦伊达：《国家与社会主义》，杜红艳译，黑龙江大学出版社，2015，第9页。

源，因为他认为，在现代社会，一个群体即使具有明确的经济主导地位，也不能保证它拥有绝对的政治权力。现代社会是文化多元化的社会，没有任何社会群体能够代表社会整体，人们已经被现代性卷入到了政治的生活中，这个社会的权力关系错综复杂，按照马克思将一切关系还原为经济关系的做法已经不能解释现代社会的政治权力关系了。只有从文化出发才能理解现代社会的权力关系与结构。

另一方面，瓦伊达对为两场运动权力结构“合理性”服务的还原论方法或者称简化法进行了批判。瓦伊达认为，在法西斯主义和苏联模式社会主义运动背后起作用的是不合理的权力结构，而为这种不合理的权力结构的“合理性”服务的恰恰是还原论方法。这种方法在考察社会问题时将政治权力还原为经济权力，只关心生产关系而非社会决策机制，导致生产领域吞噬了其他领域，衍生出了极权主义权力结构。

在《作为群众运动的法西斯主义》中，瓦伊达分析了在资本主义社会社会经济权力与政治权力相分离的状况。一方面资产阶级只要求经济利益而不在乎政治权力。“在资产阶级社会，个人与共同体的纽带已经相分离。在自私自利的经济利益世界中，他在‘市民社会’中的地位并不能决定他在政治国家理想领域中的角色。在所有此前的、‘自然给定的’、‘市民社会’和‘政治国家’还没有分离的社会中，掌握经济权力的人总是直接地（作为他们经济地位的结果）和自动地充当社会的政治领导者。在资产阶级社会中就不再是这样了。只要且只有拥有资本，资产阶级才是资产阶级，并且如果他确实拥有资本，那么他就能够或多或少不受限制地满足他的特殊需求，而不必成为统治社会并决定理想共同体政治活动的阶层中的一员。”① 另一方面小资产阶级这一社会阶层丧失了社会地位，他们既遭受资本集中的威胁又受到来自无产阶级的有组织经济斗争的威胁，为了维持生存不得不去争取政治权力。可见，在资本主义社会，政治权力并非来自经济权力。而且，在对法西斯主义的分析中，瓦伊达从马克思的阶级理论出发，批判性地考察了马克思和卢卡奇对于无产阶级与资产阶级对立的简化分析，分析了资本主义社会政治统治、政治结构与经济利益之间的复杂

① 米哈伊·瓦伊达：《作为群众运动的法西斯主义》，孙建茵译，黑龙江大学出版社，2015，第97－98页。

关系，认为对资本主义社会的简化分析无法解释法西斯主义的产生。“当马克思将权力的政治形式还原为财产关系时，也就是说还原为阶级关系时，其就简化了真实的权力多元性，即真实的社会组织。这种现象就是意大利和德国的法西斯专政及其典型形式。”①

在《国家与社会主义》中，瓦伊达进一步揭示出马克思主义从经济权力中推导政治权力所引发的理论困难，即政治权力关系和经济权力关系谁决定谁的矛盾。因为要废除政治权力必须要废除私有财产。“然而，如果革命期间有任何想要摧毁国家专制的意图，那只是因为，经济上作为统治阶级的一个工具，国家专制能够阻碍私有财产的废除。”② 马克思将一切关系归于财产关系的做法虽然为理解资本主义社会提供了方法，但是运用这种方法分析现代资本主义会产生了很多难题。“财产关系无法阐明这种社会结构；更确切地说，在这种情况下我们被迫注意到一个事实：我们在这里面对一个社会，在这个社会中财产关系——现实的财产关系，而不是法律许可的财产关系——被政治权力关系所创造。”③ 可见，现代社会的权力关系体系与马克思分析的政治关系由财产关系决定的情况完全相反。

瓦伊达认为，“政治权力关系尽管以多种方式与经济关系交织在一起，在资本主义条件下仍然与经济关系不一致，不能从经济关系中获得，也不能构成经济关系的上层建筑”④。即使废除了剥削、阶级差别，也难以废除社会的其他差别，特别是政治权力的差别。多元主义是现代文化的典型特征，在政治上就表现为政治权力的多样性与差别性；政治权力的多元主义如果被消除了，就必然会引发极权主义，法西斯主义和苏联模式社会主义中的极权主义问题恰恰产生于此。

在此基础上，瓦伊达提出他的政治批判理论就是要重建一种新的国家理论。“事实上，马克思主义的乌托邦以一种否定的形式、靠被其批判者所描绘来实现，给我们社会主义者提出了新的理论任务。最重要的一个任务是详尽阐述一种新的国家理论，它将不再基于简单化的马克思主义的社

① 米哈伊·瓦伊达：《国家与社会主义》，杜红艳译，黑龙江大学出版社，2015，第87页。
② 同上书，第82页。
③ 同上书，第83－84页。
④ 同上书，第87页。

会图景。或许这样做也将有助于阻止极权主义趋势的发展”①

通过对法西斯主义和苏联模式社会主义的分析，瓦伊达得出结论：不能从经济权力中推导出政治权力，政治权力的来源不在于社会群体的经济主导地位。从经济关系中不能推导出一切关系，这是东欧新马克思主义的一个基本共识，瓦伊达从政治角度研究了现代社会政权力结构，佐证了这一观点。总之，瓦伊达的这种批判是在文化立场上进行的，是基于现代政治与经济关系的变化、基于现代社会政治权力来源于文化权力进行的。对政治权力来源的揭示以及政治在现代社会中的作用的揭示，都是在文化立场上进行的，将政治纳入文化的维度中进行分析。

二、微观意义上的政治批判

瓦伊达的政治批判理论是在文化批判的立场上展开的，但是在文化批判的立场上思想也发生了变化，发生了从“马克思主义的复兴”到“政治批判”的转变。这种转变使他最终摆脱了马克思和卢卡奇的影响，构建了自己的政治批判理论框架。可以说，他在政治层面上对现代社会的批判是在微观意义上进行的，摆脱了浪漫主义的文化批判，真正深入到政治结构的内部对社会进行分析。

受卢卡奇“马克思主义的复兴”口号的影响，瓦伊达最初也集中于对教条主义的马克思主义进行批判，想要通过恢复“人道的马克思主义”来实现社会主义的人道化。瓦伊达描述了他们那些学者当时面临的理论困境：“要么我们就必须把社会主义理解为一种不能达到的梦想，而且所有为实现这个梦想所做的努力都会滋生极权社会的幽灵。也就是说，我们必须接受清醒的、经过深思熟虑的自由主义者对社会主义的反驳，即自由是统一的和不可分割的，因此财产自由也是其中一个部分；因此，如果我们不想要接受财产自由——即资本主义及其所有特征——的直接后果，那么，我们就不得不面对对自由的限制；否则我们就不得不向资本主义妥协。要么我们就必须相信东欧的社会制度与任何类型的社会主义都没有关系，与马克思主义更没什么关系；马克思主义已经被扭曲、篡改了（当然，这是东欧不发达的一个直接后果），而我们的任务恰恰是从马克思那

① 米哈伊·瓦伊达：《国家与社会主义》，杜红艳译，黑龙江大学出版社，2015，第99页。

里发掘出真正的马克思主义，即一种关于非异化的社会的理论。要么在资本主义面前投降，要么坚持马克思主义的复兴——我们看不到，我看不到，任何其他出路。”① 可见，当时瓦伊达坚持通过“复兴马克思主义”的途径来解决当时东欧社会主义面临的问题，但是对于卢卡奇提出的方法瓦伊达理解得十分含混，并没有清晰的认识。

在对马克思和卢卡奇的阶级理论的分析中，他开始意识到无产阶级只是一种神话，他没有找到能够实现社会理想的力量。在矛盾与困惑中，瓦伊达花了很长时间，认识到“马克思主义的复兴”的局限性，促使他从一个改良主义者转变为一个革命者。瓦伊达认为，如果继续坚持“马克思主义的复兴”，就只会有两种结果：要么是会再次产生一场左派激进的先驱运动，就如共产主义运动最初发生的情形一样；要么就是将这种“复兴”直接充当抚慰人良心的药剂，即安慰人们，如果世界上没有人道主义的社会主义，情况会更糟。瓦伊达认为这两种结果都没有意义，所以他决定放弃卢卡奇等人提出的“复兴马克思主义”的思路，转向微观意义上的政治批判。

瓦伊达认为，简单的“马克思主义的复兴”之所以行不通，主要症结在于马克思的方法论存在着局限性。卢卡奇提出真正的马克思主义在于其方法，瓦伊达前期继承了卢卡奇的这种观点，并试图通过复兴真正的马克思主义来实现社会主义的人道化。但在研究中，他逐渐发现自己看到的马克思主义的方法与卢卡奇得出的方法并不一样：卢卡奇所说的马克思主义的方法是批判的方法，他提出通过唤醒无产阶级的阶级意识来实现对社会的批判；瓦伊达则认为，马克思的方法，特别是苏联的“正统马克思主义”的方法具有还原论的特点，而只有从根本上抛弃还原论的方法，才能避免在抽象的意义上谈论资本主义与社会主义。瓦伊达认为，马克思关于社会结构的分析倚重经济的基础作用，这种做法容易把社会的上层建筑和其他因素还原到经济因素，因为只有这样，财产关系群体才得以确立，阶级的划分才成为社会群体构成的决定性因素。“如果我抛弃这种还原论，那么在社会群体的构成中，社会的阶级划分群体就不再是唯一重要的和决

① 米哈伊·瓦伊达：《国家与社会主义》，杜红艳译，黑龙江大学出版社，2015，第6页。

定性的因素。”[①] 马克思主义正是因为将阶级划分当作社会群体构成的决定性因素，才会得出废除阶级差别就能够产生同质化的社会。瓦伊达不同意单纯根据阶级来进行社会划分，因为现代社会阶级划分不是群体划分的决定性因素，在阶级划分之外还存在着其他的影响社会群体构成的因素，即使废除了阶级的差别也不能产生同质化的社会。

瓦伊达认为，按照阶级划分的方法来谈论资本主义和社会主义的弊病，只能是在一种抽象意义上的探讨，依然属于浪漫的反资本主义的文化批判。瓦伊达说：“马克思主义的复兴显然接管了‘浪漫的’反资本主义的文化批判的遗产。它的核心的、紧密相连的范畴是异化和类存在。它的社会理论就基于这些概念，而社会理论的本质是，因为异化在资本主义世界达到顶峰，所以个体就将是空洞的，既不能在自身中意识到类存在，也不能参与它。社会主义就是对异化的消除，是社会中的每一个个体对类的能力、需要等的获得。”[②] 所以，“马克思主义的复兴”只是在抽象意义上探讨资本主义和社会主义，这种浪漫的反资本主义的文化批判并不能解决实际问题。

在此基础上，瓦伊达分析了现代社会结构，阐释了现代社会构成的特殊性，即虽然存在着全面私有化的趋势，但是共同体也并未完全消解，利益群体就是现代世界的共同体。浪漫的反资本主义的文化批判把利益群体和共同体对立起来了，拒斥建立利益认同基础上的特殊群体。而瓦伊达恰恰认为不能消除群体利益的对抗，“重要的是解决这些利益对抗和利益主张所采取的形式。民主即民主的过程简单来说就是这样一个问题：增加机会，使每个有共同需要的（无论大还是小）特定群体，在考虑到其他现存或潜在利益的前提下，表达自己的需要并主张自己的利益”[③]。正因为现代社会构成的变化，所以需要一种新的权力结构，是一种民主的权力结构，来保证所有社会群体都能表达自己的利益，这样才有机会限制乃至终结代表资本的利益群体的权力。“现代世界民主的真正的反对者，不是特殊性及其自私性的显现，而是对它们正当理由的否定。”[④] 极权主义正是以真理

① 米哈伊·瓦伊达：《国家与社会主义》，杜红艳译，黑龙江大学出版社，2015，第 8 页。
② 同上书，第 14 页。
③ 同上书，第 16 页。
④ 同上书，第 18 页。

内容的名义取消了民主的形式。所以，政治批判必须跳出经济决定论和经济还原论的方法论范式，进入到微观的权力结构层面，只有这样才能避免在抽象的意义上谈论资本主义和社会主义，探寻社会的真正出路。

三、政治批判的文化道德诉求

瓦伊达对法西斯主义和苏联模式社会主义的阐释与分析最终都强调了文化道德的重要性，他的政治批判理论同时表达出了一种文化道德诉求。

一方面，强调平等和自由的重要性。在对法西斯主义的批判中，瓦伊达得出结论：资产阶级不该放弃平等理想和自由理想，放弃平等和自由就等于放弃了自身的价值观念，而平等和自由这样的价值观念对于资本主义社会至关重要。“在法西斯主义出现之前，‘正常的’资本主义社会，即使当它制造了最明显的不平等时，仍然坚守着平等观念并且以法律面前人人平等的方式保卫这一理念。当然，即便这种平等没有在实际中发生，哪怕只是原则上对它的坚持就已经代表了所有上述社会形态的真正的进步。”① “在资产阶级社会，自由只是作为一种假设而存在；但是要否定这种假设则意味着要宣布放弃一个人类的自由有可能实现的世界。”② 可见，如果丧失了自由和平等的价值理念，既意味着社会的倒退，也意味着放弃走向一个更美好的社会的可能性。自由和平等的原则是道德的原则，只有坚持这样的原则的社会，才是好的社会。

另一方面，强调民主必须与道德相结合。在对苏联模式社会主义的批判中，瓦伊达最后得出的办法是以民主来补充社会主义，因为如果“没有一种权力的多元主义，社会无疑会被区分为两个部分”③，即极权主义社会的领导者和附属者的二分。同时，瓦伊达提出民主必须以道德为前提，因为民主如果不与伦理道德相结合，非但不能促进社会的进步，反而会造成文化的衰退。法西斯主义实际上就是“对自由的恐惧与对民主的否定”，他们通过批判资产阶级民主的矛盾性，进而否定资产阶级自由理想本身，这种否定“也意味着从资产阶级世界成就中退回，这些成就已经沿着实现

① 米哈伊·瓦伊达：《作为群众运动的法西斯主义》，孙建茵译，黑龙江大学出版社，2015，第 19 页。

② 同上书，第 23 页。

③ 米哈伊·瓦伊达：《国家与社会主义》，杜红艳译，黑龙江大学出版社，2015，第 99 页。

人的类本质的路径不断前进（尽管是以矛盾的方式）”①。同样，苏联模式社会主义形成了“对那些为了形式上的个体自由权利想要逃离‘有内容的’真正自由的人的专政”②。在这两场运动中，民主都没有以伦理道德作为基础，故而会产生问题。同是布达佩斯学派的赫勒明确表述过：“民主政治原则也是道德准则。一个道德准则是普遍有效的，并且不能被限制应用。……既然我们已经接受了政治的民主原则，我们就应该按照这些原则行事，并且我们应该在每个文化中接受这些原则。”③

可见，瓦伊达的政治批判理论蕴含着文化道德的诉求，无论是对平等和自由这种价值信念的坚守还是对民主的强调，最后都诉诸以文化道德来解决社会问题。瓦伊达的这种政治批判在某种程度上又属于一种文化的忧虑，并将这种忧虑诉诸微观政治层面的道德改革。在《社会主义的人道主义：布达佩斯学派论文集》收录的一篇瓦伊达与赫勒合写的文章《共产主义和家庭》中，他们分析了仅“凭政治、经济活动能够创造一个人类必需的真正自由的社会类型吗?”这一问题。他们认为，“如果我们自觉的革命意图能以日常生活的变革为方向，那么共产主义生产关系的变化和异化的力量结构向地方的和社会层面的自我管理形式的转变就能够得以实现。这些因素是相互决定的。没有对日常生活的有意识的、革命性的重建，生产关系的变革和统治关系的崩溃是不能设想的，反之亦然”④。

四、余论

瓦伊达的政治批判虽然是在微观层面上进行的，反对在抽象意义上谈论资本主义和社会主义，但并未能弥合理论与现实之间的差距；虽然从改良进入到改革的层面，但也并非是要在体制上颠覆这一制度，而是寻求不同的改革道路。“如果我不再相信可以改革这个制度的话，这仅意味着我

---

① 米哈伊·瓦伊达：《作为群众运动的法西斯主义》，孙建茵译，黑龙江大学出版社，2015，第23页。

② 米哈伊·瓦伊达：《国家与社会主义》，杜红艳译，黑龙江大学出版社，2015，第122页。

③ 阿格妮丝·赫勒、费伦茨·费赫尔：《后现代政治状况》，王海洋译，黑龙江大学出版社，2011，第82页。

④ 安德拉什·赫格居什、阿格妮丝·赫勒、玛丽亚·马尔库什、米哈伊·瓦伊达：《社会主义的人道主义——布达佩斯学派论文集》，衣俊卿、文长春、王静译，黑龙江大学出版社，2014，第2页。

得出的结论是，人道主义价值——特别是自由的价值，它同样是由原初的社会主义理念所激发的——的渐进发展，只能通过结构的彻底改变来达到了。”[①] 瓦伊达虽然批判浪漫主义的文化批判，他看到了他所继承的卢卡奇和科尔施等人实践哲学立场的局限性，即“以资产阶级关系的异化性质作为批判的目标，是一切浪漫思想的特征”[②]，但是他也知道，自己仍然只是对这种立场进行批判，而没能够做得更多。同时，瓦伊达关于马克思将一切归结为财产关系的理解也过于片面。所以，对于瓦伊达的政治批判理论，也要以批判的眼光来看。

① 米哈伊·瓦伊达：《国家与社会主义》，杜红艳译，黑龙江大学出版社，2015，第2-3页。
② 同上书，第119页。

第七篇

美学思想研究

论阿格妮丝·赫勒从马克思主义复兴到后马克思主义的审美之维*

傅其林

布达佩斯学派最重要的哲学家阿格妮丝·赫勒将美学置于其社会哲学、伦理哲学、历史哲学之中，提出了诸多启发性论点，促进了对现代、当代社会文化的核心问题的理解，逐步实现了从“马克思主义复兴”到“后马克思主义”范式的结构转型。

一、社会美学之维

马克斯·韦伯作为一位德国的新康德主义者，借助于宗教世俗化和文化分化的阐释把康德立于哲学人类学之上的美学转变为社会人类学和社会美学。韦伯关于世俗化、合理主义、文化价值分化的理论以及马克思对现代社会结构和生产力动态发展的考察为赫勒的社会美学研究奠定了根基。

赫勒以韦伯的概念阐释文艺复兴时期的审美和艺术现象。文艺复兴时期的代表性人物的思考和感性牢固地根植于犹太－基督教传统中，但这绝不是回归于古代，而是具有世俗化的特征。在世俗化过程中，人的概念和理想成为社会的、个体的、动态的，不是纯粹依赖于超验而是依靠世俗感性。结果，审美和艺术出现了并作为一种自律的文化被人们接受。在赫勒看来，“文艺复兴时期的宗教特征是消解教条：宗教多种多样、丰富多彩，似乎说信仰如今不再严格了，而是‘自由的’，人们可以自由选择。”① 宗

* 本文刊于《复旦外国语言文学论丛》2010 年春季号。

① Agnes Heller, *Renaissance Man*, trans. Richard E. Allen (London: Routledge & Kegan Paul, 1978), p. 12.

教的变化导致了神话的人性化以及人的神化。世俗化促进了审美和新型社会个体即中产阶级出现的有效性。一旦这个阶级当权，美学就是新型社会结构的必要元素。不过，在文艺复兴时期，美学不是资本主义问题的象征，而是人的本质性潜能的表达。赫勒认为，艺术是世俗世界中的对象化形式之一："艺术是人类的自我意识，艺术作品一直是'自为'物种本质的载体：并且这不止在一方面。艺术作品始终是内在性的：它把世界描述为人的世界，即人创造的世界。"①

赫勒的美学与韦伯的文化分化的范式密切相关。她从哲学视角阐释了这些文化对象化，从日常生活、社会结构、高雅领域等人类对象化视角考察美学，把物种－本质对象化区分三个领域，一是日常生活领域即自在领域，第二是包括艺术、哲学、宗教、科学等在内的文化价值领域即自为领域，第三是制度领域即自在自为领域。美学作为自为对象化领域之一部分，它归属于整个人类学－社会领域。赫勒把美学置于社会结构之中，考察它与其他自为对象化、日常生活领域和制度领域的关系，构建了一种作为社会美学的"规范性美学"。美学作为自为对象化领域的五个特征可以表述为：（a）赋予人类生活以意义，（b）完成两种重要的社会功能，即使社会结构合法化和使自在对象化领域去实质化，（c）是同质的，（d）具有它的"规范和规则"，（e）吸收并体现了文化的剩余。② 但是美学不同于其他自为对象化，因为它具有自身的"规范与规则"，形成了相对的自律。赫勒认为："存在一种广泛的共识，审美的、科学的和宗教的意象在现代性过程中分道扬镳了，当人们'审美地做事''科学地做事''宗教地做事'的时候，遵循完全不同类型的规范或规则。"③

马克思关于现代社会结构和生产力动力理论也奠定了赫勒美学的基础。文艺复兴时期艺术的动态特征是由于科学与技术的决定性影响。在佛罗伦萨易变性和威尼斯静态性之间的差异，实质上在于前者是工业资本在社会占据统治地位，而后者商业资本占据支配地位。工业资本不是保守的

---

① Agnes Heller, *Everyday Life*, trans. G. L. Campbell (London: Routledge & Kegan Paul, 1984), p. 107.

② Agnes Heller, *The Power of Shame*: A Rationalist Perspective (London: Routledge & Kegan Paul, 1985), pp. 106－108.

③ Agnes Heller, *General Ethics* (Oxford: Basil Blackwell, 1988), p. 152.

而是革命的，“生产不断的革命化导致了生产关系的持续转型。它不断‘突破’发展道路中的限制。”① 工业文化的普遍性导致了艺术风格变化，艺术想象也在多种艺术技能基础上发展。大写的艺术就是这种普遍化的结果。在现代性中，科学与技术模式变得更为强大。根据赫勒，在现代性过程中，有两种主要的想象制度：历史想象和技术想象。科学是单一的占支配地位的想象制度：“技术想象与思想把真理一致性理论提升到唯一统治性真理概念的地位，因而科学也被提升到支配性的世界解说的位置。”②“技术想象是面向未来的，它偏爱问题解决的心理态度，把一致性真理理论视为理所当然的，它随目的/手段的合理性运作，它把事物——人和自然——视为客体，它信赖进化论、知识的积累，它喜新厌旧，最强调功利性和效率。”③ 技术想象对现代审美活动产生了重要影响，已经渗透到许多文化之中。现代阐释学也与这种模式相关：“对阐释实践来说，阐释对象的领域的不断延展在某种意义上跟随着技术逻辑，因为，虽然古老的东西被解释被理解，但是新的解释对象始终要去寻找。在某种意义上，一种解释对象总是能够被耗尽的，只有新的解释对象才能真正推动阐释实践本身的发展。”④

赫勒从她研究和教学多年的社会学和社会哲学方面思考美学，呈现了美学和社会的深层次关系，阐释了现代美学的规范性基础，美学在上帝缺失的世界实质上是社会性的。她在与马克思、韦伯、卢曼、哈贝马斯等人的对话中重新阐释美学，事实上是在重构美学。

二、作为历史哲学的美学

赫勒在以往丰富的历史哲学资料上设立了她自己的历史哲学理论与话语。她把人类历史意识区分为6个阶段，包括美学在内的每一种对象化是其历史意识即历史性的表达。赫勒认为：“历史性的最首要的问题就是高更的问题：‘我们从哪里来’，‘我们是什么’，‘我们到哪里去?’”⑤ 第一

① Agnes Heller, *Renaissance Man*, trans. Richard E. Allen (London: Routledge & Kegan Paul, 1978), p. 42.

② Agnes Heller, *A Theory of Modernity* (Oxford: Basil Blackwell, 1999), p. 70.

③ Agnes Heller, *Immortal Comedy* (Lanham: Rowman & Littlefield Publishers, 2005), p. 68.

④ Agnes Heller, *A Theory of Modernity* (Oxford: Basil Blackwell, 1999), p. 73.

⑤ Agnes Heller, *A Theory of History* (London: Routledge & Kegan Paul, 1982), p. 4.

个阶段主要是集中于起源的非反思的一般性（generality）意识，其表达形式是神话，在神话中时间是无限回复的，未来、过去、现在没有分别。第二阶段是体现在特殊性中的一般性意识，在这个阶段，古希腊悲剧、《圣经》、古代哲学等对象化形式被区分开来。在第三阶段，非反思的普世性（universality）意识占支配地位，在中世纪具有普世神话和理想的特征。第四阶段是在一般性中反映的特殊性意识，历史的理想时间消失了，文化的法则不断发生变化：时间是文化，“艺术在现在的深度里旅行。”① 第五阶段是世界历史意识，第六阶段是反思的一般性意识或者后现代意识，赫勒的美学就立足于这个阶段。

第五阶段是世界历史或反思普世性意识，赫勒把现代美学具体地聚焦于此阶段。在这个阶段不再有复数的历史，仅大写的历史。历史是一种宏大叙事，因为它成为包含人类过去、现在、未来的普世性意识。赫勒写道：“所有的历史意识表达历史性，但是只有反思普世性意识包含着相同东西的总体的自我反思。历史哲学就是反思的普世性的哲学。”② 在这个阶段，出现了从最后问题出发的像基督教那样的救赎意象。这是高级现代主义的特征：“‘高级现代主义’以未来赋予现代性的合法性。”③ 与普世神话相反，这种普世性在现实时间里理性地得以反思，因此它既不是宗教的也不是神话的，而主要是历史哲学的。这种历史意识对美学产生了重要影响：“世界历史意识不断使趣味普遍化，并使之成为趣味判断的主题。艺术作品在它们融于时间的能力方面得到考察。艺术被视为历史的产物。”④ 事实上，赫勒对现代美学话语的理解就是建基于这种历史哲学的。她和费赫尔认为，除了康德之外，“从黑格尔到谢林、克尔凯郭尔、卢卡奇，每一种重要的现代美学同时是一种历史哲学”。⑤ 一方面，美学是现代资本主义时代的表现，是反思的普世性的历史意识。史学奠基在这些美学体系的有机体中不是它外在的身体。资本主义充满问题的历史特征内在于现代美学和艺术作品之中。美学始终在活动和对象化的类型等级中定位艺术和艺

① Agnes Heller, *A Theory of History* (London: Routledge & Kegan Paul, 1982), p. 20.

② Ibid, p. 220.

③ Agnes Heller, *A Theory of Modernity* (Oxford: Basil Blackwell, 1999), p. 8.

④ Agnes Heller, *A Theory of History* (London: Routledge & Kegan Paul, 1982), p. 24.

⑤ Feher Ferenc and Agnes Heller, "Necessity and Irreformability of Aesthetics," in *Reconstructing Aesthetics*, eds. Agnes Heller and Ferenc Feher (Oxford: Basil Blackwell, 1986), p. 5.

术活动，这种“定位”是思想家关系资本主义社会问题的功能。青年谢林把美学置于哲学等级最高点具有时代的因素，黑格尔把美学置于其绝对精神之中是世界历史危机形势的经验教训的表述。因而费赫尔和赫勒认为，如果美学作为一种史学学科要忠实于其自己的原则，那么它不得不根据既定的概念把各种艺术组织为一个等级。结果，各种艺术的审美价值取决于美学家的哲学体系，这种哲学体系也是一种历史哲学。根据这种美学，在某些时期，人们能够以某些艺术样式创造出历史地再现有效物种价值的作品，而在另一些时期，在既定的艺术样式中不能创造出这些艺术作品来。另一方面，现代哲学美学具有救赎的特征。它立足于历史之现在，最终为未来而无视了现在，结果它是一种乌托邦。现代美学家如黑格尔、谢林、克尔凯郭尔、阿多诺、卢卡奇等把美学视为完美未来的镜像，视为未来幸福和自由的蓄水池，即使有些人投射到过去。由于现代美学是大写历史的再现，所以其叙述本质上是宏大的：“其设想是总体性的宣称。”① 卢卡奇所提倡的“马克思主义复兴”仍然是内在于这种美学范式之中。从黑格尔到阿多诺的美学具有“激进普遍主义”之特征。它是辉煌的，但是1968年之后“激进普遍主义成为了历史”。②

赫勒建立了一种新的历史哲学，基于偶然性的历史哲学。虽然文艺复兴时期的自然哲学缺乏时间范畴，但是社会哲学却不是这样。赫勒认为，各种时间概念已经存在：“作为时间点的时间，作为社会事件的持续性和持续性意识的时间，最后作为节奏的时间。”③ 所有这些时间意识都在莎士比亚作品中得到表达，因此赫勒将莎士比亚视为“历史哲学家”。赫勒把对莎士比亚戏剧的解读上升到艺术理论。诗性真理是始终在现在：“无论什么时候悲剧上演时——或者我们阅读它时——它始终是现在的时间。”④ 赫勒也把喜剧现象阐释为绝对现在。喜剧的本质是不可决定的、异质的、

---

① Feher Ferenc and Agnes Heller, "Necessity and Irreformability of Aesthetics," in *Reconstructing Aesthetics*, eds. Agnes Heller and Ferenc Feher. (Oxford: Basil Blackwell, 1986), p. 21.

② Agnes Heller and Ferenc Feher, "Introduction," *The Grandeur and Twilight of Radical Universalism*, (New Brunswick: Transaction, 1991), p. 5.

③ Agnes Heller, *Renaissance Man*, trans. Richard E. Allen (London: Routledge & Kegan Paul, 1978), p. 173.

④ Agnes Heller, *The Time is Out of Joint: Shakespeare as Philosopher of History* (Maryland: Rowman & Littlefield Publishers, 2002), p. 369.

偶然的："所有喜剧经验是绝对现在时间的表达。"①

赫勒抛弃了救赎的历史哲学，失去了对弥赛亚的浓厚兴趣，也就是说她信赖绝对的现在，这是后现代的历史意识或者本质上是偶然性的意识，这不是宏大叙事的历史哲学而是破碎的历史哲学。

三、道德美学的转型

赫勒试图在面对激进后现代主义或高级现代主义的困境中寻找美学在伦理学中的根基，建构了一种立足于美的交往美学的人格伦理美学。

赫勒认为，在文艺复兴时期，美学和伦理学是彼此关联的："直到15世纪末期，人们还没有意识到，美和善、美和功用、善和功用也许存在着矛盾。"② 尺度（measure）和美也是彼此预设的，尺度的概念包括伦理学和美学，都呈现在日常生活中。显然，美学在文艺复兴时期诸如在古代那样具有伦理学基础。在赫勒看来，美作为日常生活的有机部分，作为社会道德性、社会生活和"尺度"得以凸显的形式之一。当这些都消退之时，美的理想就出现了。因而，"只要城邦的结构赋予了人们生活以某'形式'，道德习俗赋予人类行为以某形式，美的概念就不可能是抽象的。"③美学和伦理学的关系也能在尽善尽美（kalokagathia）这个概念中见到。如果美和尺度占统治地位，那么爱就是日常生活的美的一部分。因此，在文艺复兴时期美、爱和伦理学联系着现实生活，这是赫勒道德美学的"理想范型"。赫勒始终试图为美奠定伦理的基础。据此她批判了"审美的生活"，因为引领这种生活的人仅仅试图把他自己的日常存在转变为"为他存在"，结果"他缺乏对他人需要的同情"④。与之相反，赫勒的美的概念是和谐的，具有对称性互惠的特征，也就是说她对美的阐释是交往美学。

正是从这个视角，赫勒重构了康德的美学，尤其是讨论了以《判断力批判》为模型的文化话语。赫勒认为，康德在纯粹审美判断的推论中强调了社会性，特别是主体经验和印象的可交往性。他也设想了羡慕和喜爱野

① Agnes Heller, *Immortal Comedy* (Lanham: Rowman & Littlefield Publishers, 2005), p. 13.

② Agnes Heller, *Renaissance Man*, trans. Richard E. Allen (London: Routledge & Kegan Paul, 1978), p. 246.

③ Ibid, p. 252.

④ Agnes Heller, *Everyday Life*, trans. G. L. Campbell (London: Routledge & Kegan Paul, 1984), p. 268.

花之美的形式的孤独者的意象。孤独者没有沾染社会但是孤独者对野花的沉醉仍然是其道德感的孪生情感。考虑到趣味基本上是判断感性伦理理念的能力，所以为趣味奠基的现实教育仍然促进道德理念，陶冶道德感。虽然康德认为，罪恶也能够是崇高的，但是道德善应该被视为是崇高的。因此赫勒认为："各种审美判断（不仅是趣味判断）都应该与善（和道德）有密切联系，因为它们不是严格意义的行为，不引发严格意义的行为。这是它们间接地不是直接地具有道德意义的原因。它们也为道德之人（为善良之人）增添了审美的维度。"① 康德的午餐讨论会是人人之间的交谈。每个人应该为他人承担责任，这种责任涉及其人格伦理学。这是最高的感性/伦理的善，"一种本质的真实"②。虽然康德的文化话语在宏大叙事衰落中面对经验和理论的困难，但是赫勒认识到康德美学的积极意义并将康德视为她的维吉尔。不过，她不仅仅阐释康德的审美理论，而且集中他的所谓伦理美学的文化话语，这种文化话语是以审美判断为范型的。

道德美学是她的《人格伦理学》第三部分的主题。她以通信来往之形式分析了美的和崇高的性格。赫勒表达了以下的观念：（1）美和崇高的性格都是人格伦理学的代表；（2）虽然美的概念和形而上学的家和艺术分离了，但是美能够在日常生活的人格中寻找到它的新家；（3）虽然美的性格和崇高的性格具有各自的人格，但是赫勒在美的概念下最后能够使之和谐相处。因此赫勒的道德美学是奠基于她对美的理解之上的。美的性格是和谐的性格。"和谐"不是古希腊的雕塑式的和谐，也不是马克思的全面发展的普遍的个体，而是意味着开放性和自由，自由的平衡是和谐，和谐就是美。美的性格也是存在的、历史的：它是一种"扔"，一个偶然的个人。美的性格是像四重奏一样的和谐："在四重奏里，一种乐器在其他乐器后能够占据先导的地位演奏乐章，甚至独奏。因此它在现代和谐心灵里发生：一种乐器能够独奏一会儿，然后其他的乐器将接着进行。"③ 美的性格显示了自由、开放性，显示对他者的责任。这意味着"现代性的宇宙论视

① Agnes Heller, *A Philosophy of History in Fragments* (Oxford: Basil Blackwell, 1993), p. 144.

② Agnes Heller, *A Theory of Modernity* (Oxford: Basil Blackwell, 1999), p. 133.

③ Agnes Heller, *An Ethics of Personality* (Oxford: Basil Blackwell, 1996), p. 256.

野的恢复”并协调了“实践理性和自由感”①。瓦伊达正确地说道，赫勒的人格伦理学是“在我们的选择行为中见出道德性的源泉的伦理学”②。美为彼此揭示了对称性互惠。因而美的概念离去了，但是美仍然存在：“性格的美呈现于日常生活之中”③。美拥有自己的新家；虽然在晚期资本主义的单向度中，美的性格越来越少，但是它仍然是可能的。这“可以构成为现代性的奇迹，赫勒的神秘的想象”④。赫勒对美的礼赞显示了她试图颠覆后现代主义崇高的统治地位。罗伯茨说：“美成为崇高的面纱，更准确地说是浪漫崇高的面纱”，“崇高意味着美的永远的深渊一样的阴影，只有对崇高的迷恋最清晰地显示出对后现代主义的浪漫的情绪”⑤。利奥塔把崇高的概念普遍化：“崇高也许是艺术感性概念特征化的唯一模式。”⑥ 因此，赫勒人格理论学的道德美学定位于当代文化之中同时也联系着康德早期关于美和崇高的性格是平等的观念。

赫勒借助于尼采和康德的话语构建了伦理学和美学的关系，以避免尼采、福柯等激进后现代主义者所迷恋的伦理学审美化和美学的非道德性。赫勒的人格伦理学“真正包含了普遍的姿态但是肯定没有包含普遍主义的解说”⑦。它是一种后现代反思的一般性意识的对象化。并且，它是解决后现代文化和美学的困境，克服晚期资本主义社会的悖论的重要入口，因为只有在具有美的或崇高的性格的条件下，美学才得以可能：“我怕，如果没有美的和崇高的性格就没有解释对象，因为没有解释者就没有解释对象。”⑧

---

① Constantinou and Marios, “Agnes Heller's Ecce Homo: A Neomodern Vision of Moral Anthropology,” *Thesis Eleven*, no. 59 (1999): 29－52.

② Vajda Mihály, “Is Moral Philosophy Possible at All?” *Thesis Eleven*, no. 59 (1999): 73－85.

③ Agnes Heller, *An Ethics of Personality* (Oxford: Basil Blackwell, 1996), p. 275.

④ Constantinou and Marios, “Agnes Heller's Ecce Homo: A Neomodern Vision of Moral Anthropology,” *Thesis Eleven*, no. 59 (1999): 29－52.

⑤ Roberts David, “Between Home and World: Agnes Heller's the Concept of the Beautiful,” *Thesis Eleven* no. 59 (1999): 95－101.

⑥ Lyotard and Jean-Franois, “The Sublime and the Avant-Garde,” *The Lyotard Reader*, ed. Andrew Benjamin (Oxford: Basil Blackwell, 1989), p. 200.

⑦ Constantinou, Marios, “Agnes Heller's Ecce Homo: A Neomodern Vision of Moral Anthropology,” *Thesis Eleven* no. 59 (1999): 29－52.

⑧ Agnes Heller, *An Ethics of Personality* (Oxford: Basil Blackwell, 1996), p. 274.

四、作为文化政治学的美学

对赫勒来说，现代美学在文艺复兴时期作为一种自律领域是奠基于政治学、特别是形式民主之上的。“艺术获得了其公民权利，独立地成为有德性和价值的形式。”[①] 委托一件作品的公民和接受委托的艺术家之间的关系也发生了变化。资产阶级认识到，如果他们感到需要把他们的视野和经验对象化，就必须把艺术家作为一个和他们平等的个体看待。他们只需给出所完成的事情的普遍的框架性任务，具体的内容完全取决于个体艺术家的自己的想象力。正是由于这种民主产生了最伟大的艺术作品。在现代性中，存在一种逻辑，这种逻辑强调动态的政治平等和民主。她把休谟的观念解释为：趣味的标准不是建基于艺术作品的客观标准而是被具有好的趣味的文化精英者不断建构的。休谟的精英主义和民主化相冲突。民主集中于平等的理念，呈现出超越政治平等走向实质平等的趋势。在实质性民主中，所有人是平等的信条可以读成为没有人比别人更好：“事实上，没有人的趣味比别人更好。”[②] 如果一个人宣称说他的趣味比别人更好，那么他就是一个精英主义者，不合格成为一个好的民主者。因而正是精英主义者勾画了高雅艺术和低级艺术的界限，但在一个民主的世界，每一个人的判断都是重要的。结果，高雅艺术作为文化的第一个概念就是被消解了。即使高雅艺术的概念是充满问题的，但是赫勒没有废除它，因为这个概念的废除也是站不住脚的、不公正的、不民主的，结果导致极端的相对主义。既然每一种趣味都重要，事实上就趣味而言，多数人不能起决定作用，因而那些区别高雅和低级艺术之人的趣味也是重要的，也就是说信赖严格经典或者趣味标准的那些人的趣味同样是合理的。

赫勒的政治美学的另一个维度是对康德的政治美学的阐释：“政治学的方式，他对‘非社会的社会性’的批评，他对共通感的强调，他把判断力归属于政治学的位置，他关于再现和参与的融合的设想，这尽管很模

① Agnes Heller, *Renaissance Man*, trans. Richard E. Allen (London: Routledge & Kegan Paul, 1978), p. 50.

② Agnes Heller, *A Theory of Modernity* (Oxford: Basil Blackwell, 1999), p. 121.

糊，包括其他的，都已经宣布了共和国的主题。”① 卢森堡和阿伦特是这种政治模式的理论家。在赫勒看来，这种模式是民主的和平等的：个人做出选择和做出决定，独立于他作为政治或社会团体的参与成员做出的选择和决定；它设想每个人的需要结构是唯一的；这种模式融合了直接民主和间接民主。所有这些都说明了没有支配性的“对称性互惠的再生产”② 和“自由人群的共同体”，在这个共同体中“自由是最高的价值”,③ 这就是民主理念的实现。赫勒认为，康德的《判断力批判》和《实用人类学》讨论的不是超验的主体而是共通感，这也是政治哲学的呈现。作为交往的审美判断，作为社会的社会性的工具，它融合了观众和演员的态度。它表达了与非社会的社会性相对立的人性世界，因为在这个世界，自由和自然都没有被工具化。康德的美学内在于存在着民主的多元主义之中：“人性作为社会的社会性文化是关于精致的事情，它是多方面的多元主义。”④ 审美多元主义是立足于政治平等之上的。当某人断言“X 是美的”时，这个趣味判断实质上是宣称普遍的有效性因为它不仅对我来说是美的而且对任何人来说也是美的。在赫勒看来，“这是多元主义，因为‘我’说着‘我们’的话。”⑤ 如果一个人说 X 是丑的，那么多元主义就要求他们相互尊重彼此的判断，避免自我主义。结果，“康德排除了趣味的悖论”⑥。康德的午餐讨论会在现代性中形成了文化话语，它也是以《判断力批判》为范型的。它也是具有对称性互惠的多元主义的表现。

总之，赫勒的政治美学与社会美学、历史哲学、道德哲学密切相关，它立足于现代性的价值范畴即民主和平等之上，批判了从现代产生的极权主义美学。从她的美学中我们可以目睹共和国的镜像，在一个被上帝遗弃的世界中美和对称性互惠呈现了这种镜像。赫勒美学内在的多元主义文化政治学使她的批判理论和美学实现了从马克思主义复兴到后马克思主义范式的嬗变。

---

① Agnes Heller, “The Great Republic,” in *Eastern Left-Western Left*, eds. Ferenc Feher and Agnes Heller（Cambridge: Polity Press, 1987）, p. 188.

② Ibid, p. 197.

③ Agnes Heller, *Radical Philosophy*, trans. James Wickham（Oxford: Basil Blackwell, 1984）, p. 100.

④ Agnes Heller, *A Philosophy of History in Fragments*（Oxford: Basil Blackwell, 1993）, p. 146.

⑤ Ibid, p. 149.

⑥ Agnes Heller, *A Theory of Modernity*（Oxford: Basil Blackwell, 1999）, p. 133.

论布达佩斯学派对卢卡奇总体性美学范式的批判*

傅其林

布达佩斯学派（Budapest Shcool）是20世纪60年代在匈牙利首都布达佩斯围绕着卢卡奇而形成的一支具有重要影响的马克思主义哲学流派，它的成员绝大多数属于犹太血统的后代，对东欧社会主义和法西斯极权主义有着切身的体验。此学派的代表学者有阿格妮丝·赫勒、费伦茨·费赫尔、乔治·马尔库斯、玛利亚·马尔库斯、瓦伊达、海盖迪什、塔马斯、弗多尔、拉德洛蒂等。布达佩斯学派把卢卡奇哲学美学的重要理论命题与概念范畴作为哲学美学之根基，建构了具有后马克思主义特征的批判理论。这个学派不是简单地阐发、遵循其精神导师卢卡奇的思想，而是不断与他及其著述进行对话，在对话中指出其思想的悖论。布达佩斯学派的主要成员自20世纪60年代起就与卢卡奇进行了对话，共同表达了对卢卡奇的态度。在1975年他们就明确地说："我们作为卢卡奇的学生，一直很认可和重视他，今天他已经充满问题。"① 虽然一些人仍然在分享卢卡奇的伟大著作《审美特性》，但是它"在过去五年已经被我们所有人抛弃了"②。布达佩斯学派对卢卡奇美学的重新解读与批判是多方面的，也是较为复杂的. 其中最突出一点就是把卢卡奇置于现代美学研究话语中，认为卢卡奇的美学与黑格尔、谢林、克尔凯郭尔的美学均是一种历史哲学。③ 墨菲在

* 本文刊于《马克思主义美学研究》2008年第1期。

① Agnes Heller, *Lukács Revalued* (Oxford: Basil Blackwell, 1983), p. 130.

② Ibid, p. 128.

③ Agnes Heller and Ferenc Feher, *Reconstrueting Aesthetics* (Oxford: Basil Blackwell, 1986), p. 5.

评价赫勒与费赫尔关于卢卡奇的美学的著述时指出："卢卡奇把对悲剧的美学偏爱与19世纪的历史哲学、共产主义的宏大叙事以及马克思激进普遍主义的某些方面融合了起来。""卢卡奇流露出对宏大叙事的热切的承诺，认为大写的历史正沿着一个特定的方向移动"①。卢卡奇美学具有历史性、宏大叙事、救赎范式等历史哲学的特征。布达佩斯学派对卢卡奇美学的批判就是建立在这种历史哲学话语的分析之上的，这些批判透视出后马克思主义美学范式的价值选择。

一

费赫尔与赫勒在1977年发表的论文《美学的必要性与不可改革》中探讨了卢卡奇的作为历史哲学的美学研究范式。由于把美学奠定在历史哲学基础之上，青年、中年、老年卢卡奇把史诗作为最完美的理想类型，而对抒情诗是冷淡的。他把客观化的艺术类型史诗和戏剧放到很高的位置，正因为史诗和戏剧是一个世界危机形势的体现，同时是这种形势的受害者，它们通过自己的命运来证实哲学家最重要的目的之一的论题：资本主义是文化对象化的死敌。这无疑是历史哲学的等级模式的体现。也就是说，史诗成为卢卡奇的最高的希望与历史的最高点。

青年卢卡奇的《小说理论》正是从黑格尔的历史哲学的基础上来有意识地审视小说的存在形态及其价值。虽然卢卡奇当时还受到新康德主义、"理智科学"学派的影响，但是他已经处于"从康德到黑格尔"的过程中，黑格尔的历史哲学被具体地运用到美学问题："此书的最初的普遍的部分本质上是被黑格尔所决定的，例如史诗与戏剧艺术中总体性模式的比较，史诗与小说共同性与差异性的历史哲学的视角等。"②《小说理论》的基本命题是突出历史哲学的视角，该著作的副标题是"论伟大史诗文学形式的历史－哲学的论文"，具体的框架有古希腊世界结构的"历史哲学的发展""形式的历史哲学的问题""小说的及其意义的历史哲学的控制""托尔斯泰在史诗形式的历史哲学中的双重位置"等。卢卡奇在1915年完成的对陀思妥耶夫斯基的小说的研究也是立足于历史哲学之上的，根据费赫尔与

---

① Peter Murphy, "The Grandeur and Twilight of Radical Universalism," by Agnes Heller and Ferenc Feher, *Theory and Society* (1993).

② Georg Lukács, *The Theory of the Novel* (London: Merlin Press, 1971), p. 5.

赫勒整理的笔记，在1915年3月，卢卡奇给保罗·恩斯特写信说："最后我已经开始我的新书的工作——论陀思妥耶夫斯基。美学不得不等了。不过它包含的不仅仅是陀思妥耶夫斯基：我的形而上学的伦理学与历史哲学的重大部分……当我有或多或少已经完成了的手稿的时候，我将寄给你征求你的意见。"① 费赫尔对卢卡奇这种历史哲学的小说理论进行了分析。他认为卢卡奇的《小说理论》具有浪漫的反资本主义特征，也包含着特有的革命视角，该作品重新发现了异化观念并将其重新整合到欧洲哲学中。在费赫尔看来，"《小说理论》的基本主题（既在美学的层面又在历史哲学层面）是，史诗时代及其艺术生产比资本主义及其史诗即小说拥有更高的等级、更重要的价值。"② 卢卡奇的评价标准完全是哲学的，它立足于黑格尔哲学与生命哲学（lebens philosophie）基础上，探索马克思在《巴黎手稿》中称作"人的本质"的东西。史诗的时代是具有"自我确证"的特征，生活与本质是同一的观念，史诗的世界也是同质的。相反，小说形式是超验的无家可归的表达，它是总体性遇到问题的时代的史诗。因而小说在双重的意义上充满问题：首先它表达了它的时代的结构与人充满问题的特征；其次它的表达模式，其整体的建构充满着不可能完成的任务或者问题。费赫尔认为，从《堂·吉诃德》到《情感教育》的不调和的判断不是批评的精确性所致，而是卢卡奇的历史哲学的逻辑结果。

费赫尔提出质疑的不仅仅是卢卡奇的基本概念，而且还有其价值批判。首先是质疑并修正卢卡奇的判断标准（criterion），主张说小说是充满问题的。这意味着我们拥有一个没有问题的标准，就乌托邦的灵感而言，这在某种意义上把我们带到过去。卢卡奇对小说敌视，而把未调和的共同的有机的和同质的世界理想化地视为"完美"样式即史诗的源泉。而这种史诗不可能再复兴，卢卡奇确定其必然消失。马克思也不例外，马克思在《＜政治经济学＞导言》中谈及了荷马史诗的规范性特征，因为它涉及不可企及的模式，是人类正常儿童时代的人类基础。这同样是历史哲学的表达。费赫尔认识到：在马克思的历史哲学中，这种模式被具体化。一方面，他理性地根据"人的本质"范畴来解释这种"正常"，设想为从人类

① Agnes Heller and Ferenc Feher, *Reconstructing Aestheties* (Oxford: Basil Blackwell, 1986).

② Ibid.

社会开始赋予的动态的历史的潜力。因而人类与艺术的标准作为理性创造的一种模式不再漂浮在历史之上，而是成为历史的整体的产物。另一方面，虽然马克思主张历史中存在着各种选择的可能性，但是他是一个进化论者，他把发展物种的力量的每一种进化的结果思考为价值的基础。虽然史诗不可能再在现代社会中出现，但仍然能够为现代社会所体验与欣赏，成为人类的价值理想所在。基于对马克思的历史哲学的理解，费赫尔具体阐释了《小说理论》的研究范式。卢卡奇始终在史诗与小说的对比中认识到小说不如史诗，史诗表达了集体性、有机性，史诗的主人公是“集体性的模式，超越了纯粹的个体性”①。而小说在卢卡奇看来体现的是充满问题的个体。在资本主义社会，异化日趋突出，社会日益充满问题，小说的充满问题的个体正是这种社会的再现。小说的主人公一直渴求着无限性。小说的本质是“无形式”的、“散文的”、缺乏固定的规则，在涉及人类实质性的艺术形式中没有一席之地。费赫尔的理解是正确的。卢卡奇事实上对史诗时代给予了非常理想的勾画，他在《小说理论》开篇就写道：“星空是一切可能道路的地图，这时代是幸福的。在这个时代，道路被星光照亮。一切是新的、熟悉的，充满冒险，然而是自己的冒险。世界是宽广的，然而像一个家，因为心灵燃烧的火与星星具有同样的本质，世界与自我、星光与火很不同，但从不是彼此陌生，因为火是所有星光的心灵，所有火以星光表达自己。”② 这时代就是史诗时代，人与自然、内在心灵与外在形式交融于一体，因此，“它是一种同质的世界，甚至人与世界，‘我’与‘你’的分离也不能打破这种同质性”③。相反，小说的形式是一种超验的无家可归状态的表达，是总体性成为问题与渴求总体性的时代的史诗。因此，对卢卡奇来说，小说是费希特所说一个绝对罪孽时代的形式。小说是在形成过程中呈现出的某种东西，“这就是为什么小说是最危险的类型，这就是为什么它被许多人已经描述为半艺术（half an art; half - art）”④。小说有堕人其姐妹艺术即娱乐小说之中的危险，其主人公的心理是恶魔，充满“坏的无限性”。卢卡奇在历史哲学的基础上对小说样式做出了否定性

① Agnes Heller and Ferenc Feher, *Reconstructing Aestheties* (Oxford: Basil Blackwell, 1986).

② Georg Lukács, *The Theory of the Novel* (London: Merlin Press, 1971), p. 29.

③ Ibid, p. 33.

④ Ibid, p. 73.

评价。

费赫尔不认同卢卡奇的小说理论基础，认为小说与人类物种价值有重要的关联，他在揭示小说类型的矛盾性特征的基础上认识到小说的积极价值。小说的无形式与散文式特征在结构上与无形式和骚乱的社会发展是一致的。不断发展的资本主义社会毁坏了人类第一个实质性的岛屿，然而也产生了物种力量，这种社会的诞生是一种丰富，即使我们看到了它产生的不平等的进化。费赫尔认为："小说不仅在它的'内容'，在由它的范畴构成的集体性的观念上，而且在它形式上，表达了人类解放的一个阶段。"①费赫尔颠倒了卢卡奇的价值等级，因为他认为现代小说比古代史诗具有更大的价值与意义。现代小说揭示了不为史诗所知的可能性，但同时也充满着悖论。费赫尔具体从自我与外在世界的特征比较了小说与史诗的优劣。如果说上帝已经抛弃了小说的主人公，那么他也赋予了主人公以自由，纯粹社会性的史诗比古代史诗包含更高水准的解放。并且，这种史诗的世界—历史的定向在不断出现的资产阶级实践的动力影响下变化。小说的主人公不像古代史诗的主人公行为被共同体所决定，而是根据自己的目的决定行为，这样他竭力构成自己的宇宙。然而，随着资产阶级世界的不断提高的物化，自我与其环境的二重性日益成为小说结构的支配因素，小说的人物愈来愈少地支配宇宙，小说的解放的征服者拥有与普遍的资产阶级解放同样的命运。不断提高的物化把市民社会的高贵产品即自由的资产阶级个体降到一种自由的幻象的主体，这是剥夺了与他自己世界的客观化的正常关系交往的主体，小说的再现领域就缩小了。因此，小说充满着悖论。

就生产与经济的再现来说，小说比史诗优越。费赫尔认为，史诗能够再现市场的观点是不正确的。英雄时代的史诗的主题主要是战争或者与自然斗争，相反，小说一开始就有更多的机会再现人类的生产能力。自巴尔扎克之后，人类生产的制度与过程如此物化以至于它们与活生生的呈现的原则不一致，就出现了新的史诗。这就呈现出小说的矛盾特征。制度的再现与小说的关系也呈现出类似的倾向，并发现小说在解放方面体现更高级的阶段。在英雄时代，史诗与既定的制度融为一体，这种制度是普遍性的，是决定个体的不可改变的秩序，最终受制于神圣的东西，卢卡奇与黑

① Agnes Heller and Ferenc Feher, *Reconstructing Aesthetics* (Oxford: Basil Blackwell, 1986).

格尔均对此进行了肯定。相反，费赫尔认为，小说本质是拒绝每一个奥林匹斯神的权威性，并把好的或者坏的人类制度理解为人类的创造，因而小说扩大了再现的可能性。它不仅能够理解并专断地解决封建制度的结构，而且能够在历史小说中记录它自身制度的重要方面。而这种对人类制度的起源的全景式的描述是史诗所不可能完成的。就此，费赫尔肯定了卢卡奇拒绝把历史小说视为一种特殊的小说的观点。对费赫尔来说，历史小说这种再现具有积极的意义："历史小说以完全不同的方式提供审美的快感。每一次当我们看见人类制度，明显由于独特的个体的激情与行为，消解或者出现时，我们重新历经解放的经验，人类自己创造自己的制度，不管这些制度被他控制，不管我们感到关于作者对这些制度的判断。人类空间的人化与自然社会向纯粹社会性的社会转变形成了历史小说的主要氛围。这就是这种形式比史诗真正改进的源泉。"[①] 不过，费赫尔看到，自滑铁卢战争以来，巴尔扎克一旦被迫把斯格特（Scott）的方法转变为主人公的私人战场，这种小说发展的巨大过程就停止了，这个运动也逐渐被颠倒。小说的人物不再知道如何处置他的世界的制度，完全以自己的经验存在，把制度视为日益超验的东西，纯粹以忘记或者试图忘记制度而结束，卡夫卡的小说就是如此。在此意义上说，现代小说也出现了矛盾。

小说的主人公被迫捣毁亲密领域的价值，以便成为其时代的原型。对费赫尔来说，"家庭纽带的破裂同时是人类解放的一个阶段。马克思认为扩展的资本主义社会对血缘—纽带权力的捣毁是一个普遍的积极的成就。只有这样，才能从'人类动物物种的动物学中'创造人类物种的意识"。不过，一夫一妻制的资产阶级家庭本身已经成为一种伪血缘纽带，因而成了人类解放的障碍。并且，脱离传统的生活方式与继承的体系几乎没有导致自由选择的创造，事实上绝大多数时候出现了不断增多的匿名主人公的小说。费赫尔认为，当最后一个人物是 K. 或者 A. G. 时，这只是一个漫长发展的终结。这最终意味着小说公共维度的消解，因此对费赫尔来说这是一种退步。但是他又认为："我们已经达到了'消解'过程的具有积极的价值—内容的终点：小说已经从它所有的自然与准自然的联系中把自己解

① Agnes Heller and Ferenc Feher, *Reconstructing Aestheties* (Oxford: Basil Blackwell, 1986).

放了出来。它已经撕裂了自由的幻象，并且现在的问题涉及真正自由的创造。”① 费赫尔认为：“正是价值的多元性是这种样式的形式的与结构的实质，它表达了与激励了这个新时代的伟大胜利：个体的价值选择。同样，这种多元性在原则上在人类心灵的刻画中考虑了一种丰富而广泛的标准，这是在史诗的严格的价值等级中不可能获得的。”所以费赫尔就此肯定了戈德曼所强调的小说就其结构的本质而言是一种对立的样式。“即使小说与市场结构一致，但是它从来不接受市场的价值概念。金钱发挥小说中交换的普遍手段的作用，但是它从来不能置于价值体系的顶点：它不能被置于那儿因为那会导致一种‘活生生’的再现的可能性的破坏。”② 由于商品拜物化，人与人的关系被物化，小说必须至少相对地解构这种物化结构。但是这种解构愈来愈不成功，这是小说危机的决定性因素。不过，在费赫尔看来，小说不与市场体系的结构同构，它能够带来本真性的人类价值，指向“人类实质”的丰富，具有一种导向未来的无限性。并且，真正重要的小说一直在物种意识水平上移动，它知道客观化的提高与延展意味着人的力量的延展。

费赫尔通过卢卡奇在《小说理论》所涉及的主要框架，通过小说与史诗的对比解读，尤其通过两种艺术样式的社会特征的分析，看到了小说相对于史诗的优越性，同时也透视出现代小说的矛盾性特征。然而从分析可知，费赫尔尤其重视小说对个体解放、对物种形成水平的提高的积极价值，虽然它具有资产阶级社会不能超越的局限性。基于此，他拒绝了老师卢卡奇关于现代小说的充满问题的认识。他说：“我们已经发掘了这种新的史诗样式的矛盾性，事实是它产生于第一个‘纯粹社会的’社会（资本主义）中，它又依靠这个社会；因而它在维护它的原初结构与获得充分发展中，不得不与所有资本主义拜物化问题抗争。”③ 任何古代史诗的复兴之梦只是一个浪漫的幻象，因为产生与传播史诗的有机共同体永远消失了。最后他认为：“未来的道路在于资产阶级史诗的成绩的保存，在于它的成绩的转变。结构的本质与一种功能的使命一致：甚至在小说最物化的样品中，小说也强化了读者成为社会的产儿的意识；在所有它的非拜物化的实

---

① Agnes Heller and Ferenc Feher, *Reconstructing Aestheties* (Oxford: Basil Blackwell, 1986).

② Ibid.

③ Ibid.

例中，小说传达给读者这种社会能够人化的最大可能性的认识。作为一种形式，小说非常清楚地显示了人化在这个社会所到达的范围，这对理解了的读者来说，是最有益的净化。”① 费赫尔对卢卡奇的《小说理论》的阐释透视出其历史哲学的特征以及导致的问题。

二

不仅卢卡奇的《小说理论》立足于历史哲学基础之上，他的《现代戏剧发展史》《历史与阶级意识》《审美特性》等重要著述都是如此。马尔库斯、赫勒对这些著述进行了分析。马尔库斯在解读青年卢卡奇的文化问题时，强调卢卡奇对文化的分析阐释是从历史哲学或者历史阐释的视角进行的：“在这种分析中，文化的危机看来是现代资产阶级社会的本质特征，这被其经济与阶级结构所决定。”② 一方面是封闭的有机的社会，以古希腊社会为典型，另一方面是开放然而机械的资产阶级社会。其《小说理论》与《现代戏剧发展史》都是从同样的历史比较中开始的，后者的整个基础是对比古代与现代戏剧。卢卡奇把古希腊城邦视为文化成为日常现实的社会的历史范例，一种“绝对的意识形态”统治着所有的世界观，古希腊的“一神论”渗透并组织日常生活与人的意识，这种社会不知道现代资产阶级社会的理智的与物质生产的持续发展，也不知道个体性程度。现代社会消解了这些特征与人与人之间的自然纽带，个体充满问题，这意味着这个世界也是充满问题的。文化危机是必然的，在资本主义社会，真正意义上的文化从主观上与客观上都是不可能的。

赫勒对卢卡奇美学研究范式的历史哲学的特征的分析是全面的。在她看来，只要卢卡奇从事哲学美学思考，就必然创建宏大叙事的历史哲学的范式：“他要么重建他自己的哲学以便创造一种新的哲学大厦或者完全抛弃哲学。如果他选择第一条道路，根据他的存在选择，他被迫接受并实践 diamat 的普遍的形而上学。”③ 在赫勒看来，卢卡奇的《青年黑格尔》《历史与阶级意识》《理性的毁灭》等著作与阿多诺、霍克海默的《启蒙辩证法》和波普尔的《开放社会》都具有魔鬼学的特征，因为它们把哲学分割

① Agnes Heller and Ferenc Feher, *Reconstructing Aestheties* (Oxford: Basil Blackwell, 1986).

② Agnes Heller, *Lukács Revalued* (Oxford: Basil Blackwell, 1983), p. 16.

③ Ibid, p. 178.

为好的哲学与坏的哲学，一种历史—哲学的神学论与目的论从一种合法的人类态度被构建。认为这个世界的所有问题能够被理性地提出并得到解决，所有提出并解决这些问题的行为也将会被所有人理解，这是对绝对真理的诉求。对卢卡奇来说，“反对神话与支持理性的斗争是从神话的立场被建构的”[①]，体现了摩尼教的思维方式。

基于对卢卡奇的历史哲学的神学思维的分析，赫勒深入地分析了晚年卢卡奇的《审美特性》的历史哲学特征。在她看来，晚年卢卡奇的美学与青年卢卡奇的美学《海德堡美学》在思维方式上具有相同之处，但是在本质上是有差异的。青年卢卡奇思考的核心问题是康德的问题的颠倒，即“艺术作品存在，它怎么可能呢”，这是类似于现代存在主义者关于存在先于本质的思考方式，其实际上是形成一种交往美学理论，而不是一种历史哲学，而晚年卢卡奇的美学恰恰不是交往美学而是一种历史哲学。“恰恰因为本质问题的提出，青年卢卡奇的美学结果证明是一种交往理论。从存在先于本质的角度触及艺术消除了这个问题：无论什么先于本质的存在，就是最终存在的。根据卢卡奇，艺术的本质是一种结果，是发展的结果。正是因为他采纳这种方式，他的晚年的美学不是一种交往理论而是一种历史哲学。”[②] 卢卡奇在《审美特性》中认为，艺术是人类的记忆，其本质是个体性与物种的统一，个体与物种的统一呈现为历史的真理。这种历史哲学在《历史与阶级意识》中没有得到实现，因为在此书中物种与个体的范畴都缺失了，代之的是阶级的概念。20 世纪三四十年代，他在人格理论中去寻找，认为人格全面发展等同于“物种特征”，但是这种解决对他来说没有历史哲学的意义。他最终在审美的形式中找到了。艺术的解拜物化功能也是来自艺术作为个体于物种统一的观念。这带有一种天真的乐观主义，在对艺术作品的理解与接受的过程之中，人被提升到物种水平，这种提升的可能性对卢卡奇而言从来没有被直接地质疑。“他果断地做出判断，所有非同一性的人类的各种现实具有同一性，在人类创造世界的所有领域中，同一个存在的范畴在起作用。这个世界的范畴的同一性确保了所有接受的可能性、完美性与权力平等。”[③] 在审美过程中，特殊性、主观性、时

① Agnes Heller, *Lukács Revalued* (Oxford: Basil Blackwell, 1983), p. 179.

② Ibid, p. 183.

③ Ibid, p. 187.

间性都被转变了，艺术获得了客观性。通过时间的主观体验，接受者达到了物种水平。这种时间体验在被取消的同时也被保存着，它构建了波德莱尔所谓的瞬间的永恒性，在历史的“此时此地”中呈现出普遍有效性。这样，个体经验被提升到物种水平，变成了形式。这是青年卢卡奇的《心灵与形式》的问题的延伸。因此，在艺术中并通过艺术，历史真理的问题才出现，并得到解决。赫勒对《审美特性》的历史哲学的挖掘事实上表明了它的宏大叙事特征①，追求绝对之真理，在某种程度上包含了“斯大林主义”，同时也有进化论的历史哲学的特征：“唯一自由的世界也是一个进化的世界。艺术表明，个体与物种的统一是可能的，它的本质确保了在‘物种特性’水平上进化的可能性。”赫勒阐释了这种进化的历史特征，每一部艺术作品浓缩了人性、人类发展的本质阶段，所以每个人在每一部成功创造的艺术作品中认出自己的本质与自己的历史：“这样，艺术—每一部艺术作品—就成为人类的记忆，艺术作品的欣赏也是征服过去、人类的过去的过程。”② 这也是一种救赎的范式：“内在于这种美学中的历史哲学是以希望的精神被设想的。”③ 按照费赫尔理解的，“只有在美学中，主体与客体的统一才被意识到”，“唯一未异化的领域就是审美”④。所以，审美成为救赎的领域。

布达佩斯学派不仅揭示了《审美特性》的历史哲学的特征，而且在揭示中显示了其宏大叙事的悖论。对费赫尔而言，卢卡奇从30年代到去世其美学是理性主义的体现，是启蒙运动方案的过分的延展，是反弗洛伊德的。理性主义在卢卡奇的思想中具有多种含义，其中一种就是作为“历史哲学的普遍的进化概念”⑤，因而它不像阿多诺与波普尔的悲观主义，而是具有乐观主义精神之特征。虽然《审美特性》发生了转型，理性主义与非理性主义的区别崩溃了，但是其理性主义模式的历史哲学特征仍然保持

---

① 这是布达佩斯学派的一种共识，他们认为《审美特性》的哲学思想的核心是对象化理论，这部著作有着辉煌的意图，就是在一体化的概念框架中，日常实践与思维形成对象化的伟大的类领域。Agnes Heller, *Lukács Revalued* (Oxford: Basil Blackwell, 1983), p. 130.

② Agne Heller, “Lukács’ Aestheties,” *The New Hungary Quarterly* (1966).

③ Agnes Heller, *Lukács Revalued* (Oxford: Basil Blackwell, 1983), p. 138.

④ Agnes Heller and Ferenc Feher, *The Grandeur and Twilight of Radical Universalism* (New Brunswiek: Transaction, 1990), p. 269.

⑤ Ibid, p. 259.

着，卢卡奇理性主义两个成分即拜物化与进化仍然支配着《审美特性》。在审美中，主体与客体统一，接受者从整体的人到人的整体，卢卡奇的美学理论事实上描述了人格的动力学，它建立了一种普遍的社会历史的范例：这就是从骚乱中说明宇宙的发展，从劳动、巫术、前科学、前艺术模仿的因素的混合体中通过更高的、更精致的对象化（物种对象化）来说明人类物种的进化。所以费赫尔认为："读者面临着完全进化论的历史哲学，这种历史哲学完美地履行马克思表述为普遍原则的神秘任务：种系发育与个体发育的统一。"① 卢卡奇的这种进化论是黑格尔的绝对精神的变体形式，被一种内在的目的论所引导，不断地向上行走。《审美特性》这部著作维护着历史哲学的等级价值视角，科学比前科学的知识被评价得更高，宗教比巫术狂热被评价得更高。艺术比联系着巫术的原初的模仿结构被评价得更高。根据真正的黑格尔的精神，每一个发展阶段都在前一个阶段找到其真理，即高级阶段来自低级阶段。甚至语言也是如此，存在着所谓的"语言进化"。卢卡奇的美学仍然是本质主义的宏大叙事的体现。

三

布达佩斯学派对卢卡奇美学范式的批判主要是从其历史哲学的建构中进行的，这种历史哲学以物种特性为根基，追求审美的解拜物化功能，超越资本主义时代的异化个体与文化形式，以获得一种新的文化形式的可能性。也是一种希望的救赎美学，也是一种带有神学特征的美学，赫勒像1968年后现代主义者所声称②的那样把卢卡奇与戈德曼、阿多诺都视为"神圣家族"的成员，"神圣家族代表了规范与标准；它代表了自律与人

① Agnes Heller and Ferenc Feher, *The Grandeur and Twilight of Radical Universalism* (New Brunswiek: Transaction, 1990), pp. 270－271.

② 在1968年1月，戈德曼在法国的Royaumont组织了一次关于审美理论的会议。阿多诺是主要发言者之一，赫勒做了关于卢卡奇的当时仍然不太了解的《审美特性》的演讲。他们随即卷入了激烈的讨论并为三种不同的、明显不可调和的观点进行论证。然后，完全不可预料的事情发生了。一个年轻人登上讲台愤怒地说：卢卡奇、戈德受和阿多诺如出一辙。他们都是神圣家族的成员。通过主张艺术作品的自律，他们在世界的神圣图像中寻求拯救。Agnes Heller and Ferenc Feher, *The Grandeur and Twilight of Radical Universalism* (New Brunswiek: Transaction, 1990), p. 219.

格。从这个角度来看，这个家族的成员能够作为模范”[①]。塔马斯从卢卡奇与中世纪安塞姆的神学关系揭示了《社会存在本体论》的救赎范式的历史哲学，认为卢卡奇以历史哲学的名义探寻人类社会的独立存在，以对象化吞噬个体，追求物种一存在的价值，回到前笛卡儿的思想方式，重新整合了中世纪神学的普遍性而又消除了神学对在世性的拒绝。“只有被中世纪哲学视为关于上帝与永恒真理的客观性的东西，才被卢卡奇作为一个偶像，一个不可超越的内在性，通过某些现代经验的（可能无意识的）内在化，重新整合到‘在世性’。”[②] 所以，卢卡奇的哲学美学与中世纪神学一样，追求着绝对之真理，带着解放之希望的救赎范式之特征。

这种救赎范式与布洛赫的希望范式是类似的。赫勒认识到：“接受者从卢卡奇那里领会到的东西是他在青年时从恩斯特·布洛赫那里领会的东西：哲学没有死。”[③] 费赫尔也分析了青年卢卡奇与布洛赫的亲缘性，二者分歧的真正核心能够在布洛赫的真诚宗教精神与青年卢卡奇的方向的并置中找到，在这种并置中，宗教对卢卡奇的历史哲学视角而言仅仅是作为一个阿基米德点。他们的分歧也意味着关于悲剧的激烈的争论：对布洛赫而言，正是人类痛苦与死才体现了悲剧的充足的主题，斯特林堡是这个时代的表现主义戏剧家；对卢卡奇而言，悲剧是内在性理念的载体，既在死行为中的本真人类人格的提升与完善的载体。在第二种维度方面，布洛赫的民主的个体主义与青年卢卡奇的贵族式精神是对立的，不过这种贵族主义不断地追求其合适的共同性。道路之分歧导致了布洛赫走向音乐哲学，这是他的详细的人格理论的载体，而卢卡奇沉溺于小说哲学。费赫尔认为，尽管他们之间存在诸多的差异，但都是现代文化、资产阶级社会的一部分，这种基本的共同性使他们必然敌视第一次世界大战爆发就出现的国家主义热潮，成为“浪漫主义一反资本主义的最后阶段”的代表。“在他们的选择中存在共同的因素，既然只有社会主义才能引导人类走出大灾难，那么它事实上被赋予了‘形而上学的深度’。‘神秘的革命’与激进表现主

---

① Agnes Heller and Ferenc Feher, *The Grandeur and Twilight of Radical Universalism* (New Brunswiek: Transaction, 1990), p. 329.

② Agnes Heller, *Lukács Revalued* (Oxford: Basil Blackwell, 1983), p. 168.

③ Ibid.

义的启示的‘捣蛋者’肯定地期待了日益接近的社会革命。”[①] 在评述马丁·吉伊的著作《马克思主义与总体性》中，费赫尔认为，卢卡奇与布洛赫都是强调从纵向的维度来理解总体性，在他们的哲学中“‘总体性’概念扮演着核心的、突出的、神秘的角色”[②]。

拉德洛蒂具体地探讨了青年卢卡奇美学与青年布洛赫《希望哲学》的关系。在拉德洛蒂看来，卢卡奇的思想视域不能消除信仰与上帝，伦理学与宗教不能被割离，因为宗教只能被某些伦理或者元伦理学传达。卢卡奇在 1907 年关于匈牙利诗人的文论中就表现出神秘主义的倾向，他区别了巴拉日（Béla Balázs）的凝神专注的神秘主义与恩德尔（Ady Endre）的好战的神秘主义，把伟大诗人恩德尔的神秘主义与社会主义联系起来，认为“恩德尔的社会主义是宗教，是沙漠里传教士的声音，是对溺水之人给予帮助的呼吁”，是神秘的而且是唯一的现实。[③④] 对布洛赫来说，“手中拿着旋转体的绝对命令”是现在世界形势的恰当的伦理基础，也就是被爱护人类的耶稣所英明地引导。这与 1919 年卢卡奇的道德哲学的主张类似。黑贝尔（Hebbel）的《犹滴传》（Judith）所说的“如果上帝在我与我必须做的事情之间设置了罪孽——我从中偷偷逃走我是谁呢”对布洛赫是有效的，也是卢卡奇《策略与伦理学》的伦理内容的概要。他的《小说理论》用费希特的话来说是对这个世界所做出的判断，即世界进入到“绝对罪孽的时代”，这在卢卡奇整个早期都是有效的。我们可以在《心灵与形式》中看到，卢卡奇试图建立的悲剧的形而上学实际上是一种悲剧神学。在卢卡奇看来，在上帝面前只有奇迹是真实的。“对上帝而言，没有相对性，没有过渡，没有细微差别。他的闪烁夺取了所有暂时的、局部的一切事件。上帝之前，表象与实体，现象与理念，事件与命运之间没有区别。价值与现实的问题完全丧失了意义：在上帝面前，价值创造现实，不必被梦想或者虚构成现实。所以每一种真正的悲剧都是神秘剧。它的真实的、核

---

① Ferenc Feher and Jerold Wikoff, "The Last Phase of Romantie Anti-Capitalism: Lukács, Response to the War," *New German Critiqu* (1977).

② Ferenc Feher, "Grandeur and decline of a holistie philosophy," *Theory and Society* (1985).

③ Agnes Heller, *Lukács Revalued* (Oxford: Basil Blackwell, 1983), pp. 65 – 66.

④ 在奇嘎尼看来，恩德尔的诗歌是卢卡奇灵感之源，随着岁月的流逝，卢卡奇对他的诗歌的尊重仍然没有减弱。见 Loránt Czigány, "Magyar Irodalom-Magyar Cultura," *Slavic Review* 30, no. 3 (1971): 688 – 689.

心的意义就是在上帝面前对上帝的揭示。”① 在拉德洛蒂看来，卢卡奇的《悲剧形而上学》是充满悖论的，悲剧的形而上学的基础是对人类心灵最深层的渴求，人渴求自我，渴求着把意义转变为日常现实，因而上帝被排除在外，被还原为一个纯粹的旁观者，但是“人类成为上帝—他的孤独、选择，他用干枯的脚踵过生命的水域，这些都重新引入了宗教意识的诸多因素”②。卢卡奇的《小说理论》的宗教的救赎模式持续着《悲剧形而上学》的范式，在《小说理论》中，卢卡奇重新进行了思考，中心问题不再是自我，不是对生活的断言，而是“支持生活的积极意义，总体性”。“《小说理论》寻求转变整个生活建立新的总体性的视角”，其结尾留住希望，“当一个人意识到希望而不是历史的力量时，救赎的理念必然就回来了”③。因而人的自由对卢卡奇而言最终在于救赎，在于完美的上帝。当然，卢卡奇与布洛赫也是不同的，卢卡奇还是在寻求人的实践力量，在《历史与阶级意识》中探寻作为无产阶级伦理学的阶级意识，而布洛赫一直追寻上帝的启示，从而对卢卡奇的《小说理论》与《悲剧形而上学》进行批判。拉德洛蒂认为，尽管卢卡奇与布洛赫存在分歧，但是“两位哲学家的最终的基础—对现存世界的拒绝（以直接的悔罪的方式）与必然超越这个世界—是相同的”④。这就是说，两者都体现出救赎范式的历史哲学的特征。费赫尔在剖析救赎范式时认为，卢卡奇与海德格尔、Gentile 都是救赎范式的代表者：“卢卡奇的哲学首先设想了一个集体主义的救赎者，世界无产阶级。”⑤ 对瓦伊达看来，卢卡奇提出的无产阶级意识与神话结构是同构的，它是超验的，神话学诞生于两个终点所指的地方，或者说至少有运动中的一些阶段必须被视为终点，在终点与运动之间不可能发现任何具体的中介，“这个陈述恰恰适合于《历史与阶级意识》，适合于阶级意识的神话”⑥。

卢卡奇美学的救赎范式与其受克尔凯郭尔的宗教哲学影响有关，布达

① Georg Lukács, *Soul and Form* (Cambridge: The MIT Press, 1974), pp. 153 – 154.

② Agnes Heller, *Lukács Revalued* (Oxford: Basil Blackwell, 1983), p. 54.

③ Ibid, p. 64.

④ Ibid, p. 72.

⑤ Ferenc Feher and Agnes Heller, *Eastern Left-Western Left* (Cambridge: Polity Press, 1987), p. 69.

⑥ Mihaly Vajda, *The state and socialism* (London: Allision & Busby, 1981), p. 30.

佩斯学派也对此进行了探讨。费赫尔揭示了卢卡奇的《悲剧形而上学》的总体悲剧观与克尔凯郭尔的关系，认为《悲剧形而上学》是一篇元历史论文，其哲学主题是通过一个系统奠定人类存在的悲剧的基础，形成康德主义与生命哲学的融合，这些观念与克尔凯郭尔的哲学观点有关，表现出对宗教神秘主义的迷恋。在卢卡奇看来，戏剧是一场游戏，是人类与命运的游戏，上帝只是一个观众，从来不把他自己的语言与姿态同演员的语言与姿态混同起来。这是反神论的。但是费赫尔认为，从生命哲学视角来看，这些观点说明了悲剧的神圣特征，“这种游戏是在‘隐蔽的上帝’的眼前扮演的。”① 事实上，青年卢卡奇很重视克尔凯郭尔，专门写作了关于后者的论文，他认为：“克尔凯郭尔哲学的整体实质就是要在生活的不信中找到固定点，在生活的骚乱的、紊乱的琐屑中建立绝对的、质性的区别。”他提出的审美、伦理与宗教三阶段的连接是“奇迹、跳跃，是人的整个存在的突变”②。可以说，卢卡奇的历史哲学是与宗教形而上学相协调的。

四

布达佩斯学派对卢卡奇的历史哲学的批判是较为切实的。不论是青年卢卡奇还是中年、晚年的卢卡奇，其哲学美学思想都与“总体性”问题相关—对古希腊史诗的整体性的怀旧、对无产阶级的阶级意识的诉求、对个体性与物种相统一的“人的整体”的终极价值取向，都是如此。这是一种救赎美学范式，是宏大叙事的话语、大写的历史哲学的表征，从根本上说，它是现代社会中的自由漂浮的知识分子的产物。在费赫尔看来，卢卡奇与本雅明一样都是“自由漂浮的知识分子的典型，想进入体制但都失败了，各自带着一本著作《悲苦剧》或《海德堡美学》。本雅明与卢卡奇都不能适应任何类型的组织。他们承认自己的边缘化。忍受厄运、贫困、安全与认可的缺乏这种斯多葛的个人伦理学属于这种典范的自由漂浮的知识分子的自我采纳的生活方式。”③ 正是从后现代视角出发，从后马克思主义出发，这种历史哲学的美学是充满悖论的。费赫尔与赫勒认识到卢卡奇的

① Ferenc Feher, “The Pan-Tragic Vision: The Metaphysies of Tragedy,” *New Literary History* (1980).

② Arpad Kadarkay, *The Lukács Reader* (Oxford: Basil Blackwell, 1995), p. 15.

③ Ferenc Feher, Lukacs and Benjamin, “Parallels and Contrasts,” *New German Critique* (1985).

历史哲学的转变就导致了文学评价的转变，正如卢卡奇自己所说："既然我的历史哲学已经改变，那么在我的艺术评价中，托尔斯泰就代替了陀思妥耶夫斯基，菲尔丁代替了斯特恩，巴尔扎克代替了费尔巴哈。"① 神学的救赎美学是有问题的，赫勒揭示了戈德曼对卢卡奇的启示的神秘特征的批判。② 同时，赫勒认识到卢卡奇等"神圣家族"不是足够神圣的，其成员有时神圣却走错了道路，他们或者是获得最少主义者或者是最大主义者支持："他们不能表达在生活、政治与人际交往中的规范性问题。他们神圣却走错了道路，因为他们没有认可生活方式、文化与人格的多样性。在目前的十字路口有不同颜色与芳香的玫瑰花，它们都崭露出真的、善的、美的东西。"③ 塔马斯也认识到这种局限性与悖论，认为卢卡奇追求极端的真理，并与"存在相协调，这样就形成了同质性与选择的不可能"④。卢卡奇以客观性的名义消解了主体性。其物种价值的总体性也在理论上陷入困境，这些困境根本上说就是卢卡奇以物种存在为绝对价值标准，但又不能区别非物种存在与物种存在：一方面说物种存在是人类的内在固有的，另一方面说只有某些人才获得这种物种存在；一方面说物种存在是先在的，另一方面说它是被发展形成的；一方面说物种存在是有意识的，另一方面说它是无意识地隐藏在每个人的特殊性的内核之中。卢卡奇试图解决这些困境，但是不可能解决，其原因在于"非物种存在'也是物种存在'：在这种哲学中，只有这种矛盾一直是原初的马克思主义价值选择的痕迹，是解放的希望的痕迹"⑤。艺术自我解物化的对象化形式无疑是希望的痕迹，卢卡奇艺术理论的悖论亦可如是观之。

布达佩斯学派对卢卡奇的哲学美学的批判是立足于政治哲学的，卢卡奇的美学的宏大叙事是集体主义的，是一种没有选择的政治，这是斯大林主义的镜像，也是法西斯主义的镜像。费赫尔在评价罗伊（Michael Lowy）的专著《乔治·卢卡奇：从浪漫主义到布尔什维主义》和阿拉托（Anderw

---

① Agnes Heller and Ferenc Feher, *Reeonstrueting Aesthetics*（Oxford: Basil Blackwell, 1986）, p. 8.

② Agnes Heller and Ferenc Feher, *The Grandeur and Twilight of Radieal Universalism*,（New Brunswiek: Transaction, 1990）, p. 368.

③ Ibid, p. 329.

④ Agnes Heller, *Lukács Revalued*（Oxford: Basil Blackwell, 1983）, p. 160.

⑤ Ibid, p. 169.

Arato）和布赖内斯（Paul Breines）的专著《青年卢卡奇与西方马克思主义的起源》时阐明了这点。在他看来，罗伊知道卢卡奇的《小说理论》带有神秘主义的救赎范式，是一种神秘的浪漫主义。浪漫主义渴求共同性与有机性，试图以活生生的文明对抗垂死的机械的文明，“这能够导致解放的集体主义或者血统、神话与种族的共同性。早年的卢卡奇的确是浪漫主义的造访者。因而，他能够成为纳夫塔（Naphta）的模型，或者作为原初的布尔什维克或者原初的法西斯主义者。这里唯一的困境在于，罗伊看来没有意识到这也是索莱尔（Sorel）既敬仰列宁也敬仰墨索里尼的间接的确证”①。布达佩斯学派对卢卡奇总体性美学的批判透视出后马克思主义美学范式特征，开始从“马克思主义文艺复兴”转向后现代主义。但是此学派的成员并没有完全抛弃其导师的思想，而是不断地重读与再评价，在导师的思想中发展自己的哲学与美学思想，正是这些思想资源的批判性承续使得这个学派的美学思想具有坚实的基础，可以说他们从后现代视角重新认识卢卡奇，挖掘他与后现代主义思想的关联。此学派最重要的哲学家赫勒对青年卢卡奇写作的散文风格进行哲学意义的辨析，并引述里凯尔特（Rickert）和拉斯克（Emil Lask）对卢卡奇的评价，卢卡奇的天赋与工作本质上是“散文家”。赫勒认同这种观点，认为卢卡奇的一生的许多著作都是散文，“只要卢卡奇相信，他的时代呼唤着碎片，那么，就不存在他的绝对主义的趣味和他自己天赋的差异。对他来说，星座化是显而易见的。既然我们的时代呼吁碎片，那么正是在散文、碎片中，我们的时代精神才能结出丰硕的果实。因而，碎片是最高级的现代哲学”②。虽然布达佩斯学派对卢卡奇的总体性美学的批判存在某些偏激，但是其视角是独特的，有助于深化对卢卡奇美学的思考。

① Ferenc Feher, “Arato - Breines and Lowy on Lukdes,” *New German Critique* (1981).

② Agnes Heller, *The Grandeur and Twilight of Universalism* (New Brunswick: Transaction, 1990), p. 215.

激进普遍主义美学的困境

——论布达佩斯学派对法兰克福学派美学范式的批判*

傅其林

布达佩斯学派（Budapest School）是20世纪60年代围绕卢卡奇而形成的一个重要马克思主义哲学流派，主要成员有赫勒、费赫尔、马尔库斯、瓦伊达、拉德洛蒂、塔马斯等。作为东欧社会主义的“异端者”，此学派受到卢卡奇、本雅明、阿多诺等西方马克思主义者的美学思想的深刻影响，但并不认同后者建立于大写历史哲学基础上的激进普遍主义美学范式。通过揭橥建立于卢卡奇的总体性美学基础之上的法兰克福学派的传统批判理论及其文化批判的悖论与危机，布达佩斯学派旗帜鲜明地转向了后马克思主义的美学立场，这为当代马克思主义美学的阐释提供了新的理论视野。

一、对卢卡奇的总体性美学范式的批判

布达佩斯学派对法兰克福学派美学的批判是从对卢卡奇的美学的反思切入的。作为西方马克思主义的创始人，卢卡奇在哲学与美学方面直接影响了法兰克福学派，在某种意义上说就是这个学派思想的奠基人。青年卢卡奇的《心灵与形式》《小说理论》深刻地影响本雅明的《德国悲剧的起源》等著作。本雅明1925年就对《历史与阶级意识》“进行了深入研究”①，阿多诺也充分认同卢卡奇的物化理论。布达佩斯学派汲取并发展了

---

* 本文刊于《文艺理论研究》2009年第2期。

① 理查德·沃林：《瓦尔特·本雅明：救赎美学》，吴勇立、张亮译，江苏人民出版社，2008，第112页。

卢卡奇的哲学美学的精髓，但自20世纪60年代伊始就与之展开了多方面的对话。他们认为，卢卡奇的美学与黑格尔、谢林、克尔凯郭尔等哲学家的美学如出一辙，是一种迷恋于具有宏大叙事、救赎、形而上学等大写历史哲学特征的总体性美学。

卢卡奇的美学体现出创建宏大叙事的历史哲学的范式，是一种普遍的形而上学，是其构筑新型哲学大厦的重要部分。青年卢卡奇的美学、文艺理论、文化研究就是奠基于其历史哲学之上的。他对陀思妥耶夫斯基的研究实际上是其历史哲学的构想，他著名的《小说理论》有意识地透过黑格尔的历史哲学审视小说的存在形态及其价值，形成了艺术类型的价值等级判断。在费赫尔看来，此书就是主张，史诗时代及其艺术生产比资本主义时代及其小说创作拥有更高的等级，更重要的价值。在古希腊，生活与本质是同一的观念，史诗成为同质的世界的写照，而小说则是现代无家可归之经验的表达，它是总体性遇到问题的时代的史诗。因而，小说不仅就其表现的时代结构和人物而且就其表达模式与整体建构而言，都充满问题，在某种程度上可以说是“半艺术”，是“最危险的艺术样式”①。卢卡奇对小说加以敌视，而礼赞不可能再复兴的史诗，认为史诗表达了集体性、有机性，超越了纯粹的个体性，而小说本质上是无形式的、散文的，缺乏固定的规则，在涉及人类实质性的艺术形式中没有一席之地，是费希特所说的一个绝对罪孽时代的形式。费赫尔不认同卢卡奇建基于历史哲学的价值判断，认为小说比史诗具有更大的价值与意义：“正是价值的多元性是这种样式的形式与结构的实质，它表达与激励了这个新时代的伟大胜利：个体的价值选择。同样，这种多元性原则上在人类心灵的刻画中考虑了一种丰富而广泛的标准，这是在史诗的严格的价值等级中不可能获得的。”② 卢卡奇在《小说理论》中对《堂·吉诃德》《情感教育》等小说判断的缺失不在于批评的精确性而是在于他的历史哲学的逻辑结果。

晚年卢卡奇的美学范式仍然属于历史哲学。赫勒与费赫尔对《审美特性》进行了分析。艺术是人类的记忆，其本质是个体性与物种的统一，这

---

① Georg Lukács, *The Theory of The Novel*, trans. Aanna Bostock (London: Merlin Press, 1971), p. 73.

② Ferenc Feher, “Is the Novel Problematic? A Contribution to the Theory of the Novel,” in *Reconstructing Aesthetics*, eds. Agnes Heller and Ferenc Feher (Oxford: Basil Blackwell, 1986), p. 42.

种统一被视为历史的真理，具有解拜物化的功能。赫勒认为，这种功能的可能性从来没有被卢卡奇所质疑：“他果断地做出判断，所有人类非同一性的现实皆具同一性，在人类创造的世界领域中，都是同一个存在的范畴在起作用。这个世界的范畴的同一性确保了所有接受的可能性、完美性与权力平等。”① 在审美过程中，特殊性、主观性、时间性都被转变为客观性。时间的主观体验被取消同时也被保存着，这就如波德莱尔所谓的瞬间的永恒性，在历史的“此时此地”中呈现出普遍的有效性，个体经验被提升到物种水平，演变为形式。这种美学事实上属于进化论的历史哲学，唯一自由的世界也是一个进化的世界。艺术的本质确保了人类在“物种特性”水平上进化的可能性。每一部艺术作品浓缩了人性和人类发展的本质阶段，所以每个人在成功的艺术作品中辨认出自己的本质与历史，艺术就成为人类的记忆，“艺术作品的欣赏也是征服过去、征服人类过去的过程。”② 对费赫尔而言，虽然《审美特性》发生了转型，理性主义与非理性主义的区别崩溃了，但是以拜物化和进化为特征的理性主义模式的历史哲学仍然支配着这部著作。通过对接受者从整体的人向人的整体的提升的理解，卢卡奇展示了一种审美人格的动力学，建立了一种普遍的社会历史的范例。宇宙的发展肇始于骚乱，更高级的、更精致的对象化来自劳动、巫术、前科学、前艺术模仿的混合体中。所以费赫尔总结说：“读者面临着完全进化论的历史哲学，这种历史哲学完美地履行马克思表述为普遍原则的神秘任务：种系发育与个体发育的统一。”③

布达佩斯学派对卢卡奇美学范式的批判主要是从历史哲学方面进行的，这种历史哲学以物种特性为根基，追求审美的解拜物化之功能，以超越资本主义时代的异化个体与文化形式，探求新型文化形式和完美生存的可能性，这是总体性美学的建构，是一种诉诸希望的救赎美学的设想。布达佩斯学派还探询了这种美学的神学基础。在赫勒看来，卢卡奇的《青年黑格尔》《历史与阶级意识》《理性的毁灭》等著作皆具魔鬼学的特征，

---

① Agnes Heller, “Lukács' Later Philosophy,” in *Lukács Revalued*, ed. Agnes Heller (Oxford: Basil Blackwell, 1983), p. 179, p. 187.

② Agnes Heller, “Lukács' Aesthetics,” *The New Hun-gary Quarterly* VII., no. 24 (1966): 84-94.

③ Ferenc Feher, “Lukácsin Weimar,” in *The Grandeur and Twilight of Radical Universalism*, eds. Agnes Heller and Ferenc Feher (New Brunswick: Transaction, 1990), pp. 270-271.

因为它们把哲学分割为好的哲学与坏的哲学，从一种合法的人类态度构建大写的历史哲学的神学论与目的论，天真地认为这个世界的所有问题能够被理性地提出并可以得到解决，提出并解决这些问题的行为也将会被所有人理解，这无疑是对绝对真理的诉求。卢卡奇“反对神话与支持理性的斗争是从神话的立场进行建构的”①，这是摩尼教的思维方式的显著体现。拉德洛蒂认为，卢卡奇的《小说理论》体现出宗教神学意识，《心灵与形式》试图建立的悲剧的形而上学实际上是一种悲剧神学。这是充满悖论的，悲剧的形而上学的基础是对人类心灵最深层的渴求，人渴求自我，渴求着把意义转变为日常现实，因而把上帝排除在外，将之还原为一个纯粹的旁观者，但是“人类成为上帝——他的孤独、选择，他用干枯的脚淌过生命的水域，这些都重新引入了宗教意识的诸多因素”②。卡奇与布洛赫一样最终都以直接的悔罪的方式拒绝现存世界，体现出救赎范式的历史哲学的特征。

布达佩斯学派对卢卡奇的历史哲学的批判是较为深刻的，不论是青年还是中年、晚年的卢卡奇，其哲学美学思想都诉诸“总体性”，对古希腊史诗的整体性的怀旧，对无产阶级的阶级意识的诉求，对个体性与物种相统一的“人的整体”的终极价值取向，均是在总体性思维图式中展开的。激进普遍主义美学的困境——论布达佩斯学派对法兰克福学派美学范式的批判这是一种救赎美学范式，是宏大叙事的话语，是大写的历史哲学的表征。究其社会根源，此乃曼海姆所谓的“自由漂浮的知识分子”的产物。现代知识分子的职责不是“散播光明”，而是在上帝缺席的世界被历史赋予成为救赎之人，成为救赎的工具。萦绕卢卡奇一生的问题就是“从何处救赎”，“以何种形式救赎”。从后现代视角出发，从后马克思主义立场观之，这种大写的历史哲学的美学面临着诸多问题与失误。由于把美学奠定在历史哲学基础之上，卢卡奇把史诗作为最完美的理想类型，而对抒情诗无动于衷，武断地形成了艺术的价值等级。并且，卢卡奇的历史哲学的转变导致了文学评价的嬗变，正如他自己所说：“既然我的历史哲学已经改

① Agnes Heller, “Lukács' Later Philosophy,” in *Lukács Revalued*, ed. Agnes Heller (Oxford: Basil Blackwell, 1983), p. 179, p. 187.

② Sándor Rádnóti, “Lukács and Bloch,” in *Lukács Revalued*, ed. Agnes Heller (Oxford: Basil Blackwell, 1983), p. 64.

变，那么在我的艺术评价中，托尔斯泰就代替了陀思妥耶夫斯基，菲尔丁代替了斯特恩，巴尔扎克代替了费尔巴哈。”① 赫勒指出，卢卡奇是“神圣家族”的成员，这些成员“不能表达生活、政治与人际交往中的规范性问题。他们神圣却走错了道路，因为他们没有认可生活方式、文化与人格的多样性。在目前的十字路口绽放不同颜色与芳香的玫瑰花，它们都崭露出真的、善的、美的东西”②。塔马斯也认为，卢卡奇追求极端的真理，并与“存在相协调，这样就形成了同质性与选择的不可能性”③。卢卡奇的物种—价值的总体性范畴在理论上陷入了困境，它以物种存在为绝对的价值标准，但又不能区别非物种存在与物种存在。

二、对本雅明的救赎美学范式的批判

卢卡奇的总体性哲学与美学奠定了法兰克福学派思想基础，奠定了本雅明、阿多诺等美学范式的基本价值走向。虽然本雅明以独特之思想与话语开创了一种为当代人所陶醉的波希米亚式的美学，获得了阐释的多种可能性，布达佩斯学派主要成员都涉及对本雅明的美学范式的理解，肯定其解读当代文化现象的深刻性与有效性，但是他们认为，本雅明的美学是典型的救赎美学，和卢卡奇的总体性美学一样也彰显出激进普遍主义的宏大叙事的历史哲学之特征。费赫尔通过卢卡奇和本雅明的比较认为：“救赎以不同的形式，在不同的星星之下始终是没有改变的原则，这是他的城堡，也是他的主要缺陷。”④ 布达佩斯学派主要从“悲苦剧”“震惊体验”“机械复制艺术”等方面批判了本雅明的救赎美学的神学、普遍性与集体性特征。

拉德洛蒂通过本雅明美学与伽达默尔阐释学的比较，以本雅明的“题材内容”和“真理内容”概念来阐释其救赎美学的内在逻辑，认为他们都

---

① Ferenc Feher and Agnes Heller, “Necessity and Irreformability of Aesthetics,” in *Reconstructing Aesthetics*, eds. Agnes Heller and Ferenc. Feher (Oxford: Basil Blackwell, 1986), p. 8.

② Agnes Heller, “Lukács and the Holy Family,” in *The Grandeur and Twilight of Radical Universalism*, eds. Agnes Heller and Ferenc Feher (New Brunswick: Transaction, 1990), p. 329.

③ Gáspár M. Tamás, “Lukács' Ontology: a Metacritical Letter”, in *Lukács Revalued*, ed. Agnes Heller (Oxford: Basil Blackwell, 1983), p. 160.

④ Ferenc Feher, “Lukács and Benjamin: Parallelsand Contrasts,” *New German Critique*, no. 34 (1985): 125 – 138.

试图突破以杰作为范式的美学，脱离规范性思考，从而追求真理内容。但是对本雅明来说，对真理内容的理解不是持续的进步。“现在”的图像是静止的和封闭的，不是因果链条的展开而是一种瞬间的时间意识，这意味着巨大的断裂。本雅明整个美学的实质，就是在“现在”的碎片中获得救赎的希望，在题材内容的沉醉中顿悟艺术的真理内容。拉德洛蒂深入地分析了本雅明的《德国悲剧的起源》的神学的救赎范式。悲苦剧是碎片似的，是粗俗的，无形式成为它的形式。这存在着矛盾，这种矛盾只有通过普遍有效的重新整合才能得以消除，这个最高的普遍领域就是神学。这样，本雅明为了推倒传统美学的庙宇，摧毁了两个支柱：形式的整体与艺术作品的特殊价值。通过对巴洛克艺术的细致考察，他认识到悲苦剧作为非悲剧性戏剧紧密地联系着史诗。悲苦剧的史诗材料、描述、传说与寓言的密切关系，为其与史诗的样式和叙述提供了联系的基础。悲苦剧形成的新传统体现为对人类原本痛苦的记录和寄寓，“体现的堕落的历史铭刻着与拯救的关联，但是这种关联是一种超验的关联，因而只能从神学的视角才能够得以理解。”[①] 本雅明这种神学范式具有普遍性与集体性特征。在拉德洛蒂看来，本雅明的根本问题是普遍性在艺术之前还是在艺术之后。如果普遍性在艺术之前，艺术作品来自柏拉图所谓的理念，理论的任务就是把艺术作品回溯到它的形而上学的或者神学的理念。本雅明最终思考的是普遍的共识问题，艺术与共同体的关系，“他的目的是坚持把作品整合到担当更宏大任务的领域之中：目前的共同体和新的艺术概念——第二传统——这是把艺术以前的特权的共同体和现在的共同体联系起来”[②]，体现出艺术之后的普遍性。

与之相关的审美现代性的震惊体验对本雅明来说也是与救赎、集体性内在相关。费赫尔借鉴了沃林的研究认为本雅明企图克服艺术功能概念在理论上与政治上的局限性，以彻底挖掘辩证图像的解放潜能。波德莱尔诗歌的审美现代性预示了新的解放潜能与希望。这种诗歌突出展示的现代性的废墟，暗示了与前历史的沟通网络，成为走向乌托邦或者没有阶级的社会的最终的刺激物。马尔库斯认为，本雅明试图消除艺术作品的灵韵，颠

---

① Sándor Rádnóti, “Benjamin' Dialectic of Artand Society,” *Philosophical forum* 84, no. 1 - 2 (1983): 158 - 187.

② Ibid.

覆私人化、自律性的艺术作品，对震惊体验之作品情有独钟。波德莱尔的诗歌与电影一样表现出震惊的效果，虽然这种诗歌体现出个体的意象与情绪，但是蕴涵着集体的解放的救赎功能：真正艺术所赋予的任务，就是把个人化的经验转变为“能够辨认与考察的潜在的集体意识的对象”①。在异化的社会中，波德莱尔的诗歌获得了潜在的政治批判的功能。这表明，本雅明的救赎批判不是如哈贝马斯所认为的保守性质的批判②，而是比格尔所认为的，是一种本身就创造意义的创造批判形式，“本雅明是以完全政治的方式设想他的救赎批判的”③。费赫尔认为，本雅明对布莱希特的阐释也是带有救赎范式的特征的。布莱希特和本雅明都强调史诗剧的非亚里士多德式的本质，关注净化的缺席，看重震惊。本雅明这种革新具有重要意义。代替净化的震惊，含蓄地拒绝了环绕在戏剧周围的道德世界的存在，拒绝了从亚里士多德到莱辛所有净化理论的基本假设，这就再次触及“静止的辩证法”。“‘静止的辩证法’是一种星座化，在星座化中，尽管‘历史’没有通过某些自动力量向最终目标移动，但是能够洞察到整个世界的悲哀与复杂性，以及准备‘救赎’的地面。”④ 因此，布莱希特的陌生化戏剧在本雅明看来仍然是切合卢卡奇的总体性诉求的。震惊与“惊讶”重新构建了被丧失的舞台与观众的统一体。舞台成为一个展示空间，“公开的真理”在这里得到呈现。观众也从寻求快感的独立个体的聚集者转变为具有共同兴趣与政治意识的集体。所以“静止的辩证法”仍然体现出思想家对集体意识的弥赛亚与救赎的渴求。

《机械复制时代的艺术作品》的进化论与集体性特征更为明显。马尔库斯认为：“本雅明肯定了大众文化尤其是电影的批判的解放潜能，这种潜能够被进步的技术与生产手段所赋予。”⑤ 在费赫尔看来，本雅明在《机

---

① Gyorgy Markus, “Walter Benjamin or The Commodity as Phantasmagoria,” *New German Critique* 83 (2001): 3 -42.

② 尤金·哈贝马斯：《瓦尔特·本雅明：提高觉悟抑或拯救性批判》，载郭军、曹雷雨编《论瓦尔特·本雅明：现代性、寓言和语言的种子》，吉林人民出版社，2003，第410页。

③ Perter Bürger, *The Decline of Modernism*, trans. Nicholas Walker (Cambridge: Polity Press, 1992), p. 22.

④ Ferenc Feher, “Lukács, Benjamin, Theatre”, *Theatre Journal* 37, no. 4, (1985), pp. 415 -425.

⑤ Gyorgy Markus, “Walter Benjamin or The Commodity as Phantasmagoria,” *New German Critique* 83 (2001), pp. 3 -42.

械复制时代的艺术作品》中把伐木、平版印刷术、摄影、电影这些完全异质的技术融和起来，无疑认可了进化论，此文是他对抗反动的个体艺术作品支持进步的大众文化的宣言。灵韵的消除就是废除传统，瓦解宗教仪式。个体艺术作品几千年来通过这种仪式被整合到文化传统之中。作为魔术与宗教的仪式，在世俗化的时代，形成了为美而美的变体。但是灵韵一直问题丛丛，当现代大众想要把艺术作品更接近自己时，它就成为完全反动的了。在这种意义上，灵韵的消除就是解放。在展示价值取代膜拜价值的转变中，摄影迈出了关键的步伐，电影完成了这种转向。但是费赫尔认为，电影把舞台演员的原初意义上的灵韵人格以及阐释上自由的接受者归属于一个核心的严格意志：电影导演的意志。本雅明没有认识到，正是这种“集中意志”成为曾经有影响的电影急剧总体萎缩的主要原因。虽然阿多诺通过文化工业的解读对本雅明的美学范式进行了批判，但是他忽视了本雅明没有批判地沉醉于技术过程以及其断然的进步趋势，忽视了他对自律个体性的敌视，忽视了他对演员和接受者都服从的匿名的集中意志的礼赞。本雅明事实上表达了社会主义现实主义的宣言，其美学与卢卡奇的美学都渴求普遍性或者总体性：“从《悲苦剧》到 1940 年的哲学碎片，普遍一直是其迫切的关注点。”①

本雅明美学是救赎的、普遍的、集体性的。其救赎美学尽管饱含诗性的智慧，但是充满了矛盾与悖论，而且悖论以悖论的方式出现。“文化是隐蔽神学的解毒剂。解放的神学与解放的文化哲学构成了本雅明思想的最终的矛盾。因为，如果文化哲学利用神学来为其服务，那么它就使文化成为解放的手段；但是这种已经成为手段的文化却是堕落的。”② 马尔库斯认为，本雅明与其他西方马克思主义者一样试图寻找解决所有历史问题的宏大的激进方案，“试图在文化中尤其在艺术中找到一种激励力量，来解决这个时代的伟大的社会问题与政治问题。”③ 在这种意义上，他复兴了启蒙运动的文化方案，但是失败了，文化不能够完成其所赋予的神圣的救赎使

① Ferenc Feher, “Lukács and Benjamin: Parallelsand Contrasts,” *New German Critique*, no. 34 (1985): 125 – 138.

② Sándor Rádnóti, “Benjamin’ Dialectic of Artand Society,” *Philosophical forum* 84, no. 1 – 2 (1983): 158 – 187.

③ Gyorgy Markus, “Walter Benjamin or TheCommodity as Phantasmagoria,” *New German Critique* 83 (2001): 3 – 42.

命。在救赎范式中，政治多元主义的选择性丧失了，自律的个体性也以普遍性的名义被剥夺了，这是转向后马克思主义的布达佩斯学派所不能认同的。

三、对阿多诺的否定美学范式的批判

布达佩斯学派对阿多诺的美学范式也进行激进普遍主义美学的困境——论布达佩斯学派对法兰克福学派美学范式的批判了细致地分析，认为其美学亦为一种具有史学特征的哲学美学，他从否定辩证法或者启蒙辩证法中演绎出艺术的规范基础与标准，形成了与卢卡奇一样的绝对叙事。故赫勒与费赫尔把阿多诺与卢卡奇、本雅明、韦伯均视为激进普遍主义的著名代表，认为："阿多诺与霍克海默把马克思主义转变成为'批判哲学'，他作为激进普遍主义者，以单一的激进姿态拒绝现存的一切。"① 布达佩斯学派主要从音乐哲学的角度来分析阿多诺的历史哲学的话语形态及其悖论。

费赫尔认为，历史性、进步理性、个体性、哲学性是阿多诺的历史哲学的四块基石。根据这些基石，他清理了阿多诺对巴赫、贝多芬、瓦格纳、勋伯格等现代音乐家的理解及其缺失。阿多诺认为，巴赫是一个杰出的辩证法家，开创了和声的普通低音与复调原则的"音乐思想"的合成，其音乐强调被解放的个体性，拒绝无名的集体性。贝多芬为维也纳古典主义音乐时代最高之神，他的作品代表了自由资本主义所达到的最优原则，实现了从康德到黑格尔的转移，确立了人格内在的运动与持续的再生产。费赫尔指出，由于怀疑任何形式的集体性，阿多诺低估了宗教对巴赫的影响，也忽视了贝多芬作品中的新的雅各宾特征。阿多诺没有注意到，贝多芬的《葬礼进行曲》的核心思想表达了无名的集体，这是大革命的雅各宾阶段的显著特征，是集体的仪式与政治社会死亡的预兆。阿多诺认为，伟大音乐的命运在贝多芬之后被封闭了，否定的音乐开始出现，最重要的就是瓦格纳，瓦格纳的作品被认为是法西斯主义音乐的先兆。费赫尔肯定了阿多诺对瓦格纳作品的深刻分析，但是他认为，阿多诺提供了太狭窄的个

① Ferenc Feher and Agnes Heller, "Introduction," in Ferenc Feher and Agnes Heller, *The Grandeur and Twilight of Radical Universalism* (New Brunswick: Transaction, 1990), p. 7.

人 - 社会学的解释，不公正地把瓦格纳的作品同质化，没有认识到瓦格纳身上体现了德国左派激进主义与右派激进主义的个人化的统一，他从自由革命到恋尸癖革命的所有实验都内在于德国人的性格之中，是德国继歌德之后唯一典型的艺术家。阿多诺把勋伯格开创的 12 音体系视为音乐的革命，但是仍然对之给予了批判，认为他的音乐追求理性化而丧失了自由与主体性："12 音体系命中注定是失败的。主体通过理性的体系支配了音乐，仅仅是为了屈从那种理性的体系……贝多芬从主体的自由中再生产了调性的意义。12 音体系的新秩序实质上消除了主体。"① 阿多诺对技术理性给予了深刻的批判，同时拒绝斯特拉文斯基以非本真的平民集体主义来扼杀自由主体的做法，也低估了巴尔托克、蓝色时期的毕加索、晚年的布莱希特的新古典主义。这是一种悲剧的选择，对新维也纳音乐的无限礼赞中交织着绝望的因素。费赫尔认为，阿多诺绝望的原因在于新音乐是历史辩证法的最后阶段，生活的总体组织压制了自由的个体。可以看到，阿多诺的音乐哲学体现了他与霍克海默所开创的"启蒙辩证法"。在费赫尔看来，阿多诺激进地实践了韦伯的音乐社会学。韦伯认为，西方音乐是从目的理性行为与传统理性行为的斗争中出现的，它是目的理性支配传统理性的结果。然而理性技术的发展导致了价值理性的危机，没有万灵药能够解决这个问题，现代性走向了"铁笼"。对阿多诺而言，现代音乐不断走向了物化，昨天的成就逐步沦为今天的困境。历史的辩证法暴露了传统音乐世界的限制，理性化创造了新的洪亮的无限自由的领域，创造一个又一个音乐高峰，但这是短暂的，随后就是音乐之死。理性成为音乐的支柱，最终成为音乐发展的障碍，这体现了启蒙辩证法："西方理性化的辩证法，即韦伯已经发现的但他将它归之为理性化框架的普遍模式的倾向，在阿多诺那里已经被转变成为势不可挡的否定辩证法的神经质的而且恢宏的圆圈。这种转变给我们提供了一种充满问题的历史哲学。"②

这种启蒙辩证法的音乐哲学事实上挪用了卢卡奇的物化理论，"阿多

---

① 见 Ferenc Feher, "Adorno and the Vicissitudes of Rationalized Music," in The Grandeur and Twilight of Radical Universalism (New Brunswick: Transaction, 1990), p. 339. 此处的翻译也参考了 Theodor W. Adorno, *Philosophy of Modern Music*. trans. Anne G. (London: The Seabury Press, 1994), pp. 68 - 69.

② Ferenc Feher, "Weber and the Rationalization of Music," in Ferenc Feher and Agnes Heller, *The Grandeurand Twilight of Radical Universalism* (New Brunswick: Transaction, 1990, p. 341, p. 361.

诺的整个哲学的全套器械是从卢卡奇的物化理论的透镜中看到的黑格尔－马克思的观念。”[①] 卢卡奇认为，资本主义个人关系呈现为物的关系，这渗透到了整个资本主义文化之中；资本主义生活的进步的理性化隐藏着整个体系的无可救药的非理性；唯一能够解决哲学与文化悖论的总体性要么崩溃了，要么被极权主义神话所取代；黑格尔哲学的伟大希望，即主体与客体的统一在资本主义是不可能实现的，自由的理性主体最终牺牲在客观规律的神坛上。费赫尔对阿多诺的物化音乐哲学进行了批判。如果音乐作品的意图被普遍的物化与特殊音乐技术的物化所深深地遮蔽，而且意义又不能等同于听众联系既定的音乐作品的随意的理念，那么我们怎么能够理解这些作品的意图呢？在寻求意义的过程中，阿多诺遇到了充满问题的音乐语言。他像俄国形式主义一样试图区别音乐语言与口头语言，但是音乐语言不是概念的，也不是与非理性主义者所认为的概念相匹配，它可以是真实的，也可以是虚假的。并且，音乐语言可以是集体的、普遍的，每一种方言都能够被每一个正常的人所理解，它也可以是私人的，现代音乐不断走向个体化是不争之事实。阿多诺拒绝共同感，支持个体性，如此就不可能从理论上来进行现代原子化的音乐与过去共同感支配的音乐的比较研究，也不可能通过比较来阐释作品的神秘的意义，因为一切个体与社会文化都被物化或者异化了。所以，其音乐物化理论本身饱受着物化之苦。并且，阿多诺以精英主义姿态严格区分了听众的等级，把最高的等级视为是专家，其次是好的听众，再者是文化消费者，最后是情感的听众。他完全以否定的意义描述情感，认为低级的听众在接受最优秀的音乐作品的过程中没有得到丝毫改变，完全被社会所操纵。这样，所有联系音乐作品与接受者生活的纽带被割断了，音乐复兴的希望也丧失了，艺术不再成为必然，否定辩证法从音乐家到听众完成了一个圆圈。但是阿多诺的悲观认识不是来自创作者与艺术接受者的实际生活的观察，而是从其历史哲学的前提出发，抛弃所有不符合哲学标准的新作品，对艺术新兴的需求无动于衷。

赫勒与费赫认为，阿多诺以个体性的价值理想对抗概念的普遍性与体

① Ferenc Feher, “Weber and the Rationalization of Music,” in Ferenc Feher and Agnes Heller, *The Grandeurand Twilight of Radical Universalism* (New Brunswick: Transaction, 1990), p. 341, p. 361.

系性，强调对具体作品的理解的归纳批评，注重从音乐本身出发的，但是这种归纳批评仍然具有理性主义的哲学基础，这就是他的否定辩证法或者启蒙辩证法。这就必然导致其内在的悖论。马尔库斯通过阿多诺的第一部音乐专著《瓦格纳的试验》具体地分析了这种悖论，指出他试图追求“内在性批判”以反对意识形态批判，结果还是陷入意识形态批判及其历史哲学体系之中。“内在批判”是根据艺术作品的技巧的细节考察，探究具体结构的内在有机性，这是与所有意识形态批判相对立的。作为艺术现代主义的理论家，阿多诺坚决地支持克罗奇反对卢卡奇，他关注的不是形式范畴，而是什克洛夫斯基所强调的技巧，认为打开艺术意义的钥匙在于艺术的技巧。从这个角度说，瓦格纳是第一个消解了普遍的艺术样式而支持审美个体化的音乐家。尽管阿多诺在此书中批判了瓦格纳音乐虚假的同一性，但是完全认可他激进地从传统歌剧的形式惯例与永恒的音乐结构原则中解放出来，实现了美学的转型，开创了神秘的本真的现代主义艺术。但是他又开创了对立面：文化工业。音色的解放导致了虚假的魅力的生产，丰富细节的管弦艺术显示了物化在器乐实践中的胜利，这些阻碍了对音乐的真实再生产的把握，强化了听众的消极态度。因而瓦格纳赋予了其音乐以内在的商品结构，他的作品像 19 世纪的消费商品一样产生引诱的幻觉，听起来好像来自一个不确定的远方，是遥远的“洪亮的意象”。瓦格纳不仅利用神话的主题，而且把音乐神秘化。这就是音乐与商品在形式结构上的同一性的基础。问题在于，作为普遍范畴的商品形式怎么适合瓦格纳音乐的特殊性的揭示以及瓦格纳的作品在西方艺术史中的特有位置的把握呢？马尔库斯认为，阿多诺追求的内在性批判不是内在性批判，而是像谢林那样把审美命名主义转变为最极端的审美普遍主义。特殊性批判被消解成为抽象的普遍性，摆脱同一性思维导致了最极端的同一化，这是阿多诺美学的悖论。尽管不少学者认为，阿多诺的哲学与美学是对总体性的捣毁，主张异质性与否定性，但是并没有放弃总体性，马丁·杰伊认为：“阿多诺对规范总体性的信仰的表达是所有西方马克思主义者中最细密的。”①

布达佩斯学派从不同角度深入揭示了法兰克福学派的激进普遍主义所

① Martin Jay，*Marxism and Totality*（California：University of California Press，1984），p. 242.

展示的宏大叙事与救赎模式的悖论，这是大写的历史哲学的悖论，也是救赎政治学的悖论。卢卡奇、本雅明、阿多诺美学范式或明或暗地寻求到达“苏联模式”的路径，这使他们都迷醉于总体性建构，寻求乌托邦的幻象，获得最后审判到来时的拯救，这构成了他们的理论的形态特征，也是其理论之悖论与自由漂浮的知识分子身份的困境的缘由。在对大写历史哲学的美学范式的批判中，布达佩斯学派转向了对“碎片式”“散文式”“对话式”“写信式”等话语的关注，立足于“现在”的历史哲学或者历史理论的美学构建，在知识谱系学的考辨与历史沧桑体验中，倡导多元主义与个体自律，孕育新的思想与美学话语，显示出后马克思主义美学的转向。这些思想尽管还值得深入商榷，甚至本身存在某些悖论，但是对反思当代马克思主义美学的发展和建设无疑是有所裨益的。

论布达佩斯学派对陀思妥耶夫斯基小说创作的多元阐释*

傅其林

布达佩斯学派（Budapest School）发源于匈牙利首都布达佩斯，是在卢卡奇又译卢卡契直接引领下形成的并具有世界影响力的东欧新马克思主义哲学与美学流派。布达佩斯学派对陀思妥耶夫斯基及其文学创作尤为关注，从20世纪初期开始到90年代皆有深入研究，通过多元阐释赋予了这位伟大小说家以深刻的美学与哲学人类学意义，显示出文学理论与文学批评的历史性和意识形态选择，同时又彰显出布达佩斯学派文学理论的伦理批评转向与人道主义特征，既为陀思妥耶夫斯基研究贡献了独特的哲学思考视角，又为文学批评赋予了新型的阐释路径。

一

作为东欧新马克思主义的杰出文学理论家，卢卡奇长期纠缠于陀思妥耶夫斯基诗学命题，在《小说理论》中把陀思妥耶夫斯基的创作作为现代欧洲文化与小说样式危机的解决出路之一，该著作创作源自卢卡奇1914年为谋取教席资格的论陀思妥耶夫斯基的大型专题论文。在《小说理论》中，卢卡奇从历史哲学出发，通过比较长篇小说和史诗的异同，对长篇小说这种文学形式类型加以合法性审视。卢卡奇从心灵与行动的关系梳理了长篇小说主人公类型，从塞万提斯的《堂·吉诃德》为代表的抽象理想主义的心理结构到以福楼拜的《情感教育》为代表的清醒的浪漫主义的心灵内在真实性发展，再到以歌德《威廉·迈斯特》为代表的综合性尝试的历

* 本文刊于《学术交流》2018年第2期。

史性演变。但是这些类型都不能掩饰自身的问题，无法实现主体内心灵性与外在具体社会现实的和解，长篇小说样式本身充满内在危机。歌德试图在教育小说中调和主体内在与外在世界，试图在行动中实现内在意义，把长篇小说植入史诗的肌理，但是对卢卡奇来说，歌德最终没有解决长篇小说的问题："尽管他极力重视，把纯粹潜在的、主观的意义本质渗透到主人公可以实现自我的社会领域，但是整个大厦所立足的共同体观念要求，社会结构应该拥有更显著的更客观的实质性，相对于那些被征服的领域而言，社会结构应该更真实地充分适应这些规范性主体的。"① 歌德试图以长篇小说开始，而以史诗结束，不能解决内在危机，无法真正解决心灵与现实的问题，两者之间仍然横亘着深渊。然而，托尔斯泰的长篇小说具有新的探索，试图超越社会生活形式，最大限度地把小说融入史诗，探索基于情感共同体之上的生活，单一个体紧密地依附自然，亲密地与自然的大节奏和谐共振，与之运行，生死往复，排斥任何非自然的结构。然而在卢卡奇看来，托尔斯泰的自然具有悖论性，其所追寻的自然不是史诗的现实本身，而是一种创造的文化自然，是被意指的自然，是一种文化，这种对立成为托尔斯泰的小说不可能解决的问题，"他的史诗性意图必然导致充满问题的小说形式，这不是因为他自己不能克服文化，不是因为他与其所描绘体验的自然的关系是感伤的——不是心理学原因——而是由于形式原因，由于形式与其历史哲学的基础的原因"②。在托尔斯泰的小说中，三种现实所对应的三种时间即惯例习俗的时间、永恒自然的节奏的持续和个体命运的时间，不能够获得统一性，这仍然是欧洲浪漫主义的最后表现。

卢卡奇基于对文学发展的历史考察而指出，创作新文学的可能性还不存在。正如费希特所说，长篇小说是绝对罪孽时代的形式，只要这个世界没有改变，长篇小说就仍然是主导的形式。虽然托尔斯泰仍然处于抽象的、怀旧的状态，但是新时代的破晓的暗示则可以窥见。正是在这个重要的历史性时刻，卢卡奇寻找到陀思妥耶夫斯基的小说创作，题名为"陀思妥耶夫斯基：一种前景"。这种前景可以通过陀思妥耶夫斯基的代表作《罪与罚》来确证：主人公拉斯科利尼科夫从人与世界的焦虑、人与自身

① Georg Lukács, *The Theory of the Novel*, trans. Anna Bostock (London: The Merlin Press, 1971), p. 141.

② Ibid, p. 146.

的焦虑的神经质生存，逐步在女朋友索尼娅的坚韧的爱的行为中被转变，两人的生活被复活，从旧的生活走向新的生活："生活降临了，代替了思辨，他思想应该改弦易辙，养成一种全新的习惯。"[①] 这预示了新的文学创作的可能性："但是这就要开始说另一个故事了，即一个人逐渐获得新生的故事，一个人逐渐再生，逐渐从一个世界进入另一个世界，逐渐认识一个新的、迄今为止完全无人知晓的现实的故事。"[②]《小说理论》涉及陀思妥耶夫斯基不过半页篇幅的内容，但是指出了其创作在欧洲现代文学史上尤其是小说史上的重要地位。陀思妥耶夫斯基文学作品所探索的"新世界"主要涉及三点：一是陀思妥耶夫斯基的文学语言世界与欧洲 19 世纪浪漫主义没有联系，走出了长篇小说的危机，"陀思妥耶夫斯基没有写作长篇小说"[③]；二是通过作品的形式分析可以见出其对文学的革命性创造；三是其作品所展示的希望是即将到来的新世界的符号，虽然这些希望是如此微弱甚至现存力量可以轻易把它碾碎。卢卡奇正是从历史哲学的阐释出发，认识到陀思妥耶夫斯基在欧洲现代文学史上的独特地位，这不仅仅是文学本身的探索即超越长篇小说形式类型，而且联系着社会历史进程中的文学问题的提出，也就是提出现实地改变资本主义世界的可能性问题，提出人的现实命运的问题。显然，这是走向社会现实的步伐。卢卡奇对陀思妥耶夫斯基的文学形式的探索与自身走向匈牙利革命实践的涌动，在一定程度上，有着类似的逻辑。在 1962 年写的《小说理论》的"序言"中，卢卡奇较为清晰地指出了这点。虽然他对《小说理论》基于狄尔泰、席美尔、韦伯等为代表的"理智科学学派"的方法论持有怀疑，但是仍然高度肯定了《小说理论》的颠覆性，追求符合人的自然生存，"这来自对资本主义的瓦解以及对没有生命的、拒绝生命的社会经济范畴的捣毁。这部著作的高潮是分析托尔斯泰和评价'没有书写长篇小说'的陀思妥耶夫斯基，这种事实清晰地显示了，《小说理论》的作者不是寻找一种新的文学形式，而是很明显地寻觅一个'新世界'"[④]。

---

① 陀思妥耶夫斯基：《罪与罚》，臧仲伦译，湖南文艺出版社，1995，第 661 页。

② 同上书，第 662 页。

③ Georg Lukács, *The Theory of the Novel*, trans. Anna Bostock (London: The Merlin Press, 1971), p. 152.

④ Ibid, preface. 20.

大约20年之后，1943年卢卡奇专门写作了文章《陀思妥耶夫斯基》，可以说是《小说理论》的持续或者说“前景”的具体化。他从现实主义美学与新人建构立场出发阐释其重要的理论与现实意义，高度肯定小说作品的提问方式及其和谐存在的黄金时代之梦想。在这篇精彩而深刻的文学评论中，卢卡奇高度肯定了陀思妥耶夫斯基的独特的提问方式，指出他在祖国甚至整个人类的危急关头，在创作上有决定意义地提出了问题，通过人物命运与内心生活的描绘“使得这个时代的问题的整个深度显露出来”，“陀思妥耶夫斯基的作品预示了文明世界的精神的道德的发展，这使得作品发生着不可抗拒的和长远的影响”①。陀思妥耶夫斯基崇拜法国巴尔扎克，并翻译了《欧也妮·葛兰台》，显示出了其对时代变迁以及人的心理、道德和世界观之变迁的洞察力，但与之不同的是，他把巴尔扎克边缘的命题提升到中心地位，探索人物自身的精神实验。关注的核心不是行动而是在行动中认识自己，从最深处刨根问底地认识自己，追问个人主义的内在发展。在卢卡奇看来，陀思妥耶夫斯基在众多小说中揭露了个人主义的危机，事件“无例外地都是孤独的人所做的事，这种人根据他们对生活、环境和自身的了解，完全只信赖自己；因此他们这样深刻而集中地生活于自己之中，以致别人的心理对于他们永远是不可知的国度。别人总是作为外人、作为威胁力量而存在的，人们不是受这种力量的奴役，就是把它作为奴役的对象”②。陀思妥耶夫斯基不同于歌德、巴尔扎克等作家对自我的探索，而是走向了最高阶段，窥测到个人主义之孤独及其绝对的空虚。卢卡奇深刻地指出，“沉溺于自己的自我，无处能找到坚固的基础；过去暂时像是坚固基础的东西，都转化为它们的反面。完全主观化了的理想变成了有诱惑性的飘忽不定的时隐时现的海市蜃楼了”③。对卢卡奇来说，陀思妥耶夫斯基表现了人群的时代的普遍精神，可以说洞见到现代性的普遍精神，这就是偶然性存在，“大家就像在车站上一样”这个比喻具有典型的意义。这是一种短暂的新存在，人们站在车站上，等着车开，车站不像家园，火车只是一个过渡，一列火车由车站开出去了，人们再等第二列，但

---

① 卢卡契：《陀思妥耶夫斯基》，载《卢卡契文学论文集》（二），中国社会科学出版社，1981，第431页。

② 同上书，第436页。

③ 同上。

是车站仍然是车站，是一种暂时的东西。永恒的美在艺术上也不再有，家庭也成为偶然，现代大城市是贫苦的。这些原始现象的描绘在卢卡奇看来，是从偶然性中建构内外的统一关系，建立社会结构与心理结构的统一关系，看到了个人主义危机的深处的社会根源，个人主义的孤独的绝望的基础是毫无意义的社会与生活，是资本主义社会制度本身的问题与危机。因此陀思妥耶夫斯基的小说创作是现实主义的，也是反抗资本主义的。卢卡奇还揭示了其小说的结构矛盾，体现两种斗争的方向，即作为作家的陀思妥耶夫斯基和作为政论家的陀思妥耶夫斯基的斗争关系。按照作家的身份来说，一切美的和丑的，真的和假的形式全被打碎，因为这些形式不能完美地表达孤独之绝望，人与人之间的交往规则与一切限制也被推翻，只剩下自发的坦率、极端的坦率，以至于毫无廉耻，而作为政论家身份相对保守。这就产生了创作和政治之间的矛盾，这种矛盾斗争或者政论家身份战胜作家身份，受作家幻想所支配的非自觉的力量被压制，或者人物独立起来，把自己的生活进行到底，“文艺创作中正确的提问方式战胜了政治意图，战胜了作者的对社会所做的答案”①。这种提问方式具有了超越性和反叛性，从而指出了超越资本主义的未来的道路，指出了人类的不可摧毁的力量，也就超越孤独而走向乌托邦之梦：“黄金时代：这就是真正的、和谐的人们之间的真正的、和谐的关系。”② 卢卡奇对陀思妥耶夫斯基的分析包含了丰富的美学思想：一是从提问方式中看到了现实主义文学创作的深度，从原始现象的描绘洞察到时代与社会的普遍性，为现代欧洲社会与文化的危机寻觅到了新的路径；二是体现了审美现代性思想，从偶然性中找出时代精神及其社会根源，这与波德莱尔的现代性观念密切地联系在了一起，尤其与本雅明对波德莱尔诗歌的审美现代性解读异曲同工，只是本雅明在诗歌中寻觅到了经验唯物主义的意义，而卢卡奇在小说经验的描绘中找出了现代性经验，而且对其赋予了更多的批判性；三是卢卡奇看到了陀思妥耶夫斯基小说的复杂性、矛盾性、斗争性，这与巴赫金对陀思妥耶夫斯基小说的复调性和对话性的解读有着类似性，区别在于巴赫金更注重从话语角度展开，而卢卡奇更侧重于从世界观与创作之间的复杂矛盾关系

① 卢卡契：《陀思妥耶夫斯基》，载《卢卡契文学论文集》（二），中国社会科学出版社，1981，第445页。

② 同上书，第447页。

来理解，受到经典马克思主义文艺批评的直接影响；四是卢卡奇从提问方式及其总体历史演进的角度来理解陀思妥耶夫斯基的文学创作具有重要的方法论意义，建立了文学形式与历史性的辩证方法论，“文艺作品的真正使命过去是、今天还是：提出问题，通过塑造新的人和描写新的人的命运来提出问题”[①]。这种提问方式的阐释在阿尔都塞那里得到了系统的发展，从而对 20 世纪的马克思主义文艺理论产生重要的影响，在一定程度上实现了文艺理论与批评的方法论转型。可以说，卢卡奇这篇文章不仅揭示了陀思妥耶夫斯基小说成就的重要的独特价值，而且透视出了文学理论的一些新概念与命题，彰显了现实主义文学批评的思想性、时代性与审美性。

二

卢卡奇对陀思妥耶夫斯基的分析影响了布达佩斯学派对陀思妥耶夫斯基及其创作的关注，卢卡奇的学生费赫尔和瓦伊达的阐释具有代表性，他们的文艺思想具有人道主义美学的特征，同时具有差异性甚至对立性。费赫尔在卢卡奇的指导下，在 1968 年左右完成匈牙利语博士论文《悖论的诗人：陀思妥耶夫斯基与个体的危机》，揭示了在资本主义现代性过程中的人格危机与困境，著作具有总体性的宏大叙事的特征。该著作在 1971 年被匈牙利科学院组织的官方审查，审查官是匈牙利最早阐释巴赫金关于陀思妥耶夫斯基复调性的学者基拉里（Gyula Kiraly）[②]。在 20 世纪 70 年代，费赫尔进一步扩展了对陀思妥耶夫斯基的研究，并在 1971 年形成专著出版。有学者指出，这部著作融合了卢卡奇关于善恶并存的理论，陀思妥耶夫斯基笔下的人物性格充满矛盾性，诸如拉斯科利尼科夫在贫困的圣彼得堡城市里所展现的两种极端性的挣扎：“诸如费赫尔所指出，从严峻社会矛盾背景中解放的第一步，就是反抗权威力量，然而这种反抗又走向失败。”[③] 费赫尔对陀思妥耶夫斯基的研究具有新的时代意义，在延续卢卡奇文艺思想的框架中展现了新的维度，展现了马克思主义文艺批评的伦理学

---

① 卢卡契：《陀思妥耶夫斯基》，载《卢卡契文学论文集》（二），中国社会科学出版社，1981，第 431 页。

② 基拉里（1927—2011），著作有《陀思妥耶夫斯基与俄罗斯散文》（Dosztojevszkij és az orosz próza：regénypoétikai tanulmányok，1983）。

③ Kves Margit and Ferenc Feher（1933－1994），“Reflections on a Member of the Lukács School，” *Social Scientist* 23，no. 4/6（1995）：98－107.

维度，是20世纪60年代布达佩斯学派文学伦理批评的重要体现之一。他与赫勒对现代小说的道德解读一样，特别关注马克思主义人格理论建构，并以此来审视陀思妥耶夫斯基小说创作的伦理学思想。他根据马克思《政治经济学批判》导论的思想，挖掘马克思主义对由商品关系所主导的资产阶级社会的个体危机与共同体问题的思考，认为个体危机与共同体的危机只能通过重建新型的共同体来解决，这种新型的共同体就是超越资本主义社会的共产主义社会。这种共同体建构是人类解放的第三次革命，也就是基于个体危机根本解决的构建。因此，陀思妥耶夫斯基所标示的正是体现资本主义社会的个体危机，也就是个体的悖论，其伦理学无疑是充满内在悖论的，这种悖论与危机内在于小说作品本身之中。

具体来说，费赫尔对陀思妥耶夫斯基伦理学的阐释从早期短篇小说创作所透视出的观念悖论的揭示到成熟时期的长篇小说的危机与悖论的分析，展示了陀思妥耶夫斯基在世界基本结构、意识形态、革命、宗教路径、小说本身等方面的悖论，总体地认为“这位作家是悖论的诗人”[①]。在笔者看来，费赫尔关于世界基本结构、意识形态、长篇小说三个方面的分析颇为深刻。陀思妥耶夫斯基的世界结构在于，他有意识地揭示了当时资产阶级社会的拜物教的、异化的本质，摒弃了任何抽象的生活形式与以往人类生存的表现，小说主人公走向个体化，反抗外在世界的异化，但是作者不能阻止个体的纯粹主观化，因而主人公之间的交往结构倒退到古代世界的本质结构之中。这种世界结构的悖论在于偶然的个体与外在世界无法构成现实的和谐的状态，根本原因是缺乏真正的共同体，资产阶级社会只是一种虚假的共同体。费赫尔指出，陀思妥耶夫斯基的悖论在意识形态的融合与分离上亦可以见出，主要表现在他与康德、黑格尔、克尔凯郭尔、俄罗斯革命民主主义者、尼采五类意识形态家的矛盾纠缠。譬如，陀思妥耶夫斯基的贪婪者与尼采的超人的类似性，但不同的是，前者的行为活动隐藏着灾难，而后者弥漫着欲望的扩张，因而前者具有悖论性。

事实上就文艺理论而言，费赫尔对陀思妥耶夫斯基长篇小说本身的悖论分析最具有价值。该著作的第五章题目为《危机性长篇小说》，费赫尔

---

① Ferenc Feher, *Az antimomiak koltoje: Dosztojevkij es az individuum valsaga* (Budapest: Magveto, 1971), p. 7.

在此延续并革新卢卡奇《小说理论》的长篇小说类型或样式分析，在20世纪70年代重新探索马克思主义样式理论的命题。他首先讨论的是卢卡奇《小说理论》的经典问题：长篇小说是问题重重吗？费赫尔通过联系陀思妥耶夫斯具体的作品分析，在一定程度上质疑卢卡奇关于长篇小说理论的价值判定，认为他的理论延续了席勒与歌德时代关于长篇小说与史诗价值设定的文学观念，属于19世纪的历史哲学。与此不同，费赫尔认为“争论的基本立场在于：长篇小说不是问题重重，而是充满悖论的”[①]。卢卡奇从浪漫的反资本主义立场出发分析长篇小说，更多认定这种文学类型的问题性，从而把长篇小说加以史诗化处理，事实上马克思本人并没有这样理解。对费赫尔而言，悖论的判定意味着长篇小说与现代资产阶级社会的关联性，长篇小说作为资产阶级社会的史诗，具有这个社会所固有的缺陷与危机，但是包含着解放的价值维度。为了深化这种悖论性或者危机性，费赫尔充分挪用了黑格尔、戈德曼、哈贝马斯相关的理论话语，这使他对陀思妥耶夫斯基的分析拥有了新的维度。他通过黑格尔最深刻的著作《美学》的解读，认识到史诗的普遍缺陷，这就是史诗及其主人公的集体性，而长篇小说的悖论消解了史诗的封闭的总体性，让主人公拥有自由的优越性，但是随着资产阶级社会普遍被拜物教所支配，这种优越性沦为缺陷。借助于哈贝马斯1963年的《公共领域的结构转型》关于公共领域和私人领域的现代性理论，费赫尔探讨了长篇小说中的公共性的消失，主要涉及亲密领域即家庭的阐释。这种亲密领域具有公共领域的特征，但是又具有私人化的特征，家庭成为亲密领域但是又沦为非人道的动物状态，个体是自由的、主观的，但又是琐碎的、非正常的。他明确指出：“这里我们也能诊断出小说的悖论性：家庭纽带的断裂同时是人类解放的阶段之一。马克思认为发展的资本主义社会对血缘纽带的毁坏是普遍而积极的。因而人类物种的意识只能从‘人类动物物种的动物学’中被创造出来。不过，一夫一妻制的资产阶级家庭本身具有伪血缘纽带的类似网络，因而成为人类

---

① Ferenc Feher, *Az antimomiak koltoje: Dosztojevkij es az individuum valsaga* (Budapest: Magveto, 1971), p. 19.

解放的障碍。”[①] 在史诗中，整个生活是有机的总体，但是长篇小说表现了日常领域与非日常领域相互分离的二重性，而且客观地展示了这种二重性的过程。立足于戈德曼的发生结构主义理论，即长篇小说与市场资本主义的同构思想，费赫尔看到史诗中的个人与长篇小说中的偶然性个体的差异性，史诗中的个人仅仅承担功能性的角色，而长篇小说的个体把自身个体化、合法化，并演变为教育小说中的个体，是解放性与散文性的并存。这些悖论性因素皆呈现在陀思妥耶夫斯基的长篇小说之中，按照费赫尔所言，“陀思妥耶夫斯基的伟大之处，在于他以有意味的形式创造了如此独特的结构，以至于他把各方面的危机提升到整体综合的高度”[②]。基于此，费赫尔认为巴赫金的代表性著作《陀思妥耶夫斯基诗学问题》虽然深刻，实属于杰作之列，但是他关于陀思妥耶夫斯基的长篇小说的复调性的论断是有问题的，因为费赫尔更多地看到长篇小说的悖论性而不是对话性、杂语特征，他分析的起点是“陀思妥耶夫斯基是悖论的诗人，其著作是悖论的产物”[③]。尽管如此，费赫尔关于长篇小说的时空分析仍然有着巴赫金的影响，只是他更关注危机性长篇小说的时间技巧的悖论性，对卢卡奇的《历史与阶级意识》和陀思妥耶夫斯基的时间观进行综合考量。卢卡奇认为资产阶级拜物教把时间转变为空间的连续性，而陀思妥耶夫斯基与这种时间相对立，创造了类似于柏格森、普鲁斯特的绵延时间意识，但是与关注自身体验与回忆的意识流艺术作品不同，他表现出了注意力集中的、动态的中介和主体间性。事实上，陀思妥耶夫斯基的悖论性是脱离人云亦云的常识而使真理在场的某种可能性，《罪与罚》的人物的神经质的胡言乱语本身不是荒谬，而是真理的闪烁，就如主人公拉斯科利尼科夫的朋友拉祖米欣的认识：“信口开河是人不同于其他动物的唯一特权。只有让人家胡说，把话都说出来，才能达到真理。”[④]

通过上述分析，不难看出，费赫尔对陀思妥耶夫斯基的阐释延续着卢

① Ferenc Feher, “Is the Novel Problematic? A Contribution to the Theory of the Novel” in Reconstructing Aesthetics, edi. Agnes Heller and Ferenc Feher (Oxford: Basil Blackwell, 1986), p. 36.

② Ferenc Feher, *Az antimomiak koltoje: Dosztojevkij es az individuum valsaga* (Budapest: Magveto, 1971), p. 22.

③ Ibid, p. 22.

④ 陀思妥耶夫斯基：《罪与罚》，臧仲伦译，湖南文艺出版社，1995，第239页。

卡奇的样式理论的思考，注重分析长篇小说与现代性的关联，但是他逐渐脱离甚至拒绝卢卡奇的分析框架与价值观念，更多地认识到悖论的危机性长篇小说的积极意义与多元的解放价值和自由的创造性。费赫尔明确提出，“小说不仅在它的‘内容’，在由它的范畴构成的集体性的观念，而且在它形式上，表达了人类解放的一个阶段”①。虽然费赫尔延续着卢卡奇总体性的框架，但是他关于陀思妥耶夫斯基的阐释凸显了价值多元主义的文艺美学观，具有了初步的后现代意识。不过，费赫尔对陀思妥耶夫斯基的文学理解与文学趣味并没有达到卢卡奇的深度与原创性，而且费赫尔的阐释带有显著的模式化特征，他关于陀思妥耶夫斯基小说创作的分析与对菲尔丁或托尔斯泰小说的分析遵循着相同的悖论性的话语模式的理解，虽然这可以较好地审视长篇小说的普遍的样式理论，但是忽略了陀思妥耶夫斯基小说创造的独创性与个体性。

三

1993 年布达佩斯学派重要成员之一费赫尔去世，引起了布达佩斯学派成员瓦伊达对其文艺美学思想的反思，尤其关注费赫尔 1972 年在匈牙利布达佩斯出版的杰作《悖论的诗人：陀思妥耶夫斯基与个体危机》。瓦伊达对费赫尔的陀思妥耶夫斯基研究的阐释体现出布达佩斯学派的当代的后现代视野。他在肯定费赫尔的创造性阐释的同时，对其宏大叙事的价值标准持有批判意见，认为陀思妥耶夫斯基不是对资产阶级危机意识进行揭露与表现的悖论性诗人，而是一位深刻洞察现代个体存在的现象学家。这些解读显示了与巴赫金阐释的不同路径，在一定程度上深化了对陀思妥耶夫斯基文学创作的马克思主义分析。具体来说，瓦伊达的阐释主要有三个方面：

一是揭示费赫尔研究陀思妥耶夫斯基的宏大叙事特点，立足于黑格尔、马克思与卢卡奇的视野之中。在瓦伊达看来，费赫尔的著作诞生于 20 世纪 70 年代初期，在这个特殊时期他还没有认识到宏大叙事的终结，还不可能捕捉现代的矛盾与当代人的条件，仍然追求未来的新的共同的集体社

---

① Ferenc Feher, “Is the Novel Problematic? A Contribution to the Theory of the Novel” in Reconstructing Aesthetics, edi. Agnes Heller, Ferenc Feher (Oxford: Basil Blackwell, 1986), p. 26.

会，因此其思想仍然局限在卢卡奇所引领的布达佩斯学派的宏大叙事框架之中。这是阐释的时代特征，也是时代的局限。但是瓦伊达对之进行了批判，认为费赫尔的阐释无疑是对陀思妥耶夫斯基的创造性误读。虽然《悖论的诗人：陀思妥耶夫斯基与个体危机》在当时是高质量的杰作，即使今天再次阅读仍然不失为一部杰作，但是瓦伊达认为它不再具有重要性，因为此书所奠定的观念框架即宏大叙事已经瓦解了，而且作者本人后来也放弃了这个概念框架。不过，虽然此书的世界观及其关于陀思妥耶夫斯基小说艺术的理解不再是合理的，但是仍然留下了重要的价值问题。虽然20世纪70年代宏大叙事框架是当时流行的理论，但是费赫尔并没有把它强制地植入分析之中。瓦伊达认为，当费赫尔把现代个体的失调或者碎片化视为个体的危机的时候，这不仅仅是通过某种“和谐之人”的角度看到的：日常性的不可承受的内在张力被个体充分地感受到，但是这个个体基本上没有认识到社会工程是以消除他的先验无家和危机为目的的，如果他不认为这是一种自然状态或者是一个新世界秩序的存在状态的话，他只是梦想自己的救赎。瓦伊达也指出费赫尔此书的荒谬与意识形态偏见，即从坚定的革命清洗角度审视陀思妥耶夫斯基的不可饶恕的偏见，费赫尔这种马克思主义不是官方哲学也不是卢卡奇的思想，也不是一种虚伪的矫饰，而是有机地融入该著作之中。瓦伊达主张抛弃这种因循守旧的马克思主义。

二是讨论瓦伊达的理解与卢卡奇、陀思妥耶夫斯基的关系。在瓦伊达看来，最重要的是该书最后一章。这涉及陀思妥耶夫斯基小说书写的主要创新特点。这不是从著作内容本身来看而是从费赫尔生命的过程来理解的。费赫尔与他喜欢的诗人陀思妥耶夫斯基具有许多共同的特点，费赫尔看见了他自己经常生气的方式，陀思妥耶夫斯基的小说故事从一个对立进展到另一个对立。费赫尔的本质是激情满怀与大义凛然，对其导师卢卡奇感恩最深，就如书中直书“我把我的书献给我的老师和兄弟一样的朋友格奥尔格·卢卡奇，为了他长期的信赖我，作为迟到的碎片的回报”。因此瓦伊达认为，关于陀思妥耶夫斯基的书是走向卢卡奇的重要姿态：“是《小说理论》的延续，更准确地说，是《小说理论》的完成。”[①] 如前所

① Mihaly Vajda, “Man in Transcendental Homelessness: in Memory of Ferenc Feher,” *Thesis Eleven* 42 (1995): 32 - 40.

述，卢卡奇的《小说理论》只是引入了陀思妥耶夫斯基，而费赫尔在卢卡奇的指导下完成了著作。不过费赫尔不仅脱离了卢卡奇解释的思想观念，而且指出正是卢卡奇的反－浪漫主义观引导他成为一位共产主义革命者。费赫尔在这里积极审视布尔什维克阶段的俄国革命。同时他也通过对比阅读英籍匈牙利作家阿瑟·库斯勒（Arthur Koestler）的著作《午间的黑暗》（Darkness at Noon）透视出俄国模式的宏大叙事的困境的实质："借助于宏大叙事来使行动本身合法化（这里不要误解：不是宏大叙事本身），这种行动导致了斯大林的监狱。"[①] 但是对瓦伊达来说，费赫尔并没有充分地理解这种实质，因为他的分析不乏矛盾性，他一方面认同卢卡奇在《理性的毁灭》中对尼采的判断，认为《罪与罚》的主人公拉斯柯尔尼科夫具有尼采的超人个性，但是又具有黑格尔的世界历史的个人的特征，认为是对资产阶级个体主义者的自我主义的反抗者。所以在瓦伊达看来，虽然费赫尔后来放弃了宏大叙事，但是仍然具有有效性，其相信悖论的最终解决，相信希望的最终实现。费赫尔清晰地揭示了陀思妥耶夫斯基通过社会革命而不是通过基督教方式进行世俗救赎的思想观念，他的揭示与自身对希望的坚守是内在一致的。

三是对个体性与集体性的伦理价值的辨析。根据费赫尔的研究，瓦伊达从陀思妥耶夫斯基文学界定的历史时刻中设置了两种世界生存模式即创造性个体与集体过程，认为创造性个体的世界与集体性渗透生命过程的所有社会维度的世界不是一样的。费赫尔指出，陀思妥耶夫斯基虽然不愿意接受但是不得不描写：如果一个人希望形成自己的人格（personality），那么他必须对抗所用的权威力量。但是普遍的解放的结果是什么呢？戴着镣铐的自由，因而自由是有条件的，每个人在这个条件下反抗所有权威力量，去追求自己的内在个性与理想。瓦伊达认为，费赫尔并不相信每个人都具有自己内在的理想。可以肯定的是，每一个普通人在被迫选择生活的信条。在这种选择中，他是完全独立的并且在最矛盾的要求之间苦苦挣扎。正是在与权威力量的斗争中，一个人成为个体，成为选择的主体。这样，道德价值的实现只能借助于超人的斗争，反抗物的价值，实现人格本

① Mihaly Vajda, "Man in Transcendental Homelessness: in Memory of Ferenc Feher," *Thesis Eleven* 42 (1995): 32－40.

身的价值。按照瓦伊达的观点，“只有通过不断捣毁其他的价值，人格才能实现自己本身”①。这是自由创造的个体性世界，也是充满悖论的世界，这种悖论是不可超越的。因为在瓦伊达看来，集体过程的世界是不能实现的，同时也是消除个体价值本身的世界。但是瓦伊达认为，费赫尔的著述坚持集体性与共同体，坚持自由选择的能够普遍实现的共同体，并把这种共同体作为解决资产阶级社会的根本矛盾的办法。就此而言，费赫尔与陀思妥耶夫斯基相契合，两者都不屈服于资产阶级世界的条件，不认同束缚自私自利的社会惯例。

瓦伊达在解读费赫尔的陀思妥耶夫斯基的研究过程中，透视了陀思妥耶夫斯基小说的新意义，就是对个体存在的悖论的现代性揭示，这是存在论的揭示，也是现象学的揭示。通过质疑费赫尔的世界观和宏大叙事框架，瓦伊达展示了布达佩斯学派20世纪80年代以来的后马克思主义分析特征，同时融合了对个体性价值的坚守。瓦伊达的阐释不乏误解，如费赫尔明确提出了现象学理解：“马克思在《1844年经济学哲学手稿》中的分析给我们提供了无与伦比的自我与他者之间偶然接触与邂逅的现象学。就相遇的人格而言，场合与现象也证明是偶然的：人们不能从一个人的人格中推出他成为交换行为的一部分，他的产品成为商品，成功交换的对象的时刻，也不能从中推出这种运作展开的环境。相应地，当人们思考着一切——人、其存在、实体与资本主义‘永恒的自然法’，这些法律在每个方面看来对个体的各种行为而言是不可改变的以及决定性的——它们证明是由许多偶然的行为组成的。”② 尽管如此，对个体性的价值建构无疑是布达佩斯学派20世纪60年代的重要的价值属性，赫勒在1968年的《日常生活》中所展示的特性向个体性的提升，以达到对人格的日常生活现象学的思考，事实上折射在瓦伊达对陀思妥耶夫斯基的理解之中。从主导趋势来看，瓦伊达已经转变了对陀思妥耶夫斯基的价值重估，从黑格尔与卢卡奇的路径转向了尼采和海德格尔的维度，从费赫尔的个体危机的解决走向了

① Mihaly Vajda, “Man in Transcendental Homelessness: in Memory of Ferenc Feher,” *Thesis Eleven*, no. 42 (1995): 32–40.

② Ferenc Feher, “Is the Novel Problematic? A Contribution to the Theory of the Novel” in Reconstructing Aesthetics, edi. Agnes Heller and Ferenc Feher (Oxford: Basil Blackwell, 1986), p. 53.

个体价值的认同，从现代性批判走向现代性重建。

可见，布达佩斯学派从20世纪初到40年代、70年代、90年代对陀思妥耶夫斯基的三种阐释显示出了独特的文学观念与哲学意义，卢卡奇更关注欧洲文化危机的解决，费赫尔更关注个体悖论与长篇小说类型的悖论，瓦伊达则关注现代偶然个体的存在现象学。这些阐释既充分地关注当代关于陀思妥耶夫斯基研究的最新成果，又有效地融汇现代哲学人类学、现象学、发生结构主义等思想揭橥这位伟大小说家的思想与审美价值，这在某种意义上是马克思主义文艺批评的历史与美学标准的具体化和当代化。虽然布达佩斯学派的研究有哲学化的倾向，对文学本身的审美感受的理解还不够突出，尤其没有达到巴赫金对陀思妥耶夫斯基形式诗学理解的高度，因为巴赫金明确提出，“陀思妥耶夫斯基在艺术形式方面，是最伟大的创新者之一。据我们看来，他创造出一种全新的艺术思维类型，他们把它权且称为复调型。这一艺术思维的类型，体现在陀思妥耶夫斯基的小说作品中，然而它的意义却不仅仅局限在小说创作上，并且还涉及欧洲美学的一些基本原理”①。尽管如此，布达佩斯学派仍然深入推进了陀思妥耶夫斯基文学创作的历史哲学意义和普遍的人类学价值的思考。

① 钱中文：《巴赫金全集》（第5卷），白春仁等译，河北教育出版社，1998，第1页。

赫勒审美现代性思想：对卢卡奇文化可能性问题的回归*

王　静

自现代性问题产生以来，思想家们越来越看重审美现代性在对抗社会现代性的过程中所展现的独特的批判和价值修复作用，提出了众多解决现代性危机的方案。作为布达佩斯学派的主要成员，赫勒继承和发展了导师卢卡奇的思想遗产，以其独特的生活阅历和对现代性的反思，形成了从审美与日常生活批判视角解决现代社会文化问题的审美现代性思想。其归宿点仍然是现代社会的人能否过上脱离异化的生活问题，从根本上说，赫勒的审美现代性思想是对卢卡奇文化可能性问题的回归。

一、审美现代性的独特价值

现代性是一个极其复杂而富有争议的概念，不同的人有不同的理解和界定。波德莱尔把现代性定义为“过渡、短暂、偶然”，韦伯把现代性看作是价值领域的分化过程，吉登斯认为现代性是17世纪产生于欧洲并对世界产生深远影响的社会生活和组织模式，福柯把现代性看作一种态度、一种思考和行为方式，列斐伏尔则把现代性说成是一种反思。衣俊卿从文化模式的视角，分析了现代性的多重维度及内在张力。[①] 认为现代性具有精神性和制度性两方面的维度，而且这两种维度在现实社会运行中是密不可分的。思想家们虽然看法各异，但都承认现代性的冲突和张力是现代性的一个基本主题。

---

* 本文刊于《学术交流》2015年第9期。

① 衣俊卿：《现代性的维度》，黑龙江大学出版社，2011.

在冲突和张力中现代性能够幸存吗？现代性的命运如何？从19世纪以来，思想家们就开始寻求解决现代性问题的途径。在现代性的冲突中，审美的社会功能越来越受到人们的关注。如果说审美在传统社会统一并服务于社会稳定的话，那么现代审美文化却是与社会实在处于尖锐的对立之中，19世纪前半期“在作为西方文明史一个阶段的现代性同作为美学概念的现代性之间发生了无法弥合的分裂”[①]。这两种现代性被表达为启蒙现代性和审美现代性，前者以工具理性为核心，后者以价值理论为基础。可以说，审美现代性是在社会现代化的过程分离出来的具有独立反思功能的自主性实践，“它不断地反思着社会现代化本身，并不停地为急剧变化的社会生活提供重要的意义”[②]。从波德莱尔的《恶之花》到卡夫卡的《变形记》，从鲁迅的《狂人日记》到老舍的《骆驼祥子》，审美现代性不断借助于文学艺术作品、艺术活动来体现人们对社会现实的批判，对人与自然的审美理解，对人的感性的发现，以及对日常生活刻板化、惯例化的颠覆等等。可以说，审美现代性蕴含了丰富的人道主义内涵，它在批判和修复现代性危机中扮演着推进人性解放的角色。

在对抗社会现代性的过程中，审美现代性展示了其独特的批判和修复价值。首先，反思性是审美现代性最基本的特征。在理性至上、科学一统天下的现代主义历史浪潮中，艺术从感性的视角提供人们一种反思的维度。艺术家通过浪漫主义、现实主义美学以及现代各种艺术活动再现了现存社会文化的紧张状态，控诉社会的不公和邪恶。其次，审美现代性的个性化、多元化视角颠覆了理性主义的价值观和生活方式。艺术家通过提倡个性化的审美趣味，提倡一种对“惊愕”、变化、距离、恐怖等审美效果的崇拜，试图打破和抵制大众日常生活的平庸、刻板和庸俗。为了摆脱这种乏味而平庸的生活，现代社会产生了“为艺术而艺术”的唯美主义，向往哲学家尼采、海德格尔、福柯等人所讴歌的“审美的生存方式”。自由的、个性化的、本真的生存状态是审美现代性的目标。同时，审美现代性的多元化视角为抵制各种文化中心主义提供了可能。它展现了各种团体、文化机构等交流、对话的空间。最后，归结为一点，审美现代性具有审美

---

① 马泰·卡林内斯库：《现代性的五副面孔》，顾爱彬、李瑞华译，商务印书馆，2002，第47－48页。

② 周宪：《审美现代性批判》，商务印书馆，2005，第70－71页。

的“救赎”功能。尼采曾在《论道德的谱系》中谈到，所有的禁欲主义理想都提供人们生存的意义，解释人们痛苦的目的：今世的痛苦是为了死后能进入天堂。但是随着资产阶级现代化的发展，宗教衰落、“上帝死了”，人们对生命的意义迷茫，日常生活工具理性化，审美便开启了“世俗救赎之路”。正如韦伯所表述的，在现代生活日趋理智化和合理化的过程中，艺术正在变成一个拥有独立价值的世界，凭借自己的力量承担着世俗的救赎功能，试图把人们从现代枯燥的日常生活中，特别是从让人们越来越压抑的理性主义理论和实践中拯救出来。审美经验的获得舒缓了人们日常紧张的压力，打破了日常常规的习惯与无意识，增强了自由的想象空间，能够防止“使人成为劳动工具的暴力的、开发性的生产。……人的主动性超出了欲望和忧虑，成了表演，即对人的潜能的自由表现”①。所以，在审美形式中，艺术表达了对人的拯救，表达了人的解放的潜力。

从人们赋予审美现代性以对抗、修复现代性的职责以来，康德、席勒、马克思、卢卡奇、阿多诺等思想家不断地探索自己的审美现代性方案。赫勒作为二战亲历者目睹了德国纳粹的极端行径，独特的人生阅历以及卢卡奇的直接影响使她开始从文化的视域对人生、道德、善恶、人性、世界及现代性与拯救等问题进行深深地探索与思考。为什么这些行为能够发生？应该如何理解这些问题？道德是什么？为什么人们可以做这种事情？什么是善恶？善恶的根源是什么？人们对于罪恶能做些什么？到底什么是现代性？我们能够期望在这个世界获得拯救吗？这些问题一直困扰着赫勒，在她看来，对这些问题的回答“对我的一生尤其是我的工作产生了深刻的影响”②，这也正是卢卡奇文化可能性问题的症结之所在。

二、赫勒对审美现代性的独特思考

赫勒追随并继续完成导师卢卡奇未竟的任务，把自身的经历、对现代性拯救的探求与卢卡奇的文化可能性问题紧密结合，形成了作为文化批判的审美现代性思想。她一方面从审美摆脱异化、实现完整的人的角度，另一方面从日常生活微观层面的人道化视角来试图解决现代社会文化问题。

---

① 马尔库塞：《爱欲与文明》，黄勇等译，上海译文出版社，2005，第146页。

② Agnes Heller,“Philosopher, writer, educator, and social activist,” *Current Biography Monthly*, no. 11 (2008).

首先，她依据韦伯的价值领域分化的理论、马克思和卢卡奇的类本质思想，同时继承了卢卡奇的审美相对自律原则，从审美发生学的角度，对文艺复兴时期西方审美文化进行了分析和探讨，形成了“自在的”日常生活领域、“自为的”哲学、科学、艺术领域，以及“自在自为的”制度领域的观点。之后，她以此哲学框架为背景，系统地对当代美学理论困境进行了分析和批判，并结合社会批判理论，为解决现代性危机、寻求人的解放提供方案。

赫勒为了避免现代性产生的悖论，对现代性进行了详细的分析。[①] 在她看来，现代性包含两种成分：现代性的动力和现代性的社会格局。而这二者的紧密相连就是“现代性的本质”。现代性的动力，赫勒称之为“非辩证的辩证法”。它包括启蒙，这可以在霍克海默和阿多诺启蒙的辩证法的意义上加以理解。赫勒肯定了启蒙的力量和人类理性的积极意义，正是启蒙、理性推动了现代性的发展。因此，启蒙是双面性的，它一直在发挥着作用，并未被替代，“只看到启蒙年轻美丽一面的观众倾心于理性主义的启蒙；只看到启蒙老丑一面的观众则倾心于浪漫派的启蒙。”[②] 现代性的动力产生了悖论，同时现代性的动力也是现代社会格局的助产士。

于是，在现代性的矛盾、危机与困境中，审美现代性事实上承担了两种功能：一种是普遍的、一般只局限于纯粹美学专业内部的分析，它包括美学体系内部的建构，如艺术的内容、形式、风格、审美的经验及趣味判断的标准等等；另一种就是美学超越了学科的狭隘界限，转向广阔的社会理论领域，基于审美的维度对社会进行批判。而“美学研究的一个很有前景的路径就是社会理论的思路”[③]，恰恰证实了赫勒美学理论所具有的极强的前瞻性和发展性。赫勒追随导师卢卡奇的遗志，并时刻关注社会的发展变化，能够准确地把握时代的脉搏，把美学研究与社会批判理论紧密结合起来，一方面避免了美学学科抽象化、学科化的局限，另一方面使审美现代性引入跨学科视野和价值论态度，增强了审美现代性的反思性特征。

其次，赫勒在微观领域对文化和社会进行了批判。其文化批判理论深刻阐发、解释和体现了审美的超越性。超越异化的社会现实正是审美的意

---

① 阿格尼丝·赫勒：《现代性理论》，李瑞华译，商务印书馆，2005，第 63 – 94 页。

② 同上书，第 69 页。

③ 周宪：《社会理论语境中的审美现代性》，《福建论坛》（人文社会科学版）2003 年第 1 期。

义之所在，或者说，作为文化批判的艺术与审美的一个重要维度就是对社会现实的维护、批判与超越。具体说来，赫勒在微观领域对现代社会与文化的批判与重构主要集中在其日常生活理论以及伦理/道德美学思想上其日常生活理论是现代社会背景下对审美现代性所作的一种积极的思考与重释，而其伦理/道德美学思想则体现了未来美学概念的“家和世界的重合”①，展现了道德与审美的契合。这些为人类个体意识的升华、日常生活微观革命的发展、文化可能性的解决，以及最终实现个体的解放与自由、个体与类的统一提供了理论和实践的可行性。

应该说，赫勒继承了卢卡奇的传统，在对现代性困境的解决中，没有只局限于审美领域，还包括了伦理、政治等方式。德国的传统在某种程度上具有一种浪漫主义的夸大审美现代性、贬低启蒙现代性的倾向，例如康德欣赏审美无功利的特性、席勒强调审美对于弥合理性和感性分裂从而实现人的解放的作用、黑格尔曾指出审美具有解放的意义、韦伯则明确提出审美或艺术具有世俗救赎的功能，以及法兰克福学派艺术救赎的理论，他们确实凸显了审美现代性在工具理性的资产阶级世界里所具有的独特的功能和意义，但是他们不免带有一种强烈的理想主义的、乌托邦的色彩。应该说，审美现代性确实在现代性的冲突中发挥着重要的作用，但是我们却不能忽略启蒙现代性是社会进步的主要动力，启蒙现代性和审美现代性共同构成了现代性的基本价值取向和发展路径。

三、赫勒审美现代性思想的实质是卢卡奇的文化可能性问题

文化可以指称人类的物质和精神文明成果，也可以指人的生活方式等。卢卡奇则把文化同当代资本主义的生活现实联系起来，独特地指称一种真实生活的可能性问题，这一问题被布达佩斯学派的成员定义为卢卡奇的文化可能性问题。赫勒的审美现代性思想的实质，正是卢卡奇的文化可能性问题。

① Roberts David, “Between Home and World: Agnes Heller's the Concept of the Beautiful,” *Thesis Eleven* 59 (1999).

（一）真实生活的可能性是卢卡奇和赫勒思想的共同的归宿

马尔库什通过深入分析卢卡奇早期著作发现《海德堡美学》[①] 和后期的《美学》（中国译为《审美特性》——引者注）尽管在书写的时代背景、理论背景、概念体系及意识形态上都有很大的不同，但都试图阐释艺术或审美与人们日常生活的关系，从而确立其在人类活动体系中的地位、作用和功能。这一问题困扰了卢卡奇的整个生命和事业，“文化可能性问题”“作为一个理论问题不断地向卢卡奇挑战”[②]。

分析卢卡奇一生的著述，卢卡奇要解决的核心问题就是：在西方文明遭受奴役、面临危机之时，文化如何可能？真实的生活如何可能？如何找到一条可以通往文化的道路？如何在艺术、审美、伦理和政治生活中找到一种具有启蒙力量的、非拜物教化的意识，以使人们摆脱平庸、乏味、异化的现实日常生活。卢卡奇认为，现代人生活的世界是缺乏意义的，现代人的生活也不真实，只有通过心灵自身体验的内容才是真实的生活。所以，“心灵”要借助于“形式”（艺术就是其中之一）来塑造生活、赋形生活，来给虚假的生活和世界以意义。在卢卡奇看来，赋形生活如何可能的问题就是如何拯救人们并把人们引向一种真实的生活的问题。

衣俊卿曾深刻地道出了卢卡奇“文化可能性”问题的实质：卢卡奇的文化问题就是关乎人的存在与命运、生活与本质的问题，围绕这一问题卢卡奇心中形成了两个世界，一个是“罪恶年代”的世界，造就了分裂的文化和异化的人，另一个是“幸福年代”的世界，拥有完整的文化和自由的人。创造完整的文化，把生活变成本质，是卢卡奇毕生的使命。卢卡奇的“文化的问题就是对文化危机的批判，就是扬弃异化、恢复人的自由生存的问题。”[③] 因此，卢卡奇一直为赋形生活进行多方面的探索，

---

① “所谓的海德堡美学”是卢卡奇生前未发表的手稿，他的学生赫勒对此进行了研究，认为它实际上包含两个部分，即《艺术哲学》和《海德堡美学》，《艺术哲学》是《心灵与形式》的观点的具体化和明朗化，同时也是通向理解《小说理论》的途径。在这部著作里，卢卡奇把人类存在的状态主要分为真实和不真实两种截然相反的状态，艺术作品作为最终的真实的形式、作为真理、作为无意义的意义而显现。参见 Agnes Heller, “Unknown Masterpiece,” *Philosophy Social Criticism* 15 (1989).

② Agnes Heller ed., *Lukács Revalued* (Oxford: Basil Blackwell, 1983), p. 3.

③ 阿格妮丝·赫勒：《卢卡奇再评价》，衣俊卿等译，黑龙江大学出版社，2011，中译者序言第16页。

试图通过审美或艺术形式来塑造完整的生活，或通过政治和伦理的途径创造完满的世界。卢卡奇的心路历程、思想转变反映了其探索途径的变化，但他最终没有完全实现其心愿。赫勒追随导师的思想轨迹，赫勒在政治、伦理与审美领域不断为现代人追求有意义的生活而进行理论与实践的尝试和努力。

应该说，赫勒的哲学立场、审美思想以及有关文化批判等观点都主要受益于卢卡奇的遗产。赫勒对美学理论重构的视域、对艺术概念及形式的探索，以及试图通过作为文化批判的艺术和审美的途径来实现人类的最终解放的审美现代性思想，都验证了她对卢卡奇思想的传承。赫勒在总结卢卡奇一生的思想轨迹时，表达了布达佩斯学派成员从内心深处流露出的对导师思想的接受、继承与发展，“卢卡奇在生命最后40年主要兴趣在于美学。……几乎我们所有论卢卡奇的著作除了《历史与阶级意识》之外都主要是他的美学著作。有趣的是，不是我们跟随他的步伐，而是我们没有这样做，我们在某种程度上可能这样做”①。

（二）赫勒的个体解放理论为“文化可能性”的解决提供了新的思路

从古希腊到文艺复兴再到现代，人类解放被赋予了多种内涵，但大都与人的快乐的获得、人性的复归相联，只有马克思的人类解放理论才把人的解放真正同人的“类”解放、同现实的人、同感性的人的活动紧密结合起来。但随着当今全球化时代的到来，人类历史现实发生了极大的变化，马克思人类解放理论的背景条件发生了极大的转变，使得马克思所设想的通过阶级解放而实现人类解放的宏观政治革命的设想无法实现。赫勒发展了马克思的个体解放学说，其内在于社会生活和日常生活层面的微观革命适应了时代的要求。衣俊卿认为，20世纪至今的各种文化批判理论都自觉或不自觉地形成文化哲学的微观理论范式，日常生活批判“不再孤立地探讨和强调政治、经济等宏观社会历史因素的决定作用，而是把所有的社会历史因素都放到生活世界的文化意义结构中加以审视和评价”②。

如果说尼采的美学提供给我们一种审美的人生态度的话，那么赫勒的美学思想则是现代人寻求个体解放的广义政治学、伦理学。赫勒的美学理

---

① 傅其林、阿格妮丝·赫勒：《布达佩斯学派美学——阿格妮丝·赫勒访谈录》，《东方丛刊》2007年第4期。

② 衣俊卿：《现代性的维度》，黑龙江大学出版社，2011，总序第17页。

论完全融合在对发达资本主义社会和现存社会主义社会的批判理论中。在她那里，美学始终是与人的解放学说联系在一起的。

由于继承了卢卡奇的思想，赫勒认为人类解放问题不仅仅是靠政治革命能解决的问题，也不是仅靠伦理道德能解决的问题，同时也不仅仅是艺术或审美能解决的问题。因此，赫勒的人类解放理论不再只迷恋于宏观的经济政治革命，而是选择并发展了马克思个体解放的维度，依赖于激进民主制、日常生活中道德美学的渗透、道德个性的形成等政治、伦理、美学领域的微观手段来实现人的解放。在赫勒看来，当代人的解放问题就是“文化的可能性问题”，是人能否超越和摆脱异化的生活问题。对于这一问题的把握和解答，就像马尔库什对卢卡奇解决文化可能性问题所分析的，文化问题、美学问题同时是一种伦理学问题、一种政治学问题，因为它关系着人的自我决定、人的自由、生活方式乃至社会的变革。① 因此，赫勒的回答可以归纳为美学、政治学、伦理学三个层面。

人的解放是一种文化问题，它首先表现为美学问题。因为，艺术是人类的自我意识，审美的世界是一个自由的世界，它提供了非拜物教意识的所有可能性，走进艺术的神圣殿堂，个体能够趋向“类特征”水平的进化，从而可能实现个体与类的统一。就像马尔库塞所主张的，“今天，在反抗‘消费社会’的斗争中，感性……已成为争取解放的政治斗争中的一种力量”②。

但从赫勒把艺术的特性理解为自律和他律的统一来看，赫勒并未把艺术作为唯一的解放途径。尽管艺术形式是沟通生活和心灵的桥梁，但仅仅依赖艺术的力量并不能实现人的解放。艺术只能够超越异化，并不能废除异化，艺术作品与生活的关系永远只是不同领域的瞬间接触，不真实的日常生活永远不会因此而被救赎。此外，艺术也不能废除人类交往中存在的使个体孤立的缺陷，这一方面源于艺术家的精英主义特征，另一方面源于人的固有的本性。③ 赫勒清晰地看到了这一点，因此赫勒指出了卢卡奇艺

① Agnes Heller ed., *Lukács Revalued* (Oxford: Basil Blackwell, 1983), pp. 1 – 21.

② 赫伯特·马尔库塞:《审美之维》，李小兵译，广西师范大学出版社，2001，第 132 页。

③ Agnes Heller ed., *Lukács Revalued* (Oxford: Basil Blackwell, 1983), pp. 12 – 13.

术取消拜物教中存在的一些难以解决的问题。①

其次，在赫勒看来，人的解放即“文化问题”又是一种政治学问题。工业化社会使人们的生活日趋枯燥、流于形式，潜藏着严重的文化危机，人们失去了生活的目标，失去了对生活与世界的批判精神。为了改变人类的这种生存状况，赫勒不懈的努力。从她一生的著述和社会实践来看，她从青年学生起就积极思考人类生存问题，并身体力行，投身于争取解放的革命当中。她从自身经历出发，对资本主义和社会主义民主制提出批判，主张激进的民主制。当国际社会形势发生变化后，她转而试图借助人的理性的力量，在微观领域寻求个体解放的可能性，这突出地表现在她的立足于日常生活世界的交往的话语文化思想。赫勒的话语文化的建构为防止现代世界人的工具化、抵制邪恶文化提供了有力的力量。

赫勒的话语文化是以审美共通感为基础、以交往为媒介的。她认为，话语文化是现代性动力的载体，其跨语境、反思性和自我反思的特点，以及其包含批判因素的特征，推动了现代政治和各项制度的发展。赫勒认为，现代科学、技术甚至艺术在某种程度上增强了人性当中恶的因素，成为人们不断追求名誉、地位、金钱和权力的手段，而交谈文化作为意志训练文化的一种模式净化着人类的心灵，使人类适应于更高的目的，即道德的人的形成。在赫勒看来，话语文化体现了她一直所倡导的民主、自由、平等精神和多元主义价值理想，是完全适合于现代人和现代社会的。话语文化注重交谈，注重人们思想上的交流与沟通，为解决人与人的矛盾、化解个人与国家的利益的冲突，为现代和谐世界的建构铺平了道路。话语文化在现代性的发展中，为解决人的存在困境以及个体价值的实现提供了广阔的视野。赫勒相信，话语文化是自由与自然最终统一的途径，它展现了人类解放的前景。

最后，赫勒认为人的解放问题同时是一种伦理学问题。由于赫勒特殊的人生经历，赫勒对解放的理解有着独特的思考。她在《对需要的专政》《马克思的需要理论》《激进哲学》等著作中，都充分谈到了人的自由和解放的问题。现存社会对人的需要的专政摧毁了人的自由的理想，于是赫勒

① 阿格妮丝·赫勒：《卢卡奇再评价》，衣俊卿等译，黑龙江大学出版社，2011，第 238 - 242 页。

试图通过激进的需要革命、激进的民主制等途径，来实现对自由的追求。正如赫勒所言，激进民主制提供了自由和民主共同生存的可能性，这使得它在保证政治多元化的同时肯定了道德的价值。因此，在人类解放的道路上，是必须要有伦理道德来陪伴的。如果没有伦理和道德，人的自由和解放的理想就会变成泡影。

赫勒曾在《个性伦理学》中写道："我一直在思索艺术形式与美的性格之间的相似性"[①]。这里，她把解放的力量寄托在具有美的个性的伦理个体身上。正如马尔库什对卢卡奇文化问题的总结所说，"文化问题是否可能、赋形生活是否可能，表现为一种伦理学问题、一种道德行为问题——无论是积极的还是消极的——它都是一种自由的、个体自我决定的行为，或者更一般地说，是个体引导自己生活的方式问题"[②]。以此为前提，赫勒的人类解放思想强调个体性和差异性、强调社会生活的伦理内涵。从日常生活的个体出发，无论是"美的"性格的培养还是"道德个性"的形成都具有了实践的、可操作性的意义。

赫勒的思考没有停留于对美学的伦理学内涵的发现，更重要的是赫勒吸收了尼采和康德道德美学中适应现代性的成分，并在康德美学中找到了人类学的归宿点，为人的解放、人的价值的实现、文化可能性问题的解决指明了方向。"美是伦理学的花冠"是赫勒伦理美学思想的浓缩。对于处于其中的人们来说，在渗透美的思想和展现美的花冠的伦理、道德行为中，不论自觉与否，都会形成一种无形的无法抗拒、无法拒绝、理所当然的文化洪流。无论贫富、贵贱与聪愚，都会受到这种文化的熏陶，从而以这种文化指导自己的行为与思考，控制自己对好恶美丑的判断，形成赫勒所理想的"美"的社会，从而使实现民主、平等、自由的乌托邦共和国成为可能。

从分析中我们看到，赫勒在亲身经历和体验了20世纪现代人的生存状况和后现代政治状况后，对现代性幸存问题的解答回到了卢卡奇的"文化可能性"中，回到了对古典生活的向往和"完整的文化"家园，形成了

---

① Agnes Heller, *An Ethics of Personality*, (Oxford: Basil Blackwell, 1996), p. 274.

② Agnes Heller ed., *Lukács Revalued* (Oxford: Basil Blackwell, 1983), pp. 20 – 21.

“新时代”[1] 的重建现代性的审美现代性理论。赫勒的美学思想中，无论是对当代美学理论的重建，还是审美维度的文化批判理论，其归宿点仍然是现代社会人能否过上真实的、脱离异化的生活问题，所以从根本上说，赫勒的审美现代性思想是卢卡奇文化可能性问题的回归。

① Marios Constantinou, “Agnes Heller's ecce homo: A neomodern vision of moral anthropology,” *Thesis Eleven* 59 (1999). 在这篇文章中，康斯坦丁诺认为赫勒的道德美学思想为现代人解决生存困惑提供了新的思路，通过使经典的美德、美、和谐和幸福概念与现代想象、生活和自由的基本价值相吻合，赫勒刺激了现代性的人类学反思。他把赫勒的这种思想称为“道德人类学的新现代版”。

“美学是伦理学的花冠”*

——论赫勒对康德道德美学思想的重建

王　静

自现代性问题产生以来，西方世界出现了众多寻求解决现代性危机的方案，作为布达佩斯学派主要成员之一的赫勒继承导师卢卡奇的思想遗产，并根据自己独特的生活阅历，提出了解决现代性危机、改变现代人生存境遇的建设性思路。道德、伦理与美学的结合正是其设想克服现代性危机的主要途径之一。应该说，赫勒以美学切入现代性命运的视角及探索途径均来自卢卡奇的视域。衣俊卿教授曾这样评价卢卡奇，“卢卡奇对于哲学和艺术（审美）的关注毫无疑问根植于这种文化守望和家园意识。他所关注的并不是作为给定知识形态的哲学和艺术，而是作为文化批判的哲学和艺术”①。无疑，赫勒追随老师的思想轨迹，试图通过审美、通过艺术作品，来寻求解决现代性的重大理论问题和实践问题。

戴维德·罗伯茨（David Roberts）曾对赫勒的《美的概念》一书进行了分析，认为赫勒正在追随卢卡奇关于美学切入文化命运的构想，完成卢卡奇生前没有完成的任务。赫勒指出美的概念在现代面临着无家可归的困境，即美的概念与艺术分离，但是如果不是在艺术中，那么无家可归的美的概念到哪里去寻找它的位置呢？卢卡奇曾经试图在伦理学中寻找答案，但没有完成。而对于这个“空位”，赫勒将此与康德联系起来。②

---

* 本文刊于《苏州大学学报》2014 年第 3 期。

① 阿格妮丝·赫勒：《卢卡奇再评价》，衣俊卿等译，黑龙江大学出版社，2011，中译者序言 19.

② Roberts David, “Between Home and World: Agnes Heller's the Concept of the Beautiful,” *Thesis Eleven*, no. 59 (1999): 95 - 101.

赫勒在她的论著中经常提到康德，并给予极高的评价，“对世界知识有着充足的个人体验、有道德责任感、严肃、有怀疑精神、幽默、理解人类的愚蠢、有实践智慧——所有这些品质都在哥尼斯堡这个矮小的人身上体现出来”①。赫勒从19岁时为了参加卢卡奇的讨论会而翻译《判断力批判》以来，就极为喜爱这本书，经常翻阅，而且每次重读都能发现一些新的东西，这些东西深深地吸引着赫勒。在《碎片化的历史哲学》中赫勒认为康德是对世界认知最优秀的领航者，并称康德为她的“维吉尔”②。基于对康德美学思想的赞同，赫勒吸收了康德道德美学的基本立场以及康德美学中的道德人类学思想，把建构一个“好人”，即具有“美的”性格的道德个性的人作为美学的终极目的，并在美学与道德实践的立场上对康德的道德美学思想进行了重构。于是，赫勒在康德道德美学思想的积极内涵中找到了解决现代性危机的方案。

一、“美学是伦理学的花冠”是对“美是道德的象征”的发展

“美作为德性的象征”是康德对道德与美的关系的思想的完美表达：道德是最终的目的，美只是道德的“象征”；只是道德理念的“类比”。康德认为，一切先天概念都需要有直观来显示，可以是图形式的也可以是象征性的。象征借助于某种类比，对理性概念进行间接地演示。

比如，现实生活中，人们常常用一些可经验的自然事物来象征以道德评判为基础的超验的理性概念，比如，用青松、大厦、原野、白色来象征伟岸、雄伟、热情、纯洁。古诗文中常常用梅、兰、竹、菊“花中四君子”来象征谦谦君子，因为“它们激起的那些感觉包含有某种类似于对由道德判断所引起的心情的意识的东西”③。在康德看来，只有把美作为德性或善的象征，美才能伴随着“对每个别人都来赞同的要求而使人喜欢，这时内心同时意识到自己的某种高贵化和对感官印象的愉快的单纯感受性的超升”④。

这里我们看到，美作为一种普遍的审美共通感与作为普遍性规范的道

① Agnes Heller, *A Philosophy of History in Fragments*(Oxford: Basil Blackwell, 1993), p. 138.

② Ibid, p. 137.

③ 伊曼努尔·康德：《判断力批判》，邓晓芒译，人民出版社，2002，第202页。

④ 同上书，第200页。

德之间的关系。康德认为，人虽然是“一种动物”，但是是被赋予了理性的，理性是保证人从自然走向自由的动力。那么，如何把自由和自然统一起来？如何超越横亘在理性的理论领域和实践领域、感性的自然和超感性的自由、自然界和自由界之间的巨大的鸿沟？康德找到了判断力、审美判断力、艺术作为一种中介、一座桥梁。它“通过自然的合目的性概念而提供了自然概念和自由概念之间的中介性概念”①，使得纯粹理论理性向纯粹实践理性的过渡成为可能。

康德通过对美和崇高的分析，阐述了在审美领域认识向道德、自然向自由过渡的表现。康德认为，人天生就有鉴赏判断的能力，即“评判美的能力”。他从四个方面对美做出规定：第一，在质的方面，鉴赏和美是无利害的愉悦；第二，在量的方面，美是无概念的普遍愉快；第三，在关系方面，美具有无目的的合目的性；第四，在模态上，美是无概念的普遍必然性愉快。分析了美之后，康德把目光转向了崇高，因为在他看来，崇高更接近于道德。康德区分了三种崇高，恐怖的崇高、高贵的崇高和华丽的崇高，或数学的崇高和力学的崇高。他仔细探讨了崇高和道德的关系，“实际上，对自然界的崇高的情感没有一种内心的与道德情感类似的情绪与之相结合，是不太能够设想的；虽然对自然的美的直接的愉快同样也以思维方式的某种自由性、即愉悦对单纯感官享受的独立性为前提，并对此加以培养：但由此所表现出来的毕竟更多的是在游戏中的自由，而不是在合法的事务之下的自由，后者是人类德性的真正性状，是理性必须对感性施加强制力的地方”②。

康德对美和崇高的分析，凝结了一个命题，即“美是道德的象征”。“真正的德行只能是植根于原则之上，这些原则越是普遍，则它们也就越崇高和越高贵。这些原则不是思辨的规律而是一种感觉的意识，它就活在每个人的胸中……如果我说它就是对人性之美和价值的感觉，那么我就概括了它的全部……唯有当一个人使他自己的品性服从于如此之广博的品性的时候，我们善良的动机才能成比例地加以运用，并且会完成成其为德行美的那种高贵的形态”③。可见，最高的美乃是与善相结合、相统一的美，

① 伊曼努尔·康德：《判断力批判》，邓晓芒译，人民出版社，2002，第31页。

② 同上书，第108－109页。

③ 伊曼努尔·康德：《论优美感和崇高感》，何兆武译，商务印书馆，2004，第14页。

最高的善亦是如此。美，说到最后，“更其是一种道德美而不是什么别的”①。

在道德与美的关系上，赫勒采取了与康德相同的立场。在康德美学中，美是一种“象征”，道德的“象征”，这预示着美的功能，也显示了美的界限。据于此，赫勒提出“美是伦理学的花冠”。与康德类似，“花冠”在此可被理解为一种“象征”、一种“形式”，即美是形式，伦理学是内容。人们通过外在的美的形式，达到更高的道德的目的。在赫勒看来，美学不能取代伦理学，它只是伦理学的花冠。正如赫勒所说：“人们能够粗鲁地做正确的事情，也能够优美地优雅地完成正确的事情”②。当我们帮助别人的时候，当我们馈赠或收到一份礼物的时刻，我们如何去做，这不是“漠不关心的”。机智而适时地赠送礼物，注意不要触犯他人的情感，这不仅是一个具有道德意义的道德问题，更关乎美的问题。它们不仅体现了“是什么”，而且关涉“怎么样”。这里有空洞的仪式，然而也有充满意义的礼仪。“它们是我们行为的形式。更进一步说，这里有‘美的’个性，也有‘崇高’的性格。”③ 美的或崇高的性格带给我们的不仅是道德上的满足，更有感觉或心灵的愉快。“道德判断本身就具有审美的因素，因为感觉是构成一个好的道德判断的一个条件。”④ 我们对待他人的情感和情绪也是审美地形成的。

从美是伦理学的花冠这一立场出发，赫勒塑造了以“美的性格”为代表的道德美学的理想个性。赫勒认为，美的性格是“音乐的”，是极其简单的心灵的和谐的日常感觉。无论面前的树木和花草、天空和太阳、气味和声音是否协调，音乐式性格的人都会感到和谐和美。美的人，类似于一道和谐的风景，当然和谐的风景也不意味着侍弄较好的花园，和谐并不意味着实现某个目标或理想。相反，和谐类似于无忧无虑或跳舞或模糊的自我肯定所带来的轻松，这种模糊的自我肯定使得人心情愉快，而心情愉快才有开放性，才有自由，才有可能性。于是，赫勒把美与音乐式的和谐、

---

① 伊曼努尔·康德：《论优美感和崇高感》，何兆武译，商务印书馆，2004，序第 11 页。

② 傅其林、阿格妮丝·赫勒：《布达佩斯学派美学——阿格妮丝·赫勒访谈录》，《东方丛刊》2007 年第 4 期。

③ Fu Qilin, “On Budapest School Aesthetics: An Interview with Agnes Heller,” *Thesis Eleven* no. 94 (2008): 244.

④ Ibid.

自由、开放性、可能性等联系起来，“音乐式的和谐模型更适合现代人的描述”①。

这一点与康德不同，康德更加欣赏崇高的性格，而赫勒尽管认同崇高的性格仍然是现代人的理想性格，但是她认为拥有崇高的个性的人容易成为忧郁的人。在赫勒看来，崇高的人正直、正义、伟大、权重，但是这种性格容易给自身带来痛苦，不能获得普通意义上的幸福。而美的性格是一种和谐的性格，这种和谐的性格能够在行动中提供一种形式的美，从而达到道德的目的。“然而对于康德，正是美而不是崇高提供了道德的象征，正如赫勒所观察到的，美不用受到审判就指向了道德律。”② 美的个性提供了人与人交往的可能性，这种社会的、分享的和交往的快乐加强了人类间的共通感，实现了赫勒的“交往的共和国”，即赫勒所称的“新的道德的”世界，激进乌托邦的理想。这个“理想的交往社会”，是民主观念的实现，而且这个未来社会的道德承认并充分满足人们的各种需要，最终马克思的人类的最高价值在这里体现，个体与类实现了统一，类的物理的、心理的和精神的能力的发展同时是个性和个体的物理的、心理的和精神能力的运用和发展。③

二、道德审美人类学是赫勒与康德道德美学的共同目标

道德审美人类学是赫勒与康德道德美学的共同目标，他们都试图在生存与自由的关系中思考美学。康德的“美是道德的象征”，不仅是《判断力批判》的主旨，而且体现了康德一生思想体系的建构理想：审美的最终归宿是走向道德，人类通过审美会由自然走向自由。可以说，美与道德的统一是康德毕生的祈盼，从早期的《论优美感和崇高感》，到《判断力批判》再到晚年的《实用人类学》，都渗透了康德对美的、道德的人生的追求，都体现了康德对人的存在和使命的关注。在康德看来，在自然向人生成的历史长河中，人在由自然走向自由的过程中，审美只是一种过渡，人

---

① Agnes Heller, *An Ethics of Personality* (Oxford: Basil Blackwell, 1996), p. 244.

② Roberts, David, "Between Home and World: Agnes Heller's the Concept of the Beautiful," *Thesis Eleven*, no. 59 (1999).

③ James Wickham, *Radical Philosophy*, trans. Agnes Heller (Oxford: Basil Blackwell, 1984), pp. 156 – 175.

的最终目标和最高境界是道德境界，是形成文化的、道德的人。审美的最终目的服务于道德的目的，最终为实现自由的人、实现人的解放奠定基础。

康德关于鉴赏判断的四个契机都是围绕着人的自由而阐述的。第一个契机特别强调美的无利害，因为唯有“对美的鉴赏的愉悦才是一种无利害的和自由的愉悦”，这里康德把无利害同“自由”联系起来。第二个契机中，美是无概念地作为一个普遍愉悦的客体被设想的。第三和第四个契机，美具有无目的合目的性以及美是无概念的普遍必然性愉快，是从自由情感的普遍性方面来规定鉴赏力的。鉴赏这种主观感性的愉悦何以可能而又是普遍的呢？康德的先验哲学向我们揭示了这种可能性，即人们先天具有的共通感。它可以使我们的鉴赏愉悦超出个人的感觉和判断，扩展到全人类。在这里，“康德立足于人类学的高度，紧紧地抓住了审美过程中人类‘共同情感’这个带有本质意义的事实”[①]，由此，人们发现通过审美愉快可以发现自己是自由的，它因而指向了人类本性当中共同的、普遍的东西。同时，康德通过崇高与道德的关系的论述，向人们启示了自由的道德性，崇高感本身就内在于人的本性中。

但是这种个人的愉快感、自由感如何具有普遍性呢？于是，康德在人的审美心理上寻找到了人的社会性的“共通感”，即一个共同感觉的理念。它能够在“自己的反思中（先天地）考虑到每个别人在思维中的表象方式，以便把自己的判断仿佛依凭着全部人类理性……通过我们只是从那些偶然与我们自己的评判相联系的局限性中摆脱出来，而置身于每个别人的地位”[②]。正是这种共通感，人的审美判断具有普遍有效性，但这种普遍有效性又是如何在人类中普遍传达的呢？康德又在人类的审美经验事实中，在艺术中寻找审美判断和审美愉快普遍传达的途径。在康德看来，人的情感以及对自由的认识要想获得普遍传达的有效性，除了具备先天的普遍的共通感外，还应该有一种经验的、现实的传达手段——艺术。正是艺术传达着人们共同的心灵的感悟。在艺术中、在审美经验中，人意识到自己作为普遍性自由的存在，从而意识到自由的道德必然性，最终走向道德的

① 邓晓芒：《论康德〈判断力批判〉的先验人类学建构》，人民出版社，2002，第 387 - 388 页。

② 伊曼努尔·康德：《判断力批判》，邓晓芒译，人民出版社，2002，第 135 - 136 页。

人。由此，康德完成了道德审美人类学的最终目的：人是整个世界最高的目的。

以此为目标，赫勒的道德审美人类学是对现代性困惑和挑战的思索，同时对美的理想的社会构成的新现代解读成为驱使赫勒道德人类学思考的动力。赫勒试图在古代理论的生存智慧中找到现代价值生长的契合点。赫勒在《文艺复兴时期的人》中对文艺复兴时期的社会、文化、艺术、政治等状况进行了考察。在她看来，美的理想是文艺复兴日常生活的不可缺少的一部分。那时，只要城市共和国能够通过形成道德习俗和规范人类行为，美就不需要成为一种理想的抽象表达。但是，随着城市共和国的衰落，产生了一种多样化和个体化的需要，人们的道德、伦理、美与自由的观念呈现出与传统社会不同的特点。她承认，人的类存在展现的每一时刻都是个体、阶级、民族和种族异化的时刻，但是文艺复兴确实缩小了类的发展与个体潜力的差异，而且文艺复兴时期个人主义也不像现代自我中心主义那样带有病态的特点。

于是，赫勒试图从道德审美人类学的视角对现代价值、自由进行了重构，建立了适应现代生活的个性伦理学。在《个性伦理学》中，赫勒对罗莎·卢森堡个性伦理的简单描述体现了她对崇高的看法。卢森堡是道德崇高的典型，但其是一种悲剧性的崇高，在赫勒看来，苏格拉底、浮士德、卢森堡都是悲剧价值的典范，这里她暗示了一种对悲剧价值的间接的强调。尽管她提出美的个性是理想的性格，但她对崇高的性格的分析也展现了她对崇高的热爱，只不过崇高的个性不会获得普通大众意义上的幸福，会过痛苦的一生。但她还是含蓄地提出了一种悲剧的视角，价值概念本身应该显示出与悲剧命运的一致性，这是一种个人的存在性选择。康斯坦丁诺认为，“正是赫勒的悲剧价值视角——与后现代构成主义的悲剧立场或怀旧情绪不同——决定了她的道德人类学，在她看来，崇高的美的性格不是悲剧性的。”①

在赫勒对美与道德的关系的论述中、在对美与崇高的生存选择中，我们可以看出，赫勒通过外在的美的形式，建立了以自由为目的的道德美学

① Marios Constantinou, “Agnes Heller's ecce homo: A neomodern vision of moral anthropology,” *Thesis Eleven*, no. 59 (1999).

个性。她对美的性格的阐述是同自由、道德、价值、生存联系在一起的，她吸取了古代的智慧，认为美的性格就是和谐的性格，而和谐的性格是“许多种或者甚至说所有种不同的开放性和自由的并存”①。同时，“自由是美的一个有机的因素，但是作为自由的选择，它也是一个道德事件”②。康斯坦丁诺极为赞赏赫勒的审美人类学建构，“比较而言，赫勒对道德承诺的美学的强调，最重要的是，她根据自由的和谐的协调来理解美，暗示了对现代性的宇宙视域的重新发现。通过把和谐设想成为完美的存在的花冠，赫勒对个性伦理学进行宇宙论的重塑”③。

可以说，赫勒的道德美学是基于对人的存在状况的认识、对现代日常生活危机的认识，她试图在日常生活中解决生活和自由的问题。正如她自己所言：“我不用普遍的箴言开始我的讨论；相反，我选择跟随正派的人的生活方式。正派的人，同我们其他人一样，在日常生活中开始他们的生活。更确切地说，他们首先在基本的日常决定中区分正确和错误。”④ 由于对现代性的否定，道德人类学把自己的命运指向了生活世界的人文主义的社会可能性，在那里，能够产生出个体真理与自由的美，那里可以作为真实存在的预设。康斯坦丁诺认为，赫勒的道德美学应该被视为一种试图修正在康德著作中明显反思的现代性人类学。因此，在某种意义上，赫勒已经用道德美学与敏锐的意识来调和现代性的人类学想象。

赫勒植根于日常生活的道德美学个性的形成，应该说是对康德道德美学的发展。因为对于康德先验的道德人类学来说，自由概念在感性世界的显现要想变成现实，必须有经验的参与。在赫勒看来，美向日常生活总体的扩展体现了一种文化价值。而这恰恰是超验的康德美学所不具有的。“对康德来说，艺术不是‘日常’意义上的判断对象，艺术也没有‘日常’的效用。”⑤ 赫勒认为，艺术品的价值不在于它的“有用性”，而在于它具有某种唤醒人的美的力量的东西。

---

① Agnes Heller, *An Ethics of Personality* (Oxford: Basil Blackwell, 1996), p. 240.

② Agnes Heller, "The Beauty of Friendship," *The South Atlantic Quarterly* 97, no. 1 (1998).

③ Marios Constantinou, "Agnes Heller's ecce homo: A neomodern vision of moral anthropology," *Thesis Eleven* 59 (1999).

④ Agnes Heller, *A Philosophy of Morals* (Oxford: Basil Blackwell, 1990), p. 39.

⑤ 转引自冯宪光、傅其林：《审美人类学的形成及其在中国的现状与出路》，《广西民族学院学报》（哲学社会科学版）2004 年第 5 期。

在日常生活中，美使人们走向了道德。赫勒的道德美学把康德超验的道德美学拉回到了人们生活的世界，保障了共通感的共和国的实现，正如罗伯茨所认为的，“如果审美判断力与理解力和理性相比，不拥有自己的领域，如果它保持着超验的地位，那么它就不能够提供通向主体间性的共同领域的桥梁。‘反思判断力的社会的、共同分享的和共有的特点以及它的快乐’打通了被赫勒称之为康德的超验的政治人类学，自由、平等和博爱的共和国”①。

三、赫勒道德美学对康德道德美学的超越

赫勒道德美学是在差异性范畴下选择的，更多的是个体的伦理，而康德道德美学却是在普遍性范畴下所做的选择，具有一种普遍的道德律令。我们可以从“美是伦理学的花冠”与“美是道德的象征”这两个命题看出其中的不同：康德的道德注重的是普遍性的道德，而赫勒关注的则是个体的伦理。赫勒认为，普遍性范畴下所做的选择是一种基本的道德选择，是选择自己作为一个道德的人。而差异性范畴下所做的选择就是服务于个性伦理的模型，这里单个人不选择自己作为体面的人，而是选择自己作为某一种职业的人，或者哲学家或者诗人等。但是现代人应该做哪一种选择呢？

赫勒认为，康德的普遍律令强调了对他者的责任，是对他者命令和要求的回答。在赫勒看来，康德的道德律令不能满足一种纯粹的个体伦理，在纯粹的个性伦理中，一个人不能把自己的行为或决定屈从于任何标准，甚至是普遍的道德法则。康德的道德哲学只是一种形式，因为它先验地为人性设定了一种普遍遵守的道德法则，追求完美的存在方式，这在现代多元主义价值体系下是不可行的，或者即使在传统社会，也不是每个人都能够按照普遍的道德法则行事。道德选择情境并不是“非此即彼”的，常常是两难困境的，此时康德的普遍道德律令不能给我们任何指引。

如萨特在《存在主义是一种人道主义》中所举的那个学生的例子，他或者陪伴母亲身边使她坚强地活下去，或者参军为哥哥报仇，但是“不管

① Roberts David, “Between Home and World: Agnes Heller's the Concept of the Beautiful,” *Thesis Eleven*, no. 59 (1999).

他乞助于任何道德体系，康德的或者任何一个人的体系，他都找不到一点点可以作为向导的东西；他只有自己发明一法”①。正如赫勒所指出的，康德的绝对律令“是所有他者对你的要求，因为在我们看来，人类不仅包括所有曾经活着的人，也包括现在活着的人，还包括没有出生的人。但是这个道德律令并不能充分地引导我们。因为它只是一种箴言的选择，而不是我们应该采取的行动，我们不可能回答所有可能的他者的命令；在行动上我们不能”②。

康德有关道德的绝对命令在伊格尔顿、尼采、福柯等后现代哲学家、美学家看来，其伦理道德是高度的形式主义的，其道德主体是一元的、普遍性的，是必然要被抛弃而以美学主体来代替的。伊格尔顿曾说：“康德的道德法则是一尊原始偶像；因此，道德法则并不是人类同一的坚实基础，这恰好表明了其意识形态的贫乏。……人们需要‘在主体性的基础上促进个体间的统一’，但政治和道德都无法满足这种需要，美学却能满足这种需要。如果说美学是存在的重要标志，这部分地是源于道德和政治领域的具体化的、抽象的、个人主义的本质。”③ 但是赫勒在这一点上与这些后现代思想家是截然不同的，她没有放弃康德的道德美学观点，恰恰吸收了康德的审美文化观，并对当代道德美学的发展提出了建构。

赫勒认为，一个单个的个人可以在普遍性范畴下选择自己，也可以在差异性范畴下选择自己，然而有一种甚至只有一种选择是最基本的选择。立足于现代的多元主义价值观，赫勒在伟大的传统叙事中找到了更多的美的主题：个人的独特的美的体验、自然之美、友谊之美、艺术创造之美、生活形式之美等等多种美的维度。康斯坦丁诺认为，“阿格妮丝·赫勒的道德美学极为重视自我形成的维度，完全按照个体存在选择的情感强度来决定，而不是由社会环境或遗传天赋来决定。她的指导原则是在个人的能力中发展道德资质的存在选择是自己的选择”④。可见，赫勒极为强调个体

---

① 让-保罗·萨特：《存在主义是一种人道主义》，周煦良等译，上海译文出版社，2005，第26页。

② Agnes Heller, *An Ethics of Personality* (Oxford: Basil Blackwell, 1996), p. 4.

③ 特里·伊格尔顿：《审美意识形态》，王杰、傅德根、麦永雄译，广西师范大学出版社，2001，第75页。

④ Marios Constantinou, “Agnes Heller's ecce homo: A neomodern vision of moral anthropology,” *Thesis Eleven*, no. 59 (1999).

选择对于现代人生存和自由的意义，强调了个体化、多元化的利益和价值。赫勒的道德美学是适合现代背景的，她对于道德美学的解释学想象抵制了普遍主义的范畴。

尽管赫勒的道德美学思想关注于个体的感受、个体的态度，剔除了普遍性因素，但是赫勒认为，现代人只有个性伦理学是不够的，必须有道德哲学。在《个性伦理学》中，赫勒用学生约希姆的口吻表达了自己的看法："如果我们拒绝了康德的道德哲学，而沉湎于一种个性伦理学，我们就会失去一切，我们不能区分好与坏、善与恶。如果我预见到康德的死亡、预测到道德律将分享老上帝的命运，那么我会万分感谢我不可能生活在下个世纪。我比过去更加恐惧未来"①。在赫勒看来，一种个性伦理是冒险的，因为在行动上它更多地从个人的角度思考问题，相比之下，"普通伦理学或道德哲学，比如说康德的道德哲学，根本就不存在冒险"②。所以，尽管康德的道德性具有强烈的形式主义特征，但是赫勒保留了绝对命令的存在，并把它作为一种普遍有效的道德标准，因为他的人类学和道德美学的探索使得自然和自由的调节成为可能。

由此，赫勒把美学放到了当代历史哲学及时代的背景下，建立了体现个性伦理和道德哲学的道德美学，其思想的最终目的是建立完整的、自由的人，就像所有的东欧新马克思主义者一样，"一方面，它同西方一些人本主义马克思主义流派一样，致力于人的存在和本质的探讨，致力于对现存世界的批判和对人类存在困境的反抗；另一方面，它又特别关注现存社会主义的民主化和人道化问题。"③ 可见，赫勒所理解的美学困境不只是美学自身的问题，而且是时代的问题，即现代性危机的重要方面；赫勒强调要在多元的文化语境中思考美学的重建，实际上也不只是解决美学的危机问题，而是克服现代性危机的一条途径，因此，赫勒的美学同伦理和道德问题紧密相关。赫勒在审美和道德领域的思考成果使得扬弃异化和恢复人的自由生存的问题成为可能，它体现了对卢卡奇"文化可能性"问题的回归，"在卢卡奇那里，文化的问题就是人的存在和命运的问题，……就是

---

① Agnes Heller, *An Ethics of Personality* (Oxford: Basil Blackwell, 1996), p. 104.

② Ibid, p. 265.

③ 阿格妮丝·赫勒：《日常生活》，衣俊卿译，重庆出版社，1990，中译者序言第10页。

对文化危机的批判，就是扬弃异化、恢复人的自由生存的问题”。[1] 或许赫勒的思想只能算是冰山一角，但是，她的道德美学思想提出了对现代人改变生存境遇的建设性尝试。

① 阿格妮丝·赫勒：《卢卡奇再评价》，衣俊卿等译，黑龙江大学出版社，2011，中译者序言第 16 页。

论赫勒美学的伦理之维*

王思楠　孙建茵

20世纪，美学的研究主题更呈现出多元化的态势并被赋予了鲜明的时代特征。立足现代性危机的现实语境，众多学者对现存的政治、经济、文化，以及伦理道德等领域展开了批判和重构，力图通过美学寻找救赎之路，最终构建一个人类赖以生存的“美的家园”。东欧新马克思主义的重要代表人物、布达佩斯学派思想家阿格妮丝·赫勒在卢卡奇的影响下，阐述了独特的美学思想。赫勒的美学理论与她的个人经历不无关系：惨无人道的大屠杀、斯大林式的一体化社会形态、被迫离开故土移居西方世界。因此，赫勒的美学具有强烈的现实指向，包含着对现代人日常生活批判和重建的主张。在这样的前提下，赫勒的美学思想必然内在地具有明确的伦理诉求，换句话说，她的理论是一种伦理学与美学的完美统一。赫勒美学的伦理之维体现了对卢卡奇美学思想的延伸，不仅丰富了马克思主义美学的伦理维度，而且为社会变革提供了一种救赎范式，为现代人构建了一种现实的乌托邦世界。

一、赫勒美学的建立与发展

作为西方马克思主义的开创者，卢卡奇在其晚年的学术生涯中重拾美学研究。尽管他的巨作《美学》最终没有完成，但其美学代表作《审美特性》却得到了布达佩斯学派的普遍重视和极高的评价。马尔库什把《审美特性》视为卢卡奇“重要的晚年综合著作”①；费赫尔明确指出：《审美特

---

* 本文刊于《黑龙江社会科学》2016年第2期。

① 阿格妮丝·赫勒：《卢卡奇再评价》，衣俊卿等译，黑龙江大学出版社，2011，第3页。

性》的确是卢卡奇的魏玛时期成就的顶点……为伦理民主的多元主义提供了普遍的哲学基础。[①] 因此，布达佩斯学派把卢卡奇的《审美特性》当作其学术生涯中具有里程碑意义的著作，是卢卡奇对历史和阶级意识》的真正的自我批评和反思的成果。显然，卢卡奇晚年的美学思想对布达佩斯学派的成员们产生了巨大的影响，这种影响直接体现在赫勒以卢卡奇的理论为基础建构的美学理论之中。

赫勒是卢卡奇最为得意的弟子之同时也是卢卡奇的助手兼同事。可以说，正是卢卡奇将赫勒引向了哲学研究并使她开始接受马克思的立场与方法。赫勒于 1947 年考入布达佩斯大学学习物理和化学。一次偶然的机会，赫勒旁听了卢卡奇的一堂哲学课，从此便对哲学产生了浓厚的兴趣，并毅然转入哲学系学习成为卢卡奇的学生，并最终成为布达佩斯学派的重要成员。卢卡奇晚年的美学研究时期正是赫勒哲学思想形成的初期阶段，在此阶段，赫勒最重要的哲学框架和理论基础——日常生活批判理论就深受卢卡奇美学思想的影响。可以说，这一理论的基础就是“卢卡奇《审美特性》中关于日常生活世界和艺术、科学的关系的基本思想。[②] 赫勒在此基础上，更加强调微观层次上的改变，即日常生活的人道化的重要性，由此确立了自己哲学研究的起点。正如赫勒所坦言：‘就我而言，卢卡奇的《审美特性》最让我感兴趣的不是纯粹的审美问题，而是日常生活的理论。”[③] 尽管赫勒理论研究初期的主要兴趣并不在美学领域上，但不可否认的是赫勒这一时期的思想中贯穿着审美维度，这种审美维度后来逐渐成为赫勒全部著作中，无处不在的重要内涵，也成为赫勒理解历史、社会、政治和哲学的维度。

如果说，赫勒起初只是把美学当作阐释其哲学思想的一种视角的话，那么卢卡奇逝世之后，赫勒则开始专注于建构一种美学理论。这一点从赫勒颇为丰硕的美学成果中便可见一斑：论卢卡奇美学思想的《乔治·卢卡奇的美学》《卢卡奇与神圣家族》《卢卡奇的晚期哲学》《群体利益、集体意识以及卢卡奇和戈德曼论知识分子的地位》等；专门研究美学问题的著

---

① 阿格妮丝·赫勒：《卢卡奇再评价》，衣俊卿等译，黑龙江大学出版社，2011，第 135－136 页。

② 阿格妮丝·赫勒：《日常生活》，衣俊卿译，黑龙江大学出版社，2010，序第 2 页。

③ 傅其林，“布达佩斯学派美学——阿格妮丝·赫勒访谈录，”《东方丛刊》2007 年第 4 期。

作《审美哲学》《美学与现代性》，与费赫尔共同主编的有关艺术、音乐和文学方面的论文集《重构美学：布达佩斯学派论文集》。此外还有一些零散的著述：《分析羞耻现象的五种方法》《情感在艺术接受中的地位》《艺术自律或者艺术品的尊严》《对后现代艺术的反思》等。

正如马尔库什所言："从卢卡奇作为一位思想家的发展之初起，对他来说文化问题就意味着是否有可能过上一种摆脱异化的生活问题。在这个问题背后包含着他对于敌视文化、'文化危机'这些描述现代资产阶级存在特征的状况做出的充满激情的诊断，也包含着他对这种状况的坚定拒斥。"① 赫勒继承了卢卡奇这一危机意识以及卢卡奇美学思想中的批判精神和革命精神。赫勒致力于通过对资产阶级社会的现代美学的批判来完成美学的重构。首先，赫勒对现代美学特征进行了论述。赫勒指出，美学的发展进程可分为两个时期，一是"脱离一切日常生活和生产性的活动"② 的前资本主义时期；另一时期是，资产阶级社会时期的资产阶级发展的产物"它涉及资产阶级活动的一体化"③。赫勒立足于资产阶级社会的个体化和商品化的特征，分析了现代美学存在的四个决定性因素，即美及其客观化活动的出现、艺术上缺乏共通感、艺术与日常生活相脱离，以及艺术的商业化。因此，现代美学是一种具有独立功能的、自足的活动。在赫勒看来，审美具有历史性，美学也由此是一种历史性学科哲学美学则就是一种历史哲学，而且她认为，正是美学的历史性特征使其蕴含着一种批判性和革命性。其次，赫勒对资产阶级社会中的现代美学的问题进行了批判性分析。在对美学发展的分析过程中赫勒发现，资产阶级时代的美学结构是自相矛盾的，这种自相矛盾会导致"趣味缺乏"的危险，并且指出这种自相矛盾的解决办法也同样是自相矛盾的。在赫勒看来，"美学在它的自相矛盾是不可超越的意义上说，是不可能改革的。因而'错误的源泉'也是不可能根除的"④。因此，最后，赫勒提出了重构美学的理想。例如，赫勒提出要使归纳批评与哲学美学"都努力避免各自内在的危险或者至少把这些

---

① 阿格妮丝·赫勒：《日常生活》，衣俊卿译，黑龙江大学出版社，2010，第6页。

② 阿格妮丝·赫勒、费伦茨·费赫尔，《美学的重构：布达佩斯学派论文集》，傅其林译，黑龙江大学出版社，2014，第2页。

③ 同上。

④ 同上书，第22页。

危险缩小到最低限度”[①]，以此来调和两者之间的关系。除此之外“艺术品的价值和关于它的审美判断的有效性应该统一”[②]。由此，赫勒提出建构一种具有革命性、批判性的马克思主义美学。

二、赫勒美学的伦理诉求

如前所述，赫勒坚持在历史的视域下，反思现代美学的弊端和缺陷，因此，她的美学思想具有深刻的批判性和超越性。这种批判和超越也体现在了赫勒美学鲜明的伦理诉求之上。概括地说，这种伦理诉求就是一种追求自由、个性、平等的人道主义诉求。一方面，赫勒是惨无人道的大屠杀的亲历者和受害者，她的父亲就是在奥斯威辛集中营中遇难的。这一经历对赫勒的思想不可避免地产生了巨大的影响。另一方面，二战后，东欧各国受斯大林模式的影响，民族解放、社会主义发展受到了桎梏，赫勒和布达佩斯学派因反对教条主义的马克思主义受到了政治迫害。因此，她始终对人的自由、解放以及人性的善恶、伦理道德等问题有着浓烈的兴趣。在这样的兴趣驱动下，赫勒继承了马克思的人道主义思想，沿着伦理的维度开启探寻人的解放与自由之路。她的著作中始终贯穿着人道主义这一线索，以及对伦理的诉求。正因如此，赫勒的美学思想就体现出了这种崇尚自由、解放的伦理诉求，其最鲜明的体现就是赫勒美学对现存社会的批判，批判当代资本主义社会中，经济、政治、哲学、伦理道德、日常思维和艺术的沦落，主张恢复潜藏在艺术中的创造性和独特性，恢复审美活动中人的主体性地位和尊严。赫勒美学的这一伦理诉求清晰的贯穿于其美学著作之中，我们可以从三个方面来对此进行解读。

（一）对自由与个性发展的追求

我们可以从赫勒的美学著作中捕捉到两个重要的关键词：自由和个性。自由与个性是赫勒理想的现代日常生活的主体所具有的基本特性，同样也是审美主体不可或缺的。自由与个性代表着创造性、自觉的主体性。赫勒曾说过：“当所有的媒介、样式和作品被同样的规范和标准评价与判

① 阿格妮丝·赫勒、费伦茨·费赫尔，《美学的重构：布达佩斯学派论文集》，傅其林译，黑龙江大学出版社，2014，第22页。

② 同上。

断时，这个问题变得严重了。”[1] 显然，赫勒反对艺术被同一化，提倡为艺术提供一个能够促进个性充分发展的创作氛围。同时赫勒揭露了僵硬、死板的统一化标准对艺术与艺术家的压抑和牵制所造成的悲剧：“许多当代艺术家极为怨恨地谈论着高级现代主义的理论家，谈论着他们的艺术制度，博物馆馆长、管弦乐队、出版商和所有被他们的判断所引导或者误导的那些人。据说，他们使艺术情景恐怖化了，排除了许多很有价值的艺术家，同时被他们意识形态的前判断甚至偏见所鼓动。”[2] 而且“也有这样的时代，一部小说或者准确地说一个散文文本不允许来讲述故事或者来表现一个人物，一幅画不允许成为形象的，一首音乐不得不花费一切代价来避免公弦，一座雕塑不被认为拥有一个中心和诗歌节奏……因为在他们的接受中公共的趣味有更多的发言权。”[3] 赫勒所批判的艺术泯灭个性，使艺术家丧失了创作的自由空间，因此，艺术作品成为标准化、齐一化的复制品，审美活动成为毫无生气和灵气的刻板劳动，失去了个性和自由的灵韵。这样，审美活动的最终命运只能是与主流保持一致：“有一种走向普遍主义化的规范趋势恰恰根植于艺术自律的意识形态本身之中，在这种创造性艺术样式中认为是最新潮最成功的东西，也不得不在其他样式中被接受和实践，不管那些艺术的自身媒介对这些实践是友好的还是敌视的……但是一些作家努力尾随这种‘潮流’。”[4] 如此一来，艺术家只能是自我异化的悲剧存在，而艺术品就是这种异化的产物。因此，赫勒批判统一化标准对艺术与艺术家的这种压抑和摧残，提出要去总体化而支持和营救差异，实现“在最小的空间中体现出最多的异质性”[5]，因为只有这样“人们才有行动、决定、评价的空间”[6]。

（二）对艺术评价标准的宽容

那么该如何追求自由、保证个性呢？对此，赫勒强调对艺术家的评判态度应该保持“宽容”的原则。对艺术家及其艺术作品的评价应该更尊重

---

① 阿格妮丝·赫勒：《艺术自律或者艺术品的尊严》，《东方丛刊》2007 第 4 期。

② 同上。

③ 同上。

④ 阿格妮丝·赫勒、费伦茨·费赫尔，《美学的重构：布达佩斯学派论文集》，傅其林译，黑龙江大学出版社，2014，第 5－6 页。

⑤ 同上书，第 5 页。

⑥ 同上书，第 6 页。

审美标准，体现出宽容性和包容力。例如，在赫勒看来，不同的艺术家有着不同的性格。正如在所有时代一样，一些有天赋的艺术家也具有独特的个性，有些比其他人更虚荣，有些更贪婪，有些则完全不注重物质利益。然而，审美活动重视的不应该是他们是否贪婪、虚荣，他们是否奉行禁欲主义或者谦卑，而是应该以他们与其创作出来的作品之间的关系作为衡量标准，也就是说，他是否真诚地、创造性地进行了艺术实践活动。不同的艺术家通过艺术品所传达的精神不同，因此，不能仅仅单纯的以艺术家的“善”“恶”断定艺术品的“是”与“否”“好”与“坏”。而且赫勒指出：“不是所有真诚的艺术家所创造的作品，不是所有有尊严的作品都是好的艺术品。正如不是所有个人都具有一个性格一样，因为有不重要的人，没有实质性的人。然而他们仍然是人，不能作纯粹的手段。坏的艺术像一个没有性格的人一样，但仍然是艺术。”① 显然，从赫勒的表述中可以看出，她的“宽容”原则实际上是对艺术平等的追求，体现了对艺术家“个性”的强调以及尊重主体性的人道主义精神。

（三）对艺术中道德力量的探寻

赫勒非常重视情感在艺术接受中的作用，为此她做了专门性的探讨，并于2007年来华进行学术交流时，进行了专门的演讲。伦理道德作为情感的一部分，在艺术中是否蕴含着道德力量也成为赫勒探寻的重点之一。赫勒首先发出疑问：“信赖音乐的治疗效果，信赖作为治疗的音乐，信赖音乐把冷酷的心转变成有感情之心、把邪恶者变成感伤主义者的道德力量，也许和音乐本身一样古老。音乐的神话之星是俄尔甫斯和大卫王。古代信条的颠倒是真还是假？托马斯·曼所说的，音乐在政治上和道德上是值得怀疑的，这是不是真的呢？阿多诺所表达的，因为音乐唤起情感，所以我们面临着非本真的退化的听觉，这是真的还是错的呢？音乐的治疗作用，道德力量真的是一个谎言，甚至不是一个虔诚的谎言吗？”② 面对这些疑问，赫勒辩证地分析了美学中，情感和道德力量的作用。在赫勒看来，道德在美学中能够发挥双重作用。以音乐为例，音乐的情感效果有好有坏。“它能够赋予谎言以力量，加强丑恶的本能，甚至罪恶的本能，然而也有

① 阿格妮丝·赫勒：《艺术自律或者艺术品的尊严》，《东方丛刊》2007年第4期。
② 阿格妮丝·赫勒：《情感在艺术接受中的地位》，《中外文化与文论》2009年第18期。

疗效的作用，能够化敌为友。”① 实际上，赫勒更加强调道德力量在审美活动中的正面作用。艺术能够带给人以快乐的体验，这样的艺术能产生积极的道德影响力：“我们将以更少的自我中心和更多的纯真回到日常生活的情感。”② 由此，赫勒的美学思想追寻人的解放、自由、人性之美，体现了建构一个人道化的、良善的、美好幸福的生存环境为目标的伦理指向和价值旨归。

三、赫勒美学与伦理学的关系

通过以上论述，赫勒美学思想之中蕴含的伦理诉求得以呈现。然而，还需要进一步论述赫勒的美学思想与其伦理学思想之间所具有的内在联系。一方面，两者统一于赫勒的日常生活批判理论。在《日常生活》中，赫勒将整个人类社会划分为三个对象化领域。第一是“自在的对象化”领域，这是基础领域。此领域具有直接性与重复性，是与人最直接发生关联的日常生活领域。在赫勒看来，这一领域是“构成所有对象化领域的基础、人类的条件和全部文化的起点”③；第二是“自为的对象化”领域，在这一领域中“体现了人的自由，并表达了人性在给定时代所达到的自由的程度”④，因此，在赫勒那里，这一领域是人类社会结构中的“最高领域”，在此领域中，主要包括科学、哲学和艺术等；第三是“自在自为的对象化”领域，“这一领域是由前两个领域分化而产生的‘这是社会—经济—政治诸制度的领域’”⑤。这一领域的对象既具有“自在的对象化”的特点也具有“自为的对象化”的性质，赫勒也将其称为“制度化领域”。显然，在赫勒那里美学是从属于最高领域——“自为的对象化”领域的。但在她的领域划分中，伦理道德并不是一个分离的或独立的领域，而是内在于所有领域的人际关系。因此，在赫勒那里伦理学是内在于美学之中的。

另一方面，赫勒的美学与伦理学内在统一。《个性伦理学》是赫勒集美学思想与伦理思想于一体的一部著作，从这种意义上来说《个性伦理

---

① 阿格妮丝·赫勒：《情感在艺术接受中的地位》，《中外文化与文论》2009年第18期。

② 同上。

③ 衣俊卿：《文化哲学：理论理性和实践理性交汇处的文化批判》，云南人民出版社，2005，第234页。

④ 阿格妮丝·赫勒：《日常生活》，衣俊卿译，黑龙江大学出版社，2010，第115页。

⑤ 同上书，序第6页。

学》既是一本美学著作，也是一本伦理学著作。赫勒在这本著作中将两者有机地融合在一起，形成一种具有现实意义的“道德美学”①。在《个性伦理学》中赫勒借苏菲·梅勒夫人和她孙女菲菲以及劳伦斯之口，探讨了美的人物和幸福：“我仍然相信它：善的东西也是美的，美的也是善的。我们爱善的东西是因为它美。”② 也就是说，在赫勒看来，美和善是同一的，善是美的前提。她透过对美的阐释来表达她的伦理思想，进而深化美的内涵，从而将美与伦理融合为一体而又互助升华。赫勒曾在《个性伦理学》中写道：“我一直在思索艺术形式与美的性格之间的相似性。③ 对此，她得出的结论是，从某种程度上来说，与和谐的音乐、绘画或者风景是美的一样，一个人如若是和谐的、善的也就是美的，人可以从他的情感世界中展现他的和谐或美“正直是美的人物的前提，尽管正直对于成为这样的人物并不是充分的。正直是人物之美的条件，这是显然的。”④ 而且赫勒反对人们通过对固定伦理规则和规范的服从来达到所谓的“善”，以压抑个性和丧失自由为代价，认为这种异化现象会破坏人与社会生活的美与和谐。因此，她从审美的视角出发批判现代日常生活中的异化的人际关系，并试图通过扬弃异化的伦理而构建一种美的个性伦理。简而言之，赫勒的“个性伦理”指的是以个性为主体，以责任为核心，以热爱命运、坚持真理和实践智慧为内在规定性，以拯救现代日常生活中人的异化的生活状态为目的的一种人道主义乌托邦式的伦理构想。这种个性伦理的主体首先是一个善与美的个体：“如果一个人是其所是，并且只是其自己，是特质的、独特的，那么这个人就是一种性格。美的性格就像这样。”⑤ 这种美的个体才能成就个性伦理，成为个性伦理的主体。由此“真善美”的个体既是个性伦理学的主体也是赫勒超越日常生活的、审美活动的主体。从这个意义上说，赫勒的美学与伦理学实现了内在统一。

四、对赫勒美学伦理之维的思考

赫勒在继承卢卡奇美学思想的基础上，以后现代为视角，从批判和反

---

① 阿格妮丝·赫勒：《个性伦理学》，赵司空译，黑龙江大学出版社，2015，第339页。
② 同上书，第315页。
③ 同上书，第335页。
④ 同上书，第339页。
⑤ 同上书，第335页。

思人手，试图寻求一条能够解决现代性文化危机的美学救赎之路。在其独具特色的美学思想中，蕴含着鲜明的人道主义伦理诉求。因此，赫勒美学的伦理之维体现了重要的理论价值和意义。

首先，赫勒美学的伦理之维是对卢卡奇美学思想的延伸，它丰富了马克思主义美学思想的伦理维度。麦金太尔曾经在《追寻美德》中指出："马克思主义本身所患有的严重且危险的道德贫困症"①。在学界，一直存在质疑马克思的思想中存在伦理维度的观点。从卢卡奇开始，西方马克思主义为此做出了不懈努力。赫勒正是延续着卢卡奇的道路，在美学中凸显马克思主义的伦理维度。作为马克思主义者和卢卡奇思想的传承人，赫勒面对现代社会的现实困境，以后现代的视角将马克思、卢卡奇的美学思想向更加强调个性、自由、差异的方向拓展和延伸，丰富了马克思主义美学的伦理维度。

其次，赫勒美学的伦理之维体现了赫勒全部思想的有机统一。赫勒美学的伦理之维是其哲学思想内在紧密性的一种体现。赫勒的整个哲学思想是以其日常生活批判理论为框架和理论基础的，在这一基础之上，其美学与伦理学得以相互融合，成为有机整体。具体说来，赫勒以日常生活批判为核心，提出了审美救赎和建构个性伦理学的超越路径。在此基础上，美学与伦理学相互渗透，其美学思想具有鲜明的伦理诉求，而其伦理学的主张也是在人的审美活动中得以阐明的。此外，赫勒将道德主体同样视为美学的主体，这使得其美学思想更注重道德力量。因此，在日常生活批判的基础上，赫勒的美学与伦理学互为内涵，相得益彰。正如赫勒所说："美学是伦理学的花冠"，赫勒的"个性伦理学本身就使美的要求成为核心主题之一"②。赫勒的美学与伦理学相互升华，深化了其追求人的自由与解放，实现人的价值以及构建"所有人美的家园"的哲学理想。

最后，赫勒美学的伦理之维体现了重要的现实意义，展现出一种社会变革的指向。赫勒继承了马克思思想的实践性和革命性，将其理论建立在实践的基础上并以应用于"革命"为宗旨。尽管赫勒美学的伦理之维不可避免地具有乌托邦特质，但这并非是幻想式的乌托邦而是一种现实的乌托

① 阿拉斯戴尔·麦金太尔：《追寻美德：道德理论研究》，宋继杰译，译林出版社，2011，序第2页。

② 阿格妮丝·赫勒：《个性伦理学》，赵司空译，黑龙江大学出版社，2015，第349页。

邦。赫勒的这种乌托邦是建立在实践基础之上的，具有超越性的理想和目标。赫勒的美学是一种对现存资本主义社会的批判，故其中蕴涵着摆脱异化、超越现实的宗旨。其中的伦理维度贯穿始终，成为赫勒美学救赎的一条重要路径。因此，毫无疑问，赫勒美学的伦理之维在其社会变革方案中起着至关重要的作用，将革命的实践问题与个体解放的审美问题结合在一起。其美学思想强调唤醒现代人的道德感召力，通过审美活动重塑具有超越性、追求自由和个性的伦理主体，由此，使赫勒理想中的“美的家园”——平等、民主、自由的乌托邦成为一种可能。综上所述，赫勒美学的伦理之维清晰地为我们展现出了赫勒的理论诉求与实践指向的有机融合，体现了东欧新马克思主义人道主义伦理学的重要内涵。

作 者 简 介

（按姓氏笔画排序）

马建青（1982— ），男，哈尔滨工程大学人文社会科学学院教授，主要从事马克思主义社会历史理论研究。

王思楠（1993— ），女，黑龙江大学马克思主义学院2017级在读博士，主要从事国外马克思主义研究。

王海萍（1977— ），女，哈尔滨师范大学马克思主义学院讲师，主要从事国外马克思主义研究。

王　静（1973— ），女，暨南大学马克思主义学院副教授，主要从事国外马克思主义研究。

匡存玖（1980— ），男，四川农业大学人文学院讲师，主要从事国外马克思主义符号学文论研究。

孙建茵（1980— ），女，黑龙江大学马克思主义学院教授，主要从事国外马克思主义研究。

杜红艳（1983— ），女，黑龙江大学马克思主义学院副教授，主要从事国外马克思主义研究。

李西祥（1971— ），男，浙江师范大学副研究员，主要从事马克思主义基本原理，国外马克思主义研究。

范　为（1982— ），男，中央党史和文献研究院副研究员，主要从事国外马克思主义研究。

彭成广（1987— ），男，西南民族大学文学与新闻传播学院讲师，主要从事东欧新马克思主义美学研究。

傅其林（1973— ），男，四川大学文学与新闻学院教授，主要从事马克思主义文艺理论与美学研究。

颜　岩（1978— ），男，中南财经政法大学哲学院教授，主要从事马克思主义哲学史和国外马克思主义哲学研究。

后　　记

十卷本“东欧新马克思主义研究文丛”选择了我国学术界近十年来发表的关于东欧新马克思主义的论文和译文近300篇结集出版，并邀请本套丛书的总策划衣俊卿教授撰写了总序“不断走向深化的东欧新马克思主义研究”，从总体上阐释了东欧新马克思主义在20世纪马克思主义演进中的独特性和重要性，介绍了我国学术界关于东欧新马克思主义研究的总体状况。本套丛书各卷主编还专门就每一卷的内容撰写了导言，概括了东欧新马克思主义各个理论流派的总体情况、各卷文章编排的具体情况和理论观点，并提出了深化东欧新马克思主义研究的着力点。本套丛书的完成得益于各篇文章作者、译者和相关刊物的无私支持，以及丛书总策划的精心设计和各卷主编的辛勤劳动，还要特别提到哈尔滨工程大学出版社张玲社长、本套丛书的选题策划史大伟副社长及各卷责任编辑，是他们的努力和高效率的工作保证了本套文丛及时、顺利地出版发行，在此一并表示诚挚的谢意！

十卷本“东欧新马克思主义研究文丛”是不同时期不同作者（译者）发表的文章的合集，因此，在不同的论文和译文中，存在着同一著作不同译本的名称不统一，以及若干人名的翻译、相关理论家信息不一致的问题。首先，同一著作译名不统一的问题。比如，卢卡奇的著作《历史与阶级意识》（商务印书馆，1999）和《历史和阶级意识——马克思主义辩证法研究》（重庆出版社，1989），其为同一著作的两个译本。其次，人名的外文写法不统一的问题。比如，莱泽克·科拉科夫斯基存在“Leszak Kolakowski”“Leszak Kołakowski”两种写法，阿格妮丝·赫勒也有按照英文习惯写作“Agnes Heller”的情况，等等。再次，东欧新马克思主义理论家在文丛中信息不一致的问题。比如，马尔科维奇（Mihailo Marković，1923—2010）、斯托扬诺维奇（Svetozar Stojanović，1931—2010）、赫勒（Ágnes Heller，1929—2019）、马尔库什（György Márkus，1934—2016）和鲍曼（Zygmunt Bauman，1925—2017）等理论家在这十年中相继谢世，但在较早时期发表的论文中并没有体现这些信息。考虑到文章发表时间不同，每篇文章的作者使用的参考文献译本不同，以及作者和译者的译名使用习惯不同，我们按照尊重成果发表时的具体写法和客观情况的原则，保留了文本的历史原貌，没有进行统一，也没有根据理论家的最新信息做出修改。但是，在本套丛书的总序和各卷导言中，我们使用了统一的译名和外文拼写，并提供了相关理论家的最新信息。

本套丛书出版的目的就是全面、完整和系统地展示我国学术界近年来关于东欧新马克思主义的研究成果。我们希望这套丛书能够使读者了解东欧新马克思主义研究的整体进展、具体观点和研究特点。同时，我们也希望本套丛书能够推动我国学术界东欧新马克思主义研究的进一步深化，推动东欧新马克思主义和其他国外马克思主义流派之间的对话，进一步丰富我国学术界的马克思主义和国外马克思主义研究成果。